中国特色高水平高职学校项目建设成果系列教材
高等职业教育教学改革特色教材 · 现代物流管理专业

Fundamentals of Modern Logistics

现代物流基础

何岩松 主编

东北财经大学出版社
Dongbei University of Finance & Economics Press
大连

图书在版编目（CIP）数据

现代物流基础 / 何岩松主编．—大连：东北财经大学出版社，2025.9．—（高等职业教育教学改革特色教材·现代物流管理专业）．—ISBN 978-7-5654-5627-5

Ⅰ．F252

中国国家版本馆CIP数据核字第2025YJ0616号

现代物流基础

XIANDAI WULIU JICHU

东北财经大学出版社出版

（大连市黑石礁尖山街217号　邮政编码　116025）

网　址：http://www.dufep.cn

读者信箱：dufep@dufe.edu.cn

大连市东晟印刷有限公司印刷　　东北财经大学出版社发行

幅面尺寸：185mm×260mm　　字数：469千字　　印张：19.75

2025年9月第1版　　2025年9月第1次印刷

责任编辑：张晓鹏　孔利利　刘慧美　周　晗　　责任校对：那　欣

封面设计：原　皓　　版式设计：原　皓

书号：ISBN 978-7-5654-5627-5　　定价：49.80元

教学支持　售后服务　　联系电话：（0411）84710309

如有印装质量问题，请联系营销部：（0411）84710711

中国特色高水平高职学校项目建设成果系列教材
编审委员会

本书编写说明

中国特色高水平高职学校和专业建设计划（简称“双高计划”）指党中央、国务院为建设一批引领改革、支撑发展、中国特色、世界水平的高等职业学校和骨干专业（群）而实施的重大决策建设工程。哈尔滨职业技术大学（原哈尔滨职业技术学院）入选“双高计划”建设单位，学校对中国特色高水平高职学校建设项目进行顶层设计，编制了定位高端、理念领先的建设方案和任务书，并扎实地推进人才培养高地、特色专业群、高水平师资队伍与校企合作等项目建设，借鉴国际先进的教育教学理念，开发具有中国特色、国际标准的专业标准与规范，深入推动“三教改革”，组建模块化教学创新团队，推进“课程思政”实施，开展“课堂革命”，出版校企双元开发的活页式、工作手册式新形态教材。为适应智能时代先进教学手段的应用，学校加大力度进行优质在线资源的建设，丰富教材的载体，为开发以工作过程为导向的优质特色教材奠定基础。按照教育部发布的《职业院校教材管理办法》的要求，教材编写的总体思路是：依据学校“双高”建设方案中的教材建设规划、国家相关专业教学标准、专业相关职业标准及职业技能等级标准，服务学生成长成才和就业创业，以立德树人为根本任务，融入课程思政，对接相关产业发展需求，将企业应用的新技术、新工艺和新规范融入教材中。教材编写遵循技术技能人才成长规律和学生认知特点，适应相关专业人才培养模式创新和优化课程体系的需要，注重以真实生产项目、典型工作任务、生产流程及典型工作案例等为载体开发教材内容，理论与实践有机融合，满足“做中学、做中教”的需要。

本系列教材是哈尔滨职业技术大学中国特色高水平高职学校项目建设的重要成果之一，也是哈尔滨职业技术大学教材改革和教法改革成效的集中体现。教材体例新颖，具有以下特色：

第一，教材研发团队组建创新。按照学校教材建设的统一要求，遴选教学经验丰富、课程改革成效突出的专业教师担任主编，邀请相关企业作为联合建设单位，形成了一支由学校、行业、企业和教育领域高水平专业人才组成的开发团队，共同参与教材编写。

第二，教材内容整体构建创新。精准对接国家专业教学标准、职业标准、职业技能等级标准，确定教材内容体系，参照行业企业标准，有机融入新技术、新工艺、新规范，构建基于职业岗位工作需要的、体现真实工作任务与流程的内容体系。

第三，教材编写模式形式创新。与课程改革相配套，按照“工作过程系统化”“项目+任务式”“任务驱动式”“CDIO式”四类课程改革需要设计四种教材编写模式，形成新形态的活页式或工作手册式教材编写形式。

第四，教材编写实施载体创新。依据专业教学标准和人才培养方案要求，在深入企业调研岗位工作任务和职业能力分析的基础上，按照“做中学、做中教”的编写思路，以企业典型工作任务为载体进行教学内容设计，将企业真实工作任务、真实业务流程、真实生产过程纳入教材之中，并开发与教学内容配套的教学资源，以满足教师线上线下混合式教学的需要。本套教材配套资源同时在相关平台上线，可随时下载相应资源，也可满足学生在线自主学习的需要。

第五，教材评价体系构建创新。从培养学生良好的职业道德、综合职业能力、创新创业能力等角度出发，设计并构建评价体系，注重过程考核和学生、教师、企业、行业、社会参与的多元评价；在学生技能评价上，借助社会评价组织的“1+X”考核评价标准和成绩认定结果进行学分认定，每部教材根据专业特点设计综合评价标准。为确保教材质量，哈尔滨职业技术大学组建了“中国特色高水平高职学校项目建设成果系列教材编审委员会”。教材编审委员会由职业教育专家组成，同时聘用企业技术专家指导。学校组建了专业与课程专题研究组，对教材编写持续提供培训、指导、回访等跟踪服务，有常态化质量监控机制，能够为修订完善教材提供稳定支持，确保教材的质量。

本系列教材是在国家骨干高职院校教材开发的基础上，经过几轮修改，融入课程思政内容和课堂革命理念编写而成的，既具教学积累之深厚，又具教学改革之创新，凝聚了校企合作编写团队的集体智慧。本系列教材充分展示了课程改革成果，力争为更好地推进中国特色高水平高职学校和专业建设及课程改革做出积极贡献！

哈尔滨职业技术大学

中国特色高水平高职学校项目建设成果系列教材编审委员会

2025年

前　言

随着经济全球化和信息技术的快速发展，物流产业作为国民经济中一个新兴的产业部门，迅速成长壮大起来。党的二十大报告明确提出“加快建设现代化经济体系，着力提高全要素生产率”，并强调要“加快发展物联网，建设高效顺畅的流通体系，降低物流成本”，这为物流业高质量发展指明了方向。在新时代新征程上，传统物流正在向现代化物流转型升级，向自动化、智能化的方向发展，社会对现代物流专业人才的需求也日益迫切。正是基于这样的背景，根据国家“十四五”规划对现代物流体系建设的战略部署和物流业的发展趋势，结合职业院校的教学需求，我们编写了这本教材。

作为现代物流管理专业的学生学习的第一门基础课，“现代物流基础”肩负着教授学生物流理论和实践知识的重任。为适应现代化教学的需要，编者精心打造了丰富的数字化教学资源，以激发学生的学习兴趣；同时，依据高职教育的人才培养目标，重点从培养学生的基本素养、阐述物流行业基础知识的角度出发，将当代最新的物流理念和物流应用融入课程中，让学生全方位地了解物流行业的发展历程及现状，在此基础上做到与时代接轨、与企业接轨，为其进一步深入学习其他专业课程、提升适应信息化社会需要的专业素养奠定坚实的基础。

本教材的特点可归纳为四个方面：

（1）内容全面、新颖，深入浅出，符合高职教育的特点

“现代物流基础”是现代物流管理等专业的学生接触物流专业知识的第一门课程。本教材根据基础课程、后续课程的性质及学生就业的基本需求调整并确定教学内容。教材从生活角度、专业角度、功能角度、发展角度、第三方物流企业角度、快递企业角度和企业物流角度阐述物流的相关知识，涵盖了物流行业的各个方面，内容全面。其中，冷链物流、绿色物流、电子商务物流、物流金融、国际物流等内容更彰显了教材的新颖性与先进性。此外，为降低难度、化解难点，编写过程中编者在通俗易懂上下了很大功夫，做到了内容深入浅出，便于学生理解与接受。

（2）高层次性、职业性和可衔接性，体现高职教育特色

秉持着理论必需、够用为度，加强理论联系实际，突出应用性、通俗性、趣味性的原则，在教材的结构、体例和编写风格上，按培养应用型人才的特点，以问题引出概念与知识，多用具有实际应用价值的场景，促进对概念和方法的理解。教材选用了大量与实例相关的图表穿插其中，使物流不再是空洞的理论，而是与实际工作相关联的一门学问，拉近与实际工作的距离。文、图、表有机结合，更容易激发学生的学习兴趣，受到学生的喜爱，也使得教材具有很强的可读性，便于学生理解与记忆。

（3）项目导入“身临其境”，激发学生的学习兴趣，加强其能力培养

本教材每个项目均有“身临其境”的项目导入，有利于学生快速进入物流行业知识学习的场景，激发其学习兴趣；每节中的“行动任务”融知识学习和技能训练于一体，以实现理论性、实践性、应用性的统一，更便于学生对理论知识的接受，从而解决管理类课程理论说教较多、学生难理解的问题。同时，行动评价、项目总结和行动巩固不仅有助于学生更好地巩固所学知识，而且有助于引导学生自我反省，加强其岗位技能的培养。

（4）结合数字化资源，加入“果行育德”，实现润物无声地育人

为把思想政治教育贯穿于人才培养全过程中，发挥每门课程的育人作用，本教材结合课程特点，在每个任务或者知识点的学习中融入“果行育德”；同时，配套数字化资源，并通过图片和小故事等形式，激发学生自觉学习的兴趣，引导其主动参与，从而实现润物无声的育人效果。

本教材除可用作高等职业院校现代物流管理等专业的主干教材外，也可作为市场营销、电子商务等专业的选修课教材。

本教材共分为八个项目，由哈尔滨职业技术大学何岩松负责总体框架的搭建并担任主编，哈尔滨职业技术大学姜湄、赵鑫，长春职业技术大学李瑞吉担任副主编；哈尔滨职业技术大学赵欣、肖承霖参编。其具体编写分工如下：何岩松负责拟定编写大纲，明确指导思想和具体要求，编写项目一、项目二、项目六，并对全书进行了总纂和定稿；姜湄编写项目三；赵鑫编写项目五；李瑞吉编写项目四；赵欣编写项目七；肖承霖编写项目八。

本书在编写过程中，除得到哈尔滨职业技术大学校领导的重视和支持外，还得到了黑龙江省龙运（集团）股份有限公司副总经理张振威的技术支持，中国物流与采购联合会的专家张晓梅也提供了宝贵的建议，在此一并表示感谢。

因编者水平有限，加之时间仓促，本书疏漏之处在所难免，恳请读者批评指正，我们将不胜感激。

编　者

2025年5月

目录

项目一　从生活角度相识物流

本项目思维导图

- 从生活角度相识物流
  - 古代生活中的物流现象
    - 秦朝“车同轨”
    - 汉朝“丝绸之路”
    - 隋朝“京杭大运河”
    - 唐朝“海上丝绸之路”和“茶马古道”
    - 明朝镖局和“郑和下西洋”
    - 漕运
    - 古代物流中转站——驿站
    - 古代仓储
  - 近代生活中的物流现象
    - 蒸汽机车
    - 斯托克顿—达灵顿铁路
    - 中国近代物流业的产生——近代航运业的出现
    - 航运业的发展拉动先行产业——船舶修造业的产生
    - 铁路兴起——中国近代物流业格局基本形成
    - 奔驰一号车
    - 近代钢铁业伴随铁路而产生
    - 中国第一条公路
    - 广州太古仓
  - 现代生活中的物流现象发展阶段
    - 快递
    - 外卖
    - 回收物流
    - 校园代理及代购的物品配送问题
  - 物流的发展历程
    - 萌芽阶段
    - 学习、改进阶段
    - 起步阶段
    - 发展阶段
    - 未来发展趋势
  - 物流对生产生活的优化作用
    - 服务商流
    - 保障生产
    - 方便生活

学习目标

知识目标：认识古代、近代及现代生活中的物流现象，在此基础上，理解生活中的物流现象对社会发展的意义；能阐述我国物流发展的历程，认识物流给我们的生产和生活所带来的影响

能力目标：能指出三个以上从古至今与物流活动相关的现象，阐述每一种物流活动对社会发展的意义，在此基础上，分析我国物流发展经历的主要阶段，并指出现代物流对我

们生活的主要影响

素养目标：通过了解我国物流的发展历程以及现代物流对我们生活的影响，培养学生的民族自豪感，剔除糟粕、取其精华的意识与能力，终身学习和勇于承担责任的意识

项目导入

今天是开学第一天，现代物流管理专业的同学们第一次上专业基础课“现代物流基础”。同学们都怀着强烈的好奇心，激烈地讨论自己为什么会报现代物流管理专业，这个专业未来的发展状况等等。

叮铃铃……

老师开始上课了，看着满脸兴奋的同学们，老师提出了本节课的第一个问题：“大家觉得什么是物流呢？它对我们的生活有没有什么影响？大家可以讨论一下。”

没想到教室里一瞬间鸦雀无声，同学们好像从来没有思考过这个问题。

李华同学第一个举起了手，说：“我经常网上购物，我认为物流就是送快递。物流的出现让我买的东西能够很快到达我手中，所以物流使得我的生活更加方便。”

张同学说：“我爸爸在货物运输公司上班，去年这家公司更名为物流公司，我想物流就是跑运输吧。他们公司主要运输的货物是汽车的零部件，所以我认为物流能够让类似于汽车制造商这样的大型企业的制造过程顺利进行。”

赵同学说：“不对，我家旁边的搬家公司也叫物流公司，我估计物流就是帮客户搬运物品。”

王同学说：“我经常订外卖，我觉得送外卖就是物流，物流让我们的吃、穿、住、行等更加便捷，也让我们的生活节奏越来越快。”

……

老师听完同学们的回答，欣慰地点点头。

在我们的生活中到底什么样的活动属于物流活动呢？它具有什么样的作用？李华和同学们的说法不一。同学们，你们知道这些问题的答案吗？

下面我们就跟随李华的学习脚步，以小组为单位，通过网络查询、小组讨论以及书籍资料查询等方式，阐述并解释如何从生活角度认识物流。

项目实施

任务一　生活中的物流现象

行动任务

李华是大一现代物流管理专业的学生，今天开学第一课老师就将全班30位同学分成了6组，李华和王同学、李同学、赵同学、邵同学一组，老师要求按团队来完成作业，作业内容要求如下：

以小组合作的方式，通过网络检索、采访、查阅文献等形式了解生活中的物流现象，要求指出三种以上从古至今与物流有关的生活现象。

行动锦囊

一、古代生活中的物流现象

中国古代的“物流”思想源远流长，虽然这里的所谓“物流”与今天的概念有很大差别，但就字面而言，为了“物”的有效流动，各个朝代都曾设计出一系列“物流”形式和制度。那你知道在每一时期，都有哪些典型的物流事例发生呢？

（一）秦朝“车同轨”

从严格的意义上来说，物流业在中国已经发展了数千年，据可考的文献记载，中国物流发展的标准化最早见于秦朝。秦始皇统一中国后，规定全国车辆轮距统一为6尺，以促进交通便利和国家治理的统一，这叫作“车同轨”（如图1-1-1所示）。“车同轨”最早见于《礼记·中庸》：“今天下车同轨，书同文，行同伦。”《史记·秦始皇本纪》中载，一法度衡石丈尺，车同轨，书同文字。车同轨，并不是嬴政的发明，但是，作为一种制度的真正落实，应该说嬴政功不可没。可见，当时的人们已经意识到要想实现物或者信息的快速流通，必须实行标准化管理。

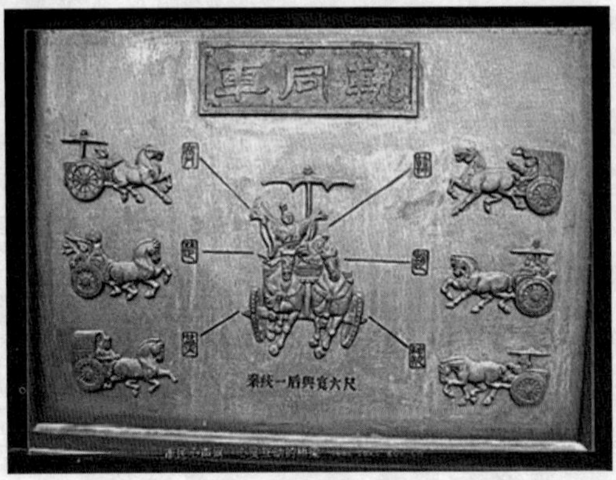

图1-1-1　车同轨

（二）汉朝“丝绸之路”

西汉时期的张骞和东汉时期的班超通过出使西域，开辟了以长安（今西安）、洛阳为起点，经甘肃、新疆，到中亚、西亚，并联结地中海各国的陆上通道。这条道路也被称为“丝绸之路”。通过“丝绸之路”，把中国的丝绸、瓷器和其他豪华制品引入西域各国，并把葡萄、核桃、胡萝卜等引入中国。

（三）隋朝“京杭大运河”

中国幅员辽阔，黄河、长江、淮河等河流多为东西走向，南北走向的大河却很少，此种地理缺陷导致我国经济文化发展极度不平衡。在水运占主导地位的年代，急需一条沟通南北的水运干线，在这样的背景下，京杭大运河诞生了。隋王朝在天下统一后即做出了贯通南北运河的决定，其动机已超越了服务军事行动的目的，由于当时天下已统一，隋朝开通运河也有了经济方面的动机。此后，我国南北方的物产交流逐渐丰富起来。明代北方棉花种植很普遍，而发达的纺织业在江南，结果自然是棉花南运、布匹北运。太湖流域号称衣被天下，棉布和丝织品几百年来一直是运河上的主要运输货物。

（四）唐朝“海上丝绸之路”和“茶马古道”

在隋唐以前，海上丝绸之路只是陆上丝绸之路的一种补充形式。但到隋唐时期，由于西域战火不断，陆上丝绸之路被战争所阻断，代之而兴的便是海上丝绸之路。到唐代，随着我国造船、航海技术的发展，我国通往东南亚、马六甲海峡、印度洋、红海及至非洲大陆的航路纷纷开通，海上丝绸之路终于替代了陆上丝绸之路，成为我国对外交往的主要通道。

茶马古道

位于中国西南地区的“茶马古道”是以马为交通工具，进行民间商品贸易的通道。古道的诞生起源于古代西南边疆的茶马互市，最初的线路青藏线始于公元7世纪（即唐朝）。那时居住在青藏高原的吐蕃民族崛起，南下到中甸（今云南省香格里拉市）境内的金沙江上建造了一座铁桥，从此打通了云南向西藏输送茶叶的往来之路。青藏线在唐朝时期十分繁荣，行走在古道上的马帮为茶文化的传播做出了不朽的贡献。茶马古道是一个广义上的统称，其主要线路共有三条：青藏线、滇藏线和川藏线。其中，青藏线始于唐，历史最为悠久；而川藏线则在后世的影响最大，也最为著名。青藏线，又名唐蕃古道，是唐代以来中原内陆去往青海、西藏地区乃至尼泊尔、印度等国的必经之路。它的起点始自唐都长安（即今天的陕西西安），途中主要经过甘肃、青海两省，至西藏拉萨，全长3 000多千米，横贯中国西部。

（五）明朝镖局和“郑和下西洋”

中国古时的镖局（如图1-1-2所示）可谓最早的物流公司了。古时，水陆交通非常不便，但随着经济的发展，各地区之间的交易却日趋频繁，因驿站仅限于官方使用，为了保护行旅安全，将货物平安送达目的地，镖局便应运而生。随着社会的不断发展，镖局承担的工作越来越广泛，不但承接一般私家财物的运送，地方政府上缴的饷银有时亦靠镖局运送。由于镖局同各地都有联系或设有分号，一些汇款业务也由镖局承担。后来，看家护院、保护银行等也来找镖局派人。晚清政府大臣李鸿章的家宅，就是由北京八大镖局之一的会友镖局派人保护的。会友是北京当时最大的一家镖局，其他镖局还有永兴、志成、正兴、同兴、义友、光兴和万通等。

图1-1-2 镖局

“郑和下西洋”发生在明代。郑和率领一支共有60余艘大船的船队数次出海。庞大的舰队（所包含的造船技术、航海技术）可谓一个活动的科技展览馆，船上载运的使用物品和交流物品使这支船队更像是一座博物馆，中国文化第一次在海上进行了大展示。郑和在把这些中华文化和物品介绍到海外的同时，也把地理、海洋和丰富的异域政治、经济、民俗资料，以及货物、物种带回了中国。

（六）漕运

漕运（如图1-1-3所示）是我国历史上一项重要的经济制度，是利用水道（河道和海道）调运粮食（主要是公粮）的一种专业运输方式，是中国历代封建王朝将征自田赋的部分粮食经水路解往京师或其他指定地点的运输方式。漕运起源很早，秦始皇北征匈奴，曾自山东沿海一带运军粮抵于北河（今内蒙古乌加河一带）。汉建都长安（今陕西西安），每年都将黄河流域所征粮食运往关中。后来的各朝各代都极为重视漕运，为此，还疏通了南粮北调所需的网道，建立了漕运仓储制度。其中，最为著名的就是隋炀帝动员大量人力开凿通济渠，联结河、淮、江三大水系，形成沟通南北的新的漕运通道，奠定了后世大运河的基础。历代漕运都保证了京师和北方军民的粮食所需，有利于国家统一，并因运粮兼带商货，有利于沟通南北经济和商品流通；但它又是人民的一项沉重负担，运费代价过高，尤以漕运徭役为甚，征发既众，服役又长，以至失误农时，故亦有众多弊端。

图1-1-3　漕运示意图

（七）古代物流中转站——驿站

驿站是古代供传递官府文书和军事情报的人或来往官员途中食宿、换马的场所（如图1-1-4所示）。我国是世界上最早建立组织传递信息的国家之一，邮驿历史长达3 000多年，现仍存两处明代驿站遗址：一处是水马驿站，在江苏高邮古城南门外；一处是鸡鸣山驿，在河北怀来，是我国仅存的一座较完整的驿城。唐代诗人杜牧曾作过一首诗：“长安回望绣成堆，山顶千门次第开。

中国驿站

图1-1-4　古代驿站

微课 1-1
古代生活中的物流现象

一骑红尘妃子笑，无人知是荔枝来。”这首脍炙人口的诗歌，讽刺了唐玄宗为了讨爱吃鲜荔枝的杨贵妃的欢心，利用国家驿站运输系统，不惜劳民伤财，从南方运送荔枝到长安。抛却这首诗的讽刺寓意，从千里之外传递荔枝这个活动反映出来的时效看，我国古代的“快递业”还是相当先进的。当时官方的标准规定，每隔20里设一个驿站，一般情况每天以300里的速度传递；如遇紧急情况则需加急，即每天至少传递400里，最快的速度是每天800里，基本上是跑死马累死卒的结果。我国东北的沈阳市就是由古代驿站起家，逐步进化到当代这样一个大都市的。驿站在我国古代运输中有着重要的地位和作用，在通信手段十分原始的情况下，驿站担负着政治、经济、文化、军事等各方面的信息传递任务，在一定程度上也是物流业的一部分，是一种特定的网络传递与网络运输。

（八）古代仓储

我国古代仓储（如图1-1-5所示）基本上有储存、储备两大功能。储存是将漕运来的粮食保管起来，供皇室、官吏及人民日常消费；储备则用于应付战争、灾荒及突发事件。同时，仓储还有平抑物价之功能。粮丰时收进入仓，粮欠时出仓粜粮赈灾，不至于价格飞涨，影响市场稳定。关于仓储管理思想，秦代就有专门的仓律；汉代设立的常平仓制度，设有专门的会计簿册，详细记录仓储谷物数量、品种、出入、经手人、核验等，成为后世封建王朝沿用的主要仓储制度；宋代以后，有关仓储的规章更多、更细、更严。我国古代仓储系统最发达和完善的是在清代。古代仓储分为官办仓储和民办仓储。官办仓储是古代政府为了稳定政治和军事而建立的仓储制度，主要有常平仓、义仓、惠民仓、广惠仓等。民办仓储是以民间自主、自愿为主要特点的积储方式，更多地作为官办仓储的补充。最早的民办仓储从隋朝开始，到宋朝达到高潮。含嘉仓，中国最大的古代粮仓，建于隋大业元年（605年），是盛纳京都以东州县所交租米之皇家粮仓，历经隋、唐、北宋3个王朝，沿用500余年，后来废弃。

图1-1-5　古代仓储

二、近代生活中的物流现象

果行育德

想一想　中国近代物流业的发展历程给了我们什么启示？

一起行动吧　取其精华，去其糟粕，善于发现别人的优点，努力提升自己各方面的能力。

中国近代史是以1840年鸦片战争至1949年中华人民共和国成立这段时间的变迁为历史分期的，但是中国近代市场经济的产生与兴起，是外国经济侵略的衍生品，所以近代物流业产生的过程与其在经济结构中的位置，与依靠内生力量发展起来的市场经济国家不同。中国近代产业的兴起，首先是国外近代轮运业的进入和铁路的引进，随后产生了近代机器加工、钢铁、煤炭业，再后是其他近代工业的兴起。外国资本经营的物流业发展较快，中国的民族物流业发展缓慢。这个特征贯穿于中国整个近代经济发展过程中。

（一）蒸汽机车

微课 1-2

近代生活中的物流现象

1814年，斯蒂芬森发明的蒸汽机车火车头问世了。他发明的这个铁家伙有5吨重，车头上有一个巨大的飞轮。这个飞轮可以利用惯性帮助机车运动，斯蒂芬森为他的发明取了个名字叫“布鲁克”。斯蒂芬森的新发明也有很多缺点，首先是震动太大，有一次甚至震翻了车；其次是速度不快。后来，斯蒂芬森经过改进，重新设计了一辆火车。在设计制造火车的同时，他说服了皮斯先生。1821年，皮斯先生正在筹划铺设从斯托克顿到达灵顿供马拉车用的铁轨，皮斯听了斯蒂芬森的建议，就委托他制造一台火车头。斯蒂芬森接受委托后，加紧了工作的步伐，终于造出了一辆新的更先进的蒸汽机车，他将它命名为“旅行”号（如图1-1-6所示）。

图1-1-6　蒸汽机车

（二）斯托克顿—达灵顿铁路

1825年9月27日，世界上第一条行驶蒸汽机车的永久性公用运输设施——英国斯托克顿—达灵顿铁路（如图1-1-7所示）正式通车了。在盛况空前的通车典礼上，由机车、运煤车、32辆货车和1辆客车组成的载重量约90吨的“旅行”号列车，由设计者斯蒂芬森亲自驾驶，于上午9点从伊库拉因车站出发，下午3点47分到达斯托克顿，共运行了31.8公里。斯托克顿—达灵顿铁路的正式开业运营，标志了近代铁路运输业的开端。

图1-1-7　斯托克顿—达灵顿铁路

（三）中国近代物流业的产生——近代航运业的出现

1873年，中国最早的工商业企业——轮船招商局（如图1-1-8所示）成立。虽然是官督商办，具有浓厚的封建色彩，但是在形式上，它是近代中国第一个具有资本主义企业形式的大企业。轮船招商局的成立，对中国的航运业乃至中国近代经济都具有广泛而深远的影响。轮船招商局成立之初，即1873—1874年间，其拥有资本额白银近60万两，发展到1883—1884年间，资本额白银达到近430万两。公司在拥有的轮船规模扩大的基础上，开辟了多条航线，来往于长江水域以及南洋、北洋的中国沿海地区。随后，“和众”轮在1880年、“美富”轮在1881年分别航行到了美国和英国。这无疑是中国近代航运史上具有划时代意义的事件。至此，中国近代以航运业为开端的物流业诞生了。

图1-1-8　轮船招商局示意图

（四）航运业的发展拉动先行产业——船舶修造业的产生

我国近代大工业产业的出现，首先是与航运直接相关的产业——船舶修造业。它是伴随着航运业的迅速发展而发展起来的产业。

由英国人投资经营，分别于1862年和1865年成立于上海的祥生船厂（如图1-1-9所示）和耶松船厂，以及1863年由怡和洋行等创办的香港黄埔船坞公司，是第一批在中国出现的近代工业企业。这些企业引进了比较先进的生产技术和经营理念，具有从设计到生产船舶与机器的较高技术水平。虽然这些企业都是外商企业，但是对中国近代船舶制造业还是有积极影响的。它们带来了比较先进的管理理念，也培养了中国的工程技术人员，为后来民族造船业及其他近代工业企业的发展奠定了基础。

图1-1-9　祥生船厂

（五）铁路兴起——中国近代物流业格局基本形成

1880年建成使用的首条实用铁路唐胥铁路，因为清朝皇室的东陵就在唐山西北不远的地方，生怕火车头“震动山陵”，所以当初只准用骡马拖拉车辆。唐胥铁路为单轨轻便铁路，约7.5公里，开始时用骡马拖拉车辆，建成第二年开始使用机车曳引。光绪十一年（1885年）开始从胥各庄向芦台庄附近的阎庄延展，次年完成，长30余公里，称唐芦铁路；又于次年延至天津，增加80余公里，称津沽铁路。

（六）奔驰一号车

1886年，德国工程师卡尔·奔驰（Karl Benz，1844—1929）制成了世界上第一辆以汽油为燃料、以内燃机为动力、主要用于人员乘坐的现代汽车“奔驰一号车”（如图1-1-10所示），并获得了专利权。车上装有三个由实心橡胶轮胎制成的车轮，前面一个小轮，后面两个大轮；将一台单缸四冲程汽油发动机设置于两个后轮之间；发动机产生的动力靠齿轮和链条传给装有差速器的后轴，行驶方向靠操纵杆控制。为了提高人员乘坐的舒适感，在车架和车轴间装有钢板弹簧悬架，使其更加具有现代汽车的特点。

图1-1-10　奔驰一号车

此后短短几年时间，汽车已经从一种实验性的发明转变为关联产业最广、工业技术波及效果最大的综合性工业。与轮船与铁路机车相比，汽车这个“舶来品”在中国出现的时间较晚，最早要追溯到1901年。1901年年底，匈牙利商人李恩时（Leinz）将两辆美国制造的“奥斯莫比尔”牌汽车从香港运至上海，拉开了中国汽车发展史的序幕。

（七）近代钢铁业伴随铁路而产生

1890年，张之洞创办汉阳铁厂，这是近代中国最早、规模最大的钢铁企业。汉阳铁厂的兴建主要是为卢汉铁路提供建设材料。铁厂从1890年开始兴建，到1893年完工。其后，汉阳铁厂生产的大部分钢材都制成了钢轨，供我国铁路建设之用。与近代造船业一样，中国近代钢铁业也随着铁路的发展而诞生了。这样，伴随近代物流业的产生与初步发展，近代中国最重要的经济部门——钢铁业、煤炭业诞生了，以物流业（铁路运输）为核心的近代工业结构初见端倪。

（八）中国第一条公路

清末和北洋政府时期，是中国公路的萌芽阶段。关于中国第一条公路的问世，目前尚存在争议。有的观点认为1908年由清政府广西提督苏元春兴建的龙州至那堪公路是中国的第一条公路。也有观点认为，1913年开始修建的连接长沙和湘潭的长潭公路是中国的第一条公路。从不同角度看，这两条公路在中国近代公路史上都有着标志性意义。

（九）广州太古仓

今日的太古仓是以昔日的太古轮船公司码头为基础打造的创意产业园，位于广州市海珠区，旧称白蚬壳，由英国太古轮船公司于1904—1908年间修建，由3座丁字形栈桥式混凝土码头和8幢砖木结构的英式建筑风格的仓库、后方场地及建筑物构成，码头岸线长达321米（如图1-1-11所示）。

图1-1-11 广州太古仓

三、现代生活中的物流现象

如今我国可谓物流大国，现代物流就在我们身边，涉及的面非常广，包括我们生活中的方方面面，而且表现形式也是多种多样。那你知道我们身边有哪些物流现象吗？

微课 1-3

现代生活中的物流现象

快递员的一天

（一）快递

近年来，随着国内电子商务与快递业的迅猛发展，物流开始从幕后走向前台，逐步为公众所关注。正因为如此，不少人在网购平台下单后焦急等待快递员送货的同时，也在无形中强化一种认知，在他们看来，物流就是快递，快递即物流。

其实，快递可以视为物流活动的一种特殊形式。与一般物流活动相比，快递业务通常要求寄递的物品封装（以件为单位）、署上收寄地及寄件人、有重量与体积限制，且具有网点丰富、时效性强、贴近客户的特点。根据《中华人民共和国邮政法》，经营快递业务须依法申请经营许可，而一般物流业务则无须申请经营许可。

（二）外卖

物流活动所涵盖的范围远不止快递，它贯穿于人类社会的生产与生活过程中，与国民经济休戚与共，与人民群众的生活息息相关。以我们的日常生活为例，大家应该可以真切地感受到，生活因物流而美好。如餐饮物流，随着O2O（Online to Offline）模式被引入餐饮业，饿了么、美团等外卖平台开始为人们所熟知。借助手机App，只要动动手指，午餐就能按时送到家，真是众味争先，百姓开颜。预计到2025年，餐饮O2O市场规模将突破1.8万亿元，餐饮物流大有作为。

（三）回收物流

物流涉及的面很广，我们每天在街上看到的“收破烂”的人，实际上他们也是在从事“物流”的工作，这是“回收物流”的一种表现形式。随着经济社会的发展与科技的进步，人们基于现代商品享受高品质生活的同时，也在制造大量生活废弃物。从低碳与可持续发展的角度，我们理应关注生活废弃物回收，以使部分废弃物重新获得价值，提高资源利用率，避免和减少环境污染。

（四）校园代理及代购的物品配送问题

随着经济的发展，各种各样的消费形式及现象不断涌现，当然这些新的消费形式和现象反过来也促进了经济的发展。这种相辅相成的作用也衍生出了一些新的职业，如现今校园里最常见的代理与代购，其物品的配送就是一个现代物流现象。

很多商家都想要开发大学校园的市场，但大学校园有很强的特殊性，并不能有过多的商业活动。所以这些商家就委托在校学生做代理，从而最大化地开发校园市场。这些商家分为两类：一类就在学校的附近，学生拿货或是商家送货比较快捷。另一类在另一个城市或是离学校很远的地方，这就要求商家用快递或是其他方式进行商品配送。对于第一类商家，在接到学生代理的订单后可以马上送货，可以是商家自己送货给买家，也可以是直接给代理的学生。这种商品配送的时间要求比较高，一般在两个小时之内就要把货物送到买主的手中，这就凸显了送货时间的重要性。对第二类商家而言，买家购买的商品很多都是不着急用的，如书籍、装饰品、数码产品等。校园代理主要存在的问题是：在很多情况下都不能准时把商品送到买主手中。出现这种状况的主要原因是学生代理的上课时间与买主要求的送货时间相冲突。解决的办法可以是学生代理找一个人帮忙送货，这个人的课程安排与本人不太相同。只要改进了商品的配送速度，订单是会逐渐增多的。

果行育德

想一想　从中国与外国的快递对比中你得到了什么启示？

一起行动吧　大家要爱党、爱国，为自己是一名中国人而感到自豪。

行动进行

李华和团队的同学们通过学习掌握了以上知识，准备开始实际操作。

步骤一：查找与物流相关的生活现象

李华通过网络搜索查到了“一骑红尘妃子笑，无人知是荔枝来”的物流现象，王同学通过在图书馆查阅书籍找到了“二战时期的军事物流”，刘同学、赵同学和邵同学通过采访的形式认识到最近热门的“社区团购”也属于生活中的物流现象。

步骤二：撰写“生活中的物流现象”报告

生活中的物流现象

中华文明五千多年，历经沧桑，从古代物流的荣光到现在正创造现代物流新的辉煌。从古至今我国一直都是大国，也一直都是物流大国，物流业虽然不算是全面普及，但也确实出现了许多物流现象，物流的发展对我们的生活影响是方方面面的；而人们为了提升物流的效率，不断研制新工具，从古代的车马到近代的轮船、火车和飞机，随着时代的不断进步，物流的体验也越来越好了。

1.一骑红尘妃子笑，无人知是荔枝来

据传杨贵妃喜食荔枝，唐玄宗为讨美人欢心，下旨派快马将荔枝从四川、广东日夜不停地运送到长安。即便如此，到了长安的荔枝已然失去了色香味，贵妃自然不乐。

好在大学士解决了这一问题：制作一个双层木箱，木箱夹层中填满棉花、羊毛，荔枝采下后，将藏在地窖中的寒冰和新鲜荔枝一起放入木箱中进行运输。低温环境下运输，荔枝保质期得以延长；而羊毛、棉花除了能够保温外，还能起到很好的减震作用，避免荔枝因受到颠簸而损坏。最终送达长安的荔枝依然清甜鲜美，博得贵妃嫣然一笑。

荔枝保鲜箱可谓当时冷库的雏形，而快马加鞭又全程“低温”的荔枝运输队伍，算得上历史上最早的“冷链”物流系统，古代生鲜冷链由此兴起①。

2.第二次世界大战时期的军事物流

第二次世界大战（以下简称“二战”）的背后也有相关军事物流的较量。各类军事物资需要在最快时间运到前线，一些情报及物资也需要及时传递。反法西斯力量在开辟各类战场的同时，也在物流战场争分夺秒。

1941年6月，希特勒对苏联发动全面战争。7月，苏联驻美、英大使分别向美国和英国提交援苏作战物资清单。9月，斯大林透露，德国军机对苏联军机有3：2的优势，德国在坦克方面对苏联的优势是3：1到4：1。

二战期间，盟军在“北极航线”采取了大集团护航船队的形式，不惜代价向苏联运输物资。随着摩尔曼斯克港口的逐渐扩展，它也适应了大量的物资集散的要求，从盟国空运的物资源源不断地卸载入港，紧急物资由苏联航空负责运抵前线。

除军事物资外的其余物资的运送主要依靠苏联海运部门和航运公司的商船队来完成，当时商船队已经成为苏联海上运输的主要力量。由于德军的封锁，美英等国向苏联提供的数十亿美元援助物资，有近一半由北大西洋海路运到摩尔曼斯克与阿尔汉格尔斯克，再由伊朗通过铁路运抵苏联。

由于战事激烈，美英让苏联驻英大使馆对在冰岛排队等候的商船进行调遣，决定哪些等航的货船可以转到英国并把最急需的物资换船运载。1942年4—6月这段时间里，从美国港口启程援助苏联的84艘商船中，只有44艘完成了运输任务，23艘被击沉。其他船只只得在苏格兰卸货②。

3.社区团购

到2020年年底，随着阿里巴巴、美团、拼多多、京东等巨头的加入，社区团购“接棒”网络教育，成为中国互联网行业最热的风口。这些巨头凭借自身的资金和技术优势，对传统超市、菜市场进行了全面攻关，因“价格远低于市场平均水平”而成功吸引了大批社区消费者。

社区团购，简而言之，是整合多种社区资源，为社区居民提供日常商品和生活服务，由商家集中管理和运营的社区商业模式。也就是说，社区居民通过社区商店的网店下单。企业整合社区商店订单，并利用社区商店供应和分销商品。社区商店准备好商品后，社区居民会被通知去提货（或送货上门）。社区团购与传统的蔬菜购买方式相比，不仅节省了居民的时间，而且价格比超市便宜很多。

通过社区团购可以认识到，物流对各行各业的发展影响深远。而线上+线下+社区的物流体系在不断地试错和被验证。随着5G时代的到来，物流内的天网（智能+大数据+

---

① 佚名. 从“一骑红尘妃子笑，无人知是荔枝来”聊一聊物流的发展历程［EB/OL］.［2020-06-04］. https://baijiahao.baidu.com/s?id=1668467216204463618&wfr=spider&for=pc.

② 佚名. 物流历史之二十七：二战枪炮下的浴血军事物流［EB/OL］.［2020-09-18］. http://www.360doc.com/content/20/0918/09/69645535_936345153.shtml.

平台各场景系统）+地网（仓储、干线、配送）+物联网+AI也在每个行业不断地被完善。可想而知，在不久的将来，物流物联科技生态圈会真正深刻地融入我们的生活当中，可持续发展并能成为行业领导者的企业最终属于那些能够精细化服务于终端的平台和企业。

经济永远是人类社会的一个重要组成部分，而流通是经济中的一个重要功能，物流又是流通的重要组成部分，它们之间有着密切的关联。物流在我们的生活中的地位非常重要，物流的变化会给整个社会经济带来影响。

行动评价

学习任务完成情况评价表

评价内容		评价标准	评价等级			
			A（80～100分）	B（60～79分）	C（60分以下（不含60））	疑惑点
理论知识评价	1	能指出古代生活中三个以上的物流现象				
	2	能指出近代生活中三个以上的物流现象				
	3	能指出现代生活中三个以上的物流现象				
技能操作评价	1	能通过查阅资料指出三个以上从古至今与物流活动相关的生活现象				
	2	能认识到每一种物流现象对社会发展的意义				
职业素养评价	1	具有强烈的民族自豪感				
	2	具有剔除糟粕、取其精华的能力				
	3	具有爱国、爱党之心				

说明：同学们进行自我评价，然后在分值所处范围相应的等级下打“✔”，若未得到满分，同学们可在“疑惑点”这一列列出自己的疑问。

行动巩固

一、单项选择题

行动巩固 1–1

1.丝绸之路始于（　　）。

A.秦朝　　B.汉朝　　C.唐朝　　D.宋朝

2.1893年，（　　）创建了汉阳铁厂。

A.张之洞　　B.曾国藩　　C.左宗棠　　D.李鸿章

3.外卖属于（　　）模式。

A. B2B　　B. B2C　　C. C2C　　D. O2O

4.（　　）是“回收物流”的一种表现形式。

A.收破烂　　B.校园配送　　C.外卖　　D.保洁

二、多项选择题

1.古代物流主要用于（　）领域。

A.政治　　B.经济　　C.军事　　D.文化

2.中国近代产业的兴起体现在（　　）等方面。

A.外国近代轮运业的进入　　B.外国铁路的引进

C.产生了近代机器加工、钢铁、煤炭业　　D.近代工业的兴起

3.推动我国近代民族物流业发展的因素有（　　）。

A.国外不平等条约　　B.外商的刺激

C.开明官员、士绅和民众的倡议和实践　　D.政府的开放政策

4.以下属于物流表现形式的有（　　）。

A.快递　　B.外卖

C.回收物流　　D.校园代理及代购的物品配送问题

三、判断题

1.清代的镖局可谓最早的物流公司。（　　）

2.我国近代出现的大工业产业，是与铁路直接相关的产业。（　　）

3.斯托克顿—达灵顿铁路的正式开业运营，标志了近代铁路运输业的开端。（　　）

4.物流就是快递和送外卖。（　　）

四、论述题

除了外卖，你认为O2O模式还可以用来做什么？作为消费者，你是否感觉外卖就是一项简单的工作，并没有多少技术含量？

五、案例分析

某年9月29日，刘先生在网上订购了几本公务员考试用书。卖家发了某公司的快递，跟踪记录显示快件于10月4日到达了刘先生所在的城市，可到了家门口的快递始终没上门。直至10月17日，刘先生才收到这份“蜗牛”快递，“期间，我因为忙着复习，打了无数次电话，浪费了时间和金钱，想想还真上火。”刘先生说。他试图索要延误赔偿，但快递公司根本不接茬。刘先生认为，快递公司延误了投送时间，却不给任何赔偿，这样的做法太过“霸道”。

案例分析要求：如果你是客户，当快递出现“彻底延误时限”（如同城快递超过3天未到）情况时，你认为应该如何处理？

任务二　物流对生产生活的影响

行动任务

李华是现代物流管理专业大四的学生，最近他在准备自己的毕业论文，他的论文题目是“从生活的角度认识物流”，之前他通过查阅资料确定了论文提纲。其中，在物流对生产、生活的影响部分他遇到了困难，由于是大一学的知识，过去的时间较长，所以他基本

上忘了。

基于此，老师希望他能通过上网查阅资料，以及与身边的同学互相沟通的方式，并结合身边的例子来说明物流对我们日常生产、生活所产生的影响。

行动锦囊

一、物流的发展历程

物流活动与人类的物质生活和生产共生共长。可以说，永不停息的物流活动是人类生活的保障，是经济社会的动脉系统，是社会生产过程连续进行的前提，是经济社会发展的物质基础。但物流学却是一个新兴学科，因为它只有60多年的历史。物流业的产生和发展，使西方主要资本主义国家在经济发展过程中，认识到了除资源和人力之外可以获得利润的第三个源泉，即第三利润源。那你知道我国的物流业是如何发展起来的吗？

（一）萌芽阶段

微课 1-4

物流的发展历程

我国物流业萌芽阶段所对应的社会环境基本上是计划经济体制下的社会环境。我国在确立改革开放政策之前及之后的一段时期内，仍然处于传统的计划经济体制下，现代物流已经有了一定程度的萌芽。随着改革开放的不断深化，交通运输业作为经济建设的重点领域，其“现代化”被提到议事日程上，这就产生了对现代物流初期的需求。在工业生产领域，即使是当时水平下的社会分工和专业化生产，也必须对协作关系中的各方物流联结做出安排。传统的仓库和储备形态，已不足以满足经济发展和企业生产的要求。将储运联结在一起，实现一体化，自然成为一种选择。因此，在经济界和企业界已经自发出现了对现代物流的需求。

（二）学习、改进阶段

我国确立改革开放的国策后，政府部门开始进行带有“对口”性质的考察，在当时承担组织、领导和管理“物流资通”职责的国家物资总局，把在日本已经风行的“物流”作为对口的考察对象。

从20世纪70年代末到80年代末的10年间，国家物资部门先后组织了出国考察和接待国外物流考察40余次，尤其是和日本建立了物流领域的沟通关系。这些考察活动对国内相关领域产生了很大影响，不仅使考察报告和考察资料成为国内研究物流的重要信息资源，更重要的是，通过考察培养了研究和推行现代物流的第一批骨干力量。我国的经济体制改革，容纳了现代物流这种管理模式；我国的经济发展感受到了对现代物流的需求；个别为发达国家产品进入我国市场提供服务的物流企业率先接受了现代物流运作的理念，其成功的运作，逐渐产生了一定的社会影响。

（三）起步阶段

起步阶段的一项重要收获，是对现代物流的探索出现两个重要的特点：多领域的探索和从理论向实际运行与操作的转化。在20世纪90年代末的金融危机中，以现代物流为支柱产业的国家和地区展现出了比较强的抗御危机能力。这些外在的因素迅速触发了我国经济领域潜在的现代物流需求，现代物流业在我国迅速启动。

我国现代物流业起步期的主要工作是开始实质性的物流运作，重要标志是：学术界全面系统地研究和推介现代物流；一些率先进行现代物流运作的企业取得了辉煌的成绩并对经济界产生了重要影响；与物流相关的传统大企业，如中远集团、中外运，明确要向现代物流转型；改革开放之后进入我国的一批与现代物流运作有关的外国企业，已经推动国内相关企业转型升级；我国经济特区深圳市制定了我国第一个地区性的物流规划，而且破天荒地明确现代物流是深圳市三个“重要支柱产业之一”，在国内产生了重要的影响。

（四）发展阶段

21世纪，世界经济进入网络化、信息化和全球化的新经济时代。20世纪90年代兴起的电子商务，让人们转而聚焦物流这个“瓶颈”，意识到网络经济发展的基础是物流产业的发展壮大；互联网信息平台、电子数据交换（Electronic Data Interchange，EDI）、全球定位系统（Global Positioning System，GPS）、射频识别技术（Radio Frequency Identification，RFID）和条码等现代信息技术手段在物流管理和物流技术中的广泛应用，使物流现代化达到了新的水平；生产、流通和消费的全球化格局的形成，促进了国际贸易和国际物流的大发展。物流产业的发展开始引起国家和各级政府的充分重视。2000年12月，我国“十五”物流业发展总目标正式确立；2001年，国家标准《物流术语》正式实施，中国物流与采购联合会成立。随后，各省、自治区、直辖市纷纷制定物流发展规划，物流园区、物流中心、配送中心纷纷涌现。在产业政策的引导和政府的推动下，我国物流业在这一时期获得了较快的发展。大批物流仓储、运输、配送企业发展壮大，物流供给能力显著增强，物流社会化、专业化的发展速度加快，物流观念也正被越来越多的企业所认识和接受。我国物流业的发展逐渐与世界经济接轨，物流产业初具规模。但同国外发达的现代物流产业相比，我国的物流业还处在工业化的发展初期。

（五）未来发展趋势

1.基础设施建设趋于完善

物流业要想又快又好地跨越式发展，完善基础设施建设是重中之重。要继续加快以高速公路为主体的道路交通建设，进一步完善各铁路道路的互通，减少货物运输时间，提升物流运输效率；各电商平台也要完善自己的物流体系，继续推进自己的仓储基地建设。

2.补充并规范物流法律、法规

针对物流行业的特点，相关政府部门应该对其进行综合管理，而不是地方上的松散管理；要改善当前物流市场秩序相对混乱的现状，应该根据我国国情，制定符合我国物流市场发展需求的相关法律，而非直接移用国际物流法；针对物流行业设立严格的高标准准入机制，避免物流业乱象情况的出现。

3.政策支持推进物流业进一步转型升级

物流业的发展带动了国民经济的快速发展，同时推动了产业结构升级和经济提质增效，所以未来物流业也是国家着力发展的产业，国家势必会用政策手段推动物流业转型升级。近年来，相关政府部门下发了多项文件，对物流业发展提出了综合性的指导意见，针对园区规划、信息关联、税收改革等制定了专项措施，这一系列的政策支持体现了政府对物流业进行改革的决心。

4.大力发展绿色物流

当前，随着全球气候变暖，节能环保、治理环境的观念逐渐深入人心。绿色物流的宗旨就是减少环境污染和资源的消耗，从环境和可持续发展的角度建立物流管理体系。可以说，绿色物流是物流业发展的趋势，国家也应对实行绿色物流的企业给予相应的奖励，以此来激发整个物流行业的积极性；绿色物流也是企业降低成本的有效方式，同时大力发展绿色物流可以使企业在新一轮的竞争中取得优势。

5.国际物流专业化

我国自2001年正式加入WTO以来，经济快速融入世界经济大舞台。国际电子商务的发展使得国际物流业增长迅速，国际物流对我国进出口贸易起到了桥梁作用，国际物流的专业化、标准化建设将有助于我国物流市场环境的改善；同时，国际物流的专业化发展离不开国际物流法规的保驾护航，也离不开国际物流人才为其出谋划策，更需要国际物流企业提供优质化服务。

6.大数据广泛应用于物流

随着移动互联网技术日益走向成熟，在政府的大力推动下，大数据将全面应用于物流行业。利用大数据，可以实现车货智能匹配、货物状态实时跟踪、精准货物推荐等服务功能。此外，注册用户、交易数量等也随着大数据产业的发展呈现出翻倍增长的态势，物流业将向着生态化、智能化的方向发展。

果行育德

想一想　京东5G物流给你带来了什么感受？

一起行动吧　阐述行业基础知识和技能，学会终身学习，这样在未来才更有竞争力。

二、物流对生产生活的优化作用

物流业的发展，深刻地影响着我们的生活。它使人们的生活更加便捷、更加轻松、更加幸福。物流不仅是实物的流通过程，在这个过程中，还伴随着情感的传递。可以说，现代物流对人们生活的影响是全方位的，而且影响力很大。那你知道物流对人们生活的影响都体现在哪些方面吗？

（一）服务商流

微课 1-5

物流对生产生活的影响

（1）无店营销：如果没有物流支持，网上购物、电视购物、电话购物等这些新的无店铺销售方式根本寸步难行。如果没有物流，长途运送一千克的箱子，只能走邮局、长途汽车，班车一周一次……试想，网店如果这样送货，还能有优势吗？

（2）企业零库存：实现零库存是现代物流管理追求的重要目标，其核心在于通过高效的物流体系，显著降低企业在原材料、在制品及产成品等方面的库存占用。企业可通过与专业物流服务商深度协同，将原材料采购、生产支持、仓储管理、运输配送乃至末端销售等全链条环节交由高效的物流网络承接。这种模式极大地压缩了库存周转时间，有效减少了流动资金占用，优化了企业的资金使用效率。

（3）日均处理邮件数千件：以前手工制单、手工录入，一人一天要登记多袋邮件，工序多、易出错。现在，只需用激光枪对着详情单上的条形码扫描即可，速度快、准确率高，每天可处理多包邮件。

（4）行李托运装上“加速器”：如通过邮局把行李从南京托运到深圳，可能要花上7

天的时间；如今利用顺丰速递，送货到深圳仅需2天。

（5）让食品更安全：瘦肉精、注水肉……一个又一个的食品安全问题让市民疑惑：吃什么是安全的？如今在一些地方，利用物联网技术，建设农产品溯源系统（如图1-2-1所示），可以实现农产品全链条追踪、信息追溯与过程监控，确保农产品安全。

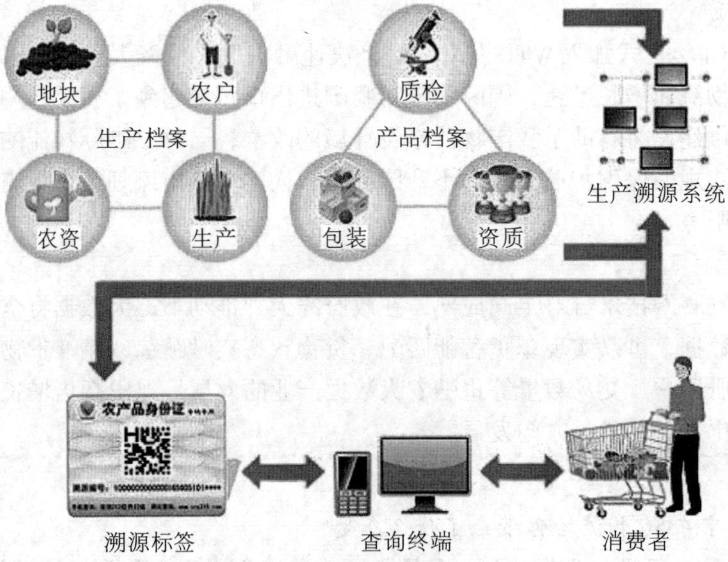

图1-2-1　农产品溯源系统

（二）保障生产

（1）从原材料的采购开始，便要求有相应的物流活动，使所采购的原材料到位；否则，整个生产过程便成了无米之炊。

（2）在生产的各工艺流程之间，也需要原材料、半成品的物流过程，以实现生产的流动性。就整个生产过程而言，实际上就是系列化的物流活动。

（3）合理化的物流，通过降低运输费用而降低成本，通过优化库存结构而减少资金占压，通过强化管理进而提高效率，从而促进整个社会经济水平的提高。

（三）方便生活

实际上，生活中的每一个环节，都有物流的存在。通过国际运输，可以让世界名牌出现在不同肤色的人身上；通过先进的储藏技术，可以让新鲜的果蔬在任何季节亮相；搬家公司周到的服务，可以让人们轻松地乔迁新居；多种形式的行李托运业务，可以让人们在旅途中享受舒适的情趣。

果行育德

想一想　从钟南山院士感谢京东的故事中你得到了什么启示？

一起行动吧　勇于承担责任，直面人生，真正体现出人生的价值。

行动进行

王鑫通过学习掌握了上述知识，准备开始实际操作。

步骤一：指出生活中的物流现象

王鑫通过观察，发现身边最多的物流现象就是外卖，接下来他打算以外卖为例进行物流对生活影响的分析。

步骤二：分析物流现象对生活的影响

王鑫经过网络查询、文献检索、采访同学等方式，梳理相关内容，总结出了外卖对人们生活产生的影响（如图1-2-2所示）。

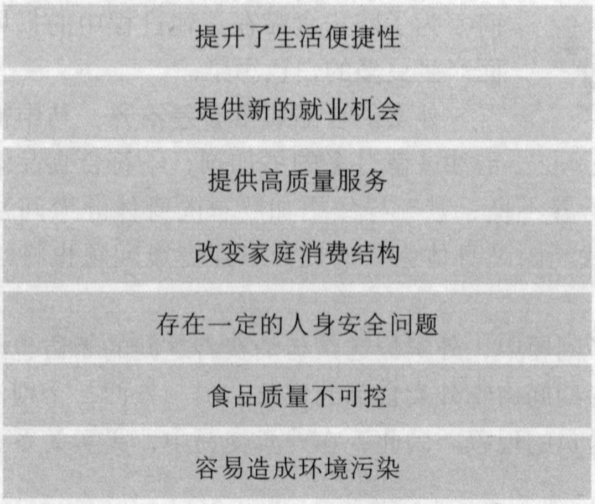

图1-2-2　外卖对人们生活产生的影响

步骤三：撰写“物流对生活的影响”报告

物流对生活的影响

随着时代的发展，经济也越来越多样化，产生了各种各样的行当。物流作为一个新兴的行业，也在快速发展，并且对人们的生活产生了极大的影响。下面以身边的外卖为例来说明物流对人们生活的影响。

信息化时代的到来不仅加快了人们的工作节奏，也提升了人们的生活质量。其资源的交互性增强，使得人们可以轻而易举地通过信息与商品的流转，满足自身的需求。现如今人们的工作节奏加快，吃饭的时间大大压缩，外卖便抓住这一契机走进人们的生活中。

外卖的出现给人们的生活提供了诸多便利，既能为人们节省时间，可以让人们在有限的时间内创造更多的财富与价值，从宏观上看，又可以拉动消费，促进内需，细化社会分工，提升社会资源的利用效率，从而促进经济的全面发展。

外卖的出现给一部分人带来了新的就业机会。外卖既包括商家对食物的制作过程，还包括“外卖小哥”的配送过程，这两部分的人力劳动都需要消费者支付一定的费用，因此外卖行业在无形中增加了许多就业机会。整体上来看，外卖行业的良性发展将提高经济整体的运行效率，也将给更多的失业人员带来就业机会，促进经济的稳定发展。

从消费者的角度看，在接受外卖服务的过程中，可以享受更多的美食选择以及无须亲自出去购买的便利，这给消费者提供了更加便捷的服务。因此外卖的出现对人们的生活具有一定的积极影响。

但外卖的出现也使得一部分人过度依赖它而弱化了基本的烹饪技能和生活自理能力，同时购买外卖也会增加家庭在饮食方面的消费支出。一部分人还不具备不断订购外卖的经济实力，却已经养成了不良的消费习惯，这不利于家庭恩格尔系数的合理化发展。因此，外卖将影响一部分人的饮食习惯，也将改变一部分家庭的消费结构。

图1-2-3 外卖包装

外卖的包装（如图1-2-3所示）多采用塑料制品，外卖的过度消费将增加塑料的需求量，从而产生大量的白色污染。从长远考虑，白色污染物的过度增加将加重环境负担，造成不可逆的资源环境问题，不利于经济的循环绿色发展。商家为了防止食品在运输过程中的损坏，也会增加包装，从而产生更多的白色污染。

外卖的食品质量参差不齐，其中很多外卖食品使用了地沟油或者过多的添加剂，不符合食品健康标准。长期食用外卖食品容易使消费者营养不良，甚至导致更加严重的身体健康问题。由此可见，长此以往，外卖经济不利于我国国民身体素质的提升，亚健康问题也将给经济造成一定的负面影响。

在外卖存在的众多问题中，外卖配送员与消费者之间的矛盾也频频出现。一方面，个别外卖配送员存在送餐期间偷吃外卖食品的现象；另一方面，个别消费者存在以差评要挟甚至人身攻击外卖配送员的现象。因此，在外卖交易中，买卖关系、服务关系问题也需要及时加以协调。

科技的发展促进了信息的流通，伴随着网络经济时代的到来，人们可以通过第三方支付平台进行支付。当下，网络购物日趋火热，可以预见，未来外卖的消费市场也是十分广阔的。生活节奏的逐渐加快，使得人们的工作压力增大、业余时间减少，需要社会提供更多的便利资源，其中就包含饮食资源。因此，外卖食品在市场上有着较大的需求量，市场的需求将推动商家创新销售方式。在市场的助推下，第三方支付平台也推出了饮食交易项目。由此可见，外卖行业的产生和发展既有经济与科技的发展作为基础，又有广阔的市场前景作为推动力，因此外卖的兴起是必然的。

当前，社会已经进入信息化时代，即便是快递物流这种本身耗时较长的业务，也需要借助自动化与智能化手段来加速处理，最终实现物品的快速流通与交易。人们的生活可以说已经全方位地进入智能化时代。而随着科技的快速发展，外卖食品的安全和环境污染等问题必然会逐步得以解决，且随着国民素质的逐步提升和数字信息化的发展，未来有关安全等问题的规范政策必将逐步完善。

行动评价

学习任务完成情况评价表

评价内容	评价标准		评价等级			
			A（80～100分）	B（60～79分）	C（60分以下（不含60））	疑惑点
理论知识评价	1	能简单描述我国物流发展的历程				
	2	能阐述物流对生产、生活产生的影响				

续表

评价内容		评价标准	评价等级			
			A（80～100分）	B（60～79分）	C（60分以下（不含60））	疑惑点
技能操作评价	1	能准确阐述我国物流业的发展经历的阶段				
	2	能基于物流现象准确地分析物流对生活的影响				
职业素养评价	1	具有终身学习的意识				
	2	具有勇于承担责任的能力				

说明：同学们根据自我评价打分，然后在分值所处范围内相应的等级下打“✔”，若未得到满分，同学们可在“疑惑点”这一列列出自己的疑问。

行动巩固

行动巩固 1-2

一、单项选择题

1. 现代物流业的发展经历了（　　）个发展阶段。

A.2　　B.3　　C.4　　D.5

2.（　　）制定了我国第一个地区性物流规划。

A. 北京　　B. 上海　　C. 广州　　D. 深圳

3. 改革开放后，我国最早和（　　）建立了物流领域的沟通关系。

A. 美国　　B. 日本　　C. 英国　　D. 法国

4. 利用（　　），可实现农产品信息追踪，确保农产品安全。

A. 物联网技术　　B. 政府引导　　C. 商家信誉　　D. 群众监督

5. 生产的第一步是（　　）。

A. 材料加工　　B. 原材料采购　　C. 物流配送　　D. 产品销售

二、多项选择题

1. 我国现代物流业的发展趋势包括（　　）。

A. 基础设施建设趋于完善　　B. 补充并规范物流法律、法规

C. 政策支持推进物流业进一步转型升级　　D. 国际物流专业化

2. 我国现代物流业起步期的主要工作是进行实质性的物流运作，重要标志是（　　）。

A. 学术界全面、系统地研究和推介现代物流

B. 一些率先进行现代物流运作的企业取得了辉煌的成就，并对经济界产生了实际影响

C. 与物流业相关的有影响力的传统大企业，如中远集团、中外运，明确要向现代物流业转型

D. 改革开放后进入我国的一批与现代物流运作有关的外国企业，推动了国内物流业的发展

3.物流对生活的重大影响主要体现在（　　）等方面。

A.情感传递　　B.服务商流　　C.保障生产　　D.方便生活

三、判断题

1.绿色物流是发展的趋势。（　　）

2.物流仅仅是一种实物的流通过程。（　　）

3.实体店销售不需要物流支持。（　　）

4.合理化的物流可以减少运输费用、优化库存结构而减少资金占压，从而促进整个社会经济水平的提高。（　　）

四、简答题

我国物流业的发展经历了哪几个阶段？

五、案例分析

作为全国资源型龙头企业，内蒙古伊利实业集团股份有限公司（以下简称伊利集团）在业界一直以货物运输量大而闻名，其产品流通大部分归属于冷链运输范畴。在国内冷链物流这潭池水相对较浅的现实情形下，“大象”伊利如何畅游？这个问题一直颇受业界关注。伊利集团董事长潘刚极其重视物流管理。他指出：“物流作为衔接生产和销售的中间环节，是未来销售市场的原动力，其在企业发展中的积极作用不可小觑。具体的物流运作模式应随机应变，根据不同产品种类制订出合适的方案，并且要切实可行地保障食品安全。”

项目总结

资料来源　作者根据网络相关资料整理而成.

案例分析要求：物流对伊利的影响体现在哪些方面？

项目实训

（1）今天是开学第一天，在上第一节“物流概论”课的时候，老师讲到从古至今生活中有许多和物流相关的现象，小王听后非常感兴趣，决定下课后去查找资料，了解这些物流现象，恰好可以作为本周班会上的节目，以项目剧的方式表演出来，请大家帮小王完成这个剧本吧！

（2）小李是现代物流管理专业二年级的学生，在学习“现代物流基础”课程的过程中，他感觉物流对我们的生活影响比较大，恰好老师给大家布置了作业，希望各位同学能根据自己身边的物流现象阐述物流对生活的影响，请大家帮助小李完成此次作业吧！

项目二　从专业角度认识物流

本项目思维导图

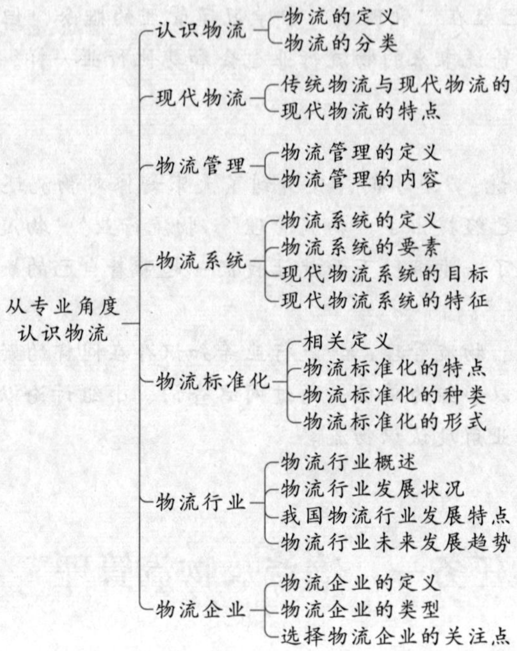

学习目标

知识目标：了解物流及物流管理的基础知识，在理解物流系统的定义、要素的基础上，描述现代物流系统的目标、特征，指出物流标准化的定义、种类及形式；在理解物流行业含义的基础上，解释公司与企业的区别，讲解物流企业的相关内容。

能力目标：能够举例说明并阐述物流的定义，指出传统物流与现代物流的区别；能概括物流系统的流动要素，举例说明物流统一基础标准；阐述未来物流行业的发展趋势，讲解不同的企业类型案例。

素养目标：通过学习物流系统、物流标准化以及现代物流企业的发展，培养学生具有较强的独立思考能力；具有提早做好职业规划的意识；具有较强的执行能力；具有分清局部和整体关系的能力；具有按标准做事、按规矩办事的意识；具有认清自我、虚心向别人学习的意识；具有善于找准定位的能力。

项目导入

自从同学们从生活的角度认识了物流之后，大家越来越想了解物流，这不，在上课之前李华和同学们又开始讨论了。

王同学说："从古至今认识了物流现象之后，我觉得物流离我们太近了，我更加好奇到底什么样的活动能算物流活动呢？"

赵同学说："我觉得从字面来理解，物流就是物的流动，你们说我们从家里坐高铁到学校算不算物流呢？河水的流动算不算物流呢？树叶在路上被风吹得移动是不是也是物流呢？"

邵同学说："我们作为物流管理专业的学生，以后我们就业的这个行业是什么样的？我好像也不了解。"

李华说："虽然我们已经在'管理学'中学习了管理的概念，但是我还是对物流管理不是很懂。但是我听我爸爸说未来的物流行业也会和其他行业一样，变成信息化、数字化的行业。"

叮铃铃……

老师走进教室，笑着说："同学们，我听到了大家好像对物流还是很迷惑啊！但是同学们都是非常优秀的，都已经提出了'物流管理''物流行业''物流企业'等词汇了，说明大家离我们的专业又近了一步哦！下面就让我们一起带着自己的疑问，从专业的角度认识物流吧！"

大家是不是也对物流、物流管理、物流行业等知识存在同样的疑问，就让我们一起跟随李华和同学们的脚步，以小组为单位，通过网络查询、小组讨论以及书籍资料查询的方式，阐述并解释如何从专业角度认识物流。

项目实施

任务一　物流及物流管理

行动任务

安吉物流有限公司（简称安吉物流）是一家具有AAAAA级资质的物流企业，致力于成为国内领先和最值得信赖的高效物流服务提供商之一。王鑫是物流管理专业大四的学生，最近他在安吉物流的综合管理部实习，因为安吉物流一直是现代物流行业的代表，所以他的领导给他布置了一个任务，希望王鑫能通过网络查询、书籍资料查询等多种方式，以表格的形式列出传统物流和现代物流的区别。

行动锦囊

一、认识物流

物流的概念最早是在美国形成的，起源于20世纪30年代，原意为"实物分配"或"货物配送"，英文为"Physical Distribution"，1963年被引入日本，日文意思是"物的流通"。

装卸、搬运、包装、流通加工及信息处理等传统内容之外，还应设法提供增值性服务内容，如简化手续与操作的便利性服务、基于准时化理念加快反应速度的服务、降低成本的服务以及延伸服务等。

物流的过程如何展开其实与物品实体的性质密切相关，有什么样的物，就有什么样的流，如有的货物适宜铁路运输、有的货物需要包装、有的货物需要低温储存等。

（二）物流的分类

现代物流是经济全球化的产物，也是推动经济全球化的重要服务业。不同领域发生的物流活动都有其不同的特点，根据不同的分类标准将物流进行如下分类（见表2-1-1）。

表2-1-1 物流的分类

分类标准	类别	
物流的范畴不同	宏观物流	部门物流、区域物流、国际物流
	微观物流	供应物流、生产物流、销售物流、回收物流、废弃物流
作用领域的不同	生产领域的物流	
	流通领域的物流	
发展的历史进程	传统物流	
	现代物流	
提供服务的主体不同	代理物流	
	企业内部物流	
物流的流向不同	内向物流	
	外向物流	

1.根据物流的范畴不同，物流分为宏观物流和微观物流

（1）宏观物流。它是社会再生产过程中，国民经济各部门之间、区域之间以及国家之间的物流活动。宏观物流又称社会物流或国民经济物流，具体包括部门物流、区域物流和国际物流。

①部门物流，指国民经济各部门之间物质资料的流转。部门物流反映了国民经济产业结构中的部门结构，是各部门协调发展的重要条件。随着社会生产力的发展和科技水平的进步，社会生产的专业化程度不断提高，部门和企业之间的分工日益细化，这使得国民经济各部门之间、企业之间的物流活动越来越复杂。各个部门在生产上要相互衔接、紧密配合，以实现国民经济顺利运行，这就要求投资品生产、消费品生产、中间产品生产以及为生产和生活服务的部门在生产和供应上相互衔接，形成相互适应、相互促进的物流系统。物流不畅，必然影响一些部门的发展，造成国民经济部门发展的失衡。

②区域物流，包括一定区域范围内的物流和不同区域之间的物流。任何生产都是在一定的区域内进行的。由于自然、技术、经济、社会等因素的制约，客观上形成了一定的生产和经济协作区域，这些区域又构成国民经济产业结构的地区和空间布局。经济区域是以城市为中心的，一般来讲，一个城市就是一个经济中心。城市的经济活动以物流为依托，其发展对物流有很强的依赖性，区域内的发展规划，如工厂、仓库、住宅、商业以及道路、桥梁、车站、机场等都要以物流为约束条件（如图2-1-2所示）。

图2-1-2 区域内的物流

③国际物流，是国家之间经济交往、贸易活动中的物质资料流转。国际物流是伴随着国际贸易的发展而发展的，第二次世界大战以后，科学技术进步与社会化大生产的发展，使国际分工日益深化，世界经济联系日趋密切，生产国际化已成为世界经济发展的基本趋势。发达国家之间的经济联系全面强化，跨国公司内部的交换成为国际贸易的重要组成部分，国际分工从不同产业部门之间深入到同一行业不同产品之间，出现了若干国家协作生产的“国际产品”。世界经济的发展变化使国际贸易迅速增长，各国的经济发展对国际贸易的依赖性大幅度提高。图2-1-3是国际几大快递巨头示意图。

图2-1-3 国际几大快递巨头

（2）微观物流。它是局部范围的物流，又叫企业物流，是企业生产过程各个阶段物质资料的流转。其具体包括供应物流、生产物流、销售物流、回收物流和废弃物流（见表2-1-2）。

表2-1-2 微观物流的分类

微观物流分类	内容
供应物流	指企业供应生产所需原材料、零部件、燃料、辅助材料的物流活动，具体包括采购、装卸、检验、入库等环节。供应物流对企业生产有着直接的影响，生产所需物质资料供应的时间、数量和质量，在很大程度上决定着企业的生产节奏和生产成本，从而影响企业的经济效益

续表

微观物流分类	内容
生产物流	指伴随企业生产工艺的物流活动。生产物流一般从企业物资供应仓库开始，按照生产进度和要求，对物资进行分类、装卸、搬运，向各个生产环节和作业场所配送。在供应商服务水平较高的情况下，往往是在指定的时间，把指定数量的物资直接送到指定的作业场所，形成生产物流的起点
销售物流	指伴随企业销售活动，将产品转送给客户的物流活动，具体包括仓储、分类、包装、装卸、运输和售后服务。产品在销售之前，都需要存储起来，存储货物可以在工厂或者附近，也可以在各个销售地点分散存储。按照客户订单或供货合同，对存储的货物进行分类、包装、运达客户指定的地点，并进行必要的服务，是销售物流的全过程
回收物流	指企业在供应、生产、销售过程中产生的可再利用物资的回收活动，具体包括供应物流过程和销售物流过程产生的可再利用的包装物、衬垫物等的回收
废弃物流	指企业在供应、生产、销售过程中产生的废弃物品的收集、处理和再生的物流活动。在生产过程中不可避免地会产生废水、废气、废油等各种废弃物，随着工业化的发展，废弃物严重污染环境、危及人类的生活环境和身体健康，在世界各国都成为不可忽视的社会问题

2. 根据作用领域的不同，物流分为生产领域的物流和流通领域的物流（如图 2-1-4 所示）

生产领域的物流贯穿生产的整个过程。从原材料的采购开始，便要求有相应的供应物流活动，即采购生产所需的材料；在生产的各工艺流程之间，需要原材料、半成品的物流过程，即生产物流

流通领域的物流主要是指销售物流。在当今市场条件下，销售物流活动带有极强的服务性，以满足客户的需求，最终实现销售。在这种前提下，销售往往以将货物送达用户并经过售后服务才算终止，因此企业销售物流的特点便是通过包装、配送等一系列物流活动而实现销售

图2-1-4 生产领域和流通领域的物流

3. 根据发展的历史进程，物流分为传统物流和现代物流

（1）传统物流。它一般指产品出厂后的包装、运输、装卸、仓储。传统物流的主要精力集中在仓储和库存的管理及货物派送上，而有时又把主要精力集中在仓储和运输方面，以弥补在空间和时间上的不足。

微课 2-2

现代物流

（2）现代物流。它是对传统物流的拓展与升级。其核心在于将物流活动向供应链上下游两端延伸，并融入信息管理、系统优化、增值服务等新内涵，实现社会物流与企业物流的深度整合与一体化运作。

现代物流的本质是：以满足最终消费者需求为导向，对从原材料供应起点到最终产品消费终点的全链条（包含原材料、在制品、产成品及相关信息）所进行的高效流动、科学储存、精准计划、有效实施与全程控制的管理过程。因此，现代物

流涵盖了产品从生产源头（“生”）直至废弃回收（“死”）的整个物理性流通与相关管理活动的生命周期。它强调整体性、系统性和全程化管理，显著提升了物流服务标准与效能要求，代表着当今世界物流发展的主流方向。

4.根据提供服务的主体不同，物流分为代理物流和企业内部物流

（1）代理物流。它也叫第三方物流（Third-Party Logistics，3PL），也称作委外物流（Outsourcing Logistics）或是合约物流（Contract Logistics），是指由物流劳务的供方、需方之外的第三方去完成物流服务的运作模式。第三方就是提供部分或全部物流功能的外部服务提供者。

（2）企业内部物流。它又称为自营物流，主要是指工业企业自己经营的物流，而它的主要经济来源不在于物流，是一个生产企业从原材料进厂后，经过多道工序加工成零件，然后组装成部件，最后组装成成品出厂，这种企业内部物资的流动称为企业内部物流。现如今在商贸企业中也出现了自营物流，则是指企业自身经营物流业务，建设全资或是控股物流子公司，完成企业物流配送业务，即企业自己建立一套物流体系。

5.按物流的流向不同，物流分为内向物流和外向物流

（1）内向物流。它是企业从生产资料供应商进货所引发的产品流动，即企业从市场采购的过程。

（2）外向物流。它是从企业到消费者之间的产品流动，即企业将产品送达市场并完成与消费者交换的过程。

果行育德

想一想　你还知道哪些物流小故事呢？讲给同学们听吧！

一起行动吧　只要同学们细心观察、善于思考，你就能发现好多和物流相关的小故事。

二、现代物流

现代物流（Modern Logistics）是指将信息、运输、仓储、库存、装卸、搬运以及包装等物流活动综合起来的一种新型的集成式管理，其任务是尽可能地降低物流的总成本，为顾客提供最好的服务。那你知道传统物流和现代物流有什么区别吗？现代物流又具有什么特点呢？

现代物流的定义

（一）传统物流与现代物流的区别

随着经济的发展，现代物流的发展趋势比传统物流更适应社会经济的发展。现代物流与传统物流有着本质上的区别，现代物流以满足消费者和市场的需求为目标，以第三方物流为基础，联合供应商和销售商，把战略、市场、研发、采购、生产、销售、运输、配送和服务各环节活动整合在一起，作为现代经济领域的新兴产业支撑国家和世界的发展。人们把传统物流简单地视为一种“后勤保障系统”。传统物流与现代物流的区别如图2-1-5所示。

1.传统物流只是提供简单的位移，现代物流还提供增值服务

传统物流是简单的“仓库+汽车”到“另一个仓库”，只是按生产和销售部门的要求进行保管和运输。现代物流是现代化的仓库、交叉理货平台和信息网络的结合体，个性化

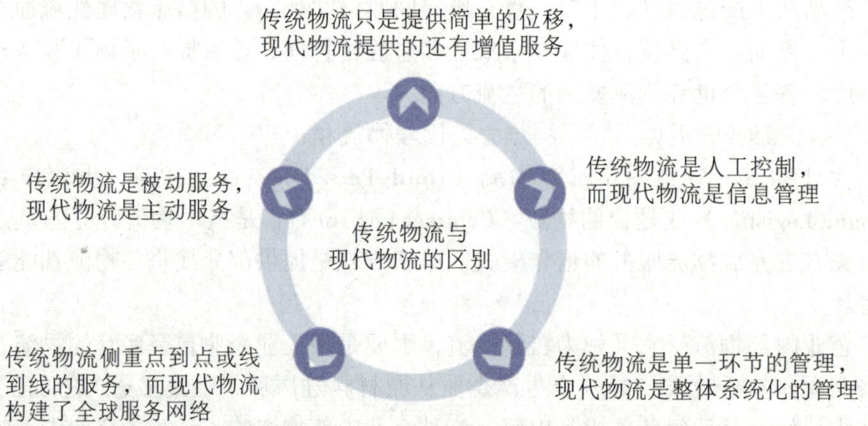

图2-1-5 传统物流与现代物流的区别

服务特征明显，可以为客户量身定做。物流公司提供的服务不仅包括运送，还增加了一系列增值性服务，如分配、包装、仓储等。

2.传统物流是被动服务，现代物流是主动服务

传统物流是支付款项后才给传送，货品送达后，客户才知道是什么货，它通常只是物品的流动，资金流未参与其间，信息流在物流完成后才发生。现代物流过程是商流、物流、信息流和资金流的统一。打个电话，上一下网，主动将送什么货的信息先于物流发送出去，通过现代通信手段编织出“天罗地网”，对运输、收货和资金可以了如指掌。

3.传统物流侧重点到点或线到线的服务，而现代物流构建了全球服务网络

传统物流只是由生产企业到批发企业和零售企业的物流运动，是点到点或线到线的运输，而且运输工具单一。现代物流业是厂商直接与终端用户打交道，物流的领域将扩大到全球的任何一个地方。它提供的是一种门到门的服务，只要消费者需要，企业可以通过网络提供全面的服务，通过综合运输送货到位，这就促使现代物流必须构建一个全球服务网络。

4.传统物流是单一环节的管理，现代物流是整体系统化的管理

在传统物流业中，受传统体制影响，运输、仓储、货运代理等物流各环节各自为政，相互割裂，互不越界，没有整合。由于这些环节由互不沟通的不同经济实体分别承担，它们之间似乎不存在利益的共生关系，无统一服务标准。现代物流业的首要问题便是整合资源，使之充分、有效、高效而协调地有机连接运行。它有多个环节，通过计划、管理、控制过程，把这几个环节加以组织，以最少的费用、最高的效率、客户最满意的程度把产品送到用户手里。

5.传统物流是人工控制，而现代物流是信息管理

传统的物流过程是由多个业务流程组成的，受人为因素影响和时间影响较大。现代物流业务流程由网络系统连接，实现整个过程的实时控制和信息管理，给企业带来全新的管理方法。

（二）现代物流的特点

我国许多专家学者认为，现代物流是根据客户的需求，以最经济的费用，将物品从供给地向需求地转移的过程。因此，现代物流的主要特点有：

1.信息电子化

由于计算机信息技术的应用，现代物流过程的可见性（Visibility）明显增加，物流过程中库存积压、延期交货、送货不及时、库存与运输不可控等风险大大降低，从而可以加强供应商、物流商、批发商、零售商在组织物流过程中的协调和配合以及对物流过程的控制程度。

2.反应快速化

物流服务提供者对上游、下游的物流、配送需求的反应速度越来越快，前置时间越来越短，配送间隔越来越短，物流配送速度越来越快，商品周转次数越来越多。

3.功能集成化

现代物流着重于将物流与供应链的其他环节进行集成，包括物流渠道与商流渠道的集成、物流渠道之间的集成、物流功能的集成、物流环节与制造环节的集成等。

4.服务系列化

现代物流强调物流服务功能的恰当定位与完善化、系列化。除了传统的储存、运输、包装、流通加工等服务外，现代物流服务在外延上向上扩展至市场调查与预测、采购及订单处理，向下延伸至配送、物流咨询、物流方案的选择与规划、库存控制策略建议、货款回收与结算、教育培训等增值服务；在内涵上则提高了以上服务对决策的支持作用。

5.作业规范化

现代物流强调功能、作业流程、动作的标准化与程式化，使复杂的作业变成简单的易于推广与考核的动作。

6.目标系统化

现代物流从系统的角度统筹规划一个公司整体的各种物流活动，处理好物流活动与商流活动及公司目标之间的关系，不求单个活动的最优化，但求整体活动的最优化。

7.手段现代化

现代物流使用先进的技术、设备与管理为销售提供服务，生产、流通、销售规模越标准的现代物流企业，物流范围越广，物流技术、设备及管理越现代化。在现代物流中，计算机技术、通信技术、机电一体化技术、语音识别技术等得到普遍应用。世界上最先进的物流系统运用了GPS（全球定位系统）、卫星通信、射频识别、机器人等技术，实现了自动化、机械化、无纸化和智能化。

8.组织网络化

为了保证对产品促销提供快速、全方位的物流支持，现代物流需要有完善、健全的物流网络体系，网络上点与点之间的物流活动应保持系统性、一致性，这样可以保证整个物流网络有最优的库存总水平及库存分布，运输与配送快速、机动。分散的物流单体只有形成网络才能满足生产与流通的需要。

三、物流管理

现代意义上的物流管理出现在20世纪80年代，人们发现利用跨职能的流程管理方式去观察、分析和解决企业经营中的问题非常有效。通过分析物料从原材料运到工厂，流经生产线上每个工作站，产出成品，再运送到配送中心，最后交付给客户的整个流通过程，企业可以消除很多看似高效率却实际上降低了整体效率的局部优化行为。那你知道现代意

20世纪70年代后，日本的“物流”一词逐渐取代了“物的流通”。中国的“物流”一词是从日文资料引进来的外来词，源于日文资料中对“Logistics”一词的翻译——“物流”。

（一）物流的定义

微课 2-1

物流

物流定义

中国国家标准《物流术语》（GB/T 18354—2021）将物流（Logistics）定义为：“根据实际需要，将运输、储存、装卸、搬运、包装、流通加工、配送、信息处理等基本功能实施有机结合，使物品从供应地向接收地进行实体流动的过程”。物流是供应链活动的一部分，是为了满足客户需要而对商品、服务以及相关信息从产地到消费地的高效、低成本流动和储存进行的规划、实施与控制的过程。

物流活动中涉及的物品可以包括原材料、半成品、产成品、回收品以及废弃物等，但这些物品产生实体流动的前提是满足经济与社会活动需要（如图2-1-1所示）。

图2-1-1　产品加工过程

现代物流过程主要关注物品的流动属性与物品的时空变换，并不涉及物品所有权的流转，计量物品价值、实现物品所有权的转移必须依靠商流活动，商流、物流、信息流、资金流一起构成了现代流通活动。

物流通过使物品流通而创造价值，具体体现在三方面：一是因解决供应地至接收地的空间差问题，从而产生了空间效用；二是因设法缩短物品流动时间、充分利用生产与使用的时间差，从而产生了时间效用；三是因对物品在流通过程中有针对性地实施完善、补充性加工，从而产生了形态效用。

由于物流的出发点是满足顾客及社会的需求，这就决定了物流的本质是服务，即全方位服务于用户，因而物流应归为现代服务业。现代物流服务除定义中提及的运输、储存、义上的物流管理及其内容吗？

果行育德

想一想　同学们应该如何做好职业规划呢？

一起行动吧　提早做好职业规划，有目的地学好知识，遇到挫折时，千万不要轻易灰心，继续向前。

（一）物流管理的定义

微课 2-3

物流管理

中国国家标准《物流术语》（GB/T 18354—2021）中将物流管理（Logistics Management）定义为：“为达到既定的目标，从物流全过程出发，对相关物流活动进行的计划、组织、协调与控制。”具体是指在社会再生产过程中，根据物质资料实体流动的规律，应用管理的基本原理和科学方法，对物流活动进行计划、组织、指挥、协调、控制和监督，使各项物流活动实现最佳的协调与配合，以降低物流成本，提高物流效率和经济效益。现代物流管理是建立在系统论、信息论和控制论上的专业学科。

现代物流管理面临着新的挑战，很多先进的信息技术的出现，极大地推动了物流行业的巨变，因此，现代物流管理具有以下特征：一是以实现客户满意为第一目标；二是以企业整体最优为目的；三是以信息为中心；四是重效率更重效果。

（二）物流管理的内容

现代物流管理的内容如图2-1-6所示。

图2-1-6　现代物流管理的内容

1.物流作业管理

物流作业管理是指对物流活动或功能要素的管理，主要包括运输与配送管理、仓储与物料管理、包装管理、装卸搬运管理、流通加工管理、物流信息管理等。物流作业管理强调低成本、高质量和快速响应。企业利用作业成本法测算与物流活动相关的费用，使得物流成本明晰化。然后，在作业成本法的基础上，应用作业管理思想来进行物流管理，深入开展企业作业的增值性分析和因果关系分析。

2.物流战略管理

物流战略管理是对企业的物流活动实行的总体性管理，是企业制定、实施、控制和评价物流战略的一系列管理决策与行动。其核心问题是使企业的物流活动与环境相适应，以实现物流的长期、可持续发展。物流战略管理属于管理学的范畴，是管理科学的一个新发展阶段，是一门具体的管理学科。其从管理学的角度研究如何把企业物流的各项具体管理提高到战略的高度，用战略的理念进行企业物流的科学管理，从而实现发展战略的目标。物流战略管理是指通过物流战略设计、战略实施、战略评估与控制等环节，调节物流资源、组织结构等，最终实现物流系统宗旨和战略目标的一系列动态过程的总和。物流战略管理的目标是：降低成本、减少资本、提高服务。

3.物流成本管理

物流成本管理是指有关物流成本方面的一切管理工作的总称，即对物流成本所进行的计划、组织、指挥、监督和调控。物流成本管理的主要内容包括物流成本核算、物流成本预测、物流成本计划、物流成本决策、物流成本分析、物流成本控制等。物流成本管理是通过成本去管理物流，即管理的对象是物流而不是成本。物流成本管理可以说是以成本为手段的物流管理方法。

4.物流服务管理

所谓物流服务，是指物流企业或企业的物流部门从处理客户订货开始，直至商品送交客户过程中，为满足客户的要求，有效地完成商品供应、减轻客户的物流作业负荷，所进行的全部活动。物流属于现代服务业范畴，物流服务管理主要从如何更好地为客户服务，达到客户满意的目标角度，强调物流管理的方式和方法。

5.物流组织与人力资源管理

物流组织是指专门从事物流经营和管理活动的组织机构，既包括企业内部的物流管理和运作部门、企业间的物流联盟组织，也包括从事物流及其中介服务的部门、企业以及政府物流管理机构。物流组织与人力资源管理是指对物流活动全过程中所涉及的所有“人”和“组织机构”的管理。

6.供应链管理

供应链管理，是用系统的观点通过对供应链中的物流、信息流和资金流进行设计、规划、控制与优化，以寻求建立供、产、销企业以及客户间的战略合作伙伴关系，最大程度地减少内耗与浪费，实现供应链整体效率的最优化并保证供应链成员取得相应的绩效和利益，来满足顾客需求的整个管理过程。

行动进行

王鑫通过学习掌握了上述知识，准备开始实际操作。

步骤一：整理传统物流和现代物流的区别

王鑫通过查阅资料等方式，主要从以下项目比较传统物流和现代物流的区别：产生背景、物流功能、物流设备、物流服务、信息技术、客户服务、作业过程、对外界变化的反应、业务外包、供应链上的协调性。

果行育德

想一想　从给猫系铃铛的故事中你得到了什么启示呢？

一起行动吧　同学们，在成为一个合格的管理者之前，必定要成为一个执行力非常强的员工。

步骤二：进行传统物流和现代物流对比

根据比较项目，逐一进行传统物流和现代物流的对比，王鑫通过整理汇总成表2-1-3。

表2-1-3 **传统物流和现代物流的对比**

比较项目	传统物流	现代物流
产生背景	计划经济时代，物资流通需要	供应链一体化、JIT、敏捷制造等理论发展和实践需要
物流功能	一般只实现单一的物流作业环节	完成综合物流作业
物流设备	手工作业为主，落后、作业效率低下	机械化作业，设备较为先进，作业效率高
物流服务	局限于地区间的物流服务，无统一标准	参与国际统一服务，具有统一标准
信息技术	没有信息系统作业，或信息传递全凭纸张单证	普遍应用计算机及Internet、EDI、GPS等
客户服务	无或甚少	多且积极
作业过程	随意性强	标准化、格式化作业
对外界变化的反应	反应迟钝、应变能力不强	反应敏捷，能迅速做出有效反应
业务外包	无	大量
供应链上的协调性	不参与供应链整合	参与且主导供应链运营，在供应链上起着协调、整合作用

总之，传统物流的功能比较单一，设计的系统也比较简单；现代物流在传统物流的基础上拓展了功能和服务范围，使系统变得相对复杂。因此，对现代物流的管理不是单一功能和单一环节的效率问题，而是整个系统的效率优化问题。

行动评价

学习任务完成情况评价表

评价内容	评价标准		评价等级			
			A（80～100分）	B（60～79分）	C（60分以下（不含60））	疑惑点
理论知识评价	1	能准确描述物流的定义				
	2	能根据不同的分类标准合理分类				
	3	能准确描述传统物流和现代物流的区别				

续表

评价内容	评价标准		评价等级			
			A（80～100分）	B（60～79分）	C（60分以下（不含60））	疑惑点
理论知识评价	4	能合理阐述物流管理的定义				
	5	能至少说明两点物流管理的内容				
技能操作评价	1	能够运用合理的例子阐述物流的定义				
	2	能准确分析传统物流企业和现代物流企业的区别				
	3	能够运用例子准确地阐述物流管理的定义				
职业素养评价	1	具有较强的独立思考能力				
	2	具有提早做好职业规划的意识				
	3	具有较强的执行能力				

说明：同学们根据自我评价打分，然后在分值所处范围内相应的等级下打“✔”，若未得到满分，同学们可在“疑惑点”这一列列出自己的疑问。

行动巩固

行动巩固 2-1

一、单项选择题

1.物流的概念最早是在（　　）形成的。

A.中国　　B.美国　　C.日本　　D.英国

2.流通领域的物流主要是指（　　）。

A.加工物流　　B.配送物流　　C.包装物流　　D.销售物流

3.（　　）一般指产品出厂后的包装、运输、装卸、仓储，主要精力集中在仓储和库存的管理和派送上。

A.传统物流　　B.现代物流　　C.内向物流　　D.外向物流

4.企业利用（　　）测算与物流活动相关的费用，使得物流成本明晰化。

A.作业成本法　　B.战略设计法　　C.现代计数法　　D.供应链管理法

二、多项选择题

1.按物流的范畴可分为（　　）。

A.宏观物流　　B.微观物流　　C.生产物流　　D.流通物流

2.现代物流的主要特征有（　　）。

A.信息电子化　　B.反应快速化　　C.功能集成化　　D.成本加大化

3.现代物流的发展趋势呈现出的特征有（　　）。

A.标准化　　B.多功能化　　C.系统化　　D.信息化

4.现代物流管理的特征包括（　　）。

A.以实现客户满意为第一目标　　B.以企业整体最优为目的

C.以信息为中心　　D.重效率更重效果

5.现代物流管理包括（　　）。

A.物流作业管理　B.物流战略管理　C.物流成本管理　D.客户信息管理

三、判断题

1.分散的物流单体不形成网络也能满足现代生产与流通的需要。（　　）

2.现代物流的任务是尽可能降低物流的总成本，为顾客提供最好的服务。（　　）

3.物流合理化的基本思想就是“均衡”。（　　）

四、简答题

请简述物流的分类有哪些，以表格的方式呈现出来。

五、案例分析

联想集团成立于1984年，是一家以研究、开发、生产和销售自有品牌的计算机系统及其相关产品为主，在信息产业领域内多元化发展的大型企业。联想集团于1994年在香港联合交易所挂牌上市，市值近500亿港元，位居香港股市十大上市公司之列。

从一间小平房里起家、仅有11个人的联想集团，目前约有72 000名员工；在北京、上海、成都、西安、沈阳、深圳等地设有地区总部，在全国各地有数千家代理分销网点；在欧洲、美洲、亚太设有海外平台。1999年实现销售收入203亿元人民币，连续两年位居全国电子百强第一名；销售联想电脑147万台，连续四年位居中国市场第一，在亚太地区的市场占有率上升到第一；联想集团是国家120家试点大型企业集团之一、国家技术创新试点企业集团之一，是国内最具影响力的高科技公司之一。那么，联想集团能从1984年的11个人、20万元资金的小企业发展到今天接近5 000亿元营业额、分支机构遍布全球的大型集团公司，是什么推动联想集团不断发展和进步的呢？主要是管理创新以及持续的信息化应用。

联想的信息化建设是从1991年开始起步的，持续的信息化应用给联想带来了巨大的经济效益：2000年仅ERP上线的头一个季度，联想的净利润就比1999年同期增长了136%，高于1999年净利润的增长幅度近一倍；平均交货时间从1996年的11天缩短为5.7天；存货周转天数由35天降到19.2天；应收账周转天数由23天缩短为15天；集团多法人结账由原来的30天下降为6天，单一法人结账仅仅需要1天。

联想的信息化建设并不是一蹴而就的，而是一个循序渐进、从基础到高端的发展过程，包含：构建企业的网络基础设施；实现网络办公；建设企业核心的业务管理和应用系统。这里最有代表性的就是ERP，ERP针对企业经营的三个直接增值环节设计了客户关系管理CRM、供应链管理SCM以及产品生命周期管理PLM。

联想通过多年的实践，理解到企业信息化的实质是：通过对先进的管理思想的消化，学习参加最佳行业实践，梳理、优化、再造业务流程，并应用IT技术，规范、集成、共享信息，从而达到提高效率、降低成本、提升客户满意度和企业运作管理水平的目的。

资料来源　作者根据相关资料整理.

案例分析要求：结合案例背景分析ERP中的物流管理。

任务二　物流系统及物流标准化

行动任务

苏州物流公司是经过多年的运作，已建成包括苏州、北京、南京和昆明四城市四种商业模式的从事第三方物流末段服务的专业公司，获得了几个投资机构的注资，形成了自己的标准化业务和管理流程，实现了整体盈利，为今后的配送网络复制和扩张打下了基础，并开始与相关中游物流企业进行企业标准对接。

苏州物流公司最近准备参加国家标准化物流企业的评比，前期需要收集资料分析我国物流标准化的发展现状。物流部主管将这项工作交给了小王，小王需要借助网络查询及查阅相关书籍资料，分析我国物流标准化的发展特点及发展趋势。

行动锦囊

一、物流系统

系统主要指由一组功能相互关联的要素、变量、组成部分或目标组成的统一的整体。物流系统（Logistic System）是指由两个或两个以上的物流功能单元构成，以完成物流服务为目的的有机集合体。认识了系统，那你知道什么是物流系统吗？

物流系统

（一）物流系统的定义

具体来讲，物流系统是指在一定的时间和空间里，由所需输送的物料和包括有关设备、输送工具、仓储设备、人员以及通信联系等若干相互制约的动态要素构成的具有特定功能的有机整体。物流系统基本模式和一般系统一样，具有输入、转换及输出三大功能，通过输入和输出使系统与社会环境进行交换，使系统和环境相依而存，而转换则是这个系统的功能（如图2-2-1所示）。

微课 2-4

物流系统

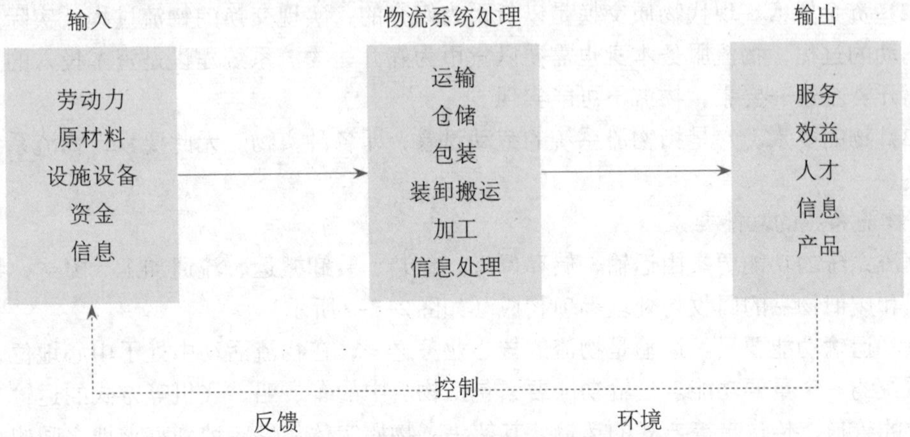

图2-2-1　物流系统的输入及输出

一般来讲，物流系统的输入是指物流成本，即指采购、运输、储存、流通加工、装卸、搬运、包装、销售、物流信息处理等物流环节所需的劳动力、设备、材料、资源等要素，是由外部环境向系统提供的。而物流系统的输出是由企业效益、竞争优势以及客户服务三部分组成。现代物流系统是指以传统物流系统为基础，以现代科技和先进的科学理论为支撑的物流系统。

物流系统的特点体现在如图2-2-2所示的四个方面。

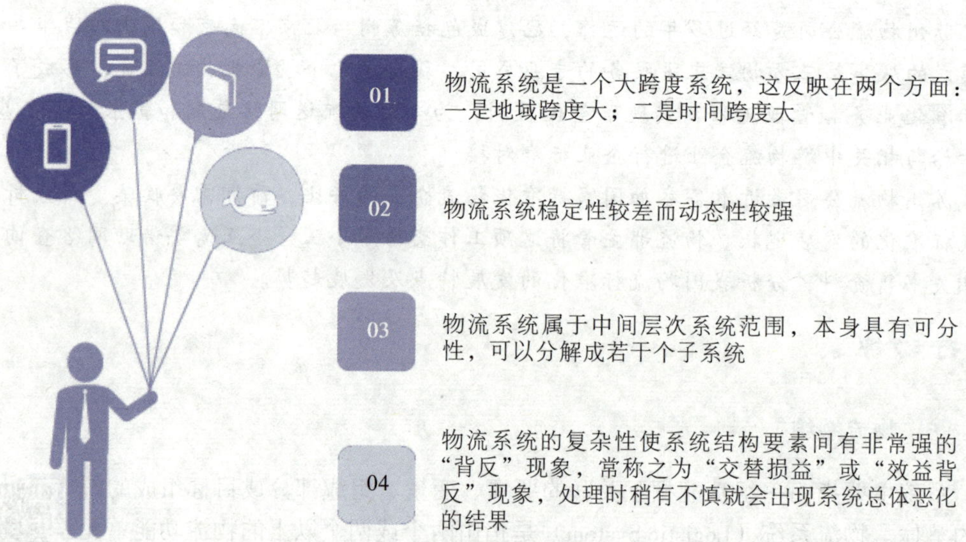

图2-2-2 物流系统的特点

（二）物流系统的要素

物流系统的要素是指物流系统所具有的基本能力，通过对这些基本能力的有效组合，便形成了物流系统的总体功能，能合理、有效地实现物流系统的总目标。

1.物流系统的一般要素

物流系统的一般要素是物流系统的基本要素，由三方面构成：

（1）劳动者要素。它是物流系统的核心要素，提高劳动者的素质是建立一个现代化的物流系统并使它高效运转的根本。

（2）资金要素。现代物质交换是以货币为媒介的，实现交换的物流过程，实际上也是资金流动的过程，物流服务本身也需要以货币为媒介，物流系统建设是资本投入的一大领域，离开资金这一要素，物流不可能实现。

（3）物的要素。它是指物流系统的劳动对象，即各种实物。无此要素，物流系统便无的放矢。

2.物流系统的功能要素

物流系统的功能要素由运输、储存保管、包装、装卸搬运、流通加工、配送、物流信息处理和废旧物品的回收与处理等项构成（如图2-2-3所示）。

（1）运输功能要素。运输是物流的核心业务之一，在物流活动中处于中心地位，也是物流系统的一个重要功能。运输功能要素包括物流中的车、船、飞机等方式的运输，生产物流中的管道、传送带等方式的运输。其解决了物质实体从供应地到需求地之间的空间差异，创造了物品的空间效用。运输的方式有很多种（如公路运输、铁路运输、船舶运输、航空运输、管道运输等），选择何种运输手段对物流效率具有十分重要的影响。

图2-2-3　物流系统的功能要素

（2）储存保管功能要素。储存是物流中的又一极为重要的职能，与运输构成物流的两大支柱，同处于中心位置，其他物流活动都是围绕着储存与运输进行的。储存不但缓解了物质实体在供求之间、时空之间的矛盾，创造了商品的时间效用，同时也是保证社会生产连续运行的基本条件。储存功能的作用主要表现在三个方面：①存储与保管物资，能完好地保证其使用价值；②调节供需矛盾；③调节物资运输能力。其中，保管主要包括堆存、保管、保养、维护等活动。

（3）包装功能要素。其包括产品的出厂包装，生产过程中在制品、半成品的包装以及在物流过程中的换装、分装、再包装等活动。包装具有保护物品、便于运输、美化商品、促进销售等功能，它可以使货物在运输、存储过程中免遭因冷热、干湿、碰撞和挤压等损害所造成的损失，使货物完好地运送到用户手中，还可以通过包装装饰形式取悦于消费者，达到促销的目的。

（4）装卸搬运功能要素。装卸搬运是伴随着运输和存储而产生的必要的物流活动，装卸搬运功能要素包括对输送、保管、包装、流通加工等物流活动进行衔接的活动，以及在存储、保管等活动中为进行检验、维护、保养所进行的装卸搬运活动。装卸和搬运作业质量的好坏、效率的高低是整个物流活动的关键，关系到能否实现运输、储存等物流活动。对装卸活动的管理，主要是确定恰当的装卸方式，力求减少装卸次数，合理配置及使用装卸机具，做到节能、省力、减少损失、加快速度，获得较好的经济效果。

（5）流通加工功能要素。它又称流通过程的辅助加工活动，是在流通领域的生产过程中，对商品所进行的辅助性加工。这种加工可以更有效地满足客户的需要、促进销售、弥补生产过程的加工不足、更好地衔接供需双方需求、更合理地利用资源。加工内容非常丰富，有装袋、定量小包装、配货、拣选、分类等，还有生产外延的流通加工，如打孔、折弯、组装、改装等。在物流过程中，流通加工同样重要，在提高运输效率、改进产品品质等方面起着不可低估的作用。

（6）配送功能要素。它是物流体系中的一种综合的、特殊的形式，是物流进入最终阶段，以配送、送货形式最终实现资源配置的活动。传统的物流将配送活动看成运输活动中的一个组成部分，是短距离的运输，未将其独立作为物流系统实现的功能，没有当作独立的功能要素对待。从实质上看，配送既是现代物流的标志，又是整个物流活动的一个缩影，集经营、服务、库存、分拣、装卸搬运于一身，已不是简单的送货运输所能包含的。配送作业内容主要包括进货、搬运、储存、盘点、订单处理、拣货、补货、出货等。

（7）物流信息处理功能要素。随着物流全过程服务的发展，顾客对上述各项要素有关的活动计划、预测、动态（运量，收、发、存数）信息，以及有关的费用、生产和市场信息等，无时限沟通的要求越来越强烈，对信息进行及时、有效的传递和处理也显得更加重要。现代物流也需要依靠信息技术才能保证物流体系的正常运作。信息是连接运输、储存、保管、包装、装卸搬运、流通加工、配送等各功能要素的纽带，同时一些诸如物价、市场、交易等商业信息也为物流的运作提供了依据。没有各个物流环节之间信息的通畅、及时传递和处理，也就没有物流活动的时间效率和管理效率，也就失去了现代物流的整体效率。由此可见，信息功能是物流活动顺畅进行的保障，是物流活动实现高效率、高效益的前提，也是现代物流企业的又一重要标志。物流信息的来源如图2-2-4所示。

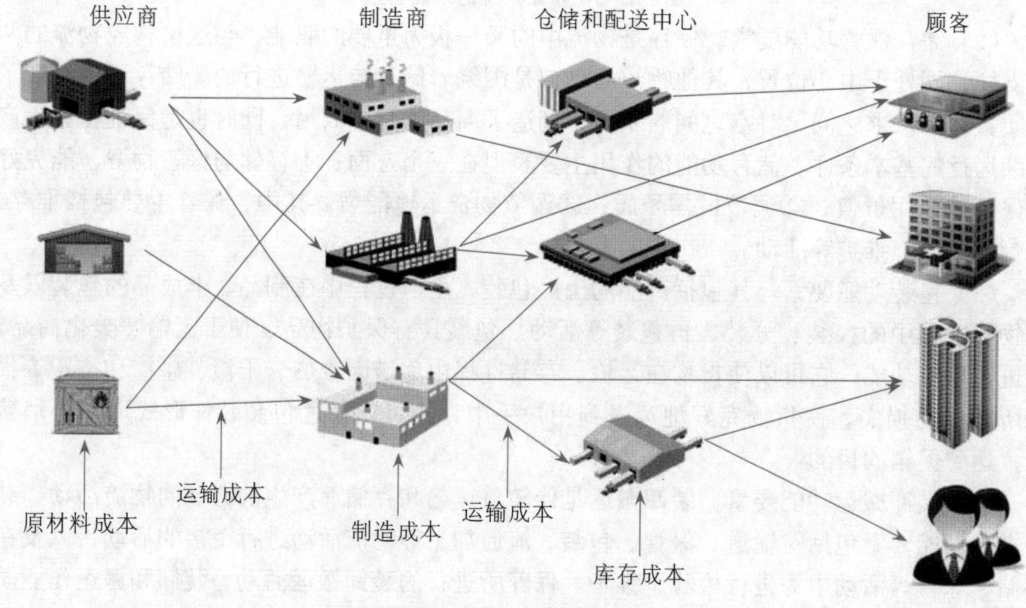

图2-2-4　物流信息的来源

（8）废旧物品的回收与处理功能要素。废旧物品的回收与处理是为了恢复物品价值、合理处置废旧物品和包装材料等，包括对生产和消费过程中的废弃物进行收集、分类、加工和处理，还包括对不合格的材料或残次品进行退货、包装品的回收利用，以及其他原因造成的对产品的回收。其具有不确定性、逆向性、处理费用高等特点。在节约社会资源、降低物料成本、提高企业形象、促进企业不断创新、增强企业竞争力等方面有着其他物流活动不可替代的优势。

3.物流系统的支撑要素

物流系统的建立离不开社会环境要素的支撑，尤其是在复杂的社会经济系统中，要确定物流系统的地位，协调与其他系统的关系，这些要素都必不可少。其主要包括以下内容：

（1）体制与制度。物流系统的体制与制度决定了物流系统的结构、组织、领导和管理方式。管理方式以及系统的地位是物流系统运行的重要保障。有了这个支撑条件，物流系统才能确立在国民经济中的地位。

（2）法律、法规。物流系统的运行，不可避免地涉及企业或个人的权益问题，法律、法规一方面限制和规范物流系统的活动，使之与更大的社会系统相协调；另一方面是给予企业或个人权益的保障。合同的执行、权益的划分和责任的确定等，都要依靠法律、法规进行维系。

（3）行政命令。物流系统与一般系统的不同之处在于，物流系统关系到国家、军事和经济的命脉，因此，行政命令等常常是支持物流系统正常运转的重要支持要素。

（4）物流系统标准化。这是保证物流系统中各个环节协调运行，保证物流系统与其他系统在技术上实现联结的重要支撑条件。

4.物流系统的物资要素

物流系统的建立和运行需要有大量的技术装备和基础设施，这些装备与设施的有机联系对物流系统的运行有着决定意义。这些要素对物流系统的运行是必不可少的，主要要素如图2-2-5所示。

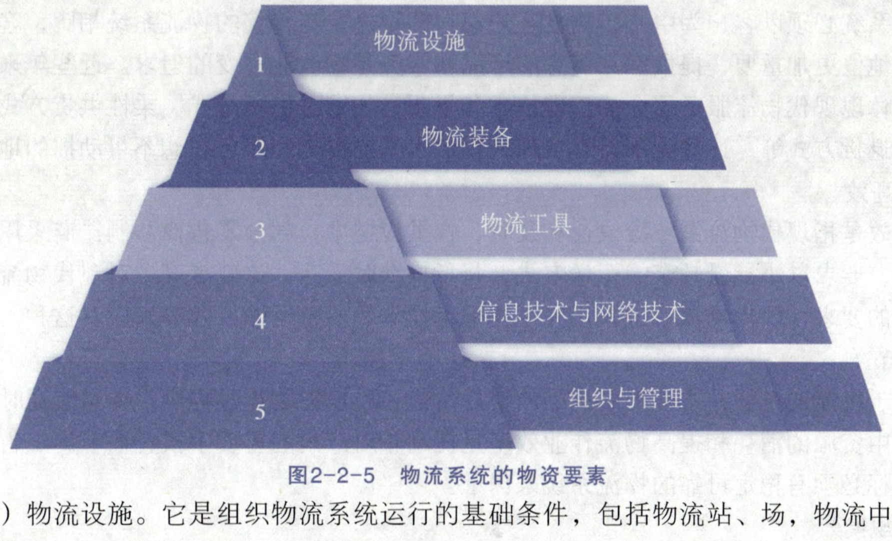

图2-2-5　物流系统的物资要素

（1）物流设施。它是组织物流系统运行的基础条件，包括物流站、场，物流中心、仓库，运输线路，建筑、公路、铁路和港口等。

（2）物流装备。它是保证物流系统运行的条件，包括仓库货架、进出库设备、加工设备、运输设备、装卸机械等。

（3）物流工具。它是物流系统运行的物质条件，包括包装工具、装卸工具、劳动工具、办公设备等。

（4）信息技术与网络技术。这是阐述和传递物流信息的主要技术，根据所需信息水平的不同，需要的技术与设备也不同，主要有通信设备及线路、传真设备、计算机及网络设备等。

（5）组织与管理。它是物流网络的“软件”，起着联结、调配、运用、协调和指挥其他各要素的作用，保障物流系统目标的实现。

5.物流系统的流动要素

物流系统就像是一个完整的流体，它具有七个流动要素：流体、载体、流向、流量、流程、流速、流效。不同类型的物流，都具有这七个流动要素，但可能它们的流体不同，所用的载体不同，流向不同，流量、流程与流速等也不尽相同：①流体，即“物”；②载体，即承载“物”的设备和这些设备据以运作的设施，如汽车和道路；③流向，即“物”转移的方向；④流量，即物流的数量表现；⑤流程，即物流路径的数量表现，亦即物流经过的里程；⑥流速，即流体流动的速度；⑦流效，即流体流动的效率和效益、成本与服务等。

在物流的过程中，这七个流动要素，一个都不能少，并且都是相关的。

（三）现代物流系统的目标

现代物流系统是指以传统物流系统为基础，以现代科技和先进的科学理论为支撑的物流系统。现代物流系统主要实现五个目标，即服务（Service）、高效（Speed）、节约（Savings）、规模效益（Scale Benefit）和库存调节（Stock Control），也统称为物流系统的“5S”目标。

1.服务

物流业属于服务业，只有给客户提供其所需要的服务才能实现物流业的价值，所以现代物流系统必须以客户为中心，树立客户第一的观念，与传统的物流系统相比，客户在系统中的地位更加重要，提供客户满意的产品和服务是物流业不变的追求。近些年来，出现了很多体现现代物流服务理念的管理技术和思想，如准时供货方式、柔性供货方式、固定时间内退货方式等，这些无不体现了现代物流水平的提高和服务思想不可动摇的地位。

2.高效

高效是指现代物流系统应快速和及时，在供应链中，部分零售商和制造商采用零库存的方式，要求以小批量频繁的运送方式，将货物准时运达，这就提高了对现代物流系统反应速度的要求，现代物流系统采用先进的配货技术、混合运输方式等来应对这种需求。

3.节约

由于物流的过程并不会提高商品的使用价值，所以在物流过程中，缩短流通时间、减少流通中资源的消耗和提高物流作业效率是提高相对产出的重要手段，而节约、省力和低耗的目标必须有稳定可靠的物流系统来保证。

4.规模效益

与生产系统相比，物流系统一般被看作是辅助性系统，有稳定性差、综合性和复合性强的特点，所以很难形成标准的规模化模式，获得规模效应。但是规模效应是行业成长壮大的必经阶段，其对企业的持久发展也是非常有益的。传统的物流系统往往是单一分散的，很难形成规模效应，随着物流技术的进步和物流管理思想的发展，集约化和规模化逐步被应用于物流系统的建设之中，如大型物流中心、配送中心、物流园区的建设都是其具体表现。

5.库存调节

库存调节是物流管理系统中资源配置的重要一环，是影响物流系统效益的重要因素之一，拥有良好的库存调节系统不仅能够保证企业和消费者的需求，还能够节约国家资源，实现企业的经济效益。确定正确的库存方式、库存数量、库存结构和库存分布是库存调节的主要任务。

（四）现代物流系统的特征

现代物流系统是指以传统物流系统为基础，以现代科技和先进的科学理论为支撑的物流系统。现代物流系统必须以高标准的服务、及时快速的配送方式、科学的库存控制、集成化和规模化的模式以及平衡的成本-效益的最终目标来进行运作，使物流成为商品从生产到消费过程中的重要一环。因此，与传统物流系统相比，现代物流系统主要具有以下几个特征：

1.专业化与集成化相结合

物流分工的细化和技术的日新月异，促使物流系统的专业化，尽管传统的物流系统中也存在分工，也有技术的应用，但是与现代物流相比，这种分工与技术力量显得非常薄弱。在现代物流系统中，分工非常详细，一个系统被分为若干子系统，子系统继续被分解，直至不能再被细分为止。例如，物流配送系统是物流系统的子系统，它又被分为配送计划、仓库管理、分拣、装卸、传输、包装、运输、客户管理子系统，其中的运输再被细分为车辆驾驶、信息反馈、卫星定位技术分系统。正是因为这样的高度专业化，才使得每项物流作业运作精确化与高效率化。

物流系统的集成化能够促使物流系统的简化，减少物流环节和物流作业量，从而降低物流成本，提高资源利用率和作业处理效率。MRP（物资需求计划）和DRP（分销资源计划）的集成就是一个典型的例子，它可以实现企业内外数据的共享，节约企业资源，提高工作效率，产生更高的利润回报。

专业化从技术的角度实现了物流运作效率的提高，而集成化从经济的角度实现了资源的充分利用，提高了利润回报率，专业化为实现集成化打下了坚实的基础，集成化解决了由于专业化可能会造成系统冗繁复杂的后顾之忧，两者相辅相成、互为补充，共同提高了物流系统的现代化程度。

2.自动化与网络化相结合

随着计算机水平的进步与物流技术软件的开发，现代物流系统已经由传统的以人为主导的系统变为以计算机网络为主导的高度自动化系统。库存水平的确定、运输路径的选择、自动导向车的运行轨迹，甚至一些物流配送中心的经营决策问题在现代物流系统中都能够实现自我运作，而不用纷繁复杂的人工来解决。随着机器人等相关技术成果的出现，使得现代物流系统逐步向智能化水平前进，智能化是物流自动化和信息化的一种高层次应用，是物流领域的又一大进步。智能仓如图2-2-6所示。

图2-2-6　智能仓

现代物流系统的网络化包括空间结构的网络化、逻辑结构的网络化和物流组织的网络化。空间结构的网络化如物流配送网络、分销网络和计算机系统网络等；逻辑结构的网络化如物流信息系统的功能结构、处理逻辑结构的网络化等；物流组织的网络化保证了物流节点之间物流活动的系统性和一致性。现代物流系统的网络化能够提高系统的运作效率，充分利用系统资源和提高系统的稳定性。

自动化可以以网络化为平台和基础，网络化以自动化和智能化作为发展目标，两者相互配合，为打造高度现代化的物流体系提供支撑和保证。

3.服务市场化和国际化

现代物流系统提供的服务更加市场化和国际化。市场化是指物流系统以市场为风向标，根据顾客的需求来生产和销售产品，无论是自营物流还是外包物流，都以“服务—成本”的最佳配合为总目标。国际化是现代物流的发展趋势，由于物质资料的生产和贸易发展已经越出了一国的界限，为其服务的物流也必然在世界范围内展开。面对这种客观环境的变化和要求，现代物流系统也必须为此做出反应和调整，建立能够适应国际化生产和发展要求的现代化物流系统是现代物流国际化的必然选择。

4.系统的高度柔性化

系统的柔性化反映了系统适应内外部环境变化的能力，现代化的物流系统应能够根据内外部环境的变化迅速地做出反应，调整生产、订购和销售计划，以满足市场需求和减少环境的改变所造成的负面影响。弹性制造系统（FMS）、计算机集成制造系统（CIMS）、制造资源系统（MRP）、企业资源计划（ERP）以及供应链管理的概念和技术等都是建立柔性化物流系统的必备资源，这些概念和技术都要求根据需求组织安排生产活动、物流活动和销售活动，这大大有利于柔性化的实现。

果行育德

想一想　从盲人摸象的故事中你得到了什么启示呢？

一起行动吧　只有当我们搞明白了整体与局部的关系，才能从不同的角度认识整个事物。

二、物流标准化

从世界范围来看，对于物流体系的标准化，各个国家都还处于初始阶段，在这个阶段，标准化的重点在于通过制定标准规格尺寸来实现全球物流系统的贯通，取得提高物流效率的初步成果。那你知道物流标准化都涉及哪些方面吗？

（一）相关定义

1.标准的定义

标准是对重复性事物和概念所做的统一规定，它以科学、技术和实践经验的综合成果为基础，经有关方面协商一致，由主管机构批准，以特定形式发布，作为共同遵守的准则和依据。

微课 2-5

物流标准化

2.标准化的定义

标准化是指在经济、技术、科学及管理等社会实践中，对重复性事物和概念通过制定、发布和实施标准，达到统一，以获得最佳秩序和社会效益的活动。

3.物流标准化的定义

物流标准化是指物流组织或行业以物流系统与物流业务为对象，专门针对运输、储存、包装、装卸搬运、流通加工和物流信息处理等物流活动而制定、发布和实施有关技术和工作业务流程的标准，并以此标准提出物流系统的配合性要求，从而达到统一实现整个物流系统的标准运作过程。

4.标准化的内容

标准化的内容，实际上就是经过优选之后的共同规则，为了推行这种共同规则，世界上大多数国家都有标准化组织，如英国标准协会、我国的国家市场监督管理总局等。国际标准化组织（ISO）负责协调世界范围的标准化问题。目前，标准化工作开展较普遍的领域是产品标准，这也是标准化的核心，围绕产品标准，工程标准、工作标准、环境标准、服务标准等也出现了发展的势头（如图2-2-7所示）。

图2-2-7 标准化的内容

（二）物流标准化的特点

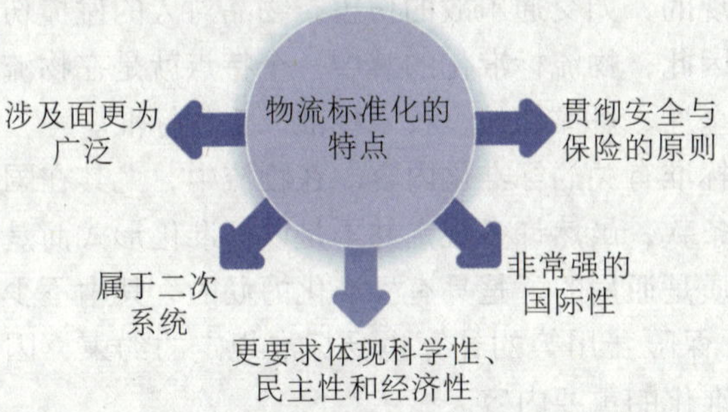

图2-2-8 物流标准化的特点

物流标准化的主要特点如图2-2-8所示。

（1）和一般标准化系统不同，物流系统的标准化涉及面更为广泛，其对象也不像一般标准化系统那样单一，而是包括了机电、建筑、工具、工作方法等许多种类。虽然处于一个大系统中，但缺乏共性，从而造成标准种类繁多，标准内容复杂，也给标准的统一性及配合性带来很大困难。

（2）物流标准化系统是属于二次系统，这是由于物流及物流管理思想诞生较晚，组成物流大系统的各个分系统过去在没有归入物流系统之前，早已分别实现了本系统的标准化，并且经过多年的应用、不断发展和巩固，已很难改变。在推行物流标准化时，必须以此为依据，个别情况固然可将有关旧标准化体系推翻，按物流系统所提出的要求重建新的标准化体系，但通常还是在各个分系统标准化的基础上建立物流标准化系统。这就必然从适应及协调角度建立新的物流标准化系统，而不可能全部创新。

（3）物流标准化更要求体现科学性、民主性和经济性。科学性、民主性和经济性是标准的“三性”，由于物流标准化的特殊性，必须非常突出地体现这“三性”，才能搞好这一标准化。

科学性要体现现代科技成果，不仅要以科学试验为基础，还要求与物流现代化（包括现代技术及管理）相适应，要求能将现代科技成果联结成物流大系统。否则，尽管各种具体的硬技术标准化水平要求颇高，十分先进，但如果不能与系统协调，单项技术再高也是空的，甚至还起反作用。所以，这种科学性不但反映本身的科学技术水平，还表现在协调与适应的能力方面，使综合的科技水平最优。

民主性指对于标准的制定，采用协商一致的办法，广泛考虑各种现实条件和听取意见，而不能过分偏重某一个国家，使标准更权威、减少阻力，易于贯彻执行。物流标准化由于涉及面广，要想达到协调和适应，应采用民主的方式决定问题，不过分偏向某个方面意见，使各分系统都能采纳接受，就更具有重要性。

经济性是标准化的主要目的之一，也是标准化生命力的决定因素，物流过程不像深加工那样引起产品的大幅度增值，即使通过流通加工等方式，增值也是有限的。所以，物流费用多开支一分，就要影响到一分效益，但是，物流过程又必须大量投入消耗，如不注重标准的经济性，片面强调反映现代科技水平，片面顺从物流习惯及现状，会引起物流成本的增加，自然会使标准失去生命力。

（4）物流标准化有非常强的国际性。由于经济全球化的趋势所带来的国际交往大幅度增加，而国际贸易又最终靠国际物流来完成。各个国家都很重视本国物流与国际物流的衔接，在本国物流管理发展初期就力求使本国物流标准与国际物流标准化体系一致。若不如此，不但会加大国际交往的技术难度，更重要的是，在本来就很高的关税及运费基础上又增加了因标准化系统不统一所造成的效益损失，使外贸成本增加。因此，物流标准化的国际性也是其不同于一般产品标准的重要特点。

（5）贯彻安全与保险的原则。物流安全问题也是近些年来非常突出的问题，除了经济方面的损失外，人身伤害也是物流中经常出现的，如交通事故的伤害，物品对人的碰撞伤害，危险品的爆炸、腐蚀、毒害的伤害等。因此，物流标准化的其中一个特点就是在物流标准中对物流安全性、可靠性的规定和为安全性、可靠性统一技术标准、工作标准。

物流保险的规定也是与安全性、可靠性标准有关的标准化内容。在物流中，尤其在国际物流中，都有世界公认的保险险别与保险条款，虽然许多规定并不是以标准化形式而是以立法形式出现的，但是，其共同遵循的性质是通用的，是具有标准化内涵的，其中不少手续、申报文件等都有具体的标准化规定，保险费用等的计算也受标准规定的约束，因此，物流保险的相关标准化工作也是物流标准化的重要内容。

（三）物流标准化的种类

1.物流统一基础标准

（1）基础编码标准。它是对物流对象物的编码，并且按物流过程的要求，转化成条形码，这是物流大系统能够实现衔接、配合的最基本标准，也是采用信息技术对物流进行管理、组织和控制的技术标准。在这个标准之上，才可能实现电子信息传递、远程数据交换、统计、核算等物流活动。HS编码的查询如图2-2-9所示。

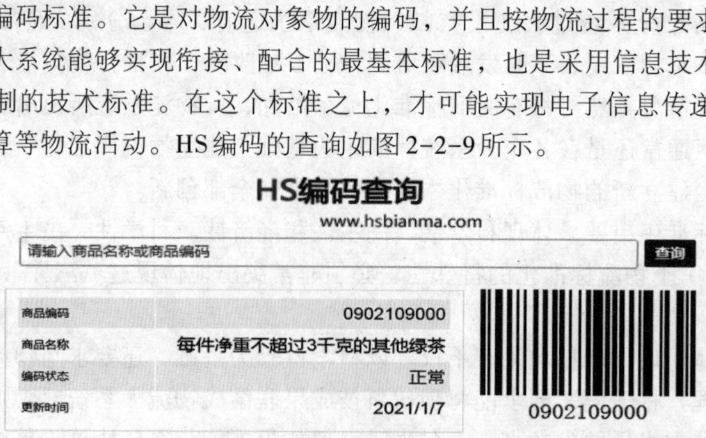

图2-2-9 HS编码的查询

（2）物流基础模数尺寸标准。基础模数尺寸是指标准化的共同单位尺寸，或系统各标准尺寸的最小公约尺寸。在基础模数尺寸确定之后，各个具体的尺寸标准都要以基础模数尺寸为依据，选取其整数倍数为规定的尺寸标准。物流基础模数尺寸的确定不但要考虑国内物流系统，而且要考虑到与国际物流系统的衔接，具有一定难度和复杂性。国际标准化组织认定600mm×400mm为基础模数尺寸（如图2-2-10所示）。

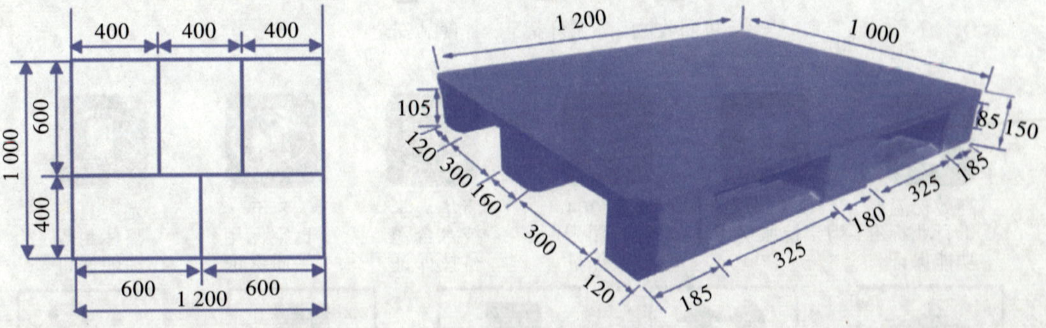

图2-2-10　物流基础模数尺寸

（3）物流建筑基础模数尺寸。它主要是物流系统中各种建筑物所使用的基础模数，它是以物流基础模数尺寸为依据确定的，也可选择共同的模数尺寸。该尺寸是设计建筑物长、宽、高尺寸，门窗尺寸，建筑物柱间距、跨度及进深等尺寸的依据。

（4）集装模数尺寸。它是在物流基础模数尺寸基础上，推导出的各种集装设备的基础尺寸，以此尺寸作为设计集装设备三项（长、宽、高）尺寸的依据。在物流系统中，由于集装是起贯穿作用的，集装尺寸必须与各环节的物流设施、设备、机具相配合，整个物流系统设计时往往以集装尺寸为核心，然后，在满足其他要求的前提下决定各设计尺寸。因此，集装模数尺寸影响和决定着与其有关的各环节的标准化。

（5）物流专业名词标准。为了使大系统有效配合和统一，尤其在建立系统的情报信息网络之后，要求信息传递异常准确，这首先便要求专用语言及所代表的含义实现标准化，如果同一个指令在不同环节有不同的理解，这不仅会造成工作的混乱，而且容易产生损失。物流专业名词标准包括物流用语的统一化及定义的统一解释，还包括专业名词的统一编码。

（6）物流单据、票证的标准化。其可以实现信息录入和采集的规范化和标准化，也是应用计算机和通信网络进行数据交换和传递的基本标准。它可用于物流核算、统计的规范化，是建立系统情报网、对系统进行统一管理的重要前提条件，也是对系统进行宏观控制与微观监测的必备前提。

（7）标志、图示和识别标准。物流中的物品、工具、机具都是在不断运动中，因此，识别和区分便十分重要，对于物流中的物流对象，需要有易于识别且区分的标识，有时需要自动识别，这就可以用复杂的条形码来代替用肉眼识别的标识（如图2-2-11所示）。

（8）专业计量单位标准。物流标准是建立在一般标准化基础之上的专业标准化系统，除国家规定的统一计量标准外，物流系统还要有自身独特的专业计量单位标准。

2.物流系统技术标准

物流系统技术标准主要有：运输车船标准，作业车辆标准，传输机具标准，仓库技术标准，包装、托盘、集装箱标准等。

3.物流工作标准

物流工作标准是指对工作的内容、方法、程序和质量要求所制定的标准。

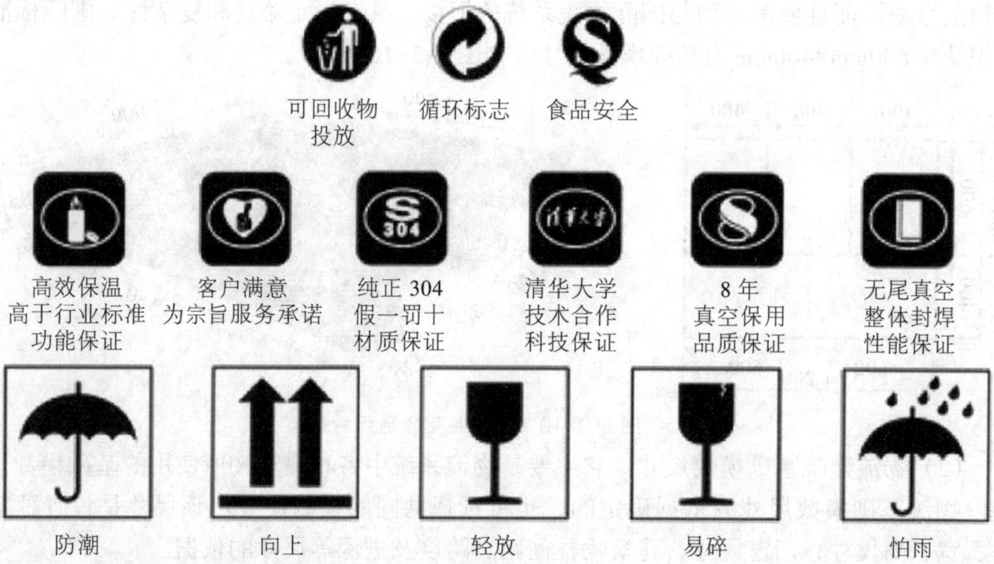

图2-2-11 物流标志

4. 物流作业标准

物流作业标准是指在物流作业过程中关于物流设备运行、作业程序、作业要求等的标准。这是实现作业规范化、效率化的基础。

（四）物流标准化的形式

制定物流标准化要通过以下形式：

1. 简化

简化是指在一定范围内缩减物流标准化对象的类型数目，使其在一定时间内满足一般需要。

2. 统一化

统一化是指把同类事物的若干表现形式归并为一种或限定在一个范围内。

3. 系列化

系列化是指按照用途和结构把同类型产品归并在一起，使产品品种典型化；又把同类型产品的主要参数、尺寸，按优先数理论合理分级，以协调同类产品和配套产品及包装之间的关系。

4. 通用化

通用化是指在互相独立的系统中，选择与确定具有功能互换性或尺寸互换性的子系统或功能单元的标准化形式，互换性是通用化的前提。通用程度越高，对市场的适应性越强。

5. 组合化

组合化是按照标准化原则，设计制造若干组通用性较强的单元，再根据需要进行合并的标准化形式。对于物品编码系统和相应的计算机程序，同样可通过组合化使其更加合理。

果行育德

想一想　从八方物流标准化的案例中你得到了什么启示？

一起行动吧　只有按标准做事，按规矩办事，才能提高整体办事效率，互相给予方便。

行动进行

小王通过学习掌握了上述知识，在查阅了相关资料后，准备开始实际操作。

步骤一：确定物流标准化的内容

所谓标准化是指系统内部以及系统与系统间的软件口径、硬件模式的协同，从而便于系统功能、要素间的有效衔接与协调发展。物流标准化是以物流为系统，制定系统内部设施、机械设备、专用工具等各个分系统的技术标准，通过对各分系统的研究以达到技术标准与工作标准配合一致的效果。物流标准根据其定义分为物流软件标准和物流硬件标准。具体而言，软件标准包括物流用语的统一、单位标准化、钱票收据标准化、应用条码标准化和包装尺寸标准化；硬件标准包括托盘标准化、集装箱标准化、叉车标准化、拖车载重量标准化、保管设施标准化以及其他物流设备标准化。

步骤二：查找我国物流标准化发展现状

20世纪80年代以来，物流发展迅速，一跃成为新兴产业。随着改革开放的不断深入，物流行业发展越来越快。物流是一项跨行业、跨部门、跨地区，甚至是跨国界的系统工程，是融合运输业、仓储业、货代业和信息业的复合型服务业，是国民经济的重要组成部分，在促进产业结构调整、转变经济发展方式和增强国民经济竞争力方面发挥着非常重要的作用。物流标准化作为实现物流合理化、高效化的基础条件，对降低物流成本、提高物流效益和服务质量具有非常重要的现实意义。虽然我国物流标准化已经取得了一定的进展，但是在物流标准制定、实施和推广上仍然存在一定的问题，反映出我国现行物流标准体系结构不合理。

1.物流标准化管理体制

物流是生产性服务业，也是跨行业、具有行业交叉特性的领域，各生产制造行业均会涉及物流。从我国的物流管理体制来说，发展改革委是物流行业主管部门，但是涉及商贸流通领域的物流，商务部牵头开展了大量的工作，而涉及道路、车辆、运输等领域，其主管部门又是交通运输部，因此，从物流行业本身的管理来看，存在着多个管理部门，因此标准化工作也需要多个部门之间的协调。

从物流相关企业来说，多数由传统企业的流通部门转换而来，分布于汽车、家电、医药、化工等不同行业。铁路、公路、水路、航空等不同运输部门各有各的管理部门，如铁路运输由国家铁路局管理，公路运输由交通运输部管理等。

物流企业的主管部门相互割裂，行政管理分散。在对物流标准的管理方面，尽管国家标准的行政主管部门是国家市场监督管理总局，但标准的归口管理大多数由各个部门的标准化技术委员会进行，现有的管理体制增加了标准协调的工作量和管理难度，阻碍了物流标准化的推进。

2.领域间标准的协调

从物流标准制定情况来看，我国物流标准化存在着严重的条块分割、部门分割以及地区分割现象。由于物流及物流管理思想在我国诞生较晚，组成物流大系统的各个分系统在归入物流系统之前，早已分别实现了本系统的标准化。这就必然导致在标准制定内容上的条块分割、部门分割，各行业各自为政，物流标准不一致，从而导致跨区域性、多式联运物流效率下降。

近几年，我国物流行业发展迅猛，各行业的物流标准还没能够完全统一。比如，之前公路和铁路两种运输方式因托盘尺寸不一致，导致出现了衔接问题。同样，物流包装标准与物流设施标准之间缺乏有效衔接，也导致了物流无效作业增多，物流成本上升。再如，商贸物流领域近几年正在大力推行的托盘共用系统，只适用于商贸物流领域本身，并没有顾及与其他物流领域的兼容性，最终在整个物流大系统内还是需要进一步的标准化协调工作，严重影响了物流系统的整体运作效率。所以，需要注意的是，物流标准化建设不仅包括各行业内部的标准化，还包括行业之间的标准化统一，应该将整个物流大系统作为一个整体来进行标准化工作的协调推进。

3.现行标准体系的欠缺

（1）从现有标准情况来看，现行物流标准体系中，国家标准、地方标准和行业标准定位不清，存在着标准重复、交叉和相互矛盾，不同地方之间、不同行业之间的标准难以衔接等问题。

（2）我国的物流标准还是以政府主导的管理类和服务类标准为主，而反映市场效率提升需求的技术标准相对较少。

（3）目前还存在部分领域标准储备不足的现象，一些重点领域、新兴领域物流标准尚不能满足技术创新、产业转型和社会事业快速发展的需求，对物流未来发展趋势与前沿技术领域的支撑作用还不充分。

（4）在现行物流标准体系的基础上，各部门都建立有自己的物流标准体系，这些标准体系之间协调性差，还存在标准重复的现象。

4.标准的实施推广

尽管我国目前在物流领域已经制定了一些重要的国家标准和行业标准，但这些标准的推广应用还存在着严重的问题。这也反映出我国标准化系统的执行力问题，虽然我国的物流标准看似比较多，但由于各部门和企业的执行力不够，许多标准并没有真正得到落实执行。这方面的制约因素有很多，除了物流市场本身的发育成熟度问题外，还有诸如企业标准化意识不足、体制性障碍及标准与市场的需求一致性问题等。

近几年，随着国家对标准化工作的大力宣传，很多物流大企业的标准化意识都有所提高，很多物流企业也确实需要标准，但是起草的标准却未必符合企业的需求。这是由于在标准制定方面，仍然是由各级政府及其行业管理部门主导，而由行业协会主导、以企业最佳实践为引领的标准形成机制尚未形成。可以多多鼓励相关市场主体共同制定满足市场需要的团体标准，反映各参与主体的共同需求。

在标准实施方面，基础性、通用性、安全环保等方面的国家标准强制性不足，缺乏必要的立法保障；而对于大量行业标准、团体标准的实施，则缺乏必要的政策引导机制，行业协会、产业联盟等社会组织在标准推广、监督、评估等方面的积极作用尚未充分发挥。

5.与国际化接轨

从对物流标准的梳理情况看，我国目前能与国际接轨的物流标准较少，其中很大一部分原因在于标准制定过程中缺乏对与国际标准一致性的考虑。

物流已不是一个国家或一个地区的物流，全球性的物流网络具有很强的国际性，因此，与国际物流标准接轨已经刻不容缓。在标准制定过程中，应考虑与国际标准的一致性，这种一致性将有助于国际贸易的提升。

步骤三：总结

随着互联网全球化发展进程的加快，以及大数据、云计算、虚拟现实、人工智能、物联网等高新技术手段的引入，现代物流业正发生着翻天覆地的变化，物流标准化工作应紧跟物流行业的发展脚步，通过标准化体制机制改革、加强分领域间的沟通协调、关注重点专业领域的标准制定、积极参与国际标准化工作等解决现阶段物流标准化工作中存在的问题，加快标准化建设步伐，为我国物流行业的高速发展与质量提升提供标准化技术支撑。

行动评价

学习任务完成情况评价表

评价内容		评价标准	评价等级			
			A（80～100分）	B（60～79分）	C（60分以下（不含60））	疑惑点
理论知识评价	1	能讲清楚物流系统的定义				
	2	能准确阐述物流系统的要素				
	3	能准确说出现代物流系统的目标				
	4	能认识现代物流系统的特征				
	5	理解物流标准化的定义				
	6	阐述物流标准化的种类				
	7	认识物流标准化的形式				
技能操作评价	1	能够通过案例分析物流系统的流动要素				
	2	能够运用举例的方式阐述物流的统一基础标准				
职业素养评价	1	具有分清局部和整体关系的能力				
	2	具有按标准做事、按规矩办事的意识				

说明：同学们根据自我评价打分，然后在分值所处范围内相应的等级下打“✔”，若未得到满分，同学们可在“疑惑点”这一列列出自己的疑问。

行动巩固

行动巩固 2-2

一、单项选择题

1.物流系统的要素是指物流系统所具有的（　　）。

A.构成要素　　B.基本能力　　C.完成目标　　D.服务能力

2.以下不属于物流系统功能要素的是（　　）。

A.运输　　B.储存保管　　C.包装　　D.销售

3.现代物流系统主要实现（　　）个目标。

A.2　　B.3　　C.4　　D.5

4.物流标准化是指物流组织或行业以（　　）为对象，而制定、发布和实施有关技术和工作业务流程的标准。

A.物流系统与物流业务　　B.客户

C.货物　　D.线路

5.HS编码是货物的（　　）。

A.合格编码　　B.出厂编码　　C.商品编码　　D.检验编码

二、多项选择题

1.物流系统的输出是由（　　）组成的。

A.物流技术　　B.企业效益　　C.竞争优势　　D.客户服务

2.物流系统的一般要素包括（　　）。

A.劳动者要素　　B.资金要素　　C.技术要素　　D.物的要素

3.制定物流标准化要通过的形式是（　　）。

A.简化　　B.统一化　　C.系列化　　D.组合化

4.现代物流的特征有（　　）。

A.专业化与集成化相结合　　B.自动化与网络化相结合

C.服务市场化和国际化　　D.系统的高度柔性化

三、判断题

1.拥有良好的库存调节系统不仅能够保证企业和消费者的需求，还能够节约国家资源，实现企业的经济效益。（　　）

2.物流标准通用程度和对市场的适应性强弱无关。（　　）

3.现代物流系统的网络化能够提高系统的运作效率，充分利用系统资源和提高系统的稳定性。（　　）

四、简答题

简述什么是物流系统，物流系统有哪些特点。

五、案例分析

为迎接我国加入WTO后物流业面临的机遇与挑战，实现中国邮政物流业务的跨越式发展，中国邮政集团有限公司（简称中国邮政）提出以全国性网络、一体化运营和精益化服务为特征，依托中国邮政整体资源，着力打造“中邮物流”品牌，使物流业务迅速成为中国邮政的支柱业务和核心业务，使中国邮政速递物流股份有限公司（简称中国邮政速递物流）成为我国物流业的龙头企业之一。在中国邮政物流发展战略实施过程中，物流标准化具有以下三方面的重要意义：

（1）有利于形成邮政物流的全国性网络。中国邮政物流业务要做大做强，必须充分发挥邮政全网优势，迅速建立起遍布全国的物流网络。为此，一方面，要依托邮政实物网络资源，按照“统一网络、分层运作”的原则进行整合，满足搭载物流业务的要求；另一方面，要按照现代物流的要求对部分网络资源加以改造，建立快捷的货运系统和现代化的物流中心，形成相对独立的邮政物流网络。同时，要根据业务需要，整合部分社会物流资源。要做到这些，就必须实现物流设施、设备、包装、标识、单证等方面的标准化，使各资源之间能无缝对接、有效整合，形成一体化高效运行的全国物流网络。同时，还要注意与国际标准衔接，通过与国外物流公司密切合作，实现与国际物流网络对接，提供跨国物流服务。

（2）有利于实现邮政物流的一体化运营。中国邮政物流要实现一体化运营，必须坚持统一服务品牌、统一服务理念、统一服务流程、统一全网协调、统一全网结算的“五统一”原则，建立由中国邮政速递物流、各省公司和各地市分公司组成的一体化管理体系，形成统一指导、分层负责、属地运作的一体化营销体系，构建集中控制、互联互通、全程跟踪的一体化信息系统。为此，必须实现企业标识、机构设置、管理制度、业务流程、信息编码、信息接口等方面的标准化。

（3）有利于为客户提供精益化的物流服务。中国邮政物流根据自身的资源优势，将市场定位于面向电子、医药、出版、烟草、化妆品、汽车零配件等行业提供精益化的物流服务。其业务的特征是“一多”“二高”“三小”：“一多”就是批次多；“二高”就是附加值高、时效高；“三小”就是小体积、小重量、小批量。为此，必须以“高标准、严要求”来规范客户服务行为，建立关键绩效指标体系，对项目运行进行全程实时监测，并实施国际标准质量认证，以全面提高客户服务水平。

资料来源　作者根据网络资料整理，https：//www.asklib.com/view/46811f64b636.html.

案例分析要求：请结合上文谈谈物流标准化的重要性和中国邮政物流标准化的内容。

任务三　物流行业及物流企业

行动任务

随着物流行业的发展，物流企业越来越多样化。上海顺运物流有限公司是一家专业从事公路货运业务的第三方物流企业，现拥有物流专业人才及管理人员25人，自备与挂靠车辆近100台，致力于为广大客户提供现代物流，公共货运代理，空运代理，集装箱场站管理，仓储，拼箱服务，铁路、公路和驳船运输，项目开发与管理以及租船经纪等服务。

近两年公司发展趋势较好，最近公司管理层决定要转换公司发展方向，现阶段公司属于运输型物流公司，下一步公司不确定要转型为仓储型物流公司，还是拓展业务成为综合服务型物流公司。小王作为公司的物流专业人才，总经理希望他能够通过网络查询以及查阅书籍资料，结合对本公司业务内容的理解，针对每种类型找出一两家代表企业，通过分析这些企业的发展得到一些启示。

行动锦囊

一、物流行业

在当前构建国内大循环为主体、国内国际双循环相互促进的新发展格局中，加快畅通物流大通道已经成为重要发力点。不少地方提出加快建设国际物流枢纽，蓄势打造新物流大通道。与此同时，在新基建领衔下，以智慧物流支撑新发展格局建设的步伐也在加快。你是否了解物流行业的发展呢？

（一）物流行业概述

随着世界经济的高速发展和全球化趋势的日益突出，现代物流理论和技术已在发达国家得到了空前的应用和发展，并产生了巨大的经济效益和社会效益。面对我国加入WTO后所面临的机遇与挑战，引进和发展现代物流理论和技术，培养现代物流经营管理的高级人才已成为当务之急。2009年2月25日，物流行业成为国务院常务会议审议并原则通过的十大产业振兴规划之一。物流行业被业界称为“第三利润源”，被媒体称为“21世纪最大的行业”。我国物流业为改变“小散乱差”的状况，正逐步走向整合。目前看来，至少有三个方面会成为中国物流行业整合的重要驱动力，即电子商务平台的发展、联盟或平台模式的发展以及资本和人才的推动。认识物流行业，需关注以下两个方面：

1.物流行业是一个复合型产业

物流行业是指物流资源的产业化而形成的一种复合型或聚合型产业，物流资源有运输、仓储、装卸、搬运、包装、流通加工、配送、信息平台等，其中运输又包括铁路、公路、水运、航空、管道等。这些资源的产业化就形成了运输业、仓储业、装卸业、包装业、加工配送业、物流信息业等。这些资源分散在多个领域，包括制造业、农业、流通业等。把产业化的物流资源加以整合，就形成了物流服务业。这是一种复合型产业，也可以叫聚合型产业，因为所有产业的物流资源不是简单地叠加，而是通过优化整合，可以起到1+1>2的功效。

2.物流行业是生产性服务业

生产性服务业是指为第一、二、三产业的实物生产和服务生产提供服务的产业，是为保持工业生产过程的连续性，促进工业技术进步、产业升级、提高生产效率和提供保障服务的服务行业。它是与制造业直接相关的配套服务业，是从制造业内部生产服务部门独立发展起来的新兴产业，本身并不向消费者提供直接的、独立的服务效用。它依附于制造业企业而存在，贯穿于企业生产的上游、中游和下游诸环节中，以人力资本和知识资本作为主要投入品，把日益专业化的人力资本和知识资本引入制造业，是第二、第三产业加速融合的关键环节。

（二）物流行业发展状况

微课 2-6

物流行业

从发达国家的物流发展现状看，物流行业已进入较为成熟的阶段。

1.美国物流行业发展现状

美国的全国物流体系的各组成部分均居世界领先地位，以配送中心、速递、企业物流等最为突出。美国物流业的发展大致经历了四个阶段（如图2–3–1所示）。

美国没有集中统一管理物流的专职政府部门，政府依旧按照原职能对物流各基本环节分块管理。美国政府制定了一系列法规，放宽对公路、铁路、航空等运输市场的管制，取消了运输公司在进入市场、经营线路、联合承运、合同运输、运输代理等多方面的审批与限制，通过激烈的市场竞争促进物流发展。同时，企业打破部门界限，实现内部一体化物流管理，结成一体化供应链伙伴，使企业之间的竞争变成供应链之间的竞争。

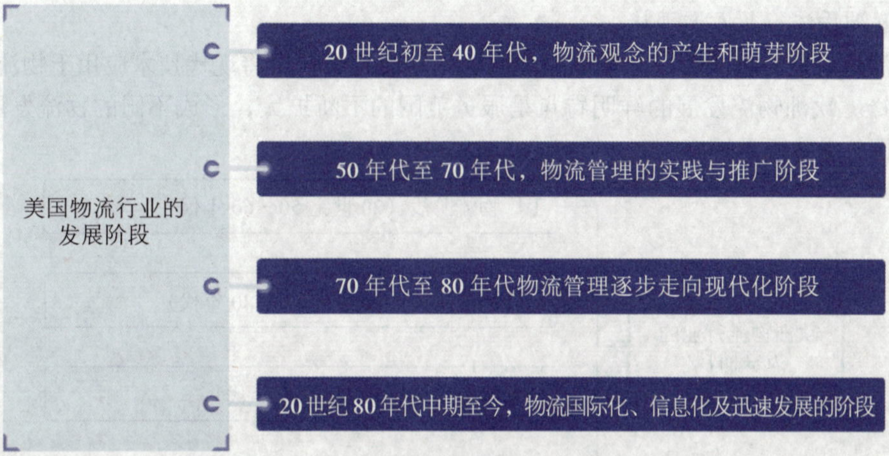

图2-3-1　美国物流行业的发展阶段

美国物流模式强调的“整体化的物流管理系统”是一种以整体利益为重，冲破按部门分管的体制，从整体进行统一规划管理的方式。美国物流信息化发展走在世界前列，注重企业物流信息化、物流信息服务业等方面的建设与研究。比如，美国企业纷纷将物流信息化作为物流合理化的重要途径，主要做法有：普遍采用条形码技术和射频识别技术，广泛应用仓库管理系统和运输管理系统来提高运输和仓储的效率等。

2.日本物流行业发展现状

日本在1964年开始使用物流这一概念。到1965年，日本在政府文件中开始正式采用“物的流通”这个术语，简称为“物流”。日本物流的发展经历了如图2-3-2所示的几个阶段。

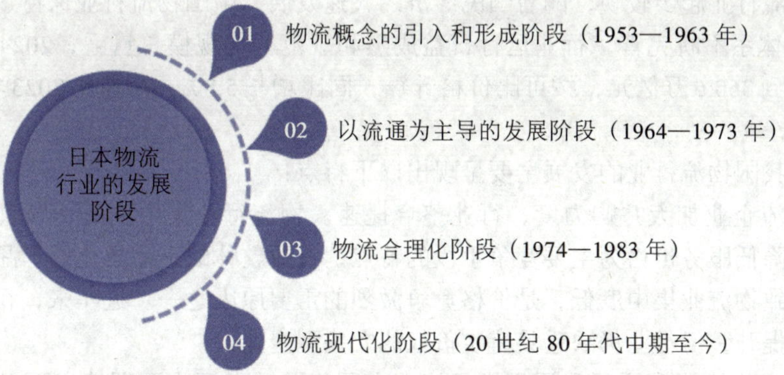

图2-3-2　日本物流行业的发展阶段

日本是最早提出和发展物流园区的国家，目前，日本在22个城市已建立了20多个大规模、布局合理、设施良好的物流园区，集中了多个现代化水平较高的物流企业。日本物流发展的现状主要表现在以下几个方面：①物流信息化技术水平高，形成了以信息技术为核心，以运输技术、配送技术、装卸搬运技术、自动化仓储技术、库存控制技术、包装技术等专业技术为支撑的现代化物流装备技术格局，其发展趋势表现为信息化、自动化、智能化和集成化；②物流设施现代化程度高，物流领域均实现了高度的机械化、自动化和计算机化；③厂家物流系统、国际物流企业发展迅速；④物流业社会化、组织化程度高。

3.欧洲物流行业发展现状

欧洲是引进“物流”概念较早的地区之一，而且是较早将现代技术应用于物流管理领域的先锋。欧洲物流发展的鲜明特点是服务范围的不断扩大，形成不同的物流发展阶段，具体如图2-3-3所示。

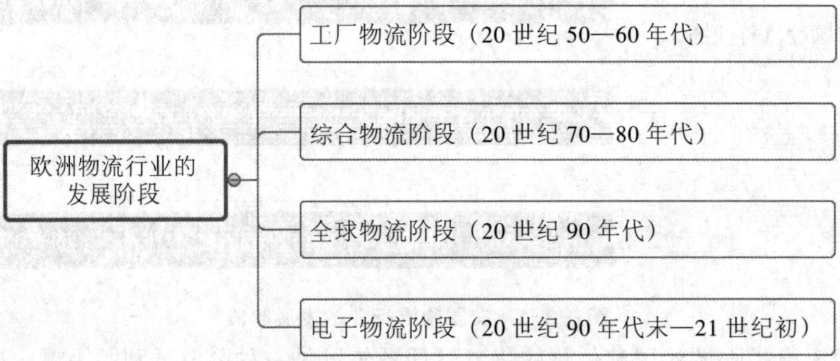

图2-3-3 欧洲物流行业的发展阶段

目前主要欧盟国家的“第三方物流”市场的总体规模越来越大，在运输、仓储、物流信息管理等环节利用专业化物流服务和外部资源的企业比例也越来越高。很多的欧洲制造业企业认为物流是影响其竞争能力的第一位或第二位因素，越来越多的企业将资源和能力集中在阐述关键技术、核心业务和市场控制能力方面，而在物流管理等非核心业务和技术方面则采取利用外部资源和服务的方式。通过利用外部的专业化物流服务，制造业企业的组织结构得到优化，这也是企业能够集中资源和能力提高核心竞争能力的保证。

（三）我国物流行业发展特点

中国物流行业起步较晚，随着国民经济的飞速发展，中国物流行业保持了较快的增长速度，物流体系不断完善，行业运行日益成熟和规范。从规模总量看，2024年我国社会物流总额达到360.6万亿元，按可比价格计算，同比增长5.8%，增速比2023年提高0.6个百分点。

目前，我国物流行业的发展主要呈现出以下特点：

（1）物流企业加大并购力度，行业整合提速。物流行业集中度低，导致市场竞争激烈，呈现出降低服务价格为主要竞争手段的特点，行业整体缺乏差异化的产品和服务。进入门槛低导致物流业集中度低，是价格竞争激烈的重要原因之一。近年来，我国物流行业集中度不断提升，但行业仍缺乏具有定价权的龙头型企业。

规模较大的物流公司可利用规模经济，在网络覆盖、运力配置等方面发挥及时、安全、低成本等优势。小企业服务功能少，综合化程度低，管理能力、竞争能力、信息能力弱，经济秩序不规范，不具备适应现代物流追求动态运作、快速响应的要求。

（2）服务范围不断向供应链两端延伸。目前，我国物流企业与制造业联动深入发展，建立了深度合作关系，物流服务范围不断向供应链两端延伸。

一些物流企业从只承担少量简单物流外包的第三方物流，拓展到全面介入制造业企业供应链的第四方物流，在供应链上游为制造业企业提供原材料与零部件采购服务、原材料入场物流服务、原材料库存管理服务等；在供应链下游为制造业企业提供生产线后端物流加工服务、产成品销售物流服务、售后物流服务等，物流专业化服务水平和效益显著提高。

自2014年以来，物流行业内形成一批具有一定规模、国际竞争力强的供应链管理企业，与此同时，国家政策也鼓励和引导更多的物流企业向供应链两端延伸服务范围。

（3）通用物流与专业物流分化。近年来，物流行业内的通用与专业分化趋势日益明显，专业化逐渐成为物流企业的发展方向。物流向专业化发展的趋势是由需求决定的，企业对降低物流成本的需求越来越大，通过优化内部物流管理节约成本可增加企业利润，但通过优化供应链管理来降低成本，对专业能力要求很高，要求物流服务的专业化。

通用物流与专业物流相比，对客户的依赖度较小，市场规模更大，但竞争相对更激烈。通用物流与专业物流的分化，有利于为有不同物流需求的企业提供更适合的服务。

（四）物流行业未来发展趋势

网络信息技术升级带动行业新技术、新业态不断涌现。随着信息技术和供应链管理不断发展并在物流业得到广泛运用，通过物联网、云计算等现代信息技术，实现货物运输过程的自动化运作和高效化管理，提高物流行业的服务水平，降低成本、减少自然资源和市场资源的消耗，实现智能物流。现代物流行业兼并收购趋势明显，行业整合加速。

我国物流行业的发展趋势是成为供应链管理行业。供应链管理行业是典型的轻资产、高技术含量的现代服务产业，供应链管理企业通过对不同行业运行模式的深入研究，利用专业能力和整合能力，为客户量身定制集成解决方案，将单一、分散的报关、运输、仓储、贸易、结算服务等组合为供应链管理服务产品，实现商流、资金流、信息流、物流“四流”合一，为客户节约成本，提升价值。

果行育德

想一想　了解了新冠肺炎疫情期间快递小哥的故事后，你有什么感受呢？

一起行动吧　我们要认清自己的现状和存在的问题，虚心向优秀的人学习。

二、物流企业

近年来我国物流行业总量虽然发展速度较快，但由于起步较晚，业内企业的发展水平参差不齐，大部分的物流服务商只能提供简单的传统物流服务，而提供系统化、一体化综合物流服务的现代物流企业不多。根据中国物流与采购联合会2023年发布的《中小微物流企业经营状况调查报告》及国家企业信用信息公示系统统计的数据（截至2023年底）：我国物流行业总量持续扩张，全国物流相关企业总量达181.2万家，然而，受起步较晚、行业集中度低等因素影响，企业发展水平差异显著——54.1%的物流企业注册资本低于100万元，且多数服务商仍以传统基础物流服务为主，能提供系统化、一体化综合物流解决方案的现代企业比例较低。在快递细分领域，小微企业集中度更高，94.6%的快递相关企业为小微企业，印证其市场化竞争更充分、准入门槛更低的业态特征。

（一）物流企业的定义

物流企业（Logistics Enterprise）是指至少从事运输（含运输代理、货物快递）或仓储一种经营业务，并能够按照客户物流需求对运输、储存、装卸、包装、流通加工、配送等基本功能进行组织和管理，具有与自身业务相适应的信息管理系统，实行独立核算、独立承担民事责任的经济组织，非法人物流经济组织也可比照适用。物流公司（Logistics Company）是指从事物流行业的公司，泛指经营与物流相关的运输、仓储、配送等行业的公司，物流公司常在供货商与零售业者之间扮演集货、理货、库存、配送等角色。

拓展阅读 2-1

企业和公司的区别

（二）物流企业的类型

1. 按照物流企业以某项服务功能为主要特征，并向物流服务其他功能延伸的不同状况划分

（1）运输型物流企业。其应同时符合以下要求：①以从事货物运输业务为主，包括货物快递服务或运输代理服务，具备一定规模；②可以提供门到门运输、门到站运输、站到门运输、站到站运输服务和其他物流服务；③自有一定数量的运输设备；④具备网络化信息服务功能，应用信息系统可对运输货场进行状态查询、监控。

（2）仓储型物流企业。其应同时符合以下要求：①以从事仓储业务为主，为客户提供货物储存、保管、中转等仓储服务，具备一定规模；②能为客户提供配送服务以及商品经销、流通加工等其他服务；③自有一定规模的仓储设施、设备，自有或租用必要的货运车辆；④具备网络化信息服务功能，应用信息系统可对货物进行状态查询、监控。

（3）综合服务型物流企业。其应同时符合以下要求：①从事多种物流服务业务，可以为客户提供运输、货运代理、仓储、配送等多种物流服务，具备一定规模；②根据客户的需求，为客户制订整合物流资源的运作方案，为客户提供契约性的综合物流服务；③按照业务要求，自有或租用必要的运输设备、仓储设施及设备；④具有一定运营范围的货物集散、分拨网络；⑤配置专门的机构和人员，建立完备的客户服务体系，能及时、有效地提供客户服务；⑥具备网络化信息服务功能，应用信息系统可对物流服务全过程进行状态查询和监控。

2. 按照物流企业是自行完成和承担物流业务，还是委托他人进行操作划分

（1）物流自理企业。这就是常说的物流公司，它可进一步按照业务范围进行划分。

（2）物流代理企业。其可以按照物流业务代理的范围，分成综合性物流代理公司和功能性物流代理公司。功能性物流代理公司包括运输代理公司（即货代公司）、仓储代理公司（仓代公司）和流通加工代理公司等。

3. 按照物流企业所服务产品的温度要求来划分

（1）常温物流公司。它是指物流服务对象（即物品）对温度没有特殊要求，按照自然界的自然温度就可以进行运输、储存、配送、加工等操作。

（2）冷链物流公司。其物流服务对象（即物品）对温度有一定要求，一般温度都比较低，不同的物品有不同的温度需求，才能保证物品的品质。

4. 按照物流企业从事的主营业务不同划分

按照物流企业从事的主营业务不同，物流企业可分为货代型物流企业、配送型物流企业、信息型物流企业、第三方物流企业等。

在2024年世界百强物流企业排名中，中国远洋海运集团有限公司位列第1名，顺丰控股股份有限公司位列第2名，京东物流位列第3名（见表2-3-1）。

表2-3-1　**2024年中国10强物流企业**

排行	企业名称	物流业务收入（万元）
1	中国远洋海运集团有限公司	28 500 000
2	顺丰控股股份有限公司	22 100 000
3	京东物流集团	18 900 000
4	中国外运股份有限公司	15 200 000
5	中通快递	12 800 000
6	厦门象屿股份有限公司	11 500 000
7	菜鸟网络	10 700 000
8	圆通速递股份有限公司	9 400 000
9	德邦物流股份有限公司	8 600 000
10	中国物资储运集团有限公司	7 800 000

（三）选择物流企业的关注点

选择物流企业的关注点见表2-3-2。

表2-3-2　**选择物流企业的关注点**

关注点	内容
规模品牌	公司的员工数、营业额、服务网点数量，在业内的口碑、形象
企业资质	是否有经过官方正规的资质认证，如获得AAAA级物流企业、诚信物流企业、航空金牌代理认证等
专业程度	是否拥有专业的物流人才、专业的操作流程、专业的服务程序等
网络分布	全国自营的营业网点分布是否合理、密集度如何，能否给客户带来直接的便利
附加服务	是否提供各种附加服务，如保价运输、代收货款、包装、上门接货、送货上门、签收回单等，解决客户的后顾之忧
运作质量	是否拥有严格的运作质量标准，对破损率、丢失率、签单返回率、发车（到货）准点率等有严格的指标把控，保障客户的货物安全
时效安全	是否能够做到准时发车、准时到达、准时配送
服务质量	销售人员、服务人员是否有较高的服务意识、专业的服务形象、积极的服务态度等
信息技术	信息技术是实现高效管理的工具，是否具有较强的运营保障系统、条形码标示、办公自动化、物流信息同步化等
性价比	物流企业所提供的物流服务的质量与其运输价格是否匹配。不能单看价格，更要看其同时所提供的增值服务与反馈的满意程度是否合乎高等级物流企业的要求

果行育德

想一想　从UPS和顺丰的对比中你认识到了什么？

一起行动吧　善于找准定位，找到适合自己发展的模式，才能开拓出一片自己的天地。

行动进行

小王通过学习掌握了上述知识，准备开始实际操作。

步骤一：查找各种类型的代表企业

运输型物流企业，指的是经营范围以运输业务为主的物流企业，其经营范围可以涵盖整车运输、零担运输、快递运输。运输型物流企业通过组建自有运力（自己采购车辆运营）或者使用外采运力，来为客户提供物流运输服务。代表性企业有上海安能聚创供应链管理有限公司。

仓储型物流企业，指的是经营范围以仓储业务为主的物流企业，其经营范围可以涵盖仓库租赁、仓储服务、租赁加服务。仓储型物流企业通过自建或者租赁仓库场地，整合仓储人力资源和设备资源，来为客户提供物流仓储服务。代表性企业有中国物资储运集团有限公司。

综合型物流企业，指的是经营范围涵盖供应链上至少2种业务类型的物流企业。综合型物流企业大都会提供仓储服务和运输服务，有的还会提供二次包装、保税、货代等服务。代表企业有顺丰、德邦等。

步骤二：分析典型代表企业的模式

1.上海安能聚创供应链管理有限公司

上海安能聚创供应链管理有限公司（简称安能物流）于2010年正式成立，注册资本10亿元人民币。作为中国领先的纯运输型物流企业，公司专注提供零担快运、整车运输及电商大件快递服务，不经营仓储及供应链管理业务。安能物流是香港主板上市企业，连续七年蝉联中国零担货量第一，获评“国家5A级物流企业”。截至2023年，建成136个自营分拨中心，覆盖全国枢纽节点；拥有超31 000个服务网点，实现中国大陆100%县级行政区网络覆盖；在上海、广州、杭州、郑州、成都、沈阳、武汉、西安、济南、嘉兴等城市布局10大核心智能枢纽，日均货量突破5万吨。

运输型物流企业的经营管理核心需要关注三个方面：货源、车源、车辆周转率。

通常开发的货源是单向的（汽车配件一般是双向），也就是从发货地到目的地，车辆返程时，如果不能找到充足的货源，就会造成车辆的满载率下降，返程的成本如果分摊到去程，就会使得运输成本增加。

车源尽量要稳定，因为只有稳定才能保证物流服务的及时性，想要做到这点，最好是有几台固定的车辆，可以是自己采购，也可以是跟司机或者车主签订长期合作协议。

提升车辆的周转率，让车辆充分地转起来，在路上跑着才能创造价值，如果长时间在两端等待，并不会产生效益。

2.中国物资储运集团有限公司

中国物资储运集团有限公司（简称中国储运）成立于20世纪60年代初，由原国家经委物资管理总局储运管理局改制建立，是具有60余年历史的专业物流企业，实体网络覆盖全国主要城市和全球主要经济区域，业务涵盖期现货交割物流、大宗商品供应链、互联网+物流、工程物流、消费品物流、冷链物流、应急物流、物流科技等领域。中国储运旗下物流园区、物流中心总占地面积约1 000万平方米，其中露天堆场约300万平方米，库房约300万平方米，铁路专用线150余条，具备公铁、公水联运功能。公司根据市场需求，持续完善、升级基础设施，能够提供各类物资商品仓储、运输、线上与线下交易、信息发布及餐饮住宿等服务。

仓储型物流企业的经营管理核心需要关注的是如何有效配置资源，如场地资源、人力资源和设备资源等。

场地资源有两个相关因素：租赁面积和租金。在满足客户需求的前提下，租金当然是越低越好，这个跟前期是否充分调研有关。而租赁面积是需要根据货物的特点、合同周期等因素来综合考虑的，库位设计不合理，会无形中增加仓库租赁的面积和人力资源。

对于设备资源而言，仓储服务的设备主要有存储设备和搬运设备两种，应根据货物的特点来选择。比如，立体仓库就需要使用到高位货架和高位叉车，平面仓库的存储能力低，但是前期不需要投入太多的资金购买货架和高位叉车等设备。

3.顺丰速运有限公司

顺丰于1993年成立于广东顺德，总部位于中国深圳。经过多年发展，顺丰已成为中国及亚洲最大、全球第四大综合物流服务提供商。顺丰围绕物流生态圈，持续完善服务能力与产品体系，业务拓展至时效快递、经济快递、快运、冷运及医药、同城即时配送、国际快递、国际货运及代理、供应链等物流板块，能够为客户提供国内及国际端到端一站式综合物流服务。同时，依托领先的科技研发能力，顺丰致力于构建数字化供应链生态，致力成为全球领先的数智物流解决方案服务商。

在综合型物流企业的经营过程中，尤其是服务同一个客户时，会出现既有仓储又有运输的情况。综合型物流企业相较于专业型物流企业，通常给出的报价更有竞争力。因为专业型物流企业通常都是从自身利益出发的，大部分时候不会太关注其服务之外的成本如何。例如，仓储型物流企业在给客户提供方案和报价时，通常会把仓库的租赁成本放在第一位；而运输型物流企业在给客户提供方案和报价时，通常会把影响运输成本的距离因素放在第一位。从表面上看，谁都没有毛病，都足够专业，但是，假如客户的需求是仓储加上配送，那么，你会发现，两个专业型物流企业提供的报价合并起来以后，并没有太大的优势。把仓库设在远离市中心的地方，仓储成本会降低，但运输成本增加了，而把仓库设定在靠近市区的地方，运输成本会下降，但是仓储成本上升了。综合型物流企业就可以很好地解决这个问题。

步骤三：总结

这三种类型的物流企业在物流行业中都存在。大部分物流企业在入局时，通常是先从某个类型的业务切入，然后随着企业的发展，不断扩展经营范围，也就是从专业型物流企业向综合型物流企业过渡，综合型物流企业是大多数物流企业发展的趋势。

行动评价

学习任务完成情况评价表

评价内容	评价标准		评价等级			
			A（80～100分）	B（60～79分）	C（60分以下（不含60））	疑惑点
理论知识评价	1	能准确阐述什么是物流行业				
	2	能合理阐述全球物流行业的发展现状				
	3	能准确阐述我国物流行业的发展特点				
	4	能准确理解公司和企业的区别				
	5	阐述物流企业的定义				
	6	认识物流企业的类型				
	7	认识物流行业未来的发展趋势				
技能操作评价	1	能够阐述未来物流行业的发展趋势				
	2	能够针对不同的企业类型举例				
职业素养评价	1	具有认清自我、虚心向别人学习的意识				
	2	具有按标准做事、按规矩办事的意识				

说明：同学们根据自我评价打分，然后在分值所处范围内相应的等级下打“✔”，若未得到满分，同学们可在“疑惑点”这一列列出自己的疑问。

行动巩固

行动巩固 2-3

一、单项选择题

1.（　　）是最早提出和发展物流园区的国家。

A. 美国　　B. 英国　　C. 法国　　D. 日本

2.（　　）被业界称为“第三利润源”、被媒体称为“21世纪最大的行业”。

A. 物流行业　　B. 金融行业　　C. 加工行业　　D. 种植业

3.（　　）物流模式强调的“整体化的物流管理系统”是一种以整体利益为重，冲破按部门分管的体制，从整体进行统一规划管理的方式。

A. 美国　　B. 英国　　C. 法国　　D. 日本

4. 20世纪90年代末至21世纪初，欧洲的物流发展处于（　　）。

A. 工厂物流阶段　　B. 综合物流阶段　　C. 电子物流阶段　　D. 供应链物流阶段

二、多项选择题

1. 日本物流发展的现状主要表现在（　　）方面。

A. 物流信息化技术水平高
B. 物流设施现代化程度高
C. 厂家物流系统、国际物流企业发展迅速
D. 物流业社会化、组织化程度高

2. 与国外物流行业的发展相比，我国物流行业的发展存在的差距有（　　）。
A. 社会化物流程度较低
B. 物流行业起步较晚
C. 物流服务水平提高，加快向现代物流企业转型
D. 物流基础设施条件较差

3. 关于企业和公司表述正确的有（　　）。
A. 企业在概念范畴上是包含公司的
B. 企业是组织众多个人开展经济活动的一种方式，而公司是企业的组织形式
C. 没有区别
D. 企业范围比公司小

4. 按照物流企业从事的主营业务不同，可分为（　　）。
A. 货代型物流企业　　B. 配送型物流企业
C. 信息型物流企业　　D. 第三方物流企业

5. 仓储型物流企业应同时符合的要求有（　　）。
A. 以从事仓储业务为主，为客户提供货物储存、保管、中转等仓储服务，具备一定规模
B. 企业能为客户提供配送服务以及商品经销、流通加工等其他服务
C. 企业自有一定规模的仓储设施、设备，自有或租用必要的货运车辆
D. 企业自有一定数量的运输设备

三、判断题

1. 发达国家的物流行业已进入较为成熟的阶段。（　　）

2. 根据物流企业以某项服务功能为主要特征，可划分为运输型物流公司、仓储型物流公司和综合服务型物流公司。（　　）

3. 常温物流公司可承运疫苗运输业务。（　　）

四、简答题

简述物流企业与企业物流有什么不同。

五、案例分析

在产品高度同质化的今天，服务已经成为决定竞争成败的关键因素，服务质量的优劣直接关系着企业的生存和发展。现在，几乎所有的企业都把提升客户服务水平作为企业持续发展的头等大事，如何创建卓越的客户服务体系是每一个企业都必须认真思考的问题。

联邦快递是以客户服务备受赞誉的世界500强企业。在联邦快递，客户服务的理念并没有只停留在口头上，而是通过精心设计的客户服务体系将客户服务理念落实到了每位员工的每项活动之中。现在，联邦快递的客户服务已经成为全球其他企业学习的典范。近几年，每年都有世界各地的商业人士慕名前来参观联邦快递公司的营业中心，探索其客户服

务的秘密。

电子商务的兴起，为快递业者提供了良好的发展机遇。联邦快递与客户建立了良好的互动与信息流通模式。联邦快递的客户服务信息系统主要有两个：一是一系列的自动运送软件，如Power Ship、FedEx Ship和FedEx Internet Ship；二是客户服务在线作业系统。联邦快递通过这些信息系统的运作，建立起覆盖全球的电子化服务网络。

为了方便顾客，联邦快递向顾客提供自动运送软件，利用这套系统，客户可以自由安排取货日程、追踪和确认运送路线、打印条码、建立并维护寄送清单、追踪寄送记录。联邦快递通过这套系统能及时准确地知道顾客打算寄送的货物，而预先得到的信息非常有利于运送流程的整合、货舱机位及航班的调派等。为了提高客户服务水平，联邦快递建立了呼叫中心。呼叫中心员工的主要任务除了接听成千上万的电话，倾听顾客的意见外，还要主动打电话与客户联系，收集客户信息。对于20 000多名关系稳定的客户，联邦快递建立了一个客户数据库系统。为了避免客户流向竞争对手，联邦快递向他们赠送一部与公司总部联网的电脑。

另外，联邦快递还特别重视对员工的管理和培训，以提高他们的客户服务能力。公司每年为每个员工提供的用于培训的费用平均达到2 500美元之多。由于呼叫中心的员工是绝大多数顾客接触联邦快递的第一个媒介，联邦快递对他们的服务质量更是格外重视，新员工要先经过一个月的课堂培训，然后接受两个月的操作训练，学习与顾客打交道的技巧，考核合格后，才能正式接听顾客来电。为了使与顾客密切接触的一线服务人员符合企业形象和服务要求，联邦快递在招收新员工时会对其进行严格的心理和性格测试，对新员工进行入门培训时会灌输企业文化，使其先接受两周的课堂训练，接下来是服务站的训练，然后让正式员工带半个月，最后才能独立作业。

资料来源　作者根据相关资料整理.

项目总结

案例分析要求：结合案例分析物流企业怎样才能提高客户服务水平。

项目实训

1. 最近李华在学习了物流系统的流动要素之后，虽然她知道流动要素共有7个，即流体、载体、流向、流量、流程、流速和流效，但是她觉得自己还是不会区分这7个要素，在请教同学小袁时，小袁选择用举例的方式说明，她所举的例子如下：

云南盛开有限公司主要做鲜花批发业务，现公司接到上海的订单，内容如下：有50束鲜花需要从云南运往上海（云南至上海的运输距离为1 969km），客户要求最好在当天能够送到，考虑到鲜花的特性，云南盛开有限公司选择了航空运输（航空运输速度为900km/h），云南盛开有限公司计算人工服务成本、运输成本、鲜花成本等一系列费用之后，确定需向客户收取3 000元的费用，并与上海客户达成一致。

请大家帮小袁向李华说明此案例中的物流流动要素分别对应的是什么？

2. 现代物流行业的发展会直接或间接影响到生活中许多行业和领域，最直接影响的就是海陆空的货运行业、快递行业、网络购物、互联网商贸、仓储行业等。华宇集团是国内货运行业的几大巨头企业之一，随着经济全球化的发展，公司决定扩展海外业务。为了了解目前国内外物流行业的发展现状，公司决定先初步调查，然后结合调查结果确定下一步的发展计划。

袁潇是今年7月份刚进公司的管培生，恰好他是物流管理专业毕业的，所以主管在分配任务时让他先查找国内外的物流行业发展现状资料，然后进行汇总整理并提交一份报告。

请大家帮助袁潇完成此次的工作任务吧！

项目三　从功能角度认知物流

本项目思维导图

- 从功能角度认知物流
  - 运输
    - 运输概述
    - 五种运输方式
    - 运输方式的比较
    - 运输方式的选择
    - 运输管理
    - 运输合理化
  - 仓储
    - 仓储概述
    - 仓库的分类和设施
    - 仓储合理化
  - 配送
    - 配送的定义及要素
    - 配送作业流程
    - 配送模式
    - 配送中心
    - 配送合理化
  - 装卸搬运
    - 装卸搬运概述
    - 装卸搬运的类型
    - 装卸搬运的作用
    - 装卸搬运合理化
  - 包装
    - 包装概述
    - 包装的类型
    - 包装的标志
    - 包装合理化
  - 流通加工
    - 流通加工概述
    - 流通加工的类型
    - 流通加工合理化
  - 信息处理
    - 物流信息管理
    - 物流信息技术
    - 物流信息系统

学习目标

知识目标：在理解常见的运输方式以及运输管理的原则和内容的基础上，理解运输合理化的有效措施；在阐述仓储的作用的基础上，阐述仓储合理化的措施；在阐述常见的配送模式的前提下，阐述配送合理化的措施；在阐述装卸搬运的类型及活性指数的前提下，阐述装卸搬运合理化的措施；在阐述常见的包装标志及类型的前提下，阐述包装合理化的措施；在阐述流通加工的类别及其与生产加工的区别的前提下，阐述流通加工合理化的有效措施；在理解信息技术在现代物流中的作用的前提下，阐述物流信息系统的主要功能。

能力目标：能够根据案例要求选择合适的运输方式；能够分析运输距离、运输时间和运输成本；能够运用ABC分类法进行案例分析，能分析说明三种配送模式的区别，能够根据案例选择合适的配送合理化措施；能够依据例题判断装卸搬运的活性指数，能够根据案例分析装卸搬运的合理化措施；能够根据案例制定包装合理化的措施；能够根据案例要求分析出流通加工合理化的方法；能够指出常见的物流信息系统。

素养目标：通过学习物流仓储、运输、配送等业务活动，培养具有遵章守法、安全第一的意识；具有节约资源、保护环境的意识；养成节约资源的好习惯；具有“凡事适度，过犹不及”的意识；具有定制化服务和数字化发展的意识；具有辩证思维看待问题的能力；具有学精、学熟练的顽强毅力；具有在岗位上持续积累经验的精神；具有崇尚朴实、节俭的传统美德；具有及时发现问题、解决问题的能力；具备选择能力、理解能力以及思辨的判断能力；具有为我国科技发展做出贡献的意识；具有信息共享、互相帮助的团结精神。

项目导入

经过一段时间的学习，李华对物流的发展历程、生活中的物流现象、物流行业、物流企业等都有了初步的认识，但聚焦到细致的物流业务却还是懵懵懂懂。

下课后，李华和同组的同学们一起讨论，希望能对物流有更深入的认识。

张同学说：“我一直很好奇几个问题，我们学习了物流的定义：物流是物品从供应地向接收地的实体流动过程中，根据实际需要，将运输、储存、装卸搬运、包装、流通加工、配送、信息处理等功能有机结合起来实现用户要求的过程。那每一个功能具体有什么样的实施过程呢？它们之间又是怎样结合的呢？”

赵同学说：“我也是，在了解了物流的定义之后，这几个问题一直困扰着我，就比如运输，到底什么是运输？运输过程中除了我们经常见到的货车外，还有什么运输工具可供选择呢？”

王同学说：“给你们看这个视频，里面有很多机器人在搬运货物，这个我觉得也属于物流，因为物流的功能中包含了装卸搬运。”

邵同学说：“我们在网上买东西时经常查看的物流信息，你们说这个物流信息的处理过程是不是也属于物流呢？”

……

你知道这些问题的答案吗？在同学们激烈的讨论中，你心中是否也有非常多的疑惑需要解开？可能对于他们的问题你心中已经有了很清晰的答案，也可能你还不是很确定自己的答案，下面就让我们一起跟随他们的脚步，从物流功能的角度认识物流，解开自己心中的那些疑惑吧。

项目实施

任务一　运输

行动任务

陈松是一家经营全国货运业务物流公司的职员，每天负责统筹安排订单货物的运输方式。2024年12月6日，陈松收到一份托运订单，订单主要内容见表3-1-1所示的订单信息，陈松需要根据订单信息为该批货物选择正确的运输方式。

表3-1-1　订单信息

托运订单				
托运人	托运时间	订单处理时间	订单处理人	备注
李先生	2024年12月6日	2024年12月6日	陈松	
订单内容				
货物	重量	出发地	目的地	
钢材	50吨	武汉	重庆	
钢材	100吨	武汉	昆明	

行动锦囊

一、运输概述

运输是一个古老的话题。从最初粗糙的木筏木舟载人载物到14世纪利用三桅帆和指南针进行的航海远行；从工业革命采用蒸汽动力的机车、机船到以内燃机为动力的汽车、飞机。人类一直运用自己的智慧发展新的交通工具和运输方式，改变着世界的面貌，那你知道为什么要运输吗？运输的功能是什么呢？运输应遵循哪些原则？

微课 3-1

运输的认知

（一）运输的概念

日常生活中，一般意义的运输是指人和物的载运及输送，包括客运与货运。物流的运输则专指“物”的载运及输送，是指用特定的设备和工具，将物品从一个地点向另一个地点运送的物流活动，它是在不同地域范围内，以改变物的空间位置为目的对物进行的空间位移。通过这种位移创造商品的空间效益，实现其使用价值，满足社会的不同需要。我国国家标准《物流术语》（GB/T 18354—2021）中对运输（Transportation）的定义是：“利用载运工具、设施设备及人力等运力资源，使货物在较大空间上产生位置移动的活动。”运输是物流的中心环节之一，也是现代物流活动最重要的一个功能。

（二）运输的功能

运输是物流作业中最直观的要素之一。运输提供两大功能：产品转移和产品存储（如图3-1-1所示）。

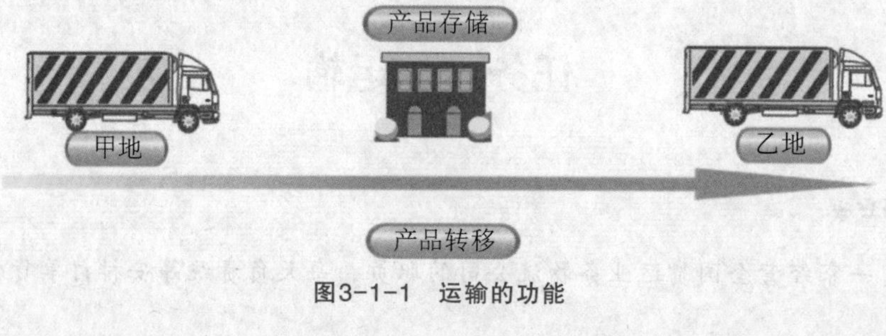

图3-1-1　运输的功能

1.产品转移

运输的主要功能就是使产品在价值链中的来回移动，实现物品在空间上的位移，创造物品的“空间效用”或称“场所效用”。物品在不同的位置，其使用价值实现的程度是不同的，即效用价值是不同的。通过运输活动，将物品从效用价值低的地方转移到效用价值高的地方，使物品的使用价值得到更好的实现，也就是创造物品的最佳效用价值。

2.产品存储

对产品进行临时储存是一个特殊的运输功能。一方面，如果运输中的物品需要储存且在短时间内又将再次运输，卸货和装货的费用可能会超过储存在运输工具（如汽车）中的费用时，就可考虑将运输工具作为物品暂时的储存地点。另一方面，当仓库空间有限时，也可考虑选择利用运输工具作为物品暂时的储存地点。

（三）运输在现代物流中的作用

运输在现代物流中的作用主要表现在以下六个方面：

1.保值

货物运输有保值作用。也就是说，任何产品从生产出来到最终消费，都要经过运输、保管、包装、装卸搬运等多环节的货物运输活动。在这个过程中，产品可能会淋雨受潮、水浸、生锈、破损、丢失等。货物运输需要保证产品从生产者到消费者移动过程中的质量和数量，起到产品的保值作用。

2.节约

搞好运输，能够节约自然资源、人力资源和能源，同时也能够节约费用。比如，集装箱化运输，可以简化商品包装，节省大量包装用纸和木材；实现机械化装卸作业和仓库保管自动化，能节省大量作业人员，大幅度降低人员开支。

3.缩短距离

货物运输可以克服时间间隔、距离间隔和人的间隔，这自然也是货物运输的实质。比如：在北京可以买到世界各国的新鲜水果；邮政部门改进了货物运输，使传送信件大大缩短了时间距离；美国联邦快递能做到隔天送达亚洲15个城市。随着货物运输现代化的不断推进，国际运输能力大大加强，极大地促进了国际贸易。

4.增强企业竞争力

在新经济时代，企业之间的竞争越来越激烈，增强企业竞争力、提高服务水平，寻求新的利润增长点即是运输。在新世纪和新经济社会，第一利润源和第二利润源已基本到了一定极限，目前剩下的“未开垦的处女地”就是运输。降价是近几年家电行业企业之间主要的竞争手段，降价竞争的后盾是企业总成本的降低，即功能、质量、款式和售后服务以外的成本降低，也就是降低运输成本。

5.加快商品流通

依靠互联网+等新一代信息技术提供的迅速及时的信息传递和分析，为客户提供及时、快捷的运输服务，并将信息反馈给供货商和制造企业，这样便形成一个高效率、高能量的商品畅通流转的网络，能够大大加快商品流通的速度。

6.保护环境

环境问题是当今时代的主题，保护环境、治理污染和公害是世界各国的共同目标。

环保与货物运输有着密切的关系。

二、五种运输方式

果行育德

想一想 为什么要进行垃圾分类处理呢？

一起行动吧 垃圾分类是为了便于运输，所以在丢垃圾时我们一定要记得垃圾分类哦！

大街小巷随处可见各种运输工具，运输已经成为我们生活中不可缺少的一部分。那你知道运输方式有哪些分类吗？每种运输方式有什么优缺点？需要什么设施设备呢？

通常所说的运输方式为按运输设备及运输工具不同所划分出来的五种运输方式，见表3–1–2。

表3–1–2 **运输方式分类**

运输分类	适用范围
公路运输	具有很强的灵活性，主要承担近距离、小批量的货运
铁路运输	主要适用于长距离、大批量的货运和没有水运条件的地区的货运
水路运输	承担大批量、长距离的运输；并在内河及沿海，担任补充及衔接大批量的干线运输
航空运输	主要适用于对时效性要求高的高价值货物的运输
管道运输	主要适用于大宗流体货物的运输，如石油、天然气、煤浆、矿石浆体等

（一）公路运输

1.公路运输的概念

公路运输是在公路上运送旅客和货物的运输方式，是交通运输系统的组成部分之一，主要承担短途客货运输。

现代所用公路运输工具主要是汽车，因此，公路运输一般即指汽车运输。在地势崎岖、人烟稀少、铁路和水运不发达的边远和经济落后地区，公路为主要运输方式，起着运输干线作用。

2.公路运输设施设备

公路运输设施设备包括公路、道路交通控制附属设施、公路货物运输站场和公路货物运输工具。

公路是具有一定线型、宽度和强度，供各种无轨机动、非机动车辆和人、畜驶行的人工陆上道路。公路是一种线形工程构造物，主要由路基、路面、桥梁、隧道、涵洞等基本构造物和其他辅助构造物及设施组成。我国公路分为两大类五个等级，两大类：汽车专用公路和一般公路；五个等级：高速公路，一、二、三、四级公路（见表3–1–3）。

道路交通控制附属设施包括道路交通标志、道路交通标线、交通信号灯、交通检测器、道路交通隔离设施。公路货物运输站场包括整车货运站和零担货运站。

表3-1-3　**按功能和交通量划分的公路等级**

划分结果	划分标准
高速公路	高速公路为专供汽车分方向、分车道行驶，全部控制出入的多车道公路。高速公路的年平均日设计交通量宜在 15 000 辆小客车以上
一级公路	一级公路为供汽车分方向、分车道行驶，可根据需要控制出入的多车道公路。一级公路的年平均日设计交通量宜在 15 000 辆小客车以上
二级公路	二级公路为供汽车行驶的双车道公路。二级公路的年平均日设计交通量宜为 5 000~15 000 辆小客车
三级公路	三级公路为供汽车、非汽车交通混合行驶的双车道公路。三级公路的年平均日设计交通量宜为 2 000~6 000 辆小客车
四级公路	四级公路为供汽车、非汽车交通混合行驶的双车道或单车道公路。双车道四级公路年平均日设计交通量宜在 2 000 辆小客车以下；单车道四级公路年平均日设计交通量宜在 400 辆小客车以下

3.公路货物运输工具

汽车是公路运输中重要的货物运载工具，其类型较多。按用途和使用条件不同，可将货车分为普通货运汽车和专用货运汽车两大类。

普通货运汽车是指具有栏板式车厢，用于运载普通货物的汽车；专用货运汽车是指装置有专用设备、具备专用功能、承担专门运输任务的汽车，如汽车列车、厢式货车、保温车、罐式车、自卸车等（见表3-1-4）。

表3-1-4　**普通货运汽车的分类**

分类	介绍	示例
普通栏板式货车	普通栏板式货车具有整车重心低、载重量适中的特点，适合于装运百货和杂品	
厢式货车	在物流领域，由于厢式货车结构简单、利用率高、适应性强，是应用较广泛的一种车型。由于其小巧灵便，无论大街小巷均可长驱直入，真正实现"门到门"的运输	
自卸车	自卸车可以自动后翻或侧翻使货物自动卸下，具有较大的动力和较强的通过能力，是矿山和建筑工地上物流运输的理想车种	

续表

分类	介绍	示例
罐式车	罐式车装有罐状容器，密封性强，一般用于运送液体、液化气体和粉状物料等	
汽车列车	汽车列车是指一辆汽车（货车或牵引车）与一辆或一辆以上挂车的组合。货车或牵引车为汽车列车的驱动车节，称为主车；被主车牵引的从动车节称为挂车	
保温车	保温车是指装有冷却或保温等设备的厢式货车，通过制冷或保温装置为货物提供最适宜的温度和湿度条件，用来满足对温、湿度有特殊要求的货物运输需要	
集装箱运输车	集装箱运输车是指用来运输集装箱的专用汽车。它主要用于港口码头、铁路货场与集装箱堆场之间的运输	

（二）铁路运输

1.铁路运输的概念

铁路运输在狭义上通常是指一种以具有轮对的车辆沿铁路轨道运行，以达到运送旅客或货物目的的陆上运输方式。广义上的铁路运输包括磁悬浮列车、缆车、索道等并非使用车轮形式，但仍然沿特定轨道运行的运输方式，通称轨道运输或轨道交通。

2.铁路运输设施设备

（1）线路。铁路线路是机车车辆和列车运行的基础，它直接承受机车车辆轮对传来的压力。

铁路线路是由路基、桥隧建筑物和轨道组成的一个整体工程结构。

（2）信号设备。铁路信号是向有关行车和调车人员发出的指示和命令。

铁路信号设备是铁路信号、联锁设备、闭塞设备的总称。铁路信号技术的发展应逐步实现微机化、综合化、集成化和智能化。通信设备是指挥列车运行、组织运输生产及进行公务联络等的重要工具。

（3）车站。它既是铁路办理客、货运输业务的基地，又是铁路系统的一个基层生产单位。在车站中，除办理旅客和货物运输的各项业务以外，还办理和列车运行有关的各项业务。为了完成上述作业，车站中设有客货运输设备及与列车运行有关的各项技术设备，还配备了客运、货运、行车、装卸等方面的工作人员。

铁路站场按技术作业分为中间站、区段站和编组站。中间站是为沿线城乡人民及工农业生产服务，提高铁路区段通过能力，保证行车安全而设的车站。区段站为邻接的铁路区段供应机车，并为无调中转列车办理规定的技术作业，多设在中等城市和铁路网上牵引区段（机车交路）的起点或终点。编组站是铁路网上办理大量货物列车解体和编组作业，并设有比较完善的调车设备的车站，有列车工厂之称。

（4）机车车辆。铁路车辆是运送旅客和货物的工具。一般车辆没有动力装置，需要把车辆连挂成列，由机车牵引，才能在轨道上运行。

铁路车辆类型较多。车辆按轴数分，有四轴车、六轴车和多轴车。按照车辆运送对象不同，可把铁路车辆分为三大类，即客运车辆、货运车辆和客货运车辆。这里我们主要讲解货运车辆的分类。货运车辆主要可以分为三类：通用货车、专用货车、特种货车（见表3-1-5）。

表3-1-5　**铁路车辆分类**

分类	介绍	车辆类型
通用货车	这是一种通用性质较强的车辆，对于大多数的货物都有可以运载的功能，应用的领域比较广泛，也是比较常见的铁路车辆类型	棚车、敞车和平车
专用货车	主要是专供装运某些种类货物的车辆，具有专项性的特征	家畜车、罐车、保温车、水泥车、集装箱车
特种货车	运送特种货物的车辆	凹型车、落下孔车、钳夹车

（三）水路运输

1.水路运输的概念

水路运输是以船舶为主要运输工具，以港口或港站为运输基地，以水域包括海洋、河流和湖泊为运输活动范围的一种运输方式。水运至今仍是世界许多国家最重要的运输方式之一。

2.水路运输设施设备

水路运输系统的设施与设备主要由港口、航道和船舶三部分组成。

港口是具有水陆联运设备和条件，供船舶安全进出和停泊的运输枢纽。港口分类见表3-1-6。

表3-1-6　**港口分类**

分类标准	港口类型
按照班轮公司运价表的规定	基本港与非基本港口
按用途	供商船进出使用的商港、用于军事目的的军港、渔民用的渔港、企业自己使用的货主港和为船舶躲避台风等灾害而设置的避风港等
按所处位置	河口港（河流入海口的港口）、海港（海岸线上的港口）和河港（河流沿岸上的港口）等

航道是供船舶航行的水道。以组织水路运输为目的所规定或设置的船舶航行通道，称为航道。航道可分为海上航道、内河航道和人工航道。

船舶是航行或停泊于水域进行运输或作业的工具。从事水上运输的船舶可分为散装货船、杂货船、油船、载驳船、冷藏船等（如图3-1-2所示）。

图3-1-2　船舶分类

（四）航空运输

1.航空运输的概念

航空运输，是用飞机、直升机及其他航空器运送人员、货物、邮件的一种运输方式。航空运输具有快速、机动的特点，是现代旅客运输，尤其是远程旅客运输的重要方式，是国际贸易中的贵重物品、鲜活货物和精密仪器的运输不可或缺的。

2.航空运输设施设备

（1）航线。民航从事运输飞行，必须按照规定的线路进行，这种线路叫航空交通线，简称航线。

（2）航空港。它是航空运输的经停点，又称航空站或机场，是供飞机起降、停放及组织保障的场所。按照所处的位置不同，分为干线航空港和支线航空港。按业务范围，分为国际航空港和国内航空港。

（3）航空器。它是指在大气层中飞行的飞行器，物流运输中的航空器主要是指飞机。航空器的分类如图3-1-3所示。

按发动机不同
·螺旋浆式
·喷气式
·活塞式

按速度不同
·超音速（>340m/s）
·亚音速（<340m/s）
·高速
·低速

按机身的宽窄不同
·宽体飞机
·窄体飞机

按用途不同
·客机
·全货机
·客货混合机

图3-1-3　航空器的分类

（五）管道运输

1.管道运输的概念

管道运输是用管道作为运输工具的一种长距离输送液体和气体物资的运输方式，是一种专门由生产地向市场输送石油、煤和化学产品的运输方式，是统一运输网中干线运输的特殊组成部分（如图3-1-4所示）。

2.管道运输设施设备

（1）管道运输设施。输油站是沿管道干线为输送油品而建立的各种站场，包括首站、中间站、末站（如图3-1-5所示）。

图3-1-4　管道运输

图3-1-5　输油站

管线包括管道、沿线阀室、穿越设备、管道防腐保护措施、供电和通信设施等。

（2）输油管道的主要设备。其包括离心泵与输油泵站、输油加热炉、储油罐、管道系统、清管设备、计量及标定装置等。

（3）输气管道的主要设备。输气管道的分类见表3-1-7。

表3-1-7　输气管道分类

类型	任务	主要设备
矿场集气	从井口开始，经分离、计量、调压、净化和集中，到输入干线前的一系列过程	井场、集气管网、集气站、天然气处理厂、外输总站等
输气站（或压气站）	对气体进行调压、计量、净化、加压和冷却，使气体按要求沿着管道向前流动。每110～150km设一个中间压气站	压缩机和压缩机车间，根据需要还设有调压计量站和储气库等
干线输气	从首站开始到配气站为止的干线管网	高压、大管径是长距离输气管道的发展方向
城市配气	从配气站（干线终点）经各级配气管网和气体调压所，按要求向用户供气的过程	门站或气源厂压缩机站、储气设施、调压装置、输配管道、计量装置、管理设施、监控系统等

（4）固体料浆管道运输设备。固体料浆管道运输是将待运输的固体物质破碎成粉粒状，用适量的液体配制成可输送的浆液，通过长输管道输送浆液到目的地，再将固体与液体分离后送给用户。其主要输送物有煤、铁矿石、磷矿石、铜矿石、铝矾土、石灰石等。固体料浆管道运输设备多由浆液制备厂、输送管道、浆液后处理系统等组成。以煤浆管道为例，运输设备包括煤水供应系统、制浆厂、干线管道、中间加压泵站、终点脱水与干燥装置等。

三、运输方式的比较

如上所述，基本的运输方式有铁路运输、公路运输、水路运输、航空运输以及管道运输。每一种运输方式所能提供的服务内容和服务质量各不相同，每一种运输方式的成本也各不相同，企业应该根据自身的要求，综合考虑各方面的因素，选择合适的运输方式。那你知道每一种运输方式都具有什么样的特点呢？

在实际运用当中，公路、铁路、水路、航空和管道运输五种基本运输方式各有优缺点。五种运输方式优缺点及适用范围的比较见表3-1-8。

表3-1-8　　五种运输方式优缺点及适用范围的比较

项目＼运输方式	公路运输	铁路运输	水路运输	航空运输	管道运输
优点	①机动灵活 ②项目投资小，经济效益高 ③操作人员容易培训 ④包装简单，货损少 ⑤运费比较便宜 ⑥便于实现门到门运输	①运输能力大 ②运输速度快 ③运输成本低 ④运送时间准 ⑤运输能耗低 ⑥通用性能好、安全性高	①运输能力大 ②运输成本低 ③建设投资省 ④劳动生产率高 ⑤平均运距长 ⑥通用性能好 ⑦运输地位独特	①高速，直达性强 ②安全性高 ③经济价值独特 ④包装要求低	①运输量大 ②管道建设周期短、费用低 ③占地少 ④运输安全可靠，连续性强 ⑤能耗小，成本低，效益好 ⑥不受气候影响
缺点	①运输能力小 ②运输能耗高 ③运输成本高 ④劳动生产率低	①灵活性差 ②投资较大 ③建设周期长，占地多 ④运输时间长 ⑤货损率较高	①运输速度慢 ②受自然条件的影响大 ③可达性差	①载运量小 ②投资大，成本高 ③易受气候条件限制 ④可达性差 ⑤运输价格贵	灵活性差（只能运输液体、气体等，管道固定，不便于实现门到门运输）
适用范围	①适合内陆地区近距离的独立运输 ②补充和衔接其他运输方式	①适合内陆地区大宗低值货物的中、长距离运输 ②适合大批量、时间性强、可靠性要求高的一般货物和特种货物的运输 ③适合大批量货物一次高效率运输 ④适合散装货物、罐装货物的运输	适合长距离、运量大、时间性要求不太强的各种大宗货物的运输，特别适合使用集装箱进行运输以及国际贸易远洋大批量物资的运输	①适合国际运输 ②适合特殊货物的运输（一是适合于高附加值、低质量、小体积物品的运输；二是适合鲜活易腐物、时令性产品、邮件等时间限制较强的特殊货物的运输）	适合单向、定点、量大的流体状且连续不断货物的运输

铁路、公路、水路、航空和管道运输这五种基本运输方式在实际应用中，在运输成本、运输时间、运输可靠性、运输能力、运输方便性和运输安全性等各特点指标中的排序也各不相同，见表3-1-9。

微课 3-2
运输方式的选择

表3-1-9　　五种运输方式各特点指标排序

运输特点	运输方式				
	铁路	公路	水路	航空	管道
运输成本	3	4	1	5	2
运输时间	3	2	4	1	5
运输可靠性	3	2	5	4	1
运输能力	3	4	1	5	2
运输方便性	2	1	4	3	5
运输安全性	3	4	5	2	1

注：各项指标对应的数字越小表示越好。

四、运输方式的选择

运输方式的选择包括单一运输方式选择和联运选择，通常应满足运输的基本要求，即经济性、迅速性、安全性和便利性。在各种运输方式中，如何选择适当的运输方式是物流合理化的重要问题。一般来讲，应根据物流系统要求的服务水平和允许的物流成本来决定。

影响运输方式选择的因素包括货物品种、运输期限、运输成本、运输距离和运输批量等（见表3-1-10），所以企业在选择运输方式时，可以根据运输环境、运输服务的目标以及其他多方面的要求，运用定性与定量相结合的方法进行综合比较和分析，选择最为合理的运输方式或运输方式组合。

表3-1-10 运输方式选择影响因素

运输方式选择影响因素	说明
货物品种	关于货物品种、性质及形状，应在包装项目中加以说明，选择适合这些货物特性和形状的运输方式，货物对运费的负担能力也要认真考虑
运输期限	运输期限必须与交货日期相联系，应保证运输时限。必须调查各种运输工具所需要的运输时间，根据运输时间来选择运输工具。运输时间的快慢顺序一般情况下依次为航空运输、汽车运输、铁路运输、船舶运输
运输成本	运输成本因货物的种类、重量、容积、运距不同而不同。而且，运输工具不同，运输成本也会发生变化。在考虑运输成本时，必须注意运费与其他物流子系统之间存在着互为利弊的关系，不能只考虑运输费用来决定运输方式，要由总成本来决定
运输距离	从运输距离看，一般情况下可以依照以下方式进行选择：300千米以内，用汽车运输；300～500千米的区间，用铁路运输；500千米以上，用船舶运输。一般来说，这样选择是比较经济合理的
运输批量	大批量运输成本低，应尽可能使商品集中到最终消费者附近，选择合适的运输工具进行运输是降低成本的良策。一般来说，30吨以下的商品用汽车运输，30吨及以上的商品用铁路运输；数百吨以上的原材料之类的商品，应选择船舶运输

果行育德

想一想　看完视频后大家有什么感想呢？

一起行动吧　严格遵守交通规则，永远谨记，生命至上，安全第一。

五、运输管理

运输管理能保证运输过程顺利进行，从而提高劳动生产效率；并且运输中运输费所占比重大，是影响物流费用的重要因素，那你知道运输管理需要遵守的原则和管理的内容包括什么吗？

（一）运输管理的原则

运输管理是指企业所进行的各种运输活动的计划、组织、协调与控制。“及时、准确、经济、安全”是物流运输的四原则，这四个方面是辩证统一的，必须进行综合考虑，忽视或片面强调任何一方面都是不行的（如图3-1-6所示）。

及时	及时就是按运输的实际需要，能及时地把货物从产地运到销地，尽量缩短货物在途时间，及时满足企业的生产和人民生活的需要
准确	准确就是在货物运输的过程中，切实防止各种差错或事故，做到不错不乱，准确无误地完成运输任务
经济	经济就是合理选择运输方式与运输路线，有效地利用各种运输工具和运输设施，节约人力、物力和财力，提高运输经济效益，降低货物运输费用
安全	安全就是货物在运输过程中，不发生霉烂、残损、丢失、燃烧、爆炸等事故，保证货物完好无损

图3-1-6　运输管理的原则

（二）运输管理的内容

1. 运输的宏观管理

运输的宏观管理，也就是运输的市场管理，是指政府主管部门对运输行业的管理，包括市场准入的管理等。

2. 运输的微观管理

运输的微观管理，也就是运输业务管理，是指企业对物品运输过程的管理，包括物品的发运、中转、接运和安全运输管理（如图3-1-7所示）。

（1）发运管理	（2）中转管理	（3）接运管理	（4）安全运输管理
发运是把物品从起运地运到收货地，是运输业务的开始。发运对整个运输工作影响很大，必须做好发运前的所有准备工作，如货源、车辆等	凡是从起运地到收货地不能一次直达，需要经过两次运输或转换两种以上运输工具的，就要进行中转	接运管理是指物流企业接到收货通知后，认真做好接运准备工作，把物品完好无损地接运进来的业务活动	物品的安全管理也是运输管理的重要工作。物品运输要经过发运、中转和接运等多次装卸搬运，容易出现一些问题。因此，企业必须加强对物品的安全运输管理

图3-1-7　运输的微观管理

六、运输合理化

物流过程的合理运输，就是从物流系统的总目标出发，按照货物流通规律，运用系统理论、系统工程原理和方法，合理利用各种运输方式，选择合理的运输路线和运输工具，以最短的路径、最少的环节、最快的速度和最少的劳动消耗，组织好货物的运输与配送。

微课 3-3

运输合理化

那你知道目前不合理的运输形式有哪些吗？如何进行合理化运输呢？

（一）运输合理化的含义

运输合理化是物流合理化的重要内容。物流合理化可以理解为物流活动在成本、效益、服务质量等方面尽可能达到最优化。物流合理化在很大程度上依赖于运输合理化。

（二）影响物流运输合理化的因素

运输合理化的影响因素很多，起决定性作用的有5个方面的因素，即运输距离、运输环节、运输时间、运输工具与运输费用，见表3-1-11。

表3-1-11　影响物流运输合理化的因素

因素	内容
运输距离	在运输时运输时间、货损、运费、车辆周转等运输的若干技术经济指标，都与运输距离有一定关系，运输距离长短是运输是否合理的一个基本因素。因此，物流公司在组织商品运输时，首先要考虑运输距离，尽可能实现运输路径优化
运输环节	因为运输业务活动需要进行装卸、搬运、包装等工作，多一道环节，就会增加运费。因此，减少运输环节，尤其是同类运输工具的运输环节，对合理运输有促进作用
运输时间	运输不及时，容易失去销售机会，造成商品积压和脱销，尤其是在国际贸易市场中
运输工具	各种运输工具都有其适用的优势领域，对运输工具进行优化选择，要根据不同的商品特点，分别利用铁路、水运、汽运等不同的运输工具，选择最佳的运输线路合理使用运力，以最大发挥所用运输工具的作用
运输费用	运费在全部物流费用中占很大比例，是衡量物流经济效益的重要指标，也是组织合理运输的主要目的之一

（三）不合理的运输形式

不合理运输是指违背“及时、准确、经济、安全”总要求的运输。它是由于忽视各种运输方式特点、客货对运输的客观要求，不按经济区划或产销区划组织客货调运所产生的结果。常见的不合理运输有下列几种形式：

（1）过远运输，即货物舍近求远的运输（如图3-1-8所示）。

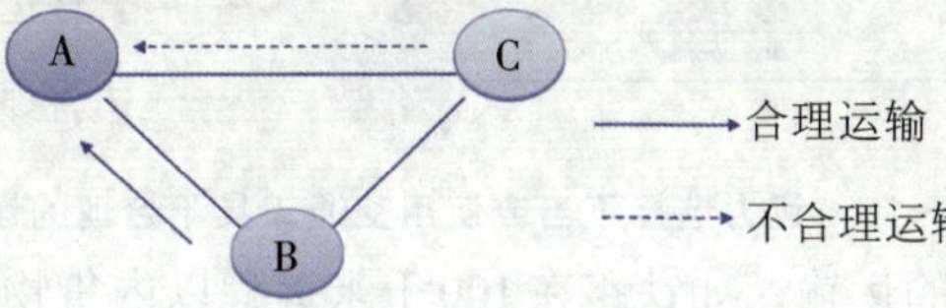

图3-1-8　过远运输

（2）对流运输，亦称相向运输，指同种货物或两种使用价值相同、彼此可以相互替代的货物，从不同的发货点发出，在同一条运输线路或两条平行运输线路上作相对方向的运输，与对方运程的全部或一部分发生重叠的运输现象（如图3-1-9所示）。

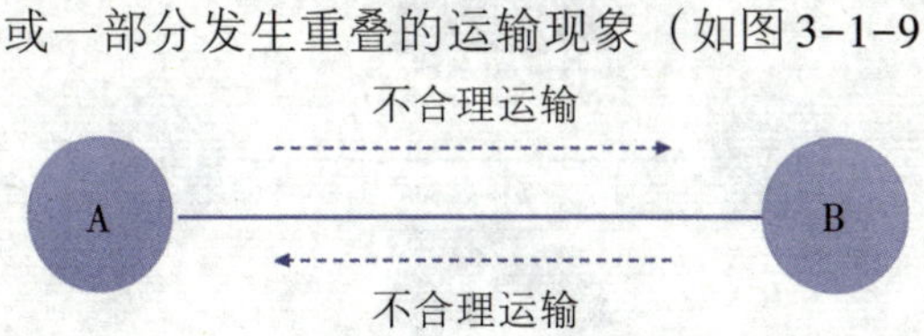

图3-1-9　对流运输

（3）迂回运输，指有两条以上的同类交通线可以选择时，未利用最短的运输线，却采用较远的运输线绕道运行的现象（如图3-1-10所示）。

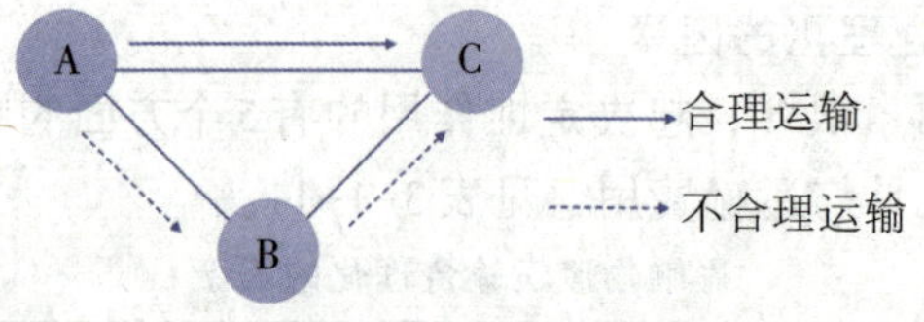

图3-1-10　迂回运输

（4）重复运输，指货物由发货点可直接运达目的地，而在途中增加不必要的中转站装卸、仓储和转运的运输现象（如图3-1-11所示）。

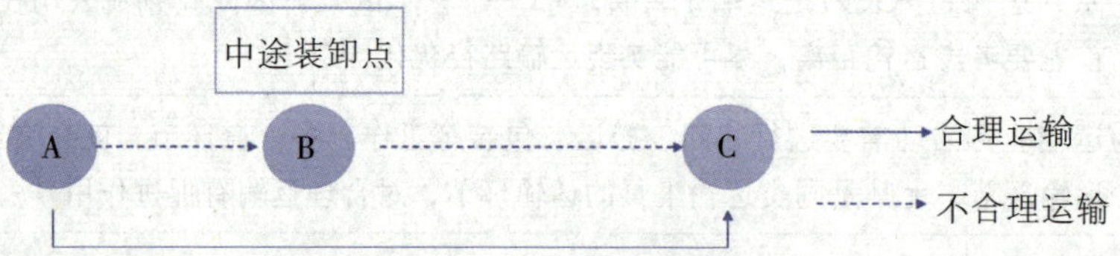

图3-1-11　重复运输

（5）倒流运输，指货物从销售地向产地或转运地回流的运输现象（如图3-1-12所示）。

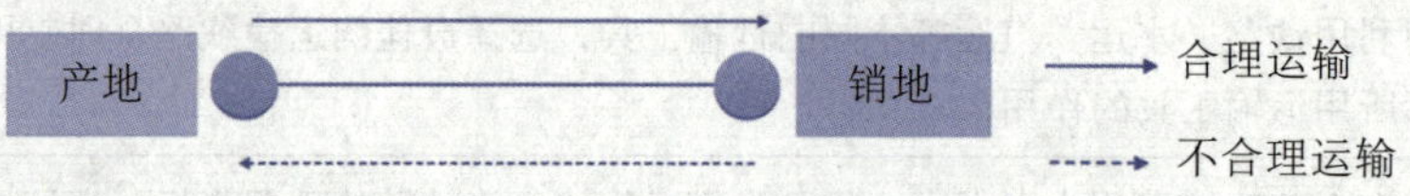

图3-1-12　倒流运输

（6）运力选择不当或使用交通工具不合理的运输，指未根据货物的特点选用合适的交通方式和运输工具的运输现象（如图3-1-13所示）。如运输工具承载能力选择不当，尤其是“大马拉小车”现象发生较多。

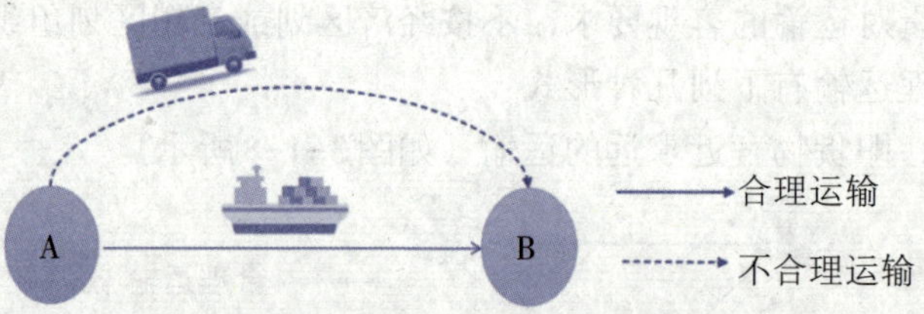

图3-1-13　运力选择不当或使用交通工具不合理的运输

（7）不符合经济里程的运输，如铁路在100千米运程以内货物的短途运输。

（8）运输工具回程空驶，指因调运不当，货源计划不周，不采用运输社会化而形成的空驶，是不合理运输的表现（如图3-1-14所示）。

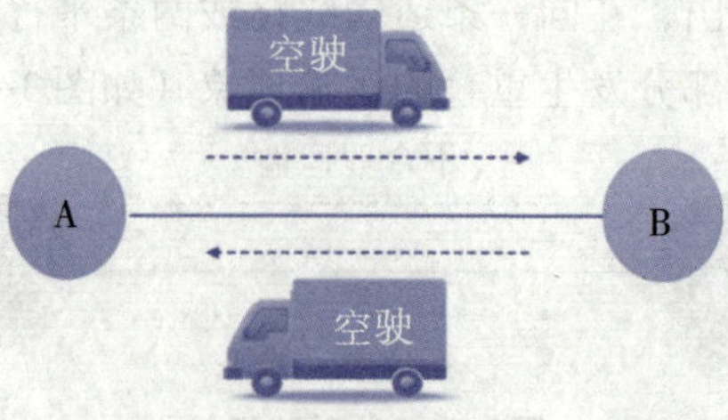

图3-1-14　运输工具回程空驶

（9）托运方式选择不当，应选择整车未选择，反而采取零担托运，应当直达而选择了中转运输，应当中转运输而选择了直达运输等都属于这一类型的不合理运输。

（10）无效运输，指装运的物资中无使用价值的杂质（如煤炭中的矸石、原油中的水分、矿石中的泥土和砂石）含量过多或含量超过规定标准的运输。

（四）运输合理化的有效措施

运输合理化是一个系统分析过程，常采用定性与定量相结合的方法，对运输的各个环节和总体进行分析研究，研究的主要内容和方法见表3-1-12。

表3-1-12　运输合理化的有效措施

名称	内容
合理选择运输方式	各种运输方式都有各自的适用范围和不同的技术经济特征，选择时应进行比较和综合分析。要考虑运输成本的高低和运行速度的快慢，甚至还要考虑商品的性质、数量的大小、运距的远近、货主需要的缓急及风险程度
合理选择运输工具	根据不同商品的性质、数量选择不同类型，额定吨位及对温度、湿度等有要求的运输车辆
正确选择运输线路	运输线路的选择，一般应尽量安排直达、快速运输，尽可能缩短运输时间，否则可安排沿路和循环运输，以提高车辆的容积利用率和里程利用率，从而达到节省运输费用、节约运力的目的
提高货物包装质量，并改进配送中的包装方法	货物运输线路的长短、装卸次数的多少都会影响到商品的完好程度，所以，应合理地选择包装物料，以提高包装质量
提高运输工具实载率	主要是为了减少空驶和不满载行驶的时间，减少浪费，从而达到运输的合理化
减少能源动力投入，增加运输能力	运输的投入主要是能耗和基础设施的建设，在运输设施固定的情况下，尽量减少能源动力投入，从而大大节约运费，降低单位货物的运输成本，达到合理化的目的
发展社会化运输体系	运输社会化的含义是发挥运输的大生产优势，实行专业化分工，打破物流企业自成运输体系的状况
开展中短距离公路分流	主要是利用公路运输的灵活性实现“门到门”的运输
尽量发展直达运输	直达运输，就是在组织货物运输过程中，把货物直接从产地运至用户手中，减少中间环节，避免了货损货差以及中间成本的出现
配载运输	配载运输往往是轻重商品的混合配载，在以重质货物运输为主的情况下，同时搭载一些轻泡货物
提高技术装载量	依靠科技进步是运输合理化的重要途径。一方面是最大限度地利用运输工具的载重吨位，另一方面是充分使用车船装载容量
进行必要的流通加工	很多产品由于货物形态和特性等问题，使得在运输合理化的过程中会遇到很多阻碍，如果进行加工，就能够有效解决合理运输的问题

果行育德

想一想　你觉得空驶率过高会有什么影响呢？

一起行动吧　运输不合理会造成资源浪费和环境污染，所以节约资源、保护环境，从我们做起！

行动进行

陈松通过学习掌握了以上知识，准备开始实际操作。

步骤一：判断货物的特性

从订单内容可知该批托运货物为钢材，可以排除管道运输，管道运输主要是液体和气体的运输方式；由航空运输方式的概念和优缺点得知，航空运输适合高价值和数量小的货物运输，因此，可以把航空运输方式排除在外。

步骤二：可选择的运输工具

通过互联网或公司资料查询起讫点运输条件。武汉—重庆可以选用的运输工具主要有公路运输、铁路运输、水路运输；武汉—昆明可以选用的运输工具主要有公路运输和铁路运输。

步骤三：运输距离、运输时间和运输成本分析

在订单中，客户并没有说明具体的到货日期，说明该批货物托运时间比较宽松。依据成本最小化原则：

1.从武汉—昆明我们需要运输100吨钢材，运输量大，根据公路运输和铁路运输的优缺点（见表3-1-13）可以得知，该批货物使用铁路运输成本是最低的。

表3-1-13 公路运输和铁路运输对比

公路运输	铁路运输
运输能力低	运输能力大
适合短距离运输	适合长距离运输
运输成本高	运输成本相对较低

2.从武汉—重庆有河流贯通，我们需运输的50吨钢材运输量也较大，根据公路、铁路和水路运输的优缺点（见表3-1-14）可以得知使用水路运输成本最低。

表3-1-14 公路、铁路和水路运输对比

公路运输	铁路运输	水路运输
运输能力低	运输能力大	运输能力最大
运输成本高	运输成本低	运输成本最低

步骤四：确定运输方式

最终确定合理的运输方式，完成任务，见表3-1-15。

表3-1-15 确定运输方式

运输货物	运输方式
50吨钢材从武汉运到重庆	水路运输
100吨钢材从武汉运到昆明	铁路运输

陈松在确定该批订单中货物的运输方式后，安排运输工具，办理货物托运。

行动评价

学习任务完成情况评价表

评价内容	评价标准		评价等级			
			A（80～100分）	B（60～79分）	C（60分以下（不含60））	疑惑点
理论知识评价	1	阐述运输的概念及功能				
	2	阐述运输管理的原则和内容				
	3	指出运输合理化的措施				
技能操作评价	1	能够指出公路、铁路、水路、航空和管道运输常用设施设备				
	2	能够根据案例要求选择合适的运输方式				
	3	能够分析运输距离、运输时间和运输成本				
职业素养评价	1	具有垃圾分类的意识				
	2	具有遵章守法、安全第一的意识				
	3	具有节约资源、保护环境的意识				

说明：同学们根据自我评价打分，然后在分值所处范围内相应的等级下打“✔”，若未得到满分，同学们可在“疑惑点”这一列列出自己的疑问。

行动巩固

行动巩固 3-1

一、单项选择题

1.在地势崎岖、人烟稀少、不发达的边远和经济落后地区，（　　）为主要运输方式。

A.公路　　B.铁路　　C.水路　　D.航空

2.贵重物品、鲜活货物和精密仪器适合（　　）运输。

A. 公路　　B. 铁路　　C. 水路　　D. 航空

3.货物从销售地向产地或转运地回流的运输现象被称为（　　）。

A. 迂回运输　　B. 重复运输　　C. 倒流运输　　D. 对流运输

4.在制定运输合理化措施时，常采用（　　）与定量相结合的方法，对运输的各个环节和总体进行分析研究。

A. 定时　　B. 定性　　C. 定额　　D. 定类

二、多项选择题

1.运输的功能有（　　）。

A. 产品包装　　B. 产品销售　　C. 产品转移　　D. 产品储存

2.运输在现代物流中的作用主要表现在（　　）方面。

A. 保值　　B. 节约　　C. 缩短距离　　D. 增强企业竞争优势

3. 基本的运输方式有（　　）。

A. 水路运输　　B. 航空运输　　C. 公路运输　　D. 铁路运输

4. 影响物流运输合理化的因素有（　　）。

A. 货物属性　　B. 运输环节　　C. 运输时间　　D. 运输距离

5. 常见的不合理运输形式有（　　）。

A. 迂回运输　　B. 重复运输　　C. 倒流运输　　D. 对流运输

三、判断题

1. 一般来讲，运输包括客运和货运。（　　）

2. 不合理运输是指符合“及时、准确、经济、安全”总要求的运输。（　　）

3. 货物包装对运输质量并无影响。（　　）

四、简答题

试比较五种运输方式的优缺点。

五、案例分析

沃尔玛公司是世界上最大的商业零售企业，在物流运营过程中，尽可能地降低成本是其经营的哲学。沃尔玛有时采用空运，有时采用船运，还有一些货物采用卡车公路运输。在中国，沃尔玛百分之百地采用公路运输，因此，如何降低卡车运输成本，是沃尔玛物流管理面临的一个重要问题，为此他们主要采取了以下措施：

（1）沃尔玛使用一种尽可能大的卡车，大约有16米加长的货柜，比集装箱运输卡车更长或更高。沃尔玛把卡车装得非常满，产品从车厢的底部一直装到顶部，这样有助于节约成本。

（2）沃尔玛的车辆都是自有的，司机也是公司的员工。沃尔玛的车队大约有5 000名非司机员工，有3 700多名司机，车队每周一次运输可以达7 000～8 000千米。

沃尔玛知道，卡车运输是比较危险的，有可能会出交通事故。因此，对运输车队来说，保证安全是节约成本最重要的环节。沃尔玛的口号是“安全第一，礼貌第一”，而不是“速度第一”。在运输过程中，卡车司机们都非常遵守交通规则。

沃尔玛定期在公路上对运输车队进行调查，卡车上面都带有公司的号码，如果看到司机违章驾驶，调查人员就可以根据车上的号码进行报告，以便于进行惩处。沃尔玛认为，卡车不出事故，就是节省公司的费用，就是最大限度地降低物流成本，由于狠抓了安全驾驶，运输车队已经创造了300万千米无事故的纪录。

（3）沃尔玛采用全球定位系统对车辆进行定位，因此在任何时候，调度中心都可以知道这些车辆在什么地方，离商场有多远，产品还需要多长时间才能运到商场，这种估算可以精确到小时。沃尔玛知道卡车在哪里，产品在哪里，这可以提高整个物流系统的效率，有助于降低成本。

（4）沃尔玛连锁商场的物流部门24小时工作，无论白天或晚上，都能为卡车及时卸货。另外，沃尔玛的运输车队还利用夜间进行运输，从而做到了当日下午进行集货，夜间进行异地运输，翌日上午即可送货上门，保证在15～18个小时内完成整个运输过程，这是沃尔玛在速度上取得优势的重要措施。

（5）沃尔玛的卡车把产品运到商场后，商场可以把它整个地卸下来，而不用对每个产品逐个检查，这样就可以节省很多时间和精力，加快了沃尔玛物流的循环过程，从而降低了成本。这里有一个非常重要的先决条件，就是沃尔玛的物流系统能够确保商场所得到的产品是与发货单完全一致的产品。

（6）沃尔玛的运输成本比供货厂商自己运输产品的成本要低，所以厂商也使用沃尔玛的卡车来运输货物，从而做到了把产品从工厂直接运送到商场，大大节省了产品流通过程中的仓储成本和转运成本。

沃尔玛的集中配送中心把上述措施有机地组合在一起，做出了一个最经济合理的安排，从而使沃尔玛的运输车队能以最低的成本高效率地运行。

资料来源　作者根据网络相关资料整理.

案例分析要求：通过以上案例的学习，回答以下问题：

（1）运输合理化的影响因素有哪些？

（2）运输合理化的有效措施是什么？

（3）你认为沃尔玛的运输合理化体现在哪些方面？

任务二　仓储

行动任务

小王是某大学毕业生，毕业后到武汉某仓储公司担任仓库主管一职，刚进仓库，就有员工反映仓库内原材料不足，当小王看到仓库库存明细表（见表3–2–1），并得知仓库内所有物品均统一进货时，小王就发现仓库管理中存在的问题了。

表3–2–1　**仓库库存明细表**

产品序号	数量（件）	单价（元/件）	产品序号	数量（件）	单价（元/件）
1	20	20	6	10	20
2	20	10	7	25	20
3	20	10	8	15	10
4	10	680	9	30	5
5	12	100	10	20	10

请你运用所学知识帮小王分析该仓库存在的问题。

行动锦囊

一、仓储概述

仓储是在物流中与运输并列的两大主要功能要素之一，是物流系统的一个子系统。商品在从生产地向消费地的转移过程中，往往会表现出在一定空间、一定时间上的“停滞”，商品在流通领域中的这种暂时的“停滞”过程就是仓储。那你知道仓储具有哪些功能和作用吗？

微课 3-4

仓储的认知

（一）仓储的概念

仓储是以改变“物”的时间状态为目的的活动，在物流系统中起着缓冲、调节和平衡的作用，能有效克服物品生产和消费在时间上的差异，创造时间价值。“仓储”中的“仓”即仓库，是用以存放、保管和储存物品的建筑物和场地的总称；“储”即储存，表示收存以备使用，具有收存、保护、管理、交付使用的意思。仓储活动如图3-2-1所示。

图3-2-1 仓储活动

仓储有狭义和广义之分。狭义的仓储是指通过仓库等场所实现对在库物品的储存与保管，是一种静态仓储，可比喻为蓄水池；广义的仓储是指除了对物品的储存与保管，还包括物品在库期间的装卸搬运、分拣组合、流通加工等增值服务功能，是一种动态仓储，可比喻为河流，是包括储备、库存在内的仓储。

我国国家标准《物流术语》（GB/T 18354—2021）中对仓储的定义是：“利用仓库及相关设施设备进行物品的入库、储存、出库的活动”。仓储既有静态的物品储存，也包括动态的物品存取、保管、控制的过程。仓储的对象可以是生产资料，也可以是生活资料，但必须是实物动产。

（二）仓储的功能

1.储存功能

储存功能是仓储的基本功能。一方面，现代社会化生产的重要特征就是专业化和规模化，劳动生产率极高，产量巨大，绝大多数产品都不能被及时消费，需要经过仓储手段进行储存，这样才能避免生产过程堵塞，保证生产过程能够继续进行。另一方面，对生产过程来说，适当的原材料、半成品的储存，可以防止因缺货造成的生产停顿。而对销售过程来说，储存尤其是季节性储存，可以为企业的市场营销创造良机。适当的储存是市场营销的一种战略，它为市场营销中特别的商品需求提供了缓冲和有力的支持。

2.保管功能

生产出的产品在消费之前必须保持其使用价值，否则将会被废弃。这项任务就需要由仓储来承担，在仓储过程中对产品进行保护、管理，防止损坏而丧失价值。因此，在保管过程中就要选择合适的储存场所，采取合适的养护措施。

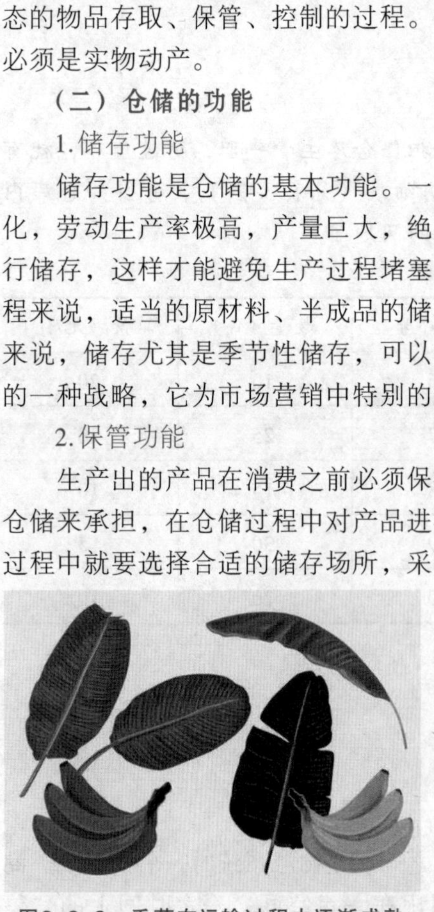

图3-2-2 香蕉在运输过程中逐渐成熟

3.加工和延期功能

仓储企业可以通过承担少量的生产加工和制造活动来延期或延迟生产。具有包装能力或简单加工能力的仓库可以把产品生产的最后一道工序推迟到需求该产品时为止（如图3-2-2所示）。

4.整合功能

整合功能即拼装功能，是仓储活动的一个常用的经济功能。通过这种安排，仓库可以将来自多个制造企业的产品或原材料整合成一个单元，进行一票装运。其好处是有可能实现最低的运输成本，也可以减少由多个供应商向同一客户进行供货带来的拥挤和不便（如图3-2-3所示）。

图3-2-3　整合功能

5.分类和转运功能

分类就是将来自制造商的组合订货分类或分割成个别订货，然后安排适当的运力运送到制造商指定的个别客户。

仓库从多个制造商处运来整车的货物，在收到货物后，如果货物有标签，就按客户要求进行分类；如果没有标签，就按地点分类，然后货物不在仓库停留，直接装到运输车辆上，装满后运往指定地点。同时，由于货物不需要在仓库内进行储存，因而，降低了仓库的搬运费用，最大限度地发挥了仓库装卸设施的功能。分类和转运功能如图3-2-4所示。

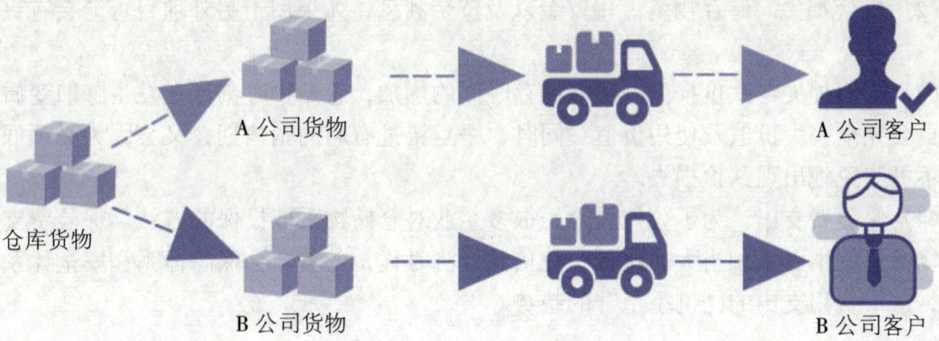

图3-2-4　分类和转运功能

6.支持企业市场形象的功能

尽管市场形象功能所带来的利益不像前面几个功能带来的利益那样明显，但对于一个企业的营销主管来说，依然应重视仓储活动。因为从满足需求的角度看，从一个距离较近的仓库供货远比从生产厂商处供货方便得多，同时，仓库也能提供更为快捷的递送服务。这样会在供货的方便性、快捷性以及对市场需求的快速反应性方面，为企业树立一个良好的市场形象。

（三）仓储的作用

1.仓储的积极作用

（1）仓储是保持物资原有使用价值的重要手段。仓储最基本的功能是储存和保管，通过对物品进行合理的储存和保管，保持物品的原有使用价值。

（2）仓储具有整合作用。其体现在两个方面：一是运输整合功能。为了降低运输成本，仓库将来自不同制造工厂指定送往某一特定顾客的材料或产品整合成一个单元，进行一票装运。二是产品整合功能。由于公司往往会在不同的制造场所生产不同的产品，这样可以减少由多个供应商向同一客户进行供货带来的拥挤和不便，为了满足不同客户的订单要求，物流公司需从不同的制造场所调运产品，于是就产生了不同的到达时间和产品整合的可能性，通过这些方法将会提高公司完成客户订单的效率。

（3）仓储具有预防不确定性的作用。原材料供应延迟以及偶发事件都会影响制成品的生产及物流配送，仓储则可以有效地防止货物短缺或供应中断。

（4）仓储能够增加商品的附加价值。现代仓储的功能已经不再局限于传统的储存和保管，为客户提供增值服务已经成为现代仓储经营者们努力追求的目标之一。在仓储物保管期间，保管人根据客户的要求对仓储物的外观、形状、尺度等进行加工，使仓储物发生所期望的变化，比如装袋、捆包、贴标签、印条形码、切割、刷标记、组装等活动。

（5）发挥传递市场信息的作用。仓储物数量的变化可以反映出市场对该物品的需求情况。仓储量减少，周转量加大，表明社会需求旺盛；反之，则为需求不足。厂家存货增加，表明其产品需求减少或者竞争力降低，或者生产规模不合适。

2.仓储的消极作用

（1）固定费用和可变费用支出。仓储要求企业在仓库建设、仓库管理、仓库工作人员工资及福利等方面支出大量的成本费用，使开支增加。

（2）机会损失。储存物资占用资金以及资金利息，如果用于另外项目可能会有更高的收益。

（3）陈旧损失与跌价损失。随着储存时间的增加，仓储物时刻都在发生陈旧变质，严重的更会完全丧失价值及使用价值。同时，一旦错过有利的销售期，又会因为必须低价贱卖，不可避免地出现跌价损失。

（4）保险费支出。为了分担风险，很多企业对仓储物采取投保的方法。保险费支出在仓储物资总值中占了相当大的比例。在信息经济时代，随着社会保障体系和安全体系日益完善，这个费用支出的比例呈上升的趋势。

二、仓库的分类和设施

仓库作为一个公司的物料和成品集散地，起着非常大的作用。除银行外，公司里几乎所有的流动资产都集中在仓库，仓库中的货物流动顺畅与否，物料的收发是否正常有序，直接关系到公司的各种销售业绩是否达成有效目标。仓库中物料数量的准确与否也关乎生产的进度。如果物料没有及时供给生产，造成收发料的短缺，可能会影响到出货。仓库的重要性由此可见一斑。那你知道生活中见到的仓库都有哪些类型吗？

果行育德

想一想　同学们如何看待“断舍离”呢？

一起行动吧　我们要避免因一时兴起而购买很多无用的东西，造成浪费，应养成勤俭节约的习惯。

微课 3-5

仓库的分类

仓库一般指以库房、货场及其他设施、装置为劳动手段的，对商品、货物、物资进行收进、整理、保管和分发等工作的场所，在工业中则是指储存各种生产所用的原材料、零部件、设备、机具和半成品、产品的场所。百胜物流仓库如图3-2-5所示。

图3-2-5　百胜物流仓库

（一）仓库的分类

1.按照仓库的功能分类

（1）周转仓库。其主要功能是物资周转，主要用于暂时存放待加工、待销售、待运输的物资，包括生产仓库、中转仓库、集配仓库、加工仓库等。该种仓库储存货物时间短，主要追求周转效益，为生产、流通或运输服务（如图3-2-6所示）。

（2）储备仓库。其主要指专门长期存放各种储备物资，以保证完成各项储备任务的仓库，如战略物资储备、季节物资储备、流通调节物资储备等。其功能是较长时间储存保管（如图3-2-7所示）。

图3-2-6　周转仓库

图3-2-7　粮食储备仓库

2.按照仓库的隶属关系分类

（1）自有仓库。它是指某个企业建立的供自己使用的仓库，用于保管本企业的物品（原材料、半成品、产成品等），仓库的建设、物品的管理以及进出库均属本企业的管理范畴（如图3-2-8所示）。建造此种仓库，要考虑到自建的固定成本和业务必要性，以及采用外包策略的可能性，看哪一种方案最优。

（2）营业仓库。它是按照相关管理条例的许可和企业经营需要，向其他一般企业提供保管服务的仓库。它是面向社会、以经营为手段、以营利为目的一类仓库。与自有仓库相比，营业仓库的使用率更高。第三方物流企业所建的仓库属于营业仓库（如图3-2-9所示）。

图3-2-8　企业自有（零配件）仓库

图3-2-9　第三方物流企业的营业仓库

（3）公共仓库。它是指国家和公共团体为了公共利益而建设的仓库（如图3-2-10所示）。这是一种专业从事仓储经营管理、面向社会、独立于其他企业的仓库。

图3-2-10 港口码头的公共仓库

3.按照仓库的保管条件分类

（1）普通仓库。其一般是指具有常温保管、自然通风、无特殊功能的仓库，可用于存放无特殊保管要求的物品。

（2）恒温仓库。其是指具有保持一定温度和保湿功能的仓库，主要用于储存对于储藏温度有一定要求的物品（如图3-2-11所示）。

（3）冷藏仓库。其是指具有制冷设备，并有良好的保温隔热性能以保持较低温度的仓库，是专门用来储存需要进行冷藏物品的仓库（如图3-2-12所示），一般多用于农副产品、特殊药品等对温度有特殊要求的物品。

图3-2-11 恒温仓库

图3-2-12 冷藏仓库

（4）危险品仓库。其主要是指存放具有易燃性、易爆性、腐蚀性、有毒性和放射性等对人体或环境有一定危险的物资的仓库（如图3-2-13所示）。由于危险品可能对人体及环境造成危险，因此危险品仓库在库房结构及库内布局等方面有特殊的要求，同时必须远离工厂和居民区。

图3-2-13 危险品仓库

4.按照库房建筑完整性分类

（1）封闭式仓库。其俗称“库房”，该结构的仓库封闭性强，便于对库存物品进行维护保养，适宜存放那些对保管条件要求比较高的物品（如图3-2-14所示）。

图3-2-14　封闭式仓库

（2）半封闭式仓库。其俗称“货棚”，保管条件不如库房，但出入库作业比较方便，适宜存放那些对温湿度没有太多要求且出入库频繁的物品（如图3-2-15所示）。

图3-2-15　半封闭式仓库

（3）露天式仓库。其俗称“货场”，其最大优点是装卸作业极其方便，适宜存放大宗原材料或者不怕受潮的货物（如图3-2-16所示）。

图3-2-16　露天式仓库

5.按照仓库的构造分类

这可分为单层仓库、多层仓库、立体仓库、筒仓和露天堆场。

果行育德

想一想 你知道为什么当前日本的自动化立体仓库最多吗？

一起行动吧 自动化立体仓库能节约土地资源，但是我国却出现很多空置仓库，所以我们需要注意节约资源，增加仓库利用率。

（二）仓库设施

1.主体建筑

仓库的主体建筑分库房、货场、货棚三种。库房多采用封闭方式。货棚是一种简易仓库，为半封闭建筑，根据其围墙建筑情况不同，可以分成敞篷（仅由支柱和棚顶构成）和半敞篷（有一面、二面或三面墙）。货场通常是露天的，用于堆存不怕雨淋、风吹的货物，需要时可以用油布覆盖以短期存放。

2.辅助建筑物

辅助建筑物是指办公室、车库、装卸工人休息间、工具储存间等。这些建筑物一般设在生活区，并且与存货区保持必要的安全间距。

3.附属设施

附属设施是仓库的辅助性设施，主要有照明设施、提升设施（电梯等）、地磅（车辆衡）、取暖设施及避雷设施等。

微课 3-6

仓储合理化

三、仓储合理化

仓储合理化就是用最经济的办法实现仓储的功能。仓储的功能是对需要的满足，实现被储物的"时间价值"，这就必须有一定储量。那你知道仓储合理化的标志有哪些吗？如何才能实现仓储合理化呢？

（一）仓储合理化的主要标志（见表3-2-2）

表3-2-2 仓储合理化的主要标志

主要标志	内容
质量标志	保证被储物的质量是完成仓储功能的根本要求。只有这样，商品的使用价值才能通过物流运输之后得以最终实现。在仓储中增加了多少时间价值或是得到了多少利润都是以保证被储物的质量为前提的，所以，在仓储合理化的主要标志中，为首的应是反映使用价值的质量，保证被储存物的质量是完成储存功能的根本任务和要求
数量标志	在保证功能实现的前提下，要有一个合理的数量范围，仓储量过大或过小，都不利于实现仓储的合理化
时间标志	在保证功能实现的前提下，寻求一个合理的仓储时间。储存应有一个合理的时间范围，不能太长，太长意味着物品积压，造成储存成本增加，甚至会使储存物品失去使用价值和价值。这是和数量有关的问题，仓储量越大，消耗速度越慢
结构标志	结构标志是从被储物不同品种、不同规格、不同花色的仓储数量的比例关系方面对仓储进行合理性的判断。对于那些相关性很强的物品来说，它们之间必须保持一定的比例，否则，如果某一种物品缺货，与它相关的物品可能也卖不出去

续表

主要标志	内容
分布标志	分布标志是指不同地区仓储数量的比例关系，以此判断当地需求比例以及对需求的保障程度，也可以此判断对整个物流的影响。仓库应根据本区域物品的需求储存适量的物品，不造成浪费
费用标志	考虑仓租费、维护费、保管费、损失费、资金占用利息支出等，才能从实际费用判断仓储合理与否

（二）不合理储存的危害

货物在仓库的库存不能太高，也不能太低，否则都会带来不良的影响（如图3-2-17所示）。

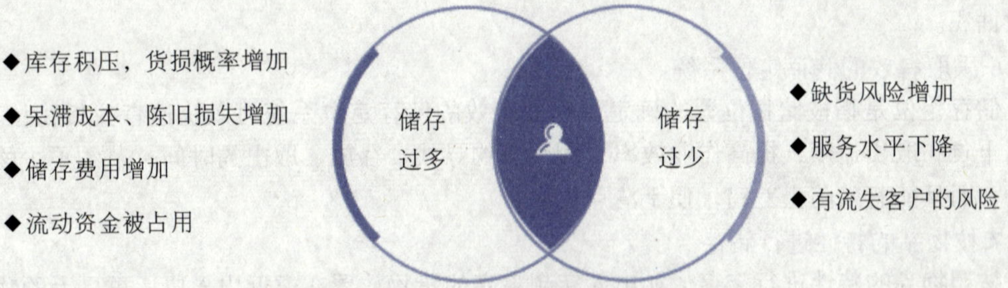

图3-2-17　不合理储存的危害

（三）仓储合理化的基本途径

1.对储存物品实行ABC管理

仓库中一般储存的物资种类繁多，不同品种的价格各异，库存数量和价值也不尽相同。为了使有限的企业资源能得到更为有效的利用，应该对库存物资进行分类，将管理的重点放在重要的物资上。

我国国家标准《物流术语》（GB/T 18354—2021）中对ABC分类法的定义是："将库存物品按照设定的分类标准和要求分为特别重要的库存（A类）、一般重要的库存（B类）和不重要的库存（C类）三个等级，然后针对不同等级分别进行控制的管理方法。"

在一般情况下，将那些商品数量很少，而价值很大的商品，分为A类，实行重点管理；把那些品种数量很多，而价值很小的商品，分为C类，实行一般管理；其余的商品介于两者之间，称为B类，根据情况，可实行重点管理，也可实行一般管理。

ABC分类法是实施仓储合理化的基础，在此基础上可以进一步解决各类物品结构关系、储存量等问题，从而确定各类物品的合理储存数量乃至实施零库存（见表3-2-3）。

表3-2-3　ABC分类法

类别	物品特点	品种比重	占总价值比重	管理类别
A	价值高，品种少	10%	70%	重点管理
B	价值中，品种中	20%	20%	介于A、C之间
C	价值低，品种多	70%	10%	一般管理

2.适度集中储存，追求规模经济

采用集中储存代替分散的小规模储存，可以达到储存规模化、降低库存总量、提高设施设备的利用率等目的，从而实现仓储合理化。但过分集中储存，使储存点与用户间的距离增加，虽然储存总量降低，但运费增加了，因此要适度集中储存。

3.加快周转速度，提高单位产出

储存现代化的一个重要方面是将静态储存变为动态储存，加快周转速度，加快资金周转，减少货损，增加仓库吞吐能力，降低仓储成本。

4.采取有效的“先进先出”方式

采取有效的“先进先出”方式，可以缩短储存物品的储存期，从而降低仓储成本。

5.增加储存密度，提高仓容利用率

通过增加储存的高度，或者缩小仓库内通道密度、减少通道数量等方法，增加储存的有效面积。

6.采取有效的储存定位系统

储存定位是指被储物位置的确定。采取有效的储存定位系统可以快速查找货物位置，提高上货和取货速度，提高作业效率，大大节约寻找、存放、取出的时间，节约不少物化劳动，而且能有效防止差错，便于清点货物。

7.按物品的特性进行储存

按照物品的特性进行储存，如出入库频率高的货物放置在靠近出入口，重量大的物品放置在货架的下部，标准形状的物品直接放在托盘上等，以提高作业效率。

8.采用集装箱、托盘等运储装备一体化的方式

集装箱本身就是移动仓库，不需要再使用传统意义上的库房，在物流过程中也就省去了入库、验货、清点、堆垛、保管、出库等一系列仓储作业，因而改变了传统仓储作业，是仓储合理化的一种有效方式。

实现仓储合理化除做好库存控制和有效管理外，还需要从公司的管理制度、奖惩机制、员工素质等多个方面入手，综合提高仓储活动的合理性，最终实现效益的提高。

果行育德

想一想　从“口罩难求”到库存积压导致破产，你得到了什么启示？

一起行动吧　库存控制应当注意“适度”，我们做人也一样，应该注意“凡事适度，过犹不及”。

行动进行

小王通过学习掌握了以上知识，准备开始实际操作。

步骤一：收集数据

按分析对象和分析内容，收集有关数据。例如，打算分析产品成本，则应收集产品成本因素、产品成本构成等方面的数据；打算分析某一系统的各功能价值，则应收集系统中各局部功能和各局部成本等数据。由于小王已经得到该仓库库存明细表，即数据收集的过程已经完成。

步骤二：分析数据

1. 使用Excel电子表格计算每种产品成本

2. 仓库中产品总成本=400+200+200+6 800+1 200+200+500+150+150+200=10 000（元）

仓库库存明细表见表3-2-4。

表3-2-4　**仓库库存明细表**

产品序号	数量（件）	单价（件/元）	总成本（元）
1	20	20	400
2	20	10	200
3	20	10	200
4	10	680	6 800
5	12	100	1 200
6	10	20	200
7	25	20	500
8	15	10	150
9	30	5	150
10	20	10	200
合计	182		10 000

步骤三：制作ABC分析表

1.ABC分析表栏目一般构成如下：第一栏物品名称或物品序号；第二栏物品数量；第三栏物品单价；第四栏物品总价；第五栏物品占用资金百分比；第六栏该物品占用资金累计百分比；第七栏物品数量占总数量累计百分比；第八栏为分类结果。

2. 用Excel电子表格进行排序，要按照该物品总价从高到低排序；当总价相等时，再由物品单价从高到低排序。

3. 用Excel电子表格公式求出各品种占用资金百分比。

4. 用Excel电子表格公式求出各品种占用资金的累计百分比。

5. 根据ABC分类法，把累计占总价值70%左右的物品划分为A类物品；把累计占总价值20%左右的物品划分为B类物品；余下的10%左右物品划分为C类物品（参照表3-2-3）。

6. 对应分类结果，安排重点管理、一般管理和盘点（见表3-2-5）。

表3-2-5　**ABC分析表**

产品序号	数量	单价	总成本	占用资金百分比（%）	占用资金累计百分比（%）	累计数量百分比（%）	分类
4	10	680	6 800	68	68	5.5	A
5	12	100	1 200	12	80	12.1	A

续表

产品序号	数量	单价	总成本	占用资金百分比（%）	占用资金累计百分比（%）	累计数量百分比（%）	分类
7	25	20	500	5	85	25.8	B
1	20	20	400	4	89	36.8	B
2	20	10	200	2	91	47.8	C
3	20	10	200	2	93	58.8	C
6	10	20	200	2	95	64.3	C
10	20	10	200	2	97	75.3	C
8	15	10	150	1.5	98.5	83.5	C
9	30	5	150	1.5	100	100	C
合计	182		10 000	100			

步骤四：制作ABC管理策略

根据不同的分类方法，对货物的管理方法见表3-2-6。

表3-2-6 **三类物品管理方法**

管理类别	A类	B类	C类
消耗定额的确定方法	技术计算	现场核定	经验估算
检查	每天检查	每周检查	季度、年度检查
统计	详细统计	一般统计	按金额统计
控制	严格控制	一般控制	按金额总量控制
安全库存量	较低	较大	较高
是否允许缺货	不允许	允许偶尔	允许一定范围内

行动评价

学习任务完成情况评价表

评价内容	评价标准		评价等级			
			A（80～100分）	B（60～79分）	C（60分以下（不含60））	疑惑点
理论知识评价	1	理解仓储的概念及功能				
	2	阐述仓储的作用				
	3	认识常见的仓库类型				

续表

评价内容	评价标准		评价等级			
			A（80～100分）	B（60～79分）	C（60分以下（不含60））	疑惑点
理论知识评价	4	阐述仓储合理化的主要标志				
	5	理解仓储合理化的措施				
技能操作评价	1	能够阐述仓储的功能和作用				
	2	能够准确指出常见的仓库类型				
	3	能够准确运用ABC分类法进行案例分析				
	4	能够阐述仓储合理化的基本途径				
职业素养评价	1	具有勤俭节约的良好作风				
	2	具有节约资源的好习惯				
	3	具有“凡事适度，过犹不及”的意识				

说明：同学们根据自我评价打分，然后在分值所处范围内相应的等级下打“✔”，若未得到满分，同学们可在“疑惑点”这一列列出自己的疑问。

行动巩固

行动巩固 3-2

一、单项选择题

1.仓储的基本功能是（　　）。

A.入库　　B.储存　　C.保管　　D.出库

2.第三方物流企业所建的仓库属于（　　）。

A.周转仓库　　B.储备仓库　　C.自用仓库　　D.营业仓库

3.生鲜蔬菜应存储在（　　）。

A.普通仓库　　B.恒温仓库　　C.冷藏仓库　　D.危险品仓库

4.（　　）通常是露天的，用于堆存不怕雨淋、风吹的货物，需要时可以用油布覆盖短期存放。

A.库房　　B.货场　　C.货架　　D.货棚

二、多项选择题

1.仓储的功能有（　　）。

A.储存功能　　B.保管功能

C.加工和延期功能　　D.整合功能

2.按照仓库的功能分类，仓库可分为（　　）。

A.周转仓库　　B.储备仓库　　C.自用仓库　　D.营业仓库

3.仓库的主体建筑分为（　　）。

A.库房　　B.货场　　C.货架　　D.货棚

4.仓储合理化的主要标志有（　　）。

A.质量标志　　B.数量标志　　C.时间标志　　D.结构标志

5.仓储合理化的基本途径有（　　）。

A.对储存物品实行ABC管理　　B.适度集中储存，追求规模经济

C.加快周转速度，提高单位产出　　D.采取有效的“先进先出”方式

三、判断题

1.仓储的对象可以是实物动产，也可以是虚拟货物。（　　）

2.适当储存是市场营销的一种战略，它为市场营销中特别的商品需求提供了缓冲和有力的支持。（　　）

3.货物的储存时间越长越能降低成本。（　　）

四、简答题

简述仓储合理化的主要标志。

五、案例分析

20世纪70年代，北京某汽车制造厂建造了一座高层货架仓库（即自动化仓库）作为中间仓库，存放装配汽车所需的各种零配件。此厂所需的零配件大多数由其协作单位生产，然后运至自动化仓库。该厂是我国第一批发展自动化仓库的企业之一。

该仓库结构分高库和整理室两部分。高库采用固定式高层货架与巷道堆垛机结构，从整理室到高库之间设有辊式输送机。当入库的货物包装规格不符合托盘或标准货箱时，则还需要对货物的包装进行重新整理，这项工作是在整理室进行。由于当时各种备品的包装没有规格化，因此，整理工作的工作量相当大。

货物的出入库是运用电脑控制与人工操作相结合的人机系统。这套设备在当时来讲是相当先进的。该库建在该厂的东南角，距离装配车间较远，因此，在仓库与装配车间之间需要进行二次运输，即将所需的零配件先出库，装车运输到装配车间，然后才能进行组装。

自动化仓库建成后，这个先进设施在该厂的生产经营中所起的作用并不理想，因此其利用率也逐年下降，最后不得不拆除。

案例分析要求：帮助该厂分析自动化仓库在该厂没有发挥其应有作用的原因。我们从中可得到哪些启示？

任务三　配送

行动任务

尚云供应链科技股份有限公司（简称尚云物流）成立于2000年，是国家5A级物流企业和3A级信用企业，企业依托先进的管理理念和物流技术、整合全球一流网络资源，搭建起开放的科技化、数字化、场景化物联网场景物流生态平台，并建立了区域配送

网络。

刘欣是尚云物流某区域配送中心的职员，每天负责统筹安排货物的配送。2025年2月12日，刘欣收到一份配送订单，订单主要内容见表3-3-1所示的订单信息，刘欣需要根据订单信息按照配送作业流程完成配送。假设配送中心现阶段方便面和食用油出现了暂时缺货，可能需要半天后才能到达配送中心。请大家根据订单信息帮助刘欣制定配送的作业流程。

表3-3-1　订单信息

配送订单				
客户	下单时间	订单处理时间	订单处理人	备注
华远超市 荣华超市	2025年2月12日	2025年2月12日	刘欣	
订单内容				
货物明细	总数量/单位数量	出发地	目的地	备注
食用油	20桶/5L	尚云配送中心	华远超市	
方便面	80箱/24包	尚云配送中心	华远超市	
巧克力	20盒/10个	尚云配送中心	荣华超市	
保温杯	80盒/1个	尚云配送中心	荣华超市	
玻璃杯	10箱/50个	尚云配送中心	荣华超市	易碎
礼品盒煎锅	30盒/1个	尚云配送中心	荣华超市	盒中锅盖易碎
总计				

行动锦囊

一、配送的定义及要素

配送是一种特殊的、综合的物流活动形式，它将商流与物流紧密结合起来，既包含商流活动，也包含物流活动中的若干功能要素，是物流的一个缩影或在较小范围内的物流活动。那你知道配送的定义是什么吗？有哪些要素呢？

微课3-7

配送的认知

（一）配送的定义

我国国家标准《物流术语》（GB/T 18354—2021）中对配送（Distribution）的定义是："根据客户要求，对物品进行分类、拣选、集货、包装、组配等作业，并按时送达指定地点的物流活动。"配送的实质就是送货，是一种特殊的送货形式，它又区别于一般送货。一般送货可以说是一种偶然的送货，没有计划性；而配送是一种有组织、有计划的送货。

（二）配送的要素

配送的要素见表3-3-2。

表3-3-2 配送的要素

要素	内容
集货	集货就是将分散的或小批量的物品集中起来，以便进行运输、配送的作业
储存	储存是指保护、管理、贮藏物品
分拣与拣选	分拣是将物品按品种、出入库先后顺序进行分门别类堆放的作业。拣选是按订单或出库单的要求，从储存场所选出物品，并放在指定地点的作业
配货	配货是指使用各种拣选设备和传输装置，将存放的物品，按客户要求分拣出来，配备齐全，送入指定发货地点
配装	在单个客户配送数量不能达到车辆的有效运载负荷时，就存在如何集中不同客户的配送货物进行搭配装载，以充分利用运能、运力的问题，这就需要配装
配送运输	配送运输是较短距离、较小规模、额度较高的运输形式，一般使用汽车做运输工具
送达服务	将配好的货物运输到客户指定处还不算是配送工作的结束，这是因为送达的货物与客户接货有时会出现不协调，使配送前功尽弃
流通加工	流通加工是指物品在从生产地到使用地的过程中，根据需要施加包装、分割、计量、分拣、拴标签、组装等作业的总称

二、配送作业流程

配送中心是接收并处理末端用户的订货信息，对上游运来的多品种货物进行分拣，根据用户订货要求进行拣选、加工、组配等作业，并进行送货的设施和机构。那么物流配送中心的作业流程有哪些呢？

（一）配送的基本环节

一般而言，配送是由备货、理货和送货三个基本环节组成的。

1.备货

备货是指准备货物的一系列活动，它是配送的基础环节。严格来说，备货应当包括两项具体活动：筹集货物和储存货物。

2.理货

理货是指在货物储存、装卸过程中，对货物进行分票、计数、清理残损、签证和交接的作业。理货是配送的一项重要内容，也是配送区别于一般送货的重要标志。理货包括货物分拣、配货和包装等活动。

3.送货

送货是配送活动的核心，也是备货和理货工序的伸延。在送货过程中，常常需要进行运输方式、运输路线和运输工具的选择。

（二）配送的一般流程

配送的一般流程如图3-3-1所示。

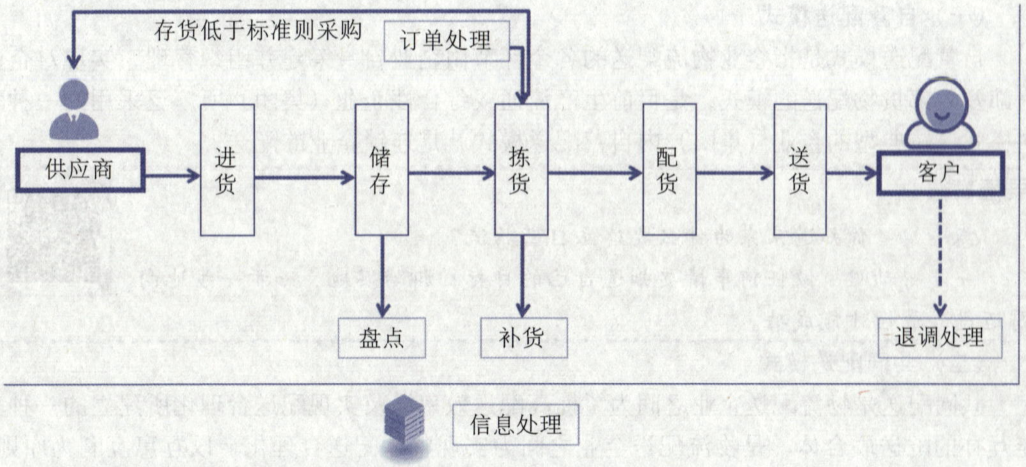

图3-3-1　配送的一般流程

1.进货作业

进货作业是配送作业的第一步，主要包括接货、卸货、验收入库，然后将有关信息书面化等一系列工作。

2.订单处理

订单处理是指从接到客户订单到着手准备拣货之间的作业阶段，通常包括订单资料确认、存货查询、单据处理等内容。

3.拣货作业

拣货作业是配送作业的中心环节。所谓拣货，是指依据顾客的订货要求或配送中心的作业计划，将商品从其储位或其他区域拣取出来的作业过程。拣货作业包括拣货单位、拣货方式、拣货策略、拣货信息和拣货设备等。

4.补货作业

补货作业是将货物从仓库保管区域搬运到拣货区的工作。补货作业的目的是向拣货区补充适当的商品，以保证拣货作业的需求。

5.配货作业

配货作业是指把拣取分类完成的物品经过配货检查过程后，装入容器和做好标示，再运到配货准备区，待装车后发送的作业过程。

6.送货作业

送货作业是指利用配送车辆把客户订购的物品从制造厂、生产基地、批发商、经销商或配送中心，送到客户手中的过程。

7.退调作业和信息处理

退调作业涉及退货物品的接收和处理。在配送中，信息系统起着中枢神经的作用。

三、配送模式

配送模式是企业对配送所采用的基本战略和方法。它是指构成配送活动的诸要素的组合形态及其标准形式，是适应经济发展需要并根据配送对象的性质、特点及工艺流程而相对固定的配送规律。那你知道有哪些配送模式吗？

（一）自营配送模式

自营配送模式是指企业物流配送的各个环节由企业自身筹建并组织管理，实现对企业内部及外部货物配送的模式，是目前生产流通或综合性企业（集团）所广泛采用的一种配送模式。较典型的企业（集团）内自营配送模式就是连锁企业的配送。

果行育德

想一想 你知道京东为什么要建立自营物流？

一起行动吧 做任何事情要知道自己的目标，脚踏实地，一步一步地向前迈进，最后才能成功。

（二）共同配送模式

共同配送是物流配送企业之间为了提高配送效率以及实现配送合理化所建立的一种功能互补的配送联合体，是物流配送企业之间为实现整体配送合理化、以互惠互利为原则、互相提供便利的物流配送服务的协作型配送模式，也是电子商务发展到目前为止最优的物流配送模式，包括配送的共同化、物流资源利用共同化、物流设施设备利用共同化以及物流管理共同化（如图3-3-2所示）。

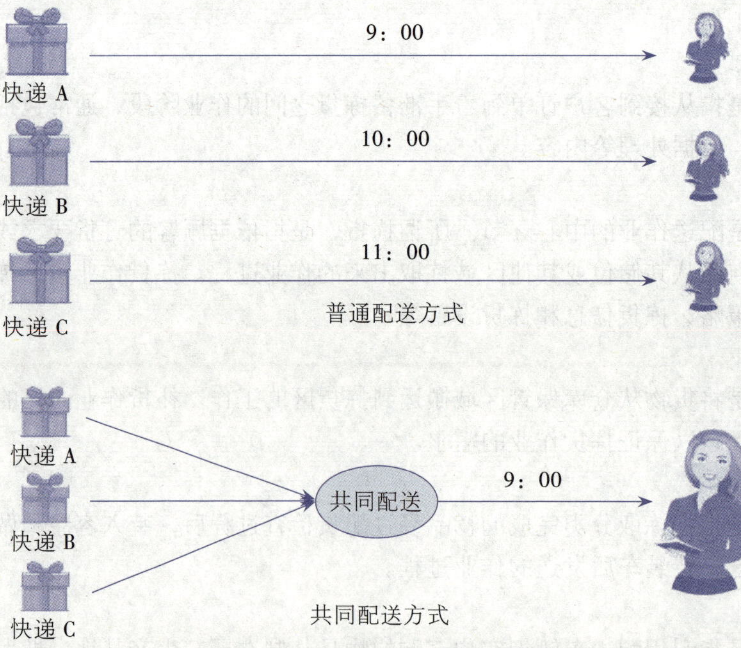

图3-3-2 普通配送和共同配送方式

（三）第三方配送模式

第三方配送模式作为有着较新物流理念的产业正在逐步形成，在对企业的服务中逐步形成了一种战略关系。随着JIT管理方式的普及，无论是制造企业还是商业企业逐渐把配送业务交由相对独立的第三方进行管理。第三方配送企业根据采购方的小批量和多批次的要求，按照地域分布密集情况，决定供应方的取货顺序，并应用一系列的信息技术和物流技术，保证及时取货和配货（如图3-3-3所示）。

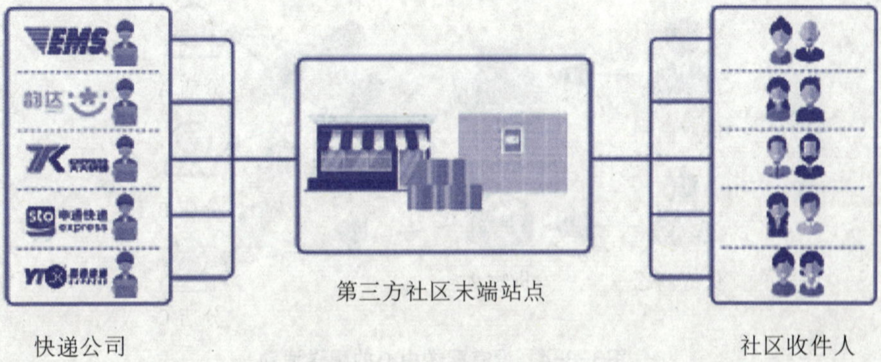

图3-3-3　第三方配送模式

四、配送中心

配送中心不等于仓库。配送中心的主要功能是提供配送服务。在物流供应链环节中，配送中心是一处物流节点，为物流下游的经销商、零售商、客户作配送工序。配送中心利用流通设施、信息系统平台，对经手的货物进行倒装、分类、流通加工、配套、设计运输路线、运输等，为客户提供配送服务。其目的是节约运输成本、提高客户满意度。那你知道都有什么类型的配送中心呢？

（一）配送中心的定义

微课 3-8

配送中心

我国国家标准《物流术语》（GB/T 18354—2021）对配送中心的定义是："具有完善的配送基础设施和信息网络，可便捷地连接对外交通运输网络，并向末端客户提供短距离、小批量、多批次配送服务的专业化配送场所。"其应基本符合下列要求：①主要为特定客户或末端客户提供服务；②配送功能健全；③辐射范围小；④多品种、小批量、多批次、短周期。

配送中心是从供应者手中接收多种大量的货物，进行倒装、分类、保管、流通加工和处理等作业，然后按照众多客户的订货要求备齐货物，以令人满意的服务水平进行配送的设施。配送中心是实现配送业务的现代化流通设施。配送中的"货物配备"是配送中心主要的业务，是全部由其完成的；而送货既可以完全由其承担，也可以利用社会货运企业来完成。

（二）配送中心的作用

如图3-3-4所示，如果没有配送中心，假设供应商甲和乙的货物需要配送给分店A、B、C，这时我们就看到需要6辆货车进行送货，且每辆车不一定是满载，造成了极大的资源浪费。如图3-3-5所示，如果有配送中心，则只需安排好路线，动用一辆运输车即可实现所有货物的配送。

通过对比我们就可以总结出配送中心的作用：①减少交易次数和流通环节；②产生规模效益；③减少客户库存，提高库存保证程度；④与多家厂商建立业务合作关系，能有效而迅速地反馈信息，控制商品质量；⑤是现代电子商务活动中开展配送活动的物质技术基础。

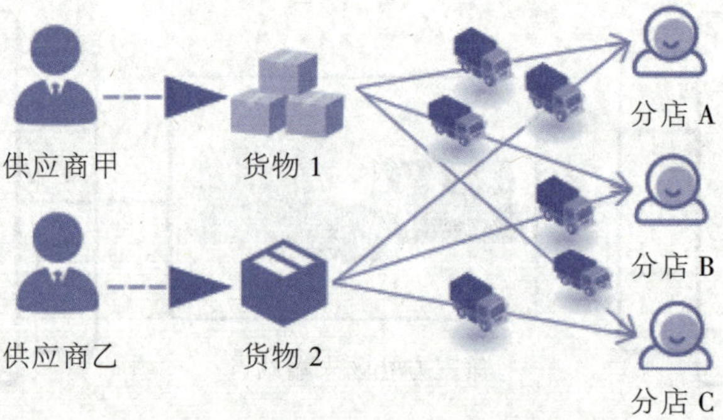

图3-3-4　没有配送中心的配送活动

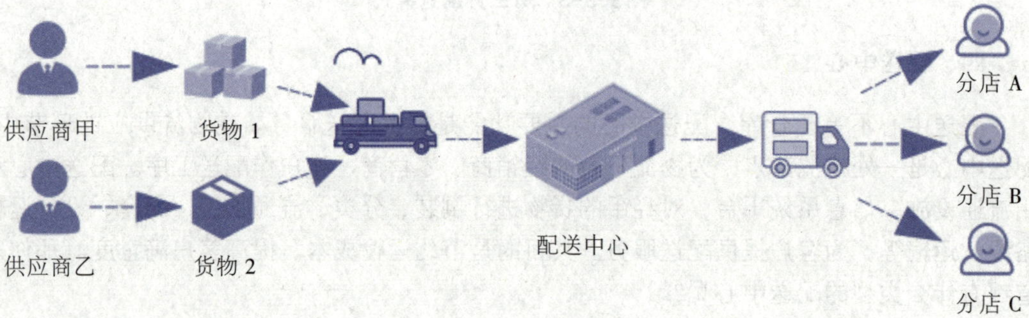

图3-3-5　有配送中心的配送活动

（三）配送中心的类型

1.按配送中心的设立者分类

（1）制造商型配送中心。它是以制造商为主体的配送中心。这种配送中心里的物品100%是由自己生产制造，用以降低流通费用、提高售后服务质量和及时地将预先配齐的成组元器件运送到规定的加工和装配工位。这种配送中心从物品制造到生产出来后条码和包装的配合等多方面都较易控制，所以按照现代化、自动化的配送中心设计比较容易，但不具备社会化的要求。

（2）批发商型配送中心。它是由批发商或代理商所成立的配送中心，是以批发商为主体的配送中心。批发是物品从制造者到消费者手中的传统流通环节之一，一般是按部门或物品类别的不同，把每个制造厂的物品集中起来，然后以单一品种或搭配向消费地的零售商进行配送。这种配送中心的物品来自各个制造商，它所进行的一项重要活动是对物品进行汇总和再销售，而它的全部进货和出货都是社会配送的，社会化程度高。

（3）零售商型配送中心。它由零售商向上整合所成立的、以零售业为主体的配送中心。零售商发展到一定规模后，就可以考虑建立自己的配送中心，为专业物品零售店、超级市场、百货商店、建材商场、粮油食品商店、酒店等服务，其社会化程度介于前两者之间。

（4）专业物流配送中心。它是以第三方物流企业为主体的配送中心。这种配送中心的运输能力很强，地理位置优越，可迅速将到达的物品配送给客户。

2.按配送中心的内部特性分类

（1）储存型配送中心。它是以存储为主要业务的配送中心，有很强的储存功能。我国目前建设的配送中心多为储存型配送中心，库存量较大。

（2）流通型配送中心。其包括通过型或转运型配送中心，基本上没有长期储存的功能，仅以暂存或随进随出的方式进行配货和送货。典型方式为：大量货物整批进入，按一定批量零出。一般采用大型分货机，其进货直接进入分货机传送带，分送到各客户货位或直接分送到配送汽车上。

（3）加工型配送中心。它是以流通加工为主要业务的配送中心。其根据客户或者市场竞争的需要，对配送物品进行加工之后进行配送。在这种配送中心内有分装、包装、初级加工、集中下料、组装产品等加工活动。

3.按配送区域的范围分类

（1）城市配送中心。它是以城市为配送范围的配送中心。由于城市范围一般处于汽车运输的经济里程，这种配送中心可直接配送到最终客户，且采用汽车进行配送，所以，这种配送中心往往和零售经营相结合，由于运距短，反应能力强，因而从事多品种、少批量、多客户的配送较有优势。

（2）区域配送中心。它是以较强的辐射能力和库存准备，向省（州）际、全国乃至国际范围的客户配送的配送中心。这种配送中心的配送规模较大，一般而言，客户和配送批量也较大，而且往往是配送给下一级的城市配送中心，也配送给商店、批发商和企业客户等，虽然也从事零星的配送，但不是主体形式。

4.按配送货物的属性分类

根据配送货物属性的不同，配送中心可以分为食品配送中心、日用品配送中心，医药品配送中心、化妆品配送中心、家电品配送中心、电子（3C）产品配送中心、书籍产品配送中心、服饰产品配送中心、汽车零件配送中心以及生鲜配送中心等。

果行育德

想一想　你知道沃尔玛华南生鲜配送中心的出现有什么意义吗？

一起行动吧　随着客户定制服务的多样化，未来的配送中心必须依靠数字化生态系统进行配送。

（四）配送中心的功能

1.集散功能

配送中心凭借其在物流网络中的枢纽地位和拥有的各种先进的设施及设备，能够将分散在各个生产企业的产品集中到一起，然后经过分拣、配装，向多个客户发运。集散功能也可以将其他公司的物品放入该配送中心来处理、发运，以提高车辆的装载率，形成批量运输，降低费用成本。

2.储存功能

配送中心的服务对象是为数众多的生产企业和商业网点（如连锁店和超级市场），配送中心需要按照客户的要求及时将各种配装好的货物送交到客户手中，满足生产和消费需要。为了顺利有序地完成向客户配送商品的任务，而且为了能够更好地发挥保障生产和消费需要的作用，配送中心通常要兴建现代化的仓库并配备一定数量的仓储设备，存储一定数量的商品。

3.分拣功能

作为物流节点的配送中心，其为数众多的客户彼此差别很大，不仅各自的性质不同，而且经营规模也相差很大。因此，在订货或进货时，不同的用户对于物品的种类、规格、数量会提出不同的要求。针对这种情况，为了有效地进行配送，即为了同时向不同的客户配送多种物品，配送中心必须采取适当的方式对组织来的物品进行拣选，并且在此基上，按照配送计划分装和配装物品。

4.运输功能

配送运输是支线运输、末端运输，是较短距离、较小规模、额度较高的运输形式，配送中心一般使用汽车作为运输工具。运输车辆可以租用社会运输力量或使用自己的专业运输车队。

5.配组功能

由于每个客户对物品的品种、规格、型号、数量、质量、送达时间和地点等的要求不同，配送中心必须按客户的要求对物品进行分拣和配组。

6.衔接功能

通过开展物品配送活动，配送中心把各种物品运送到客户手中，客观上起到了联系产销、平衡供求的衔接作用，在产地和消费地之间架起了沟通的桥梁。

7.流通加工功能

流通加工是指物品在从生产地到使用地的过程中，根据需要加以包装、分割、计量、分拣、刷标志、拴标签、组装等作业的总称。流通加工解决了客户的多样化需求，提升了物品的附加价值，提高了资源的利用率和配送效率。

8.物流信息处理功能

配送中心将各个物流环节的物流信息进行收集、分析、传递，并向货主提供各种信息及咨询。

五、配送合理化

对于配送合理与否，不能简单判定，也没有一个绝对的标准。例如，企业效益是配送的重要衡量标志，但是，在决策时常常会考虑各种因素，有时要做赔本买卖。因此，配送决策是全面、综合的决策，在决策时要避免由于不合理配送所造成的损失，但有时某些不合理现象是伴生的，要追求大的合理，就可能派生小的不合理，所以大家知道有哪些不合理的配送形式吗？

微课 3-9

配送合理化

（一）配送合理化的标志

对于配送合理与否的判断，是配送决策的重要内容，目前国内外尚无统一的技术经济指标体系和判断方法，一般来说可考虑以下标志：

1.库存标志

库存标志是判断配送合理与否的重要标志，具体指标有以下两方面：

（1）库存总量。库存总量是衡量配送合理性的关键指标。实施配送后，配送系统的库存总量（即配送中心库存与各客户库存之和）应当低于实施前的各客户库存总量。同时，考察各客户在配送前后的库存变化也是重要的判断依据。需注意库存总量是动态变化的，评估时应考虑业务增长因素。若业务增长导致库存总量合理上升，则需扣除该增长部分，才能准确判断配送是否真正降低了库存总量。

（2）库存周转。由于配送企业的调剂作用，以低库存保持高的供应能力，库存周转一般总是快于原来各企业的库存周转。此外，从各个客户角度进行判断，各客户在实行配送前后的库存周转比较，也是判断配送合理与否的标志。为取得共同的比较基准，以上库存标志都是以库存储备资金计算的，而不是以实际物资数量计算的。

2.资金标志

实行配送应有利于减少资金占用及资金运用的科学化，具体判断标志如下：

（1）资金总量。用于资源筹措所占用流动资金的总量，随着储备总量的下降及供应方式的改变必然有大幅度的降低。

（2）资金周转。从资金运用来讲，由于整个运转节奏加快，资金充分发挥作用，在过去同样数量的资金需要较长时间才能满足一定供应要求，配送之后，在较短时间内就能达到此目的，所以，资金周转是否加快，是衡量配送合理与否的标志之一。

（3）资金投向的改变。资金分散投入还是集中投入，是资金调控能力的重要反映，实行配送后，资金必然应当从分散投入改为集中投入，以增强调控作用。

3.成本和效益标志

总效益、宏观效益、微观效益、资源筹措成本都是判断配送合理化的重要标志，对于不同的配送方式，可以有不同的判断侧重点。配送企业、客户都是各自独立的、以利润为中心的企业，不但要看配送的总效益，而且要看社会的宏观效益及企业的微观效益，不顾及任何一方，就必然不合理。如果配送是由客户集团自己组织的，配送主要强调保证能力和服务性，那么，效益主要从总效益、宏观效益和客户集团企业的微观效益来判断，而不必过多顾及配送企业的微观效益。由于总效益及宏观效益难以计量，常以按国家政策进行经营、完成国家税收、配送企业及客户的微观效益来判断。

对配送企业而言（投入确定的情况下），企业利润反映了配送的合理化程度。对于客户企业而言，在保证供应水平或提高供应水平（产出一定）的前提下，供应成本的降低程度反映了配送的合理化程度。成本及效益对合理化的衡量，还可以具体到配货、配装、送货等具体配送环节，使判断更为精确。

4.供应保证标志

配送必须提高对客户的供应保证能力。供应保证能力可以从几个方面进行判断，见表3-3-3。

表3-3-3　**供应保证标志**

供应保证标志	内容
缺货次数	实行配送后，对客户来讲，应该到货而未到货以致影响客户生产及经营的次数必须显著下降才算合理
配送企业集中库存量	对每一个客户来说，配送数量所形成的保证供应高于配送前单个企业的保证程度才算合理
即时配送的能力及速度	在客户出现特殊情况时，对客户的配送能力及反应速度必须高于未实行配送前客户紧急进货能力及速度才算合理

需要强调的是，配送企业的供应保证能力是一个科学、合理的概念，而不是无限的概念，具体来讲，如果供应保证能力过高，超过了实际需要，也是一种不合理，所以，追求供应保证能力的合理化也是有限度的。

5.社会运力节约标志

运力使用的合理化是依靠配送运力的规划、整个配送系统的合理流程，以及与社会运输系统的合理衔接来实现的。

6.人力、物力节约标志

配送的重要作用体现在通过专业化的物流服务替代用户自行处理物流环节，优化资源配置并提升效率，因此，实行配送后，各用户库存量、仓库面积、管理人员减少是合理的；进行订货、接货、供应的人员减少是合理的。

7.物流合理化标志

配送必须有利于物流合理化，可从以下方面来判断：是否降低了物流费用，是否减少了物流损失，是否加快了物流速度，是否发挥了各种物流方式的最优效果，是否有效衔接了干线运输和末端运输。

（二）不合理配送的表现形式

不合理配送的表现形式如图3-3-6所示。

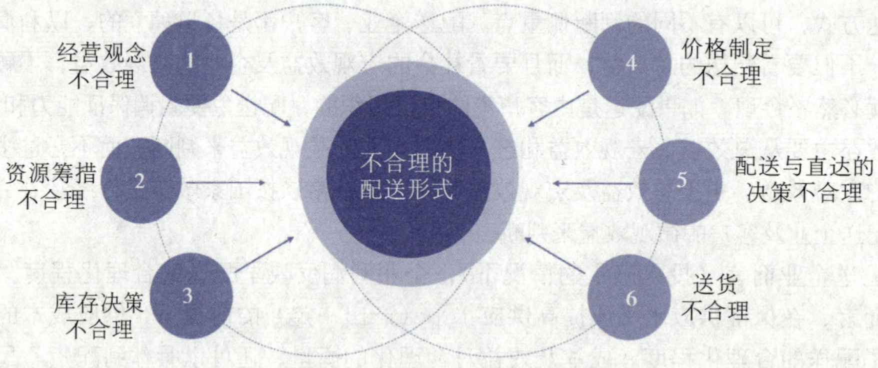

图3-3-6 不合理配送的表现形式

1.经营观念不合理

在配送中，许多企业经营观念不合理，损害了配送的形象，使配送优势无从发挥。如配送企业利用配送手段向客户转嫁资金、库存困难，即当库存大时，强迫客户接受货物以缓解自己的库存压力；当资金紧张时，长期占用用户资金；在资源短缺时，将客户委托资源挪作他用或用于谋利等。

2.资源筹措不合理

配送能够通过扩大批量来降低资源筹措成本，进而提升用户满意度。如果配送量计划不合理，资源筹措量过多或过少，不考虑与资源供应者建立长期、稳定的供需关系，仅仅为少数用户服务等，就会使筹措成本不但不能降低，反而使用户多支付配送企业的代筹代办费用。

3.库存决策不合理

配送应该利用集中库存总量低于各客户分散库存总量的关系，大大节约社会财富，同时节约客户的库存负担。如果只是把配送当作库存的转移，不能科学决策，造成库存量过多或不足，就起不到配送应有的作用。

4.价格制定不合理

配送的价格应该低于客户自己单独购买、运输等所产生的费用，这样才会使双方有利可图。如果配送价格过高或过低，则会损害客户利益或使配送企业处于亏损状态。

5.配送与直达的决策不合理

配送与直达相比，虽然增加了中间环节，但可以降低库存成本，产生的效益要大于增加的费用。但当客户使用量很大时，可以直接批量进货，则可以更加节约费用，这时，采用配送又是不科学、不合理的。

6.送货不合理

配送可以集中配货，一车送多家客户，可以大大节省运力和运费。如果还是一家一户地去送货，车辆达不到满载，路线不进行优化，就不能利用这种优势，会造成浪费。

（三）配送合理化的措施

配送合理化的措施见表3-3-4。

表3-3-4　**配送合理化的措施**

配送合理化的措施	内容
推行一定综合程度的专业化配送	专业化配送是根据产品的性质将其分类，利用专门的配送设备、设施及操作程序对其进行配送，这有利于充分发挥各专业组织的优势，使其根据自身的能力来进行选择。同时，专业化配送有利于降低配送的复杂程度和难度，从而实现配送合理化
推行加工配送	配送活动开展之前，配送企业可以充分利用技术设备对商品进行简单加工，如包装、分割等，从而增加商品的附加值，以提高经济效益
推行共同配送	共同配送是指由多个企业联合组织实施的配送活动。配送企业可以选择最近的路程、合理的配载方式和运输方式完成配送，实现配送合理化
推行送取结合	配送企业应与客户建立良好的、稳定的关系。配送时，配送企业将客户所需商品运达产区，同时，将客户所生产的商品运送出去。这一方面可以降低客户库存，另一方面可以减少配送车辆返回时的空载率，提高经济效益，稳定与客户的关系，实现“双赢”
推行准时配送系统	配送做到了准时，客户才有资源把握，才可以放心地实施低库存或零库存，才能有效地安排接货的人力、物力，以追求更高效率的工作。保证供应能力，也取决于准时供应，从国外的经验看，准时配送系统是现在许多配送企业追求配送合理化的重要手段
推行即时配送	推行即时配送，使配送企业能随时根据客户的需要进行科学、合理的配送。即时配送有很大的优越性，一方面，客户可以充分降低库存水平，从而降低人力、财力、物力的投入，而且可以降低库存风险，企业可以集中力量来经营自身的优势领域；另一方面，由于高标准地满足客户的要求，配送利润率较高，提高了配送企业的经济效益

果行育德

想一想　你觉得“社区团购”是有利于我们消费者的吗？

一起行动吧　人民日报的点评让我们看到了团购背后的问题，所以在遇到问题时我们应辩证看待。

行动进行

刘欣通过学习掌握了以上知识，准备开始实际操作。

步骤一：订单处理

尚云配送中心收到订单后要进行汇总，进而罗列商品的种类与数量，并利用信息系统对商品库存情况进行查询，发现食用油和方便面暂时缺货，但货物已在订货的状态中。

步骤二：进货作业

进货包括制订进货计划、商品送达、卸货等环节。

2025年2月10日，工作人员汇总缺货名单，制订进货计划，并向各个供应商发出订货订单，半天后食用油和方便面等其他货物到达配送中心，配送中心安排工作人员卸货。

步骤三：货物验收入库处理

尚云配送中心验收入库的具体内容如下：

（1）配送中心收到和汇总用户的订单以后，首先要确定配送商品的种类和数量，然后查询现有存货数量是否满足配送需要。对客户的入库指令，配送中心会根据自身的仓储情况做出相应的入库受理和安排。

（2）货物在入库之前要对其进行验收，包括数量、质量以及包装的检验等，按照所签合同的具体内容进行。如遇到品种繁多的小商品，则要采用全核对的方法，要以单对货，核对所有项目，即品名、规格、颜色、等级等，若与订货合同要求相符，则可以转入下一道工序；若不符合合同要求，配送中心将详细记录差错情况，并拒绝接收差错货物，质量不合格的商品将由供应商自行处理。

（3）经过验收之后，对货物的受理要按照所签合同的具体内容进行，配送中心的工作人员随即按照类别、品种将其分开，通过库位自动或人工安排的方法对没有预先分配库位的货物进行处理，并且在打印入库单时要按货物所分配的相应库区库位进行，产生货物的库位清单。

（4）进行库存管理，对入库货物的动态变化等信息进行统计和查询。

步骤四：储存作业

配送中心在储存货物期间，会在计算机系统中记录下每一种储存进去的商品的数量和具体位置。

步骤五：拣选配货

尚云配送中心收到要货计划时，计算机系统会很快查出所需商品的存放位置，随即打印有商品代码的标签贴在商品上。配送中心依据华远超市的需要，就地筛选商品，再次打包，将其由“配区”运往“送区”。

步骤六：补货作业

尚云配送中心为每个超市都设有一个补货系统。尚云配送中心能在任何时间获知某个商店里货物的数量、正在运输当中的商品数量，以及有多少商品正在配送中心等信息。

步骤七：加工处理

尚云配送中心的加工主要是对礼品盒煎锅进行礼品促销包装的操作。当然服装、蔬菜等会进行其他的加工处理。

步骤八：配装作业

配装是配送中心的末端作业，是配送中心为了顺利、有序、方便地向客户发送商品，对组织来的各种货物进行整理，并依据订单要求进行组合的过程。尚云配送中心的作业过程有两个基本要求：

（1）按到达送货点的先后顺序组织货车，先到的装在混载货车的上面或外面，后到的装在下面或里面。

（2）要做到轻者在上，重者在下，重不压轻。

步骤九：送货安排作业

这是配送的最终环节。送货包括装车和送货两项活动。尚云配送中心按照配送路线，以及华远超市和其他超市分布情况，结合配装、配载等作业合理地进行商品的送货作业。其具体环节如下：

（1）对客户的发货指令，配送中心要根据库存情况做好配送处理。

（2）配送中心的车辆、人员、货物的出库，要按照配送系统的计划，进行自动处理。

（3）配送中心要由专人进行调配处理，分为人工配货和自动配货。

（4）按照实际情况，根据配送中心系统的安排结果对人工进行调整。

（5）进行调整之后，配送中心将按照公司自身设定的优化原则，根据货物存放的库位，进行拣货清单的打印。

（6）凭借拣货清单，承运人到配送中心提货，配送中心要做相应的出库安排。

（7）进行装车之后，配送中心根据需要对其送货的客户数量，对应打印送货单。

图3-3-7为整个配送作业的流程图。

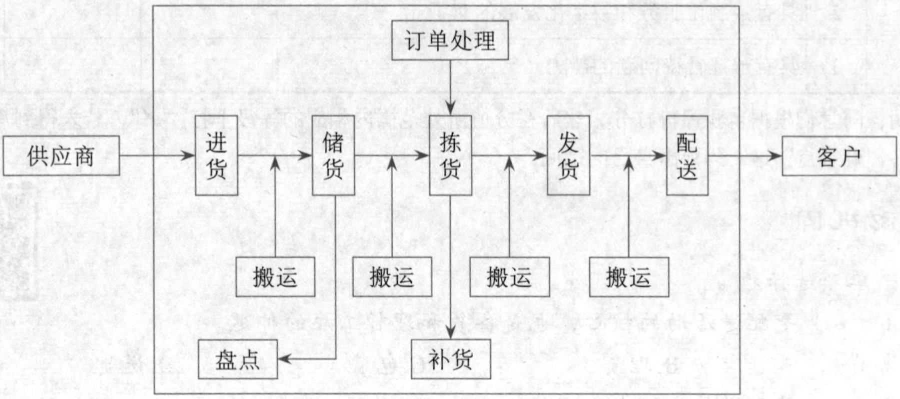

图3-3-7　配送的作业流程图

行动评价

学习任务完成情况评价表

评价内容		评价标准	评价等级			
			A（80～100分）	B（60～79分）	C（60分以下（不含60））	疑惑点
理论知识评价	1	理解配送的定义及要素				
	2	阐述配送的作业流程				

续表

评价内容	评价标准		评价等级			
			A（80～100分）	B（60～79分）	C（60分以下（不含60））	疑惑点
理论知识评价	3	认识常见的配送模式				
	4	认识常见的配送中心的类型				
	5	理解配送合理化的措施				
技能操作评价	1	能够阐述配送的几大要素				
	2	能够准确阐述配送作业的流程				
	3	能够合理描述配送中心的类型				
	4	能够根据案例选择合适的配送合理化措施				
职业素养评价	1	具有脚踏实地、一步一步向前的毅力				
	2	具有定制化服务和数字化发展的意识				
	3	具有辩证看待问题的能力				

说明：同学们根据自我评价打分，然后在分值所处范围内相应的等级下打“✔”，若未得到满分，同学们可在“疑惑点”这一列列出自己的疑问。

行动巩固

行动巩固 3-3

一、单项选择题

1.（　　）是配送活动的核心，也是备货和理货工序的伸延。

A.备货　　B.理货　　C.包装　　D.送货

2.（　　）是配送作业的中心环节。

A.进货作业　　B.订单处理　　C.拣货作业　　D.补货作业

3.制造商配送中心是以（　　）为主体的配送中心。

A.制造商　　B.批发商　　C.零售商　　D.专业物流配送中心

4.配送的要素不包括（　　）。

A.集货　　B.销售　　C.储存　　D.分拣

二、多项选择题

1.配送的基本环节有（　　）。

A.备货　　B.理货　　C.包装　　D.送货

2.配送中心的作用有（　　）。

A.减少交易次数和流通环节

B.产生规模效益

C. 减少客户库存，提高库存保证程度

D. 与多家厂商建立业务合作关系，能有效而迅速地反馈信息，控制商品质量

3. 对于配送合理与否的判断，按一般认识可考虑（　　）。

A. 库存标志　　B. 资金标志　　C. 成本和效益标志　D. 时间标志

4. 配送合理化的措施有（　　）。

A. 推行一定综合程度的专业化配送　　B. 推行加工配送

C. 推行共同配送　　D. 推行送取结合

5. 不合理配送的表现形式有（　　）。

A. 经营观念不合理　　B. 资源筹措不合理

C. 库存决策不合　　D. 价格制定不合理

三、判断题

1. 配送和一般送货并无实质性区别。（　　）

2. 流通型配送中心基本都有长期储存的功能。（　　）

3. 如果只是把配送当作库存的转移，不能科学决策，造成库存量过多或不足，就起不到配送应有的作用。（　　）

四、简答题

简要说明自营配送、代理配送和共同配送的区别。

五、案例分析

华联超市新建的配送中心具有较高的技术含量，具体体现在以下几个方面：

（1）仓储立体化：配送中心采用高层立体货架和拆零商品拣选货架相结合的仓储系统，大大地提高了仓库的空间利用率。在整托盘（或整箱）商品存货区，下两层为配货区，存放整箱出货、周转快的商品；上三层为储存区：拆零商品配货区，在拆零货架上放置2 500种已打开运输包装纸箱的商品，供拆零商品拣选用；上部货架作为拆零商品的库存区。

（2）装卸搬运机械化：采用前移式蓄电池叉车、电动搬运车、电动拣选车和托盘，实现装卸搬运作业机械化。

（3）拆零商品配货电子化：采用无线通信的电脑终端及条形码技术，从收货、验货、入库到拆零、配货，全面实现条码化、无纸化。

（4）组织好“越库中转型物流”、“直送型物流”和“配送中心内的储存型物流”，完善“虚拟配送中心”技术在连锁超市商品配送体系中的应用。

（5）建立自动补货系统（ECR）：华联超市与上海捷强集团公司以及宝洁公司建立了自动补货系统，将“连锁超市补货”转变为“供货商补货”。这样做可以把流通业者与制造业者紧密结合，双方并不只是追求自己企业的效率化，还把注意力放在“整体”供货系统的共同效率化上，因此得以削减整体成本、库存与有形的资产投资，并使消费者能选择到高品质、高新鲜度的食品。通过供应商和零售商的共同努力，双方都成为市场的赢家。由此，我们体会到，ECR力求将消费者、供应商和零售商拴在一根线上，结成利益共同体。

资料来源　作者根据相关资料整理.

案例分析要求：

（1）简要说明华联超市配送的合理化。

（2）对华联超市的配送中心建设做简单的概述。

任务四 装卸搬运

行动任务

小章是一家经营全国货运业务物流公司的职员，他负责每天安排货物的装卸搬运。2月28日上午，有一批货物需要安排装车，具体装运信息见表3-4-1。

表3-4-1 装运信息

货物名称	计划装车时间	现存货物状态	备注
钢材	9：00	堆放在堆场	
汽车零部件	10：00	装在箱中存放于仓库中	
电子产品	12：00	已经装箱码放到托盘上	

小章需要根据装运信息判断该批货物目前的活性指数，到装车完成还需要经过几步完成？可采用哪些提高装卸搬运活性指数的方法呢？请大家一起帮小章完成此次工作任务吧！

行动锦囊

一、装卸搬运概述

“装卸搬运”这个词容易给人“简单的、低级的、纯体力的”印象，所以往往容易被人忽略。事实上，装卸搬运这一环节虽然不能增加物流的价值，但是它却占有非常重要的地位。生产过程、流通过程中的任一活动都会伴随着装卸搬运的发生。装卸搬运的作业效率在很大程度制约着其他作业环节的效率高低，同时装卸搬运过程中最容易出现货损货差的现象，从而导致成本的增加。

微课 3-10

装卸搬运的认知

（一）装卸搬运的定义

我国国家标准《物流术语》（GB/T 18354—2021）中对装卸搬运的定义是：“装卸是指在运输工具间或运输工具与存放场地（仓库）间，以人力或机械方式对物品进行载上载入或卸下卸出的作业过程”。“搬运是指在同一场所内，以人力或机械方式对物品进行空间移动的作业过程”。

（二）装卸搬运的内容

装卸搬运的内容见表3-4-2。

表3-4-2 装卸搬运的内容

作业活动	内容
装卸	将货物装上运输工具或从运输工具上卸下
移动	改变货物放置的空间位置
分类	将货物按其品种、发货方向、顾客需求等分别分类
堆码	对货物进行码放、堆垛等相关作业
理货	备好货物，准备下一步骤
取出	从保管场所中取走

（三）装卸搬运的特点

1.装卸搬运是附属性、伴生性的活动

由于装卸搬运是物流每一项活动开始及必然发生的活动，因而有时常被人忽视，有时又被看作是其他操作不可缺少的组成部分。

2.装卸搬运是支持性、保障性的活动

装卸搬运对其他物流活动有一定的支持性、保障性作用，装卸搬运会影响其他物流活动的效率。

3.装卸搬运是衔接性的活动

任何其他物流活动互相过渡时，都是以装卸搬运来衔接的。因而，装卸搬运往往成为整个物流的“瓶颈”，是物流各功能之间能否形成有机联系和紧密衔接的关键，而这又是整个物流系统的关键。能否建立一个有效的物流系统，关键是看这一衔接是否有效。

二、装卸搬运的类型

装卸搬运在物流活动中起着承上启下的作用。物流的各环节和同一环节中的不同部分之间都必须进行装卸搬运作业，正是装卸搬运活动把物流各个阶段连接起来，使之成为连续的流动的过程。在生产企业物流中，装卸搬运成为各生产工序间连接的纽带，它是从原材料、设备等装卸搬运开始到产品装卸搬运为止的连续作业过程。那你知道装卸搬运有哪些类型吗？

（一）按装卸搬运施行的物流设施、设备对象分类

1.仓库装卸

仓库装卸配合出库、入库、维护保养等活动进行，并且以堆垛、上架、取货等操作为主（如图3-4-1所示）。

2.铁路装卸

铁路装卸是对火车车皮的装进及卸出，特点是一次作业就实现一车皮的装进或卸出，很少有像仓库装卸时出现的整装零卸或零装整卸的情况。

3.港口装卸

港口装卸包括码头前沿的装卸和后方的支持性装卸，有的港口装卸还采用小船在码头与大船之间“过驳”的办法，因而其装卸的流程较为复杂，往往经过几次的装卸及搬运作业才能最后实现船与陆地之间货物过渡的目的（如图3-4-2所示）。

图3-4-1　仓库装卸

图3-4-2　港口装卸

4.汽车装卸

汽车装卸一般一次装卸批量不大，由于汽车的灵活性，可以很少或根本不需要搬运活动，而直接、单纯利用装卸作业达到车与物流设施之间货物过渡的目的（如图3-4-3所示）。

5.飞机装卸

飞机装卸示意图如图3-4-4所示。

图3-4-3　汽车装卸

图3-4-4　飞机装卸

（二）按装卸搬运的机械及机械作业方式分类

1.“吊上吊下”方式

采用各种起重机械从货物上部起吊，依靠起吊装置的垂直移动实现装卸，并在吊车运行的范围内或回转的范围内实现搬运或依靠搬运车辆实现搬运。

2.叉上叉下方式

采用叉车从货物底部托起货物，并依靠叉车的运动进行货物位移，搬运完全靠叉车本身，货物可不经中途落地直接放置到目的处。

3.滚上滚下方式

滚上滚下方式是港口中的一种水平装卸方式，利用叉车或半挂车、汽车承载货物，连同车辆一起开上船，到达目的地后再从船上开下。

4.移上移下方式

在两车之间（如火车及汽车）进行靠接，然后利用各种方式，不使货物垂直运动，而靠水平移动从一个车辆上推移到另一个车辆上，称移上移下方式。

5.散装散卸方式

散装散卸方式，即对散装货物进行装卸，一般从装点直到卸点，中间不再落地，这是集装卸与搬运于一体的装卸方式。

（三）按装卸搬运的作业特点分类

1.连续装卸

连续装卸主要是同种大批量散装或小件杂货通过连续输送机械，连续不断地进行作业，中间无停顿，货间无间隔。在装卸量较大、装卸对象固定、货物对象不易形成大包装的情况下适合采取这一方式。

2.间歇装卸

间歇装卸有较强的机动性，装卸地点可在较大范围内变动，主要适用于货流不固定的各种货物，尤其适用于包装货物、大件货物，散装货物也可采取此种方式。

（四）按装卸搬运对象分类

1.散装货物装卸

散装货物装卸是指对粉末状物品及大批量不适宜包装的散货进行的装卸搬运活动，如煤炭、矿石等（如图3-4-5所示）。

2.单件货物装卸

单件货物装卸是指对非集装按件计的货物逐个进行装卸操作的作业方法。

3.集装货物装卸

集装货物装卸是指先将物品集装，再对集装后的物品进行装卸搬运的活动，即先将货物集零为整，形成集合包装或托盘、集装箱等集装货物，再进行的装卸搬运（如图3-4-6所示）。

图3-4-5　散装货物装卸

图3-4-6　集装货物装卸

（五）按被装卸物的主要运动形式分类

1.垂直装卸

采用起重机、提升机、叉车（升降功能）等设备，对货物进行垂直方向提升或降落的装卸活动。

2.水平装卸

采用叉车（平移功能）、输送机、牵引车、AGV等设备，对货物进行水平方向移动的装卸活动。

三、装卸搬运的作用

装卸搬运的基本功能是改变物品的存放状态和空间位置。无论是在生产领域还是在流通领域，装卸搬运都是影响物流速度和物流费用的重要因素，影响着物流过程的正常进行，决定着物流系统的整体功能和效益。装卸搬运在现代物流过程中的作用体现在以下三方面：

（一）在物流活动转换中起衔接和支持作用

装卸搬运具有很强的附属性，是伴随着生产过程和流通过程各环节所发生的一种必要的物流活动。与运输产生的空间效用、仓储产生的时间效用不同，装卸搬运本身不具有明确的价值，但这并不说明装卸搬运在物流过程中不占有重要地位，相反，物流过程中的所有作业环节都必须依靠装卸搬运活动进行联结。比如，当一批货物通过运输送至仓库开始进行入库作业时，首先要将货物从车上“卸下”，再搬运至仓库中，才能进行仓储作业；当一批货物需要出库运输至客户手中时，也要先经过搬运，再“装上”运输工具，才能开始运输活动。所以说，装卸搬运在物流活动转换中起着重要的衔接和支持作用，没有装卸搬运，物流活动就无法进行下去（如图3-4-7所示）。

图3-4-7　将货物从车上“卸下”和“装上”

（二）在物流成本中占有重要地位

装卸搬运在物流过程中出现的频率高、次数多，不仅需要使用机械设备，还需要使用大量的人力，它所消耗的费用在物流费用中占有相当大的比重。以我国为例，铁路运输始发和到达的装卸作业费占运费的20%左右，在船运中占40%左右。进行装卸搬运操作时往往需要接触货物，因此，这是在物流过程中造成货物破损、散失、损耗、混合等损失的主要环节。例如，袋装水泥纸袋破损和水泥散失主要发生在装卸过程中，玻璃、机械、器皿、煤炭等产品在装卸时也容易发生损失。再加上当今人工费用日益上涨，需要大量人力劳动的装卸搬运费用也相应增加，这对物流成本的影响非常大。因此，在控制物流成本时，装卸搬运环节绝不可小觑。

（三）提高物流系统效率的关键

在物流过程中，装卸搬运活动是不断出现和反复进行的，它出现的频率高于其他各项物流活动，每次装卸搬运活动都要花费很长时间，另外装卸搬运的作业内容复杂，作业对象繁多，大至笨重的机械设备，小至精密的仪器，既会涉及普通物品，也会涉及特殊物品，涵盖了固态、液态、气态等所有物品形式，因此装卸搬运环节的作业效率已经成为提高物流系统效率的关键。

果行育德

想一想　从林亚业的故事中你得到了什么启示？

一起行动吧　在工作过程中，我们一定要学精、学熟练，这样才能在行业中扎根生芽，成为行业翘楚。

四、装卸搬运合理化

微课 3-11

装卸搬运合理化

装卸搬运合理化是指以尽可能少的人力和物力消耗，高质量、高效率地完成装卸搬运任务，保证供应任务的完成。装卸搬运合理化，是针对装卸不合理而言的。合理与不合理是相对的，由于受各方面客观条件的限制，装卸搬运不可能达到绝对合理。那你知道有哪些措施可以实现装卸搬运的合理化吗？

（一）装卸搬运的原则

装卸搬运的原则见表3-4-3。

表3-4-3　装卸搬运的原则

原则	内容
省力化原则	能往下则不往上，能直行则不拐弯，能用机械则不用人力，能水平则不要上坡，能连续则不间断，能集装则不分散
重力原则	在装卸搬运时应尽可能选择可以消除物品重力的不利影响，并尽可能选择利用重力进行装卸搬运的设备，以减轻劳动力和其他消耗
适应性原则	装卸搬运设备的选择必须根据装卸搬运物品的形态来决定
顺畅原则	选择的装卸搬运设备尽量做到装卸搬运不停顿、不间断

（二）装卸搬运合理化的目标

1.装卸搬运距离要短

装卸搬运距离的长短与装卸搬运作业量的大小和装卸搬运作业的效率是密切相关的。装卸搬运距离的缩短，可以节省劳动消耗，缩短时间，减少损耗。

2.装卸搬运时间要少

在装卸搬运作业中，通过机械化、自动化作业，尽量缩短装卸搬运时间，不但能节约费用，提高效率，而且能提高物流速度，激活整体物流过程，及时满足客户的需求。

3.装卸搬运质量要高

这是装卸搬运的核心目标，主要是指能够按客户要求的数量、品种，安全及时地将货物装卸搬运到指定的位置。

4.装卸搬运费用要省

实现装卸搬运作业机械化、自动化和物流现代化，既能大幅度削减作业人员，降低人工费用，又能提高装卸搬运效率，降低装卸搬运成本。

（三）装卸搬运合理化的措施

装卸搬运作业内容复杂，人力耗费和成本耗费较大，因此，装卸搬运活动的合理化对物流整体的合理化至关重要。它可以从以下几方面着手（如图3-4-8所示）：

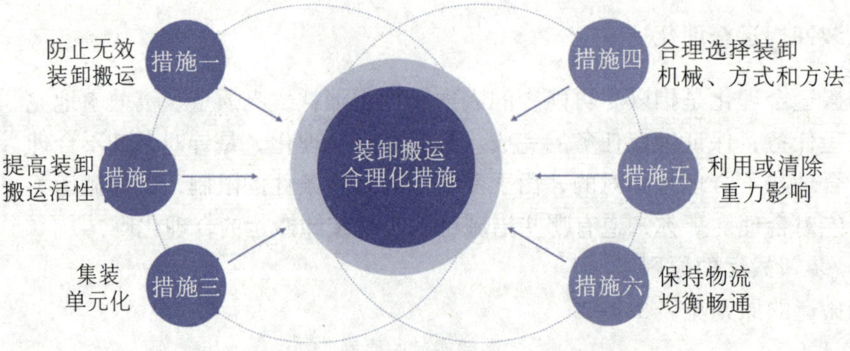

图3-4-8 装卸搬运合理化措施

1.防止无效装卸搬运

无效装卸搬运即不合理的装卸搬运，应尽量避免，可以采取多种措施：

（1）尽量减少装卸次数，缩短搬运距离；

（2）增强包装的轻型化、简单化、实用化，避免过度包装，减少无效负荷；

（3）努力提高被装卸货物的纯度；

（4）充分发挥装卸搬运机械设备的能力和装载空间，提高装载效率；

（5）采用集装方式，进行多式联运等。

2.提高装卸搬运活性

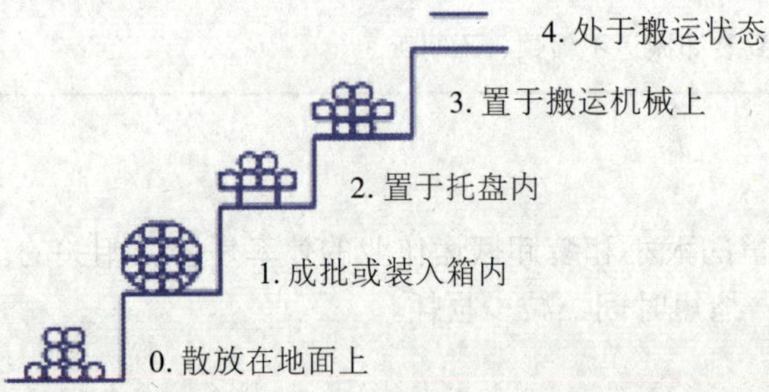

图3-4-9 活性指数

装卸搬运活性是指把货物从静止状态转变为装卸搬运运动状态的难易程度。所以，在堆放物品时，事先要考虑到物品装卸搬运作业的方便性。

装卸搬运的灵活性，根据物品所处的状态，即物品装卸搬运的难易程度，可分为不同的级别。衡量装卸搬运难易程度大小，用“活性指数”来表示。活性指数从0～4共分五个等级，表示活性程度从低到高（如图3-4-9所示）。

0级——物品杂乱地堆在地面上的状态。

1级——物品装箱或经捆扎后的状态。

2级——箱子或被捆扎后的物品，下面放有枕木或其他衬垫后，便于叉车或其他机械作业的状态。

3级——物品被放于台车上或用起重机吊钩钩住，即刻移动的状态。

4级——被装卸搬运的物品已经被启动、直接作业的状态。

从理论上讲，活性指数越高越好，但必须考虑到实施的可能性。

3.集装单元化

集装单元化是指将货物集中扩大成一个作业单元进行装卸搬运。集装单元化是实现装卸搬运合理化、降低物流费用的重要手段。

4.合理选择装卸机械、方式和方法

在装卸搬运过程中，必须根据货物的种类、性质、形状、重量来选择装卸搬运机械，

确定装卸搬运方式、方法。

5. 利用或清除重力影响

首先，应尽可能利用货物本身的重量，进行有一定落差的装卸，以节省劳力和能耗。其次，应尽可能消除货物重力的不利影响，减少装卸劳动的消耗。

6. 保持物流均衡畅通

装卸搬运是整个物流过程中必不可少的重要环节。最为理想的情况是保持装卸搬运作业连续不断地进行，使货物顺畅地流动，将运输、保管、包装和流通加工等物流活动有序地连接起来，保持整个物流过程的均衡顺畅。

果行育德

想一想　从“熟能生巧”的典故中同学们得到了什么启示？

一起行动吧　看似简单的工作，其实也需要一定的经验积累，才能具备相应的技巧。

行动进行

小章通过学习掌握了以上知识，准备开始实际操作。

步骤一：确定装卸搬运活性指数

根据之前所学的内容，活性指数的具体内容如下：

0 级——物品杂乱地堆在地面上的状态。

1 级——物品装箱或经捆扎后的状态。

2 级——箱子或被捆扎后的物品，下面放有枕木或其他衬垫后，便于叉车或其他机械作业的状态。

3 级——物品被放于台车上或用起重机吊钩钩住，即刻移动的状态。

4 级——被装卸搬运的物品已经被启动、直接作业的状态。

步骤二：分析货物目前所处的状态

在装运信息中，钢材目前堆放在堆场，所以活性指数为0。

汽车零部件装在箱中存放于仓库中，所以活性指数为1。

电子产品已经装箱码放到托盘上，所以活性指数为2。

步骤三：判断距离完成装车还需经过的作业

在订单中，装车完成即意味着每种货物的活性指数达到最大，即活性指数达到4。小章分析了货物现阶段的活性指数后，下一步根据现在货物的活性指数判断距离完成装车还需经过哪些作业，具体见表3-4-4。

表3-4-4　**完成装车需经过的作业**

货物名称	货物活性指数	需作业种类				还需作业工序数
		集中	搬起	升起	运走	
钢材	0	是	是	是	是	4
汽车零部件	1	否	是	是	是	3
电子产品	2	否	否	是	是	2

说明：其中作业内容包括集中、搬起、升起、运走。

步骤四：提高装卸搬运活性指数方法

考虑提高某些作业的活性指数，如活性指数为0的散放，通过放入容器中（活性指数为1）或码放在托盘上（活性指数为2）来提升搬运活性，提高工作效率。为了减少人力搬运，有效利用集装器具、手推车、动力搬运车、叉车等，从设备、作业方法方面进一步减少搬运工序。

行动评价

学习任务完成情况评价表

评价内容	评价标准		评价等级			
			A（80～100分）	B（60～79分）	C（60分以下（不含60））	疑惑点
理论知识评价	1	理解装卸搬运的概念、内容和特点				
	2	认识装卸搬运的类型				
	3	阐述装卸搬运的作用				
	4	阐述装卸搬运的活性指数				
	5	理解装卸搬运合理化的措施				
技能操作评价	1	能够阐述装卸搬运的内容				
	2	能够指出装卸搬运的类型				
	3	能够依据例题分析装卸搬运的活性指数				
	4	能够根据案例分析装卸搬运的合理化措施				
职业素养评价	1	具有学精、学熟练的顽强毅力				
	2	具有在岗位上持续积累经验的精神				

说明：同学们根据自我评价打分，然后在分值所处范围内相应的等级下打“✔”，若未得到满分，同学们可在“疑惑点”这一列列出自己的疑问。

行动巩固

行动巩固 3-4

一、单项选择题

1.（　　）过程中最容易出现货损货差的现象，从而导致成本的增加。

A.生产加工　　B.包装　　C.装卸搬运　　D.配送

2.以下不属于装卸搬运的特点的是（　　）。

A.装卸搬运是附属性、伴生性的活动　　B.装卸搬运是支持性、保障性的活动

C.装卸搬运是衔接性的活动　　D.装卸搬运是简单、机械的活动

3.使用“叉上叉下方式”装卸搬运时，使用的工具是（　　）。

A.吊车

B.叉车

C.叉车或半挂车、汽车承载货物，连同车辆一起开上船

D.在两车之间（如火车及汽车）进行靠接

4.（　　）有较强的机动性，装卸地点可在较大范围内变动，主要适用于货流不固定的各种货物。

A.连续装卸　　B.间歇装卸　　C.水平装卸　　D.垂直装卸

5.被放于台车上或用起重机吊钩钩住、即刻移动状态的物品的活性指数为（　　）级。

A.0　　B.1　　C.2　　D.3

二、多项选择题

1.按装卸搬运施行的物流设施、设备对象分类，可分为（　　）。

A.仓库装卸　　B.铁路装卸　　C.港口装卸　　D.汽车装卸

2.装卸搬运的原则有（　　）。

A.省力化原则　　B.重力原则　　C.适应性原则　　D.顺畅的原则

3.装卸搬运合理化的目标有（　　）。

A.装卸搬运距离最短　　B.装卸搬运时间要少

C.装卸搬运质量要高　　D.装卸搬运费用要省

4.装卸搬运合理化的途径有（　　）。

A.防止无效装卸搬运　　B.提高装卸搬运活性

C.集装单元化　　D.利用或清除重力影响

三、判断题

1.装卸搬运这一环节能增加物流的价值。（　　）

2.货物活性指数越高，装卸搬运难度越大。（　　）

3.将货物按其品种、发货方向、顾客需求等分别处置的行为叫分类。（　　）

四、简答题

简述装卸搬运的内容。

五、案例分析

红云红河烟草（集团）有限责任公司（简称红云红河集团）成立于2008年11月8日，集团是以烟草为主业、跨地区经营的大型国有企业，其核心品牌“云烟”“红河”为“中国驰名商标”“中国名牌产品”。2024年生产卷烟490万～510万箱，实现税利1 220亿～1 250亿元，位列中国企业500强第158位、云南百强企业第2位。集团确定了“5118”的品牌发展目标。

红云红河集团具备多个生产车间及多条全自动的进口卷包线，每个生产车间各具备自动高架库，容量都为3万大箱，15万件。成品烟能自动装车，具备较高的物流水平。但是装卸搬运过程一直存在一些问题，具体如下：

（1）合并装卸搬运环节繁杂和次数过多。装卸搬运不仅不增加烟叶的价值和使用价值，相反，烟叶的“综合碎耗”和生产成本随之增加。

（2）生产物流作业的集中程度过低，机械化、自动化作业目标尚未达成，人工化作业普遍。

（3）托架单元化组合使用度不够，装卸搬运过程中货物的损失增加，装卸成本增加，

货物的安全性得不到保障，货物的质量未能过关。

（4）未能合理分解装卸搬运程序，影响装卸搬运的效率。

（5）烟叶的传统堆码方法：初烟解包码板后再进行挑选，容易形成二次或三次造碎。

资料来源　作者根据网络相关资料整理.

案例分析要求：请大家为红云红河烟草集团制定相应的解决措施。

任务五　包装

行动任务

某民营企业在1998年收购一家生产酱醋调味食品的乡镇集体企业后，组织了对经营性亏损原因的排查，结果显示包装管理是排在市场营销管理之后的第二大亏损原因。具体表现为：第一，包装成本高。原企业酱醋年产量为200万瓶，包装成本高达318万元，平均每瓶包装成本达1.59元，企业全年包装成本约占总销售额的25%。第二，包装价值低。由于包装设计效果和包装材质差，高质量产品只能以低价销售，且缺乏竞争力。第三，缺乏包装管理。企业没有专人负责包装采购，而是把包装采购看成肥缺，轮流“坐庄”，导致包装采购成本高，在包装环节没有责任制度，包装损坏现象普遍。在包装材料方面，液体均采用玻璃瓶罐，粉状物采用草包、蒲包和木桶等，固体一律采用木箱。程城是该民营企业的总经理，他对这些问题一筹莫展。如果你是该企业的总经理，你该如何制定措施摆脱这一困境？

行动锦囊

一、包装概述

现在只要是市场上卖的产品，都会有包装。包装不仅能起到保护产品的作用，同时也方便了货物的运输、储存，更为重要的是，好的包装可以引起消费者的注意，激发消费者的购买欲望。因此，生产者在产品包装上也下足了功夫，希望通过包装来促进产品的销售。

微课 3-12

包装的认知

（一）包装的概念

我国国家标准《物流术语》（GB/T 18354—2021）中对包装的定义是：“为在流通过程中保护产品、方便储运、促进销售，按一定技术方法而采用的容器、材料及辅助物等的总体名称。”具体来讲，包装包含了两层含义：从静态方面看，指能合理容纳商品、抵抗外力、保护和宣传商品、促进商品销售的物体，如包装容器等；从动态方面看，指包裹、捆扎商品的工艺操作过程。从物流角度来看，包装是生产的终点，却是物流的起点。物流系统的所有构成因素均与包装有关，同时物流也受包装的制约。因此，应根据生产后的物流系统情况来考虑包装，对包装进行合理化的管理。

（二）包装在现代物流中的作用

包装的好坏，影响到商品能否完整无损地到达消费者手中；包装的装潢和造型水平，影响到商品的竞销力。包装对商品起到如下作用：

1.保护功能

保护功能是包装最重要和最基本的功能，主要体现在以下五个方面（如图 3-5-1 所示）：

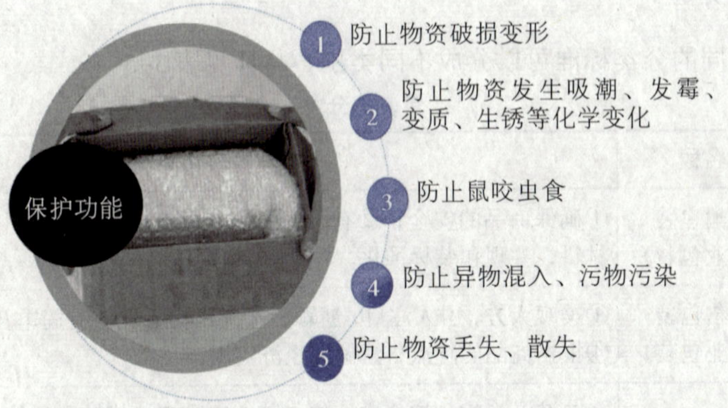

图3-5-1　保护功能

（1）防止物资破损变形。包装能承受在装卸、运输、保管等作业环节中的各种冲击、震动、颠簸、压缩、摩擦等外力的作用；可以减少在搬运装卸中由于操作不慎使货物跌落而造成的冲击；可以减少仓库储存堆码时最底层货物承受的强大压力；可以减少由运输和其他物流环节造成的冲击震动。

（2）防止物资发生吸潮、发霉、变质、生锈等化学变化。包装能防止物资在运输、储存等作业环节中因受外界因素如水分、日光、微生物、温湿度等的影响而出现的各种化学变化，发挥其保护商品质量的作用。

（3）防止鼠咬虫食。有些物资在运输及储存环节会遭鼠咬虫食，而包装能有效减少物资被鼠虫啃食的现象，保护内装物资的安全。

（4）防止异物混入、污物污染。包装还具有很强的隔离作用，能有效防止异物混入内装物中，特别是一些吸附性很强的物资，若没有包装，可能会吸附异味，导致质量受损。

（5）防止物资丢失、散失。规格、尺寸较小的货物及散装货通过包装集中成一个大件货物，可以避免货物在运输、保管、装卸、搬运等作业环节中丢失、散失。

2.方便存储、运输

（1）方便物资的储存，便于识别。物资的包装不仅为物资在出入库时的搬运、装卸提供了方便，也为保管工作提供了方便；包装物的各种标志使仓库的管理者易于识别、存取、盘点，有特殊要求的物资易于引起注意；包装的集合方法对节约验收时间、加快验收速度也起到十分重要的作用。

（2）方便运输。包装的规格、形状、重量等与货物运输关系密切。包装尺寸与车辆、船、飞机等运输工具的货箱仓容积的吻合性方便了运输，提高了运输效率。

3.促进销售

商品的内包装要直接面对消费者，好的包装具有广告效力，能唤起消费者的购买欲望，促进销售。因此，包装被称为“不会讲话的推销员”。

4.方便顾客消费

现代企业在设计包装时越来越重视顾客使用的方便性。运输包装要方便装卸、搬运、运输、储存；商业包装则要方便消费者使用、消费。

二、包装的类型

包装按照不同的分类标准可以分成不同类别，具体见表3-5-1。

表3-5-1 **包装的分类**

分类标准	名称	内容特点
在物流中发挥的作用	运输包装（工业包装）	①确保商品的安全；②有明确的包装标志；③尽量采用先进的包装技术和材料，实现包装标准化
	销售包装（商业包装）	①美观大方，引人注目，新颖；②突出商标；③有简单及必要的文字说明；④根据商品的特点尽量做到经济实用
包装形态	个包装	个包装是指物品按个进行的包装，它是直接盛装和保护商品的最基本包装形式。个包装直接与商品接触，一般随同商品销售给顾客
	内包装（中包装）	内包装是由若干个单体商品或包装组成的一个小的整体包装。它是介于内包装与外包装之间的中间包装
	外包装（运输包装）	外包装是商品的最外层包装。外包装起到保护商品，方便运输、储存、装卸等方面的作用
包装材料	纸箱包装、木箱包装、塑料包装、金属包装、陶瓷包装、玻璃包装、复合材料包装等	
包装使用的频次	一次使用包装	只能使用一次，不再回收复用的包装，如火柴盒
	多次使用包装	回收后经加工整理，仍可复用的包装，如瓦楞纸箱
	周转使用包装	工厂和商店用于固定周转多次复用的包装，如啤酒瓶
包装商品种类	食品包装、药品包装、蔬菜包装、液体包装、机械包装、危险品包装等	
包装方法	缓冲包装	缓冲包装就是指为减缓内装物受到冲击和震动，保护其免受损坏所采取的一定防护措施的包装
	防锈包装	防锈包装是为防止金属制品锈蚀而采用一定防护措施的包装
	真空包装	真空包装是指将物品装入气密性容器后，在容器封口之前抽真空，使密封后的容器内基本没有空气的一种包装方法
	吸塑包装	吸塑包装是采用吸塑工艺生产出塑料制品，并用相应的设备对产品进行封装的总称。吸塑包装以分隔、防震、陪衬为目的，能够让产品自身的价格和形象得到提升
	热收缩包装	热收缩包装是指采用热收缩薄膜，将其烘到热缩而形成的一种全透明销售包装
	体贴包装	体贴包装是指以商品为模具，直接将薄膜紧贴于商品上，采用真空吸塑与纸板热合的一种销售包装

三、包装的标志

（一）包装标志的概念

包装标志（Mark）称为标记，是用文字、图形和阿拉伯数字等在包装上的明显位置注明规定或者自定的记号、代号以及其他指示和说明事项。

（二）包装标志的类型

包装标志分为商品标志和货物标志两大类。

1.商品标志

商品标志是指制造厂或加工厂直接制作在商品或随商品销售的包装上，标有商品的名称、规格、质量、制造厂名和商标、商品的使用和保管方法、内包装上商品的数量等的标志。

（1）商品名称：商品的品名、品号、货号。

（2）制造标志：商品牌号、制造厂标志。

（3）商品说明标志：商品的品质、性能、规格数量、使用方法、保管方法、出厂日期和保质期。

（4）检查标志：检查许可证或注册许可证号码，检查标志或合格证。

（5）原产地标志：符合国际原产地规则规定的生产国或地区标志。

（6）其他标志：产品符合某些公认标准的说明或标志。

2.货物标志

货物标志也称运输标志，是指货物外包装上的包装标志。货物标志包括识别标志、运输标志、操作标志和危险品标志。包装标志如图3-5-2所示。

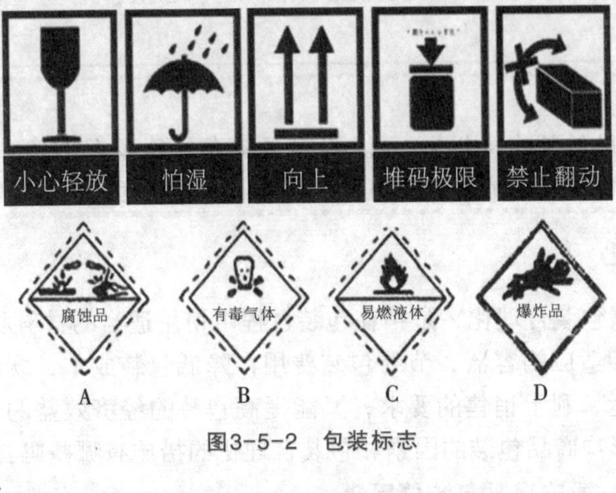

图3-5-2　包装标志

（三）包装材料

包装材料中使用最为广泛的是纸及纸制品，其次是塑料。除此之外，陶瓷、纺织品、皮革、藤、竹等也常被用作包装材料，特别是在个性化包装设计中经常被使用。包装材料举例见表3-5-2。

表3-5-2 包装材料

名称	特点	举例
纸和纸板	纸和纸板是支柱性的传统包装材料，耗量大，应用范围广。在纸制包装容器中，用量最多的是瓦楞纸箱	
塑料	具有物理性能优越、化学稳定性好、轻便、透明性好、比重小、易加工成型等优点；但有强度不如钢铁、耐热性不如玻璃、容易老化、容易产生静电等缺点	
木材	具有结实耐用、耐压、耐冲击、加工方便、能再利用等优点；但有比较沉重、不易清洗、容易被虫蛀等缺点	
金属材料	金属材料主要是指钢板、铝材及合金材料	
玻璃	具有透明性和抗腐蚀性强、机械性能好、化学稳定性强、价格便宜、能多次周转使用等优点；但有重量大、不耐冲击、运输存储成本高等缺点	
复合材料	具有良好的机械性能、气密性，以及防水、防油、耐热、耐寒等优点。复合材料是现代包装材料的一个发展趋势	

果行育德

想一想　你觉得创新对一个人、一个民族具有怎样的影响？

一起行动吧　创新能力对国家富强和民族兴亡有重要意义。

四、包装合理化

微课 3-13 包装合理化

所谓包装合理化，是指在包装过程中使用适当的材料和适当的技术，制成与物品相适应的容器，节约包装费用，降低包装成本，既满足包装保护商品、方便储运、利于销售的要求，又能提高包装的经济效益的包装综合管理活动。你知道影响商品包装的因素和包装合理化的措施有哪些吗？

（一）影响商品包装的因素

使用包装的主要目的在于最大化地发挥其作用，因此在设计商品包装时，必须针对包装将要发挥的作用，结合被包装物本身的性质及在流通过程中的注意事项，有针对性地设计。一般来说，影响商品包装的主要因素如下：

1.被包装商品本身的性质

包装所涉及的商品形态万千，性质各异。所以，在设计商品包装时，必须充分考虑商品本身的特点，包括体积、重量、物理性质、化学性质等，还要结合流通过程中必须遵循的各项标准、规定，设计出适合商品自身特点的包装，如图3-5-3所示。

图3-5-3　被包装商品本身的性质

2. 商品包装的保护性

包装的最基本功能是保护产品，因此，设计包装时首先要考虑其对被包装物的保护功能，比如，被包装物是否害怕力的冲击、震动，是否害怕虫害或者动物的危害，是否对于气象环境、物理环境以及生物环境有特殊的要求等。

3. 消费者的易用性

商品最终要被消费者消费，因此其包装在设计时还要考虑如何让消费者更好地使用商品，既要保证使用的便利性，也要考虑使用的安全性。以饼干包装为例，越来越多的袋装饼干采用了两片装的小包装，其目的就是兼顾消费者食用的便利性和安全性。在当今越来越重视环保、安全的市场环境中，只有设计既实用又安全的商品包装才能吸引消费者，占领更广阔的市场。

4. 商品包装的经济性

商品包装虽然在安全性方面做得越完美越好，但是从商品整体的角度来说，不得不考虑其经济性，争取做到够用就好，以降低产品的成本。一般来说，商品的工业包装在设计时，应该更加注重其商品保护功能，不必太在意其美观程度。商品的商业包装设计则必须注意外观，以吸引顾客。所以，应该找到一个平衡点，使商品包装既能够达到各方面的要求，又能够节省成本，如图3-5-4所示。

图3-5-4　商品包装的经济性

（二）包装的合理化措施

包装合理化既包括包装总体的合理化，也包括包装材料、包装技术、包装方式的合理组合及运用。要做好包装合理化工作，可以从以下几个方面入手：

1. 包装尺寸标准化

包装尺寸标准化对于实现物流系统合理化具有特别重要的意义。例如，纸箱尺寸的设计与托盘、集装箱、车辆、货架等各种各样的物流子系统发生联动，包装、运输、装卸、保管等不同物流环节的机械器具的尺寸设计需要建立在共同的标准之上。

2. 包装作业机械化与自动化

实现包装作业的机械化和自动化是提高包装作业效率、减轻人工包装作业强度、实现省力的基础。

3. 包装单位轻薄化

由于包装只是起保护作用，对产品的使用价值没有任何意义，因此在强度、寿命、成本相同的条件下，更轻、更薄、更短、更小的包装可以节约材料、提高装卸搬运和运输的效率、减少废弃包装材料的数量，使包装的综合成本降低。

4. 包装成本低廉化

选择合适的包装材料，并在包装设计上防止过度包装，以节约包装成本。

果行育德

想一想　你知道过度包装的影响有哪些吗？

一起行动吧　过度包装造成资源浪费，与中华民族崇尚朴实、节俭的传统美德格格不入。

5. 注意与其他环节的配合

在包装材料的选择、包装尺寸的设计上注意与物流其他作业环节的配合，以实现物流系统的合理化。

6. 有利于环保

随着人们环境保护意识的增强，消费者不仅要求产品包装的外观新颖美观，还要求包装材料无污染、易回收、易降解。

行动进行

程成在学习了以上知识后，准备开始实际操作。

步骤一：总结造成亏损的原因

1. 包装成本高，主要原因在于包装材料的选择；
2. 包装价值低，原因是包装缺乏设计；
3. 包装管理没有规范，没有专门负责包装业务的管理人员。

步骤二：初步制订解决方案

首先，针对包装成本高的问题，重新选择市场上可替换的低成本包装材料，如液体包装由原来的玻璃瓶替换为塑料瓶或铝瓶，具体包装材料的替换见表3-5-3。

表3-5-3　**包装材料的替换**

货物类别	旧包装材料	新包装材料
液体	玻璃瓶罐	塑料瓶或铝瓶
粉状物	草包、蒲包和木桶	纸袋、塑料袋、编织袋
固体	木箱	瓦楞纸箱、塑料箱、集装箱

其次，针对包装缺乏设计的问题，进行包装设计的招标，提升产品的包装价值。在进行包装设计时多进行几次市场考察，基本认识大众潮流。

最后，针对包装管理没有规范的问题，建立专门的组织体系，统一进行包装管理。可在该企业设立包装管理小组，由厂长亲任组长，小组成员包括财务、采购、生产和销售部门的人员，这些人员是企业生产经营各个环节的包装管理者；同时制定规范明确的包装管理制度，让每个包装管理者和使用者都有明确的目标和责任，并通过合理的奖励方法调动企业员工进行包装管理的积极性。

步骤三：包装改进实施流程

包装改进过程可循序渐进，第一次包装设计可围绕瓶贴和包装箱进行，改变产品销售中的包装形象，提高产品销售价格，有力地促进销售；第二次包装设计主要是瓶形和瓶盖、瓶胶套的设计，提高包装使用的便利程度，强化企业的特色产品形象，进一步促进产品销售。

行动评价

学习任务完成情况评价表

评价内容	评价标准		评价等级			
			A（80～100分）	B（60～79分）	C（60分以下（不含60））	疑惑点
理论知识评价	1	理解包装的概念及作用				
	2	认识包装的类型				
	3	阐述常见的包装标志				
	4	理解包装合理化的措施				
技能操作评价	1	阐述包装的概念和作用				
	2	根据案例制定包装合理化的措施				
职业素养评价	1	具有开拓创新的能力				
	2	具有崇尚朴实、节俭的传统美德				

说明：同学们根据自我评价打分，然后在分值所处范围内相应的等级下打“✔”，若未得到满分，可在“疑惑点”这一列列出自己的疑问。

行动巩固

行动巩固 3–5

一、单项选择题

1.（　　）是包装最重要和最基本的功能。

A.保护功能　B.方便存储、运输　C.促进销售　D.方便顾客消费

2.（　　）被称为“不会讲话的推销员”。

A.厂商　B.广告　C.口碑　D.包装

3.包装标志分为商品标志和（　　）两大类。

A.警示标志　B.货物标志　C.安全标志　D.产地标志

4.包装材料中使用最为广泛的是（　　）。

A.木制品　B.塑料　C.纸及纸制品　D.金属

5.（　　）是现代包装材料的一个发展趋势。

A.木制品　B.塑料　C.纸及纸制品　D.复合材料

二、多项选择题

1.包装的保护功能主要体现在（　　）方面。

A.防止物品破损变形

B.防止物品发生吸潮、发霉、变质、生锈等化学变化

C.方便物品的储存，便于识别

D.方便运输

2.按照包装形态，包装可分为（　　）。

A.个包装　　B.内包装　　C.中包装　　D.外包装

3.影响商品包装的主要因素有（　　）。

A.被包装商品本身的性质　　B.商品包装的保护性

C.消费者的易用性　　D.商品包装的经济性

4.包装的合理化措施有（　　）。

A.包装尺寸标准化　　B.包装作业机械化与自动化

C.包装单位轻薄化　　D.包装成本低廉化

三、判断题

1.货物包装的好坏和销售量无关。（　　）

2.只有设计既实用又安全的商品包装才能吸引消费者，占领更广阔的市场。（　　）

3.货物包装首先要追求安全，其次是精美，可不考虑环保因素。（　　）

四、简答题

如何实现包装的合理化和现代化？

五、案例分析

好利来创建于1992年9月，现拥有上亿元固定资产、7 000多名员工，是包括北京好利来企业投资管理有限公司、北京好利来工贸有限公司、北京好利来商贸有限公司三家控股公司的大型食品专营连锁企业集团。

(1) 饼店连锁系统：好利来以连锁店的形式，主营生日蛋糕、西点、中点、面包等产品。截至目前，其已在全国50多个大中城市开设了500多家连锁店，建立了庞大的连锁经营体系。

(2) 包装食品制造系统：主营产品为好利来牌月饼及其他包装食品。多年以来，好利来月饼的销量一直以行业领跑者的姿态迅猛发展。近年来，好利来品牌的推广力度仍然很强，产品广告在央视和北京车体主流广告媒体上都有呈现，以维护和提升品牌在消费者心中的认知度。

资料来源　作者根据相关资料整理.

案例分析要求：为什么好利来一直能在客户心中有比较高的认可度？

任务六　流通加工

行动任务

广西南城百货股份有限公司是一家以从事超市、百货零售业为核心，经营多元化产品

的连锁零售公司。公司成立于2001年，总部位于南宁，时至今日，已迅速成长为广西本土超市连锁业当仁不让的龙头企业。截至目前，其共开设45家连锁分店，网点布局覆盖广西的南宁、柳州、来宾、桂林、北海、防城港、河池、钦州、百色、贵港等10个市、县。为了让各地客户能够在“品牌齐全，环境舒适、物美价廉”的环境中愉快地购物，南城百货股份有限公司成立了自己的配送中心。

在激烈的市场竞争中，为了获得更多的客户青睐、提高客户的忠诚度，该公司在自己的配送中心建立后，开始尝试开展一些简单的流通加工作业和包装作业，以满足部分顾客的个性化需求，进而获取更大的经济效益和社会效益。

吴海是广西南城百货股份有限公司配送中心的负责人，他通过多次调查研究发现，目前需要经过流通加工的产品类别有水产品、肉类、蔬菜、水果、服装和其他大部分装在运输包装中的产品。

请你帮吴海想一想，如何做才能满足顾客的个性化需求，使得公司获得更大的效益。

行动锦囊

一、流通加工概述

微课 3-14

流通加工

当今消费方式越来越个性化、多样化，消费者对产品的需求也越来越高。为了满足消费者的需求、提高产品的附加值，流通企业会对某些产品进行补充性加工，比如：对蔬菜进行清洗、对肉类进行分割、对衣服进行熨烫、对钢板进行剪切，以及刷标志、贴标签等。伴随着生活节奏的加快，流通加工在促进产品销售、增加产品附加价值等方面发挥着越来越重要的作用。

（一）流通加工的定义

在物流领域中，流通加工可以成为高附加值的活动。这种高附加值的形成，主要着眼于满足用户的需求、增加服务功能，是贯彻物流战略思想的表现，是一种低投入、高产出的加工形式。

我国国家标准《物流术语》（GB/T 18354—2021）对流通加工的定义是：“根据顾客的需要，在流通过程中对产品实施的简单加工作业活动的总称。”需要注意的是，简单加工作业活动包括包装、分割、计量、分拣、刷标志、拴标签、组装、组配等，如图 3-6-1 至图 3-6-3 所示。

图3-6-1　农产品拣选

图3-6-2 板材加工

图3-6-3 玻璃加工

（二）流通加工与生产加工的区别

流通加工是在流通领域从事的简单生产活动，具有生产制造活动的性质。它和一般的生产型加工在加工方法、加工组织、生产管理方面并无显著区别，但在加工对象、加工程度方面差别较大，其主要差别表现在六个方面，见表3-6-1。

表3-6-1 流通加工和生产加工的区别

指标	生产加工	流通加工
加工对象	原材料、零配件、半成品	进入流通过程的商品
所处环节	生产过程	流通过程
加工程度	复杂的、完成大部分的加工	简单的、辅助性的补充加工
价值贡献	创造价值和使用价值	完善其使用价值并提高价值
加工单位	生产企业	流通企业
加工目的	交换、消费	服务消费、流通

（三）流通加工在现代物流中的作用

流通加工是生产加工在流通领域的延续，在现代物流中有着非常重要的地位。流通加工是一种低投入、高产出的加工方式，往往以简单加工解决大问题，一方面可以提高物流服务水平，另一方面其提供的利润并不亚于从运输和仓储中挖掘的利润，是物流的重要利润来源。流通加工也成为国民经济中一种重要的加工形式，对推动国民经济的发展和完善国民经济的产业结构有一定意义。

具体来说，流通加工在现代物流中的作用有以下几点：①提高原材料利用率；②方便客户购买和使用，降低客户成本；③提高加工效率及设备利用率，降低加工费用及原材料成本；④充分发挥各种运输手段的最高效率；⑤改变功能，增加产品价值，提高收益；⑥提高物流作业效率，衔接物流的各个环节。

果行育德

想一想　在行业竞争激烈的情况下我们该怎么做？

一起行动吧　只有懂得自我增值，不断地在学习中获得成长，才能在日益激烈的竞争环境中脱颖而出。

二、流通加工的类型

流通加工（Distribution Processing）是商品在从生产者向消费者流通的过程中，为了增加附加价值、满足客户需求、促进销售，而进行简单的组装、剪切、套裁、贴标签、刷标志、分类、检量、弯管、打孔等加工作业。你知道根据不同的目的，可将流通加工分为哪些类型吗？

（一）为弥补生产领域加工不足的深加工

这种流通加工实际是生产的延续，对弥补生产领域加工不足有重要意义。例如，钢材厂的大规模生产只能按规格生产，因此，进一步的裁切处理由流通加工完成。

（二）为满足多样化需求进行的服务性加工

这种流通加工是为了满足多样化和个性化的需求进行的加工，如平板玻璃开片加工、木材集中开木下料、衬衫印上客户的个性化图案等。

图3-6-4　水产品、肉类的保鲜

（三）为保护产品所进行的加工

这种流通加工主要采取稳固、改装、冷冻、涂油等方式对产品进行保护，如水产品、肉类、蛋类的保鲜、保质的冷冻加工和防腐加工等，货物的二次包装、加固等（如图3-6-4所示）。

（四）为提高物流效率、方便物流的加工

这种流通加工改变“物”的物理状态，而不涉及化学性质变化，并且最终仍能恢复“物”的原物理状态。例如，气体液化使很难输送的气态物转变为容易输送的液态物，可以提高物流效率。

图3-6-5　蔬菜加工

（五）为促进销售的加工

这种流通加工可能不改变“物”的本体，只进行简单的改装，也有许多是组装、分块等深加工，从而起到促进销售的作用。例如，将过大包装或散装分装成适合一次销售的小包装；将以保护商品为主的运输包装改换成以促进销售为主的销售包装，以起到吸引消费者、促进销售的作用；将蔬菜、肉类洗净切块，以满足消费者的要求，如图3-6-5所示。

（六）为提高加工效率的加工

这种流通加工采用集中加工形式，解决了单个企业加工效率不高的弊病，以一家流通加工企业代替了若干家生产企业的初级加工工序，促使生产水平进一步提高，如稻谷去壳、加工面粉等。

（七）为提高原材料利用率的加工

这种流通加工利用其综合性和用户多的特点，实行合理规划、合理套裁、集中下料的办法，能有效提高原材料的利用率、减少损失浪费。

（八）为衔接不同运输方式、使物流合理化的加工

这种流通加工在干线运输及支线运输的节点设置加工环节，可以有效解决大批量、少

品种干线运输与小批量、多品种支线运输之间的衔接问题。

（九）为提高经济效益、追求企业利润的加工

这种流通加工是经营的一环，在满足生产和消费要求的基础上取得利润，同时在市场和利润引导下使流通加工在各种领域中有效发展。

（十）生产-流通一体化的加工

这种流通加工可以促成产品结构及产业结构的调整，充分发挥企业集团的经济技术优势，是目前流通加工领域的新形式。

三、流通加工合理化

微课 3-15

流通加工合理化

流通加工合理化的含义是实现流通加工的最优配置，不仅要避免各种不合理现象，使流通加工有存在的价值，还要实现最优选择。为避免各种不合理现象，对是否设置流通加工环节、在什么地点设置、选择什么类型的加工、采用什么样的技术装备等，需要做出正确抉择。你知道实现流通加工合理化的方法有哪些吗？

（一）流通加工合理化的定义

流通加工合理化指实现流通加工的最优配置，不仅要避免各种不合理的流通加工，使流通加工有存在的价值，而且要综合考虑流通加工与配送、运输、商流等的有机结合，实现最优的选择，以达到最佳的流通加工效益。

（二）不合理的流通加工形式

1.流通加工地点设置不合理

将流通加工的场所设置在生产加工所在地，与消费地距离过大，就是一种不合理现象。流通加工地点设置，即布局状况，是整个流通加工是否有效的重要因素。一般而言，为衔接单品种大批量生产与多样化需求的流通加工，加工地点应设置在需求地区；旨在方便物流的流通加工环节应设置在消费地。即使在产地或需求地设置流通加工的选择是正确的，但还涉及流通加工在小地域范围内能否正确选址的问题，如果处理不妥，仍然会出现不合理的现象。

2.流通加工方式选择不当

流通加工企业将技术要求高的装配或最终形成产品的加工过程纳入本企业当中，使得生产者变成初级加工或前期加工，这种不合理现象实际上就是流通加工方式选择不当，因为流通加工方式的正确选择是指其与生产加工的合理分工，它不是对生产加工的代替，而是一种补充和完善。

3.流通加工作用不大，形成多余环节

过度包装是一种典型的不合理流通加工。它已经背离了包装应有的功能，对生产及消费者作用都不大，甚至存在盲目性，既未能解决品种、规格、质量等问题，又增加了多余的环节。

4.流通加工成本过高，效益不好

流通加工之所以能够有生命力，主要是因为其有较大的产出投入比，因而有效地起着补充完善生产加工的作用。如果流通加工成本过高、效益不好，就不能实现以较低的投入获得较高的收益。

果行育德

想一想　我们如何才能及时发现问题呢？

一起行动吧　我们应培养及时发现问题、解决问题的能力，养成平时勤思考、细观察的习惯。

（三）流通加工合理化的方法

1. 流通加工与配送相结合

将流通加工设置在配送中心，将流通加工与中转流通巧妙地结合在一起，不再单独设置一个加工的中间环节，使配送服务水平大大提高。

2. 流通加工与配套相结合

配套是指对使用上有联系的用品集合成套地供应给用户使用。例如，在对配套要求较高的流通中，配套的主体来自各个生产单位。但是，完成配套有时无法全部依靠现有的生产单位。所以，进行适当的流通加工可以有效地促成配套，更大地发挥流通作为连接生产与消费的桥梁和纽带的作用。

3. 流通加工与合理运输相结合

流通加工能有效地衔接干线运输与支线运输，促进两种运输形式的合理化。

4. 流通加工与合理商流相结合

流通加工能有效地促进销售，使商流合理化，这也是流通加工合理化的考虑方向之一。

5. 流通加工与节约相结合

节约能源、节约设备、节约人力、节约消耗是流通加工合理化的重要考虑因素，也是目前我国设置流通加工时考虑其合理化的较普遍的形式。

行动进行

吴海学习了以上知识后，准备开始实际操作。

步骤一：判断流通加工目的

公司进行流通加工是为了满足部分顾客的个性化需求，希望以此获取更大的经济效益和社会效益。所以根据流通加工的类型可判断出，此次的流通加工主要是为了促进销售，当然也可能是为满足小部分顾客需求多样化进行的服务性加工。

步骤二：分析客户需求特性

可加工产品类别主要有水产品、肉类、蔬菜、水果、服装等大部分装在运输包装中的产品。其中，水产品、肉类、蔬菜、水果等在运至超市、摆进货柜时，顾客希望得到的是新鲜的蔬菜、水果，处理干净的肉类和水产品，还有些顾客可能需要肉末等，甚至有部分年轻顾客由于不经常做饭，为了方便和节约，希望直接买到搭配好的蔬菜或切好和搭配好的水果等，这也就对流通加工的要求越来越高。

大部分服装从工厂运过来时的包装都是为了方便运输，甚至很多服装都没有商标和价签，而近年来，因消费者要求的多元化，退货大量增加。从商场退回来的衣服一般在仓库或配送中心重新分类、整理、改换价签和包装。

装在运输包装中是大部分货物到达配送中心时的状态，此时固然不能直接将其运至超市销售，因为运输包装以保护产品为目的，生产部门为了实现高效率，往往实行大批量的生产，而生产出来的单一化、标准化的产品是不能满足多样化的消费需求的。

步骤三：确定流通加工方式

最终确定合理的流通加工方式，完成任务，见表3-6-2。

表3-6-2 **确定流通加工方式**

货物类别	流通加工方式
水产品、肉类	鱼等海产品进行开膛、去鳞，猪肉、鸡肉等肉类食品进行分割、去骨，猪肉等可加工成肉末等形式
蔬菜、水果	蔬菜、水果等进行分类、清洗、贴商标和条形码、包装、装袋
服装	分类、整理、换价签和包装
装在运输包装中的产品	将过大包装或散装物分装成适合一次销售的小包装； 将原来以保护产品为主的运输包装改换成以促进销售为主的装饰性包装，以起到吸引消费者的作用

行动评价

学习任务完成情况评价表

评价内容	评价标准		评价等级			
			A（80～100分）	B（60～79分）	C（60分以下（不含60））	疑惑点
理论知识评价	1	理解流通加工的定义				
	2	认识流通加工和生产加工的区别				
	3	认识流通加工的类别				
	4	认识不合理流通加工的形式				
	5	阐述流通加工合理化的方法				
技能操作评价	1	能够阐述流通加工和生产加工的区别				
	2	能够根据案例要求分析出流通加工合理化的方法				
职业素养评价	1	具有自我增值、不断学习的意识				
	2	具有及时发现问题、解决问题的能力				

说明：同学们根据自我评价打分，然后在分值所处范围内相应的等级下打“✔”，若未得到满分，可在“疑惑点”这一列列出自己的疑问。

行动巩固

行动巩固 3-6

一、单项选择题

1.流通加工能有效衔接干线运输与（　　），促进两种运输形式的合理化。

A.支线运输　　B.整车运输　　C.零担运输　　D.配送上门

2.（　　）是目前我国设置流通加工时考虑其合理化的较普遍的形式。

A.整合　　B.配套　　C.节约　　D.创新

3.一般而言，为衔接单品种大批量生产与多样化需求的流通加工，加工地点设置在（　　）。

A.生产地区　　B.需求地区　　C.消费地区　　D.低成本地区

4. 旨在方便物流的流通加工环节应设在（　　）。

A. 生产地区　B. 需求地区　C. 消费地区　D. 低成本地区

5. 对水产品的保鲜属于（　　）。

A. 深加工　B. 服务性加工　C. 保护性加工　D. 方便物流的加工

二、多项选择题

1. 流通加工在现代物流中的作用有（　　）。

A. 提高原材料利用率　B. 方便客户购买和使用，降低客户成本

C. 充分发挥各种运输手段的最高效率　D. 改变功能，增加产品价值，提高收益

2. 流通加工的类型有（　　）。

A. 为弥补生产领域加工不足的深加工　B. 为满足需求多样化进行的服务性加工

C. 为保护产品所进行的加工　D. 为提高物流效率、方便物流的加工

3. 不合理的流通加工表现形式有（　　）。

A. 流通加工地点设置不合理　B. 流通加工方式选择不当

C. 流通加工作用不大，形成多余环节　D. 流通加工成本过高，效益不好

4. 流通加工合理化的方法有（　　）。

A. 流通加工与配送相结合　B. 流通加工与配套相结合

C. 流通加工与合理运输相结合　D. 流通加工与合理商流相结合

三、判断题

1. 流通加工是在流通领域从事的简单生产活动，具有生产制造活动的性质。（　　）

2. 过度包装就是一种典型的不合理流通加工。（　　）

3. 流通加工合理化的最终目的是降低流通加工成本。（　　）

四、简答题

简述流通加工与生产加工的区别。

五、案例分析

阿迪达斯公司在美国有一家超级市场，其中设立了组合式鞋店，摆放着做鞋用的半成品，有6种鞋跟、8种鞋底，搭配的颜色有80种，款式有百余种，顾客进店后可任意挑选自己所喜欢的鞋的各个部分，交给职员进行现场组合——只要10分钟，一双崭新的鞋便做好了。这家鞋店昼夜营业，职员技术熟练，鞋子的售价与成批制造的价格差不多，有的还稍便宜些，所以顾客络绎不绝，销售金额比邻近的鞋店多。

案例分析要求：此案例体现了流通加工的哪些作用？

任务七　信息处理

行动任务

江苏万盛物流公司的海星一号仓库拥有先进的物流信息管理系统，工作人员运用条码技术及手持终端即可将货品记录在系统中，使系统信息及时更新。安娜是物流管理专业的学生，最近打算去江苏万盛物流公司实习，为了能够顺利通过面试，她做了一系列准备，

请你帮助安娜通过查阅资料等方式掌握信息技术在现代物流中的应用，并说明这些应用为物流的发展带来了哪些作用。

行动锦囊

一、物流信息管理

微课 3-16

物流信息与管理

物流信息化，是指物流企业运用现代信息技术对物流过程中产生的全部或部分信息进行采集、分类、传递、汇总、识别、跟踪、查询等一系列处理活动，以实现对货物流动过程的控制，从而降低成本、提高效益的管理活动。物流信息化是现代物流的灵魂，是现代物流发展的必然要求和基石。随着我国物流业的快速发展，物流信息化也显得越来越重要。

（一）物流信息的定义

我国国家标准《物流术语》（GB/T 18354—2021）对物流信息的定义是："反映物流各种活动内容的知识、资料、图像、数据、文件的总称。"

（二）物流信息的特点

（1）信息量特别大。物流信息随着物流活动以及商品交易活动的展开而大量发生。以一个有数万种商品的大型超市为例，每个商品从下订单开始，就包含价格、数量、条码、批次、物流模式、尺码、包装规格等物流信息，到配送中心后又有验收、整理、上架、补货、拣货、配车、盘点、退换货等业务流程，每一步业务又会产生新的物流信息，再加上现在多频次、小批量的作业越来越多，记录物流活动的物流信息数量快速增长。可以预计，这种趋势随着物流作业越来越精细，将一直延续。以上所讲的只是狭义概念的物流信息，广义概念的物流信息量更为惊人。

（2）信息更新快。有价值的信息的第一个要求就是快，能迅速反映业务的最新动态。没有时效性，信息就会变得一文不值，在物流活动中更是如此。市场在随时变化，运输中的商品位置在不断变化，配送中心的库存状况也不断变化，门店的销售情况不断变化，还有大量的突发情况。物流信息处于不断更新、不断变化的状态之中，这要求物流信息系统有非常强大的实时性和高效性。

（3）信息来源多样化。物流产业是服务产业，物流活动的发生必须依赖其他活动的产生。物流信息不仅包括企业内部的物流信息，而且包括企业间的物流信息，企业竞争优势的获得需要各参与企业之间的协调合作，手段之一就是信息及时交换和共享。另外，物流活动往往会利用到道路、港湾、机场等基础设施。因此，为了高效率地完成物流活动，必须获得与基础设施有关的信息。

（三）物流信息的分类

物流的分类有很多种，信息的分类更是有很多种，因此物流信息的分类方法很多，见表3-7-1。

表3-7-1　订单信息

分类标准	类型
按功能分	运输信息
	仓储信息
	加工信息
	包装信息
	配送信息
	装卸搬运信息
按信息产生和作用的环节分	输入物流活动的信息
	物流活动产生的信息
按作用层次分	基础信息
	作业信息
	协调控制信息
	决策支持信息
按加工程度分	原始信息
	加工信息

（四）物流信息管理

物流信息管理是对物流信息进行采集、处理、分析、应用、存储和传播的过程，也是物流信息从分散到集中、从无序到有序的过程。物流信息管理有以下几个方面的要求：

（1）可得性。保证大量分散、动态的物流信息在需要的时候容易获得，并且以数字化的适当形式加以表现。

（2）及时性。随着社会化大生产的发展和面向客户的市场策略的变化，社会对物流服务及时性的要求也更高，而物流服务的及时、快速又相应地要求物流信息及时提供、快速反馈。及时的信息可以减少不确定性，增加决策的客观性和准确性。

（3）准确性。物流信息中不准确的信息有时比没有信息支撑的“拍脑袋”决策带来的决策风险更大。

（4）集成性。物流信息的基本特点就是信息量大，每个环节都需要信息输入，并产生新的信息进入下一环节。所涉及的信息需要集成，并使其产生互动，实现资源共享、减少重复操作、减少差错，从而使信息更加准确和全面。

（5）适应性。其包含两个方面的内容：一是指物流信息适应不同的使用环境、对象和方法；二是指物流信息能够描述突发或非正常情况的事件，如运输途中的事故、货损、出库货物的异常变更、退货、临时订单补充等。

（6）易用性。物流信息的表示要明确、容易理解和方便应用，针对不同的需求和应用要有不同的表示方式。

（五）物流信息平台

物流信息平台是指能够支持或者进行物流服务供需信息的交互或交换的网站。一个专业的物流信息服务网站就是一个典型的物流信息平台，如亿顺物流网、中国物流公共信息平台（如图3-7-1所示）、中国物通网、锦程国际物流网。

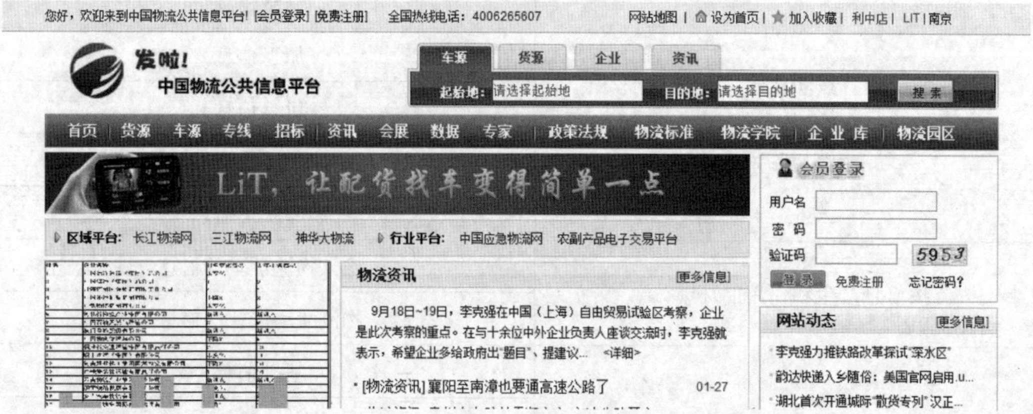

图3-7-1 中国物流公共信息平台

物流信息平台对物流信息的收集、传递、存储、处理、输出等，可以成为企业的决策依据，对整个物流活动发挥了很大的作用，包括：沟通联系的作用、引导和协调的作用、管理控制的作用、缩短物流流程的作用、辅助决策分析的作用、价值增值的作用等。

物流信息平台的功能包括：

（1）信息服务功能：提供综合公共信息、企业业务交易信息、货物跟踪信息、车辆调度跟踪信息等。

（2）资源整合功能：企业之间一定程度的信息交互对于提高整个供应链的运作效率、降低供应链总成本有着重要的作用。

（3）在线交易功能：包括网上报价、网上下单、网上交易、网上配载、信息外包和项目招标等，实现网上购物、电视购物与城市配送的有机结合。

（4）物流作业管理功能：包括库存控制、国际贸易物流管理、运输工具管理、财务管理等。

（5）辅助决策功能：包括全局或局部物流优化、运输能力模型分析、配送中心能力分析、配送网络方案分析等。

> 果行育德
>
> 想一想　面对出现的种种谣传，我们应该如何辨别？
>
> 一起行动吧　在信息泛滥的时代，我们应该具备选择能力、理解能力以及思辨能力。

二、物流信息技术

微课 3-17
物流信息技术

物流信息技术（Logistics Information Technology）是现代信息技术在物流各个作业环节中的综合应用，是现代物流区别于传统物流的根本标志，也是发展最快的物流技术。计算机网络技术的普及使物流信息技术达到了较高的应用水平。物流信息技术的发展也改变了企业应用供应链管理获得竞争优势的方式，成功的企业通过应用信息技术来支持其经营战略并选择其经营业务。

（一）物流信息技术的定义

信息技术是指获取、传递、处理、再生和利用信息的技术。物流信息技术是指现代信息技术在物流各个作业环节中的应用，是物流现代化的重要标志。物流信息技术主要由通信、软件、面向行业的业务管理系统三大部分组成，包括基于各种通信方式的移动通信手段、全球卫星定位（GPS）技术、地理信息（GIS）技术、计算机网络技术、自动化仓库管理技术、智能标签技术、条形码技术、射频识别技术、电子数据交换技术等现代尖端科技。

信息技术在物流领域的使用，对提高物流的现代化作业水平、降低物流成本、提高企业竞争力等都起到了巨大的促进作用。

（二）信息技术在现代物流中的作用

1.促使物流成本降低

物流管理和作业活动都需要实时分析各种条件，并在最短时间内给出最佳方案，如配舱、装箱、线路选择、工作计划拟定、人员安排、需求预测等。相较于纯人工管理，信息技术的运用可以实现管理和决策的最优化、智能化，最合理地利用有限的资源，以较低的成本取得最大的经济效益。

2.促使物流流程重组

常规的零售商与供货商的物流业务流程为：零售商进行销售→发现商品库存快到最低点→向供货商要货→供货商发货→零售商入库→进行销售。但是，沃尔玛却采取了另一种方式，它不仅把某产品每天的销售数据发到总部，同时还利用互联网将销售数据发送到供货商的计算机系统内，使供货商对其商品销售数据的获取不再滞后，可以实时根据库存情况进行补货。由此可以看出，物流信息化必然要求物流流程进行重组。

3.促使物流标准化

物流信息技术应用的核心任务是实现数据交换和信息共享。为实现数据互联互通，需推进物流标准化，因为物流标准化可以促进信息系统与企业的具体业务相结合，进而帮助企业去除冗余的业务流程，减少建设成本。

4.促使物流企业提高竞争力

（1）从竞争范围来看，过去传统的物流活动往往表现为仓储、运输、包装等一些单独的环节，企业只关注这些单一环节的管理水平和管理效率的提高。但是在供应链形成以后，特别是在第三方物流企业形成以后，竞争不再停留在单一的环节上，而是聚焦于整个物流过程或者供应链过程的管理水平的提高。如果不应用信息技术，物流企业就没有竞争力。

（2）从竞争手段来看，在信息技术不发达的时期，物流的很多技术手段只关注设施能力和水平的提高。随着信息技术的发展和应用和供应链的形成，更重要的不再是单一设施水平的提高，而是通过信息技术把资源整合到一起以提高整体的运作效率，也就是说，信息处理和信息管理的能力决定了整个供应链对市场的反应能力，决定了对顾客提供高效率、高水平服务的能力。

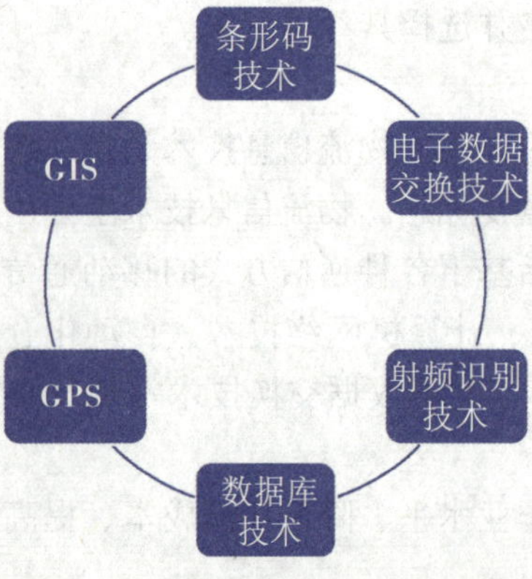

图3-7-2 信息技术在现代物流中的应用

（三）信息技术在现代物流中的应用

信息技术在现代物流中的应用如图3-7-2所示。

1.条形码技术

条形码技术是在计算机的应用实践中产生和发展起来的一种自动识别技术，分为一维码和二维码。一维码比较常用，但信息存储量小；二维码能在有限的空间内存储更多的信息。条码种类很多，常见的大概有二十多种码制，目前国际上广泛使用的条码主要包括我国产品使用的EAN码、美国产品使用的UPC码、图书领域使用的库德巴码、物流领域使用的Code93或EAN-128等，见表3-7-2。

表3-7-2 条码的类型

条码类别	示例	适用范围
EAN码	6 901234 567892 图：EAN-13码	国际物品编码协会制定的一种商品用条码，在全世界通用。EAN码符号有标准版（EAN-13）和缩短版（EAN-8）两种，我国的通用商品条码与其等效，国内商品包装上所印的条码一般就是EAN码
UPC码	0 89600 12456 9 图：UPC-A码	美国统一代码委员会制定的一种商品用条码，主要在美国和加拿大地区使用，我们在从美国进口的商品上可以看到
39码	* 1 2 3 A B C * 图：39码	一种可表示数字、字母等信息的条码，主要用于工业、图书及票证的自动化管理，目前使用范围极为广泛
Code93码	a000800a 图：Code93码	与39码具有相同的字符集，但它的密度比39码高，所以在面积不足的情况下，可以用Code93码代替39码
库德巴码	BJ100080 图：库德巴码	可表示数字和字母信息，主要用于医疗卫生、图书情报、物资等领域的自动识别

条码技术可跟踪产品从生产到销售的全过程，具体如下：

（1）贴有条码的商品开始会从制造企业处被运送到物流中心。

（2）物流中心验收人员手持条码识读器依次扫描运送过来的货品，货品信息自动进入计算机系统，系统指派货品的储位。

（3）货品被放到入库的输送带上，输送带开始端的台式条码识读器扫描货品条码，将信息反馈给计算机系统。

（4）计算机系统将该货品的储位信息发给巷道机，巷道机将该货品放到指定的储位上，入库完毕。

（5）超市订单到达物流中心后，计算机系统将订单数据转换成拣货信息并将拣货指令发送给巷道机。

（6）巷道机根据拣货信息拣取对应储位上的货品，然后将其放到传送带上，传送带再将货品送到自动分拣系统的输送带上。

（7）自动分拣系统入口处的台式条码识读器扫描货品条码，并反馈给计算机系统，计算机系统将该货品的发货指令发送给自动分拣系统，当货品到达要货超市的滑道出口时，自动分拣系统将货品送入该出口，这样货品就被分拣出来。

（8）配送司机将货品送到超市后，超市验收人员用手持条码识读器验收货品，一旦识别到不在订单之内的货品，识读器将会报警。

（9）顾客选好商品后，收银员会用手持（或台式）条码识读器扫描所有的货品，扫描完毕后，POS机自动显示商品总金额，收银后商品就到了顾客手中。

2.射频识别技术（RFID）

射频识别技术是一种无线通信技术，可以通过无线电信号识别特定目标并读写相关数据，而无须识别系统与特定目标之间建立机械或者光学接触。RFID是射频技术（RF）中比较成熟的一种非接触的自动识别技术，20世纪80年代中期开始投入商业应用。

射频技术主要由三部分组成（如图3-7-3所示）：

（1）电子标签：是射频识别系统中存储可识别数据的电子装置，由耦合元件及芯片组成，每个标签具有唯一的电子编码，像条码一样附着在物体上来标识目标对象。

（2）解读器：是利用射频技术读取标签信息或将信息写入标签的设备。

（3）天线：用于数据的发送和接收。

图3-7-3　RFID系统的组成

RFID技术在物流业中的应用主要包括：高速公路的自动收费系统；交通督导和电子地图；停车智能化管理系统；邮政包裹管理系统；铁路货运编组调度系统；集装箱识别系统；RFID库存跟踪系统。

3.电子数据交换技术（EDI）

（1）EDI的含义。电子数据交换技术，是指通过电子方式，采用标准化的格式，利用计算机网络进行结构化数据的传输和交换。简单地说，EDI就是按照商定的协议将商业文件标准化和格式化，并通过计算机网络在贸易伙伴的计算机网络系统之间进行数据交换和自动处理，俗称“无纸化贸易”。

（2）EDI的特点。EDI包含了三个方面的内容：格式化的数据与报文标准、通信网络、计算机应用。三个方面的内容相互依存，构成了EDI的基本框架。

经过20多年的发展和完善，EDI成为一种全球性的具有巨大商业价值的电子化贸易手段和工具。其有几个显著的特点：①EDI在不同的组织之间传递数据，是企业间信息交流的一种方式；②EDI传送的是一般业务资料，如发票、订单等；③EDI传送的报文是格式化的，是符合国际标准的，这是计算机能够自动处理报文的基本前提；④EDI使用的数据通信网络一般是增值网、专用网；⑤EDI自动处理传递来的信息不需要人工介入操作；⑥EDI与传真或电子邮件不同，它不需要用人工将有关资料重复输入系统，节省了劳动力，也降低了错误率。

（3）EDI在物流行业中的应用。

①配送中心的EDI应用：配送中心扮演了连接供应商与客户的角色，它对调节产品供需、缩短流通渠道、解决不经济的流通规模及降低流通成本起到了极大的作用。

②批发商的EDI应用：批发商引入EDI，并与企业内部信息系统集成，可以逐步改善接单、出货、催款的作业流程，以及订购、验收、对账、付款的作业流程。

③制造商的EDI应用：制造商通过EDI可以实现与其交易伙伴间的接单、出货催款及收款作业，其间往来的数据包括采购单、出货单、催款对账单及付款凭证等。

④运输商的EDI应用：运输商的运作依赖于和运输有关部门之间的信息交换，EDI的引入能够提高通信速度、减少文件处理费用、完善供应链管理、提高存货效率、提供更好的顾客服务。

4.数据库技术

数据库技术是信息系统的核心技术，是一种计算机辅助管理数据的方法，它研究如何组织和存储数据以及高效地获取和处理数据。从其应用方式来看，数据库技术主要起着两方面的作用。

（1）信息系统开发作用。利用数据库技术以及互联网技术，再结合具体的编程语言，可以开发一个信息系统，从而解决业务数据的输入和管理问题。在信息系统开发中，主要利用的是RDBMS（关系数据库管理系统）的基本功能，即数据定义功能、数据操纵功能、数据查询功能以及数据控制功能。

（2）数据分析与展示作用。利用RDBMS的数据查询功能对数据库中的数据进行关联组合或逐级汇总分析，并以表格、图形或报表形式将分析结果进行展示，从而解决业务数据的综合利用问题。

数据库技术将信息系统中大量的数据按一定的结构组织起来，提供存储、维护、查询的功能。可以将物流系统的数据库建成一个物流系统或供应链的公共数据平台，为数据采集、数据更新和数据交换提供方便。

5.全球定位系统（GPS）

全球定位系统是美国从20世纪70年代开始研制，历时20年、耗资200亿美元，于1994年全面建成，具有在海、陆、空进行全方位实时三维导航与定位能力的新一代卫星导航与定位系统。

全球定位系统利用导航卫星进行测时和测距，能测定出地球上任何地方的用户所处的方位。GPS由空间卫星系统、地面监控系统、用户接收系统三大子系统构成，如图3-7-4所示。

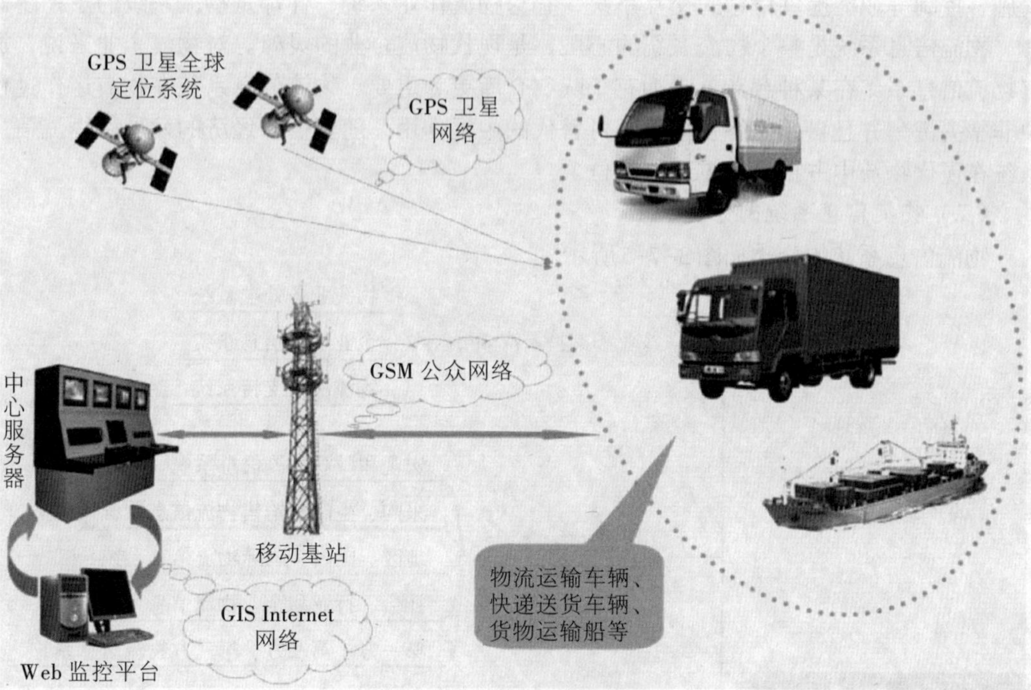

图3-7-4　GPS的工作原理图

GPS定位技术的出现使车辆、轮船等交通工具能被具体、实时地定位。车辆GPS定位管理系统主要有两个部分：监控中心部分和车载部分。

6.地理信息系统（GIS）

地理信息系统是指由计算机软硬件环境、地理空间数据、系统维护和使用人员四部分组成的空间信息系统，它可以对地球上存在的东西和发生的事件进行成图和分析。在物流管理中，GIS可将空间数据和企业的业务数据与业务流程相结合，提供如市场分析、选址分析等空间分析，提高决策分析的能力和准确度。

GIS在物流方面的应用主要通过智能运输系统体现出来：①车辆和路线最优化功能；②节点间配送最优化功能；③分配集合功能；④节点定位功能。

果行育德

想一想　从案例中我们得到了什么启示？

一起行动吧　在当今社会，教育是国家发展的基石，人才是经济发展转型进程中的中流砥柱。我们新时代大学生急需为我国科技发展做出贡献。

三、物流信息系统

微课 3-18

物流信息系统

所谓物流信息系统，实际上是物流管理软件和信息网络结合的产物，小到一个物流管理软件，大到利用覆盖全球的互联网将所有相关的合作伙伴、供应链成员连接在一起提供物流信息服务的系统，都叫物流信息系统。

（一）物流信息系统的定义

物流信息系统是指由人员、设备和程序组成的、为物流管理者执行计划、实施、控制等职能提供信息的交互系统，它与物流作业系统一样都是物流系统的子系统。

物流信息系统是整个物流系统的心脏，是现代物流企业的灵魂。对物流企业来说，拥有物流信息系统在某种意义上比拥有车队、仓库更为重要。物流信息系统在物流运作过程中非常关键，并且自始至终发挥着不可替代的中枢作用。随着信息经济的发展，物流信息系统在现代物流中占据愈发重要的地位。

（二）物流信息系统的分类

物流信息系统的分类如图3-7-5所示。

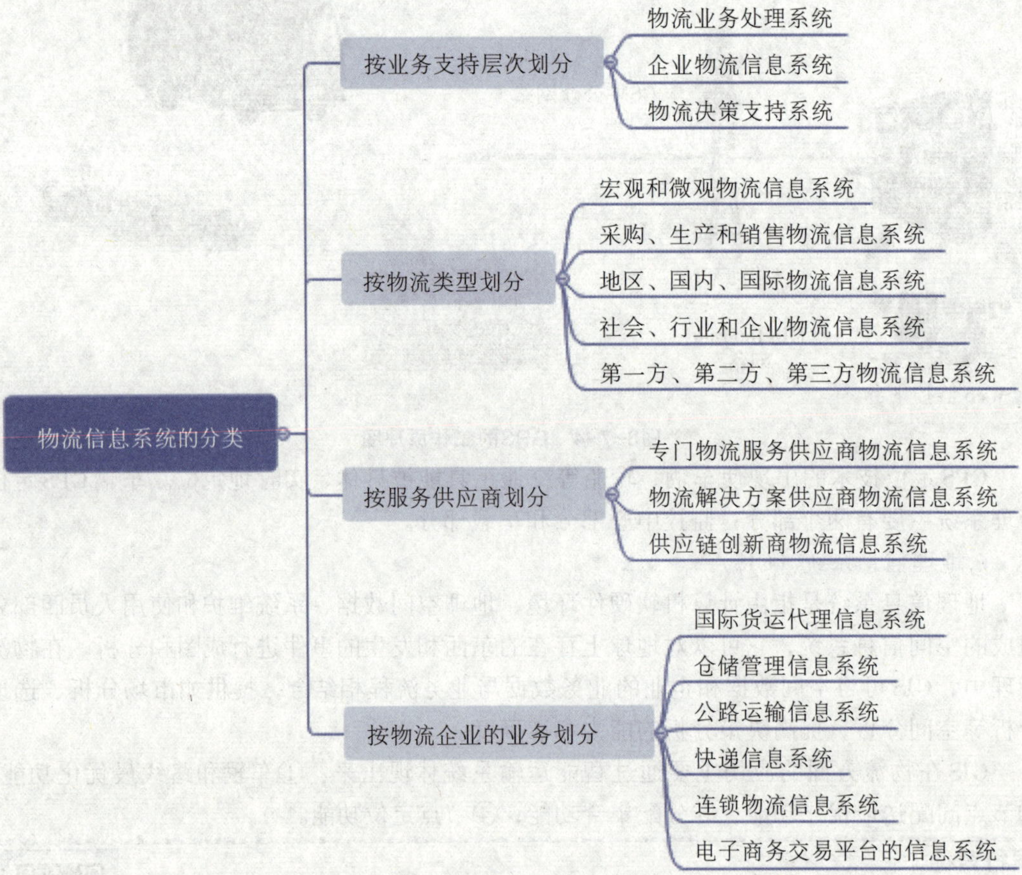

图3-7-5 物流信息系统的分类

（三）物流信息系统的功能

物流信息系统是物流系统的神经中枢，它作为整个物流系统的指挥和控制系统，分为多种子系统，或者说有多种基本功能：

1.数据的收集和输入

物流数据的收集首先是将数据通过收集子系统从系统内部或者外部收集到预处理系统中，并整理成系统要求的格式和形式，然后再通过子系统输入到物流信息系统中。这一过程是物流信息系统的其他功能发挥作用的前提和基础，如果一开始收集和输入的信息不完整或不正确，在接下来的过程中得到的结果就可能与实际情况完全相左，这会导致严重的后果。因此，在衡量一个信息系统的性能时，应注意它收集数据的完整性、准确性，以及校验能力、预防能力和抵抗破坏能力等。

2.信息的存储

物流数据经过收集和输入阶段后，在得到处理之前，必须在系统中存储下来。即使在处理之后，若信息还有利用价值，也要保存下来，以供以后使用。物流信息系统的存储功能就是要保证已得到的物流信息不丢失、不走样、不外泄、整理得当、随时可用。无论哪一种物流信息系统在涉及信息的存储问题时，都要考虑存储量、信息格式、存储方式、使用方式、存储时间、安全保密等问题。如果这些问题没有得到妥善解决，信息系统是不可能投入使用的。

3.信息的传输

物流系统中的物流信息一定要准确、及时地传输到各个职能环节，否则信息就会失去使用价值。这就需要物流信息系统具有克服空间障碍的功能。物流信息系统在实际运行前，必须充分考虑所要传递的信息种类、数量、频率、可靠性要求等因素。只有这些因素符合物流系统的实际需要，物流信息系统才有实际的使用价值。

4.信息的处理

物流信息系统的最根本目的就是将输入的数据加工处理成物流系统所需要的物流信息。数据和信息是有所不同的，数据是获得信息的基础，但数据往往不能直接利用，而信息是对数据加工得到的，它可以直接利用。只有得到了具有实际使用价值的物流信息，物流信息系统的功能才能发挥。

5.信息的输出

信息的输出是物流信息系统的最后一项功能，只有在实现了这个功能后，物流信息系统的任务才算完成。信息的输出必须采用便于人或计算机理解的形式，在输出形式上力求易读易懂、直观醒目。

这五项功能是物流信息系统的基本功能，缺一不可，只有它们的实现过程都没有出错，最后得到的物流信息才具有实际使用价值，否则会造成严重的后果。

（四）常见的物流信息系统

1.企业资源管理系统ERP

ERP是企业资源计划（Enterprise Resources Planning）的英文缩写，是一个综合的、大型的企业管理系统。ERP将企业内外部的所有资源整合在一起，对采购、生产、成本、库存、分销、运输、财务、人力资源等进行规划，以达到最佳资源组合，取得最佳效益。ERP的核心思想是实现对整个供应链的有效管理。

ERP系统是将企业的所有资源进行整合集成管理，简单地说是将企业的三大流——物流、资金流、信息流——进行全面一体化管理的信息管理系统。在企业中，一般的管理主要包括三方面的内容：生产控制（计划、制造）、物流管理（分销、采购、库存管理）和财务管理（会计核算、财务管理）。这三大方面是一个集成体，之间有相应的接口。

一般的ERP系统的功能结构如图3-7-6所示。

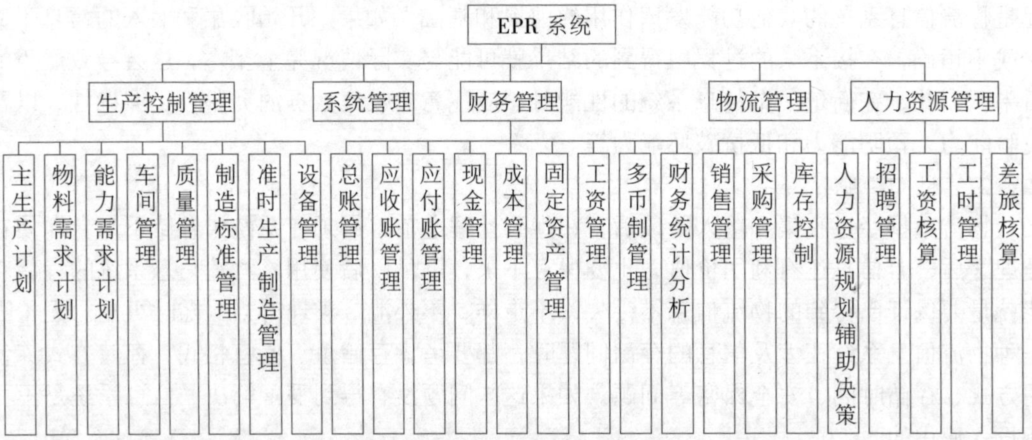

图3-7-6 ERP系统的功能结构

2.仓储管理系统WMS

仓储管理系统（Warehouse Management System，WMS）是一个实时计算机软件系统，它通过进出库业务、仓储调拨、库存调拨和虚仓管理等功能，综合批次管理、物料对应、库存盘点、质检管理和即时库存管理等功能，有效控制并跟踪仓储业务的物流和成本管理全过程，实现完善的企业仓储管理。

仓储管理系统可通过后台服务程序实现同一客户不同订单的合并和订单分配，并对基于RF、纸箱标签方式的上架、拣选、补货、盘点、移库等操作进行统一调度和下达指令，并实时接收来自RF和终端PC的反馈数据，实现对库存商品实时有效的控制，如图3-7-7所示。

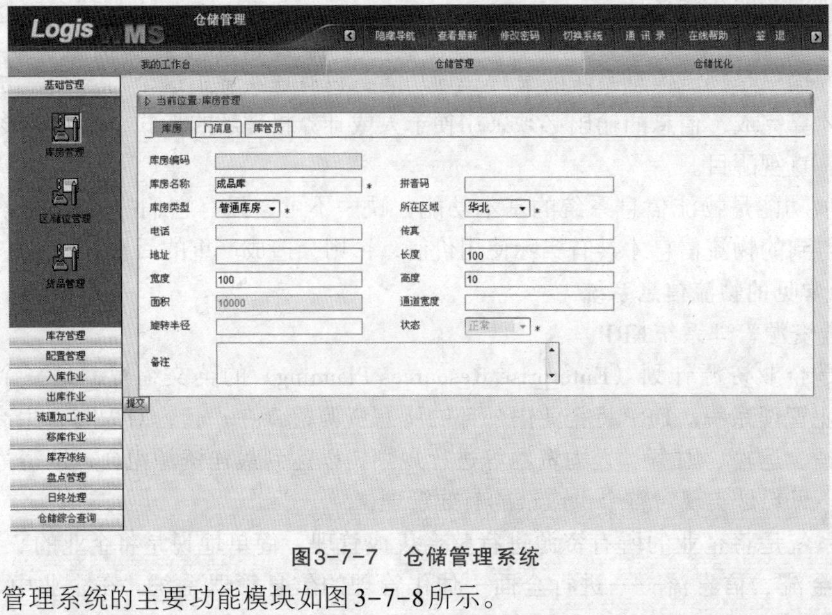

图3-7-7 仓储管理系统

仓储管理系统的主要功能模块如图3-7-8所示。

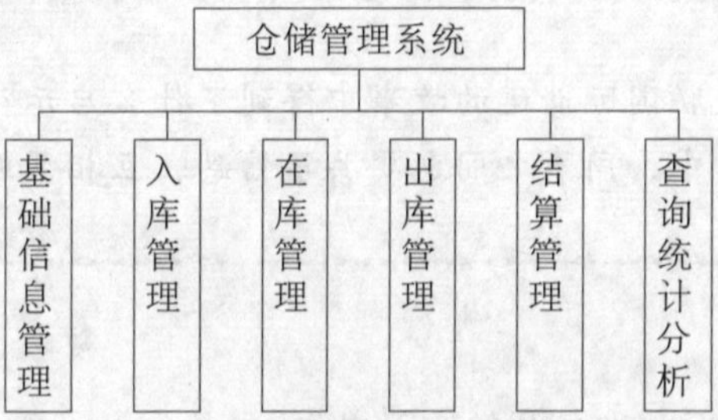

图3-7-8　仓储管理系统的主要功能模块

3.运输管理系统TMS

运输管理系统（Transportation Management System，TMS）实时地将列车、机车、车辆、集装箱及所运货物的动态信息通过分布全路的公用数据网报告给中央实时数据库，中央实时数据库将收集的实用信息加工处理后提供给各相关部门的运输管理人员及货主作为运输调度、认识货物状态的重要信息，从而实现对运输工具及所运货物的实时动态的追踪管理，如图3-7-9所示。

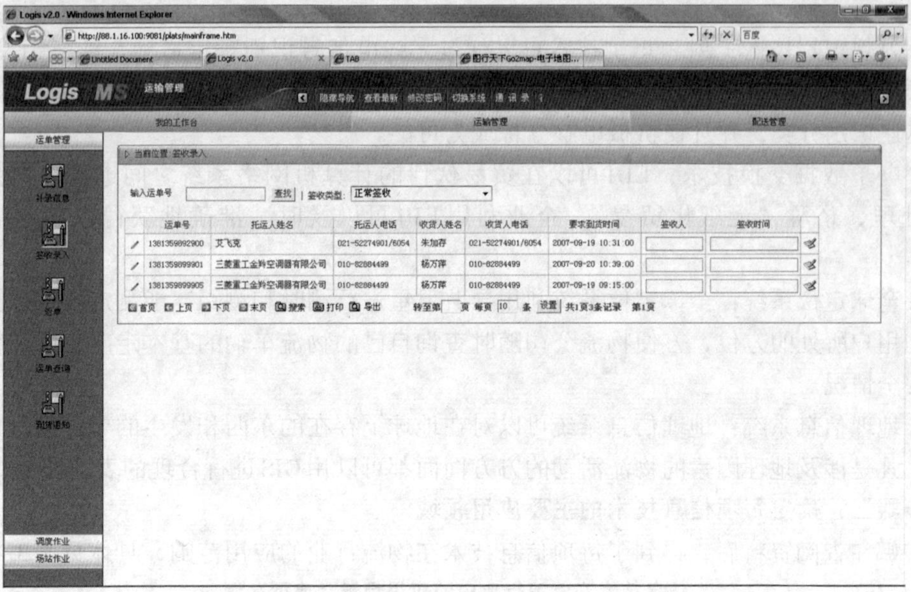

图3-7-9　运输管理系统

运输管理系统具有实用的报表统计功能，可以为企业决策提供实时更新的信息，大大减少了人员的工作量。运输管理系统的主要功能结构如图3-7-10所示。

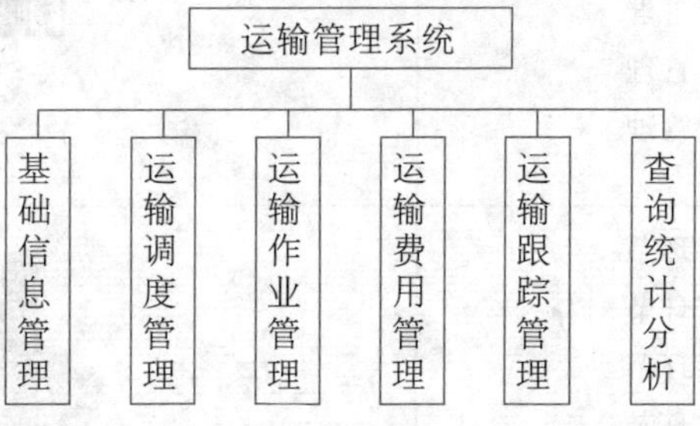

图3-7-10　运输管理系统的主要功能结构

果行育德

想一想　你从上海铁联国际储运的故事中得到了什么启示？

一起行动吧　在工作中，同事之间也要共享信息、互相帮助，以提高工作效率、实现共赢。

行动进行

安娜学习了以上知识后，准备开始实际操作。

步骤一：了解物流中应用的信息技术

结合所学知识和查阅资料，安娜了解到在物流中常见的信息技术有条形码技术、射频识别技术、电子数据交换技术、全球定位系统和地理信息系统。

步骤二：分析每项信息技术的特点和对物流行业的影响

1. 条形码技术：条形码分为一维码和二维码。一维码比较常用，但信息存储量小；二维码能在有限的空间内存储更多的信息。现代条码技术使得流动中的货物都有了唯一的身份标识。

2. 射频识别技术：射频识别技术可以通过无线电信号识别特定目标并读写相关数据，而无须识别系统与特定目标之间建立机械或者光学接触。射频识别技术使货物只要贴标就能被迅速识别分类，并且使机械电脑分拣成为可能。

3. 电子数据交换技术：EDI可以在贸易伙伴的计算机网络系统之间进行数据交换和自动处理，俗称“无纸化贸易”。企业利用EDI可以及时、准确地获得供应与需求的情况。

4. 全球定位系统：全球定位系统利用导航卫星进行测时和测距，能测定出地球上任何地方的用户所处的方位，方便物流公司随时查询自己的物流车辆的基本走向，以及物流车辆的安全情况。

5. 地理信息系统：地理信息系统可以对在地球上存在的东西和发生的事件进行成图和分析。凡是涉及地理因素的物流活动的方方面面都可以用GIS进行合理的表达和分析。

步骤三：确定每项信息技术的主要应用领域

安娜在查阅资料后，得到了每项信息技术在物流行业的应用范围，具体见表3-7-3。

表3-7-3　**信息技术在物流行业中的应用场景及典型案例**

信息技术	主要应用	举例
条形码技术	①生产管理 ②库存管理 ③配送管理	
射频识别技术	①零售环节 ②生产环节 ③运输环节 ④仓储环节 ⑤配送环节	

续表

信息技术	主要应用	举例
电子数据交换技术	①商业贸易领域 ②运输行业 ③外贸领域	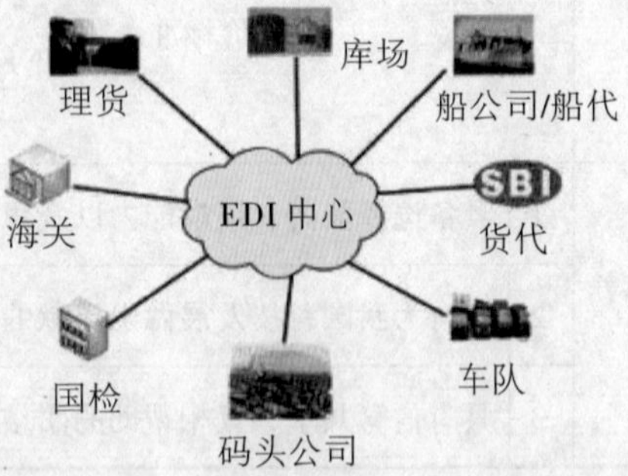
全球定位系统	①物流配送 ②动态调度 ③货物跟踪 ④车辆优选 ⑤路线优选 ⑥报警援救	
地理信息系统	①物流中心选址 ②最佳配送路线 ③车辆跟踪和导航 ④配送区域划分	

行动评价

学习任务完成情况评价表

评价内容	评价标准		评价等级			
			A（80～100分）	B（60～79分）	C（60分以下（不含60））	疑惑点
理论知识评价	1	认识物流信息的定义和特点				
	2	阐述物流信息管理的要求				
	3	阐述信息技术在现代物流中的作用				
	4	认识物流信息系统的功能				
技能操作评价	1	能够阐述信息技术在现代物流中的应用				
	2	能够指出常见的物流信息系统				

续表

评价内容	评价标准		评价等级			
			A（80～100分）	B（60～79分）	C（60分以下（不含60））	疑惑点
职业素养评价	1	具备选择能力、理解能力以及思辨能力				
	2	具有为我国科技发展做出贡献的意识				
	3	具有信息共享、互相帮助的团结精神				

说明：同学们根据自我评价打分，然后在分值所处范围内相应的等级下打“✔”，若未得到满分，可在“疑惑点”这一列列出自己的疑问。

行动巩固

行动巩固 3-7

一、单项选择题

1.（　　）是现代物流的灵魂，是现代物流发展的必然要求和基石。

A. 物流信息化　　B. 物流标准化　　C. 物流机械化　　D. 物流整合化

2.GIS的中文全称是（　　）。

A. 全球定位系统　　B. 地理信息系统

C. 电子数据交换技术　　D. 条形码技术

3.ERP的中文全称是（　　）。

A. 仓储管理系统　　B. 运输管理系统

C. 全球定位系统　　D. 企业资源管理系统

4.WMS的中文全称是（　　）。

A. 仓储管理系统　　B. 运输管理系统

C. 全球定位系统　　D. 企业资源管理系统

二、多项选择题

1.物流信息的特点有（　　）。

A.信息量特别大　　B.信息更新快

C.信息来源多样化　　D.信息复杂化

2.按照加工程度，物流信息可分为（　　）。

A. 第一手信息　　B. 第二手信息

C. 原始信息　　D. 加工信息

3.物流信息技术由（　　）组成。

A. 通信　　B. 软件

C. 硬件　　D. 面向行业的业务管理系统

4.信息技术在现代物流中的作用有（　　）。

A. 促使物流成本减少　　B. 促使物流流程重组

C. 促使物流标准化　　D. 促使物流企业竞争力提高

5.物流信息系统的功能有（　　）。

A.数据的收集和输入　　B.信息的存储

C.信息的传输　　D.信息的处理

三、判断题

1.物流信息中不准确的信息有时比没有信息支撑的“拍脑袋”决策带来的风险更大。（　　）

2.物流信息在物流系统中一定要准确、及时地传输到各个职能环节，否则信息就会失去其使用价值。（　　）

3.ERP的核心思想是实现成本最低化。（　　）

四、简答题

简述物流信息系统的功能。

五、案例分析

宝供物流借鉴国际先进物流基地的建设理念，为了满足客户所提出的及时准确认识物流信息的要求，于1997年与北京英泰奈特科技有限公司合作开发了一套互联网物流管理信息系统。该物流管理信息系统分为7大营运模块：

（1）接单模块：可以接收互联网上包括EDI电子数据在内的电子单据，货主只要将托运或托管的货物的电子文档以E-mail的方式发给物流服务公司，即可完成双方的交接单工作。2001年，宝供与飞利浦实现了EDI电子数据对接，运作效率得到了大幅度提升。

（2）发送模块：具备完美的配车功能和凑货功能，帮助管理人员完成发送前烦琐的准备工作。

（3）运输过程控制模块：包括货物跟踪和甩货控制，可以实时反馈货物的在途运输情况，跟踪被甩货物的状况。

（4）运输系统管理模块：针对承运人、承运工具的管理信息系统。

（5）仓位管理模块：根据优化原则，自动安排每种进仓货物的存放位置，自动提示出仓时应到哪个仓位提货，并可以提供实时仓位图。

（6）库存及出库管理模块：自动计算仓库中每种货品的库存量及存放位置，并按先进先出原则提货。

（7）客户服务模块：为客户提供所有质量评估信息和与自己的货物相关的所有信息，具体分为储运质量评估模块、统计报表模块、查询模块等。系统采用集中数据存储，各个分公司对于数据的保有权是有时效限制的。所有最终数据的维护均由公司的信息中心负责进行。

资料来源　作者根据相关资料整理.

项目总结

案例分析要求：宝供物流公司采用该物流管理信息系统极大地提高了企业的运营效益。结合案例分析宝供物流的物流信息系统起到了哪些作用？

项目实训

1.夏芸是一家经营全国货运业务的物流公司的职员，每天负责统筹安排订单货物的运输方式。2025年4月6日，夏芸收到一份托运订单，订单主要内容见表1，夏芸需要根据订单信息为该批货物选择正确的运输方式。

表1　订单信息

托运订单				
托运人	托运时间	订单处理时间	订单处理人	备注
李先生	2025年4月6日	2025年4月6日	夏芸	
订单内容				
货物	数量	出发地	目的地	
鲜花	50盆	昆明	重庆	
钢材	100吨	哈尔滨	成都	

2.上海云仓物流有限公司是一家仓储型物流企业，李主管主要负责仓库的管理工作。他统计出企业仓库的全部库存商品共计3 424种，将商品按每一品种的年度销售额从大到小进行顺序，排成7档，每档商品的品种数和销售金额见表2。

表2　云仓物流公司仓库库存商品统计表

每档商品年销售额X	品种数	销售额（万元）
X>6	260	5 800
5<X≤6	68	500
4<X≤5	55	250
3<X≤4	95	340
2<X≤3	170	420
1<X≤2	352	410
X≤1	2 424	670

李主管在每月月底进行盘点后常面临这样一个问题：不着急用的货物数量多，占用仓库的仓容，而急着用的货物数量欠缺，有时由于货物欠缺甚至出现停工待料的情况。李主管对于这个问题很头痛，我们该如何对库存进行控制以帮助李主管解决这个问题呢？

请用ABC分类管理法确定物品分类，并给出各类库存物资的管理方法。

3.天津科华有限公司是一家依托先进物流技术进行区域配送的物流企业，公司致力于为各类超市、学校、机关、企事业单位提供安全、快捷的一站式配送服务，确保食品从源头到餐桌真正实现绿色、健康。公司对食品品质实施严格的要求，本着"做放心食品、创优质服务"的理念苦心经营，业务蒸蒸日上，受到越来越多的客户的信赖和认可。2025年6月1日早上8点，公司接到一个订单，订单内容如下：

客户：利智连锁经营超市　　　下单时间：2025年6月1日8：00

货物名称：海鲜类　　　数量：200箱

出发地：科华配送中心　　　目的地：利智连锁经营超市

备注：当天下午5：00之前送到

夏利是科华配送中心负责统筹安排货物派送的职员，请大家根据订单信息帮助夏利制定配送的作业流程。

4.常江是一家经营全国货运业务的物流公司的职员，他负责每天安排货物的装卸搬运。4月28日上午，有一批货物需要安排装车，具体装车信息见表3。

表3　装运信息

货物名称	计划装车时间	现存货物状态	备注
木材	10：00	堆放在堆场	
器械小零部件	10：00	已经装箱码放到托盘上	
电脑显示器	11：00	已经装箱	

常江需要根据装运信息判断该批货物目前的活性指数，以及可采用哪些提高装卸搬运活性指数方法。请大家一起帮常江完成此次工作任务吧！

5.中秋节即将来临，小王准备去超市为父母买一盒月饼作为节日礼物。一圈逛下来，囊中羞涩的小王选择了最便宜的一盒价值158元的月饼。爱思考的小王又开始想了：为啥盒装月饼这么贵？相对于散装月饼而言，其价值翻了好几番，难道包装如此值钱？这属于过度包装吗？企业是否有必要降低包装成本？降低包装成本会影响包装作用的发挥吗？

请大家帮助小王分析市场上月饼的商品包装的合理性。

6.朱青是物流管理专业大三的学生，本节课老师讲解了流通加工合理化的内容，不合理流通加工的形式包括四种：①流通加工地点设置得不合理；②流通加工方式选择不当；③流通加工作用不大，形成多余环节；④流通加工成本过高，效益不好。

老师布置了一个课后作业，需要指出表4所示案例分别属于哪一类不合理表现形式，以及流通加工合理化的措施有哪些。

表4　不合理流通加工的表现形式

举例	不合理表现形式
某超市配送中心专门为橘子设置了“剥皮”这一流通加工环节	
某木材加工企业连年亏损，入不敷出	
将某些技术含量较高的元器件加工放在了流通加工环节来进行	
流通加工的地点与消费地距离过大，形成多品种的末端配送服务困难	

请大家帮助朱青完成此次的课后作业吧！

7.盛辉物流有限公司（简称“盛辉物流”）是一家具有AAAAA级资质的物流企业，致力于打造国内领先的和最值得信赖的科技物流服务提供商，业务范围包括仓储/供应链服务、信息技术解决方案等。

最近公司准备要投资新项目，但是需要整理出在“互联网+高效物流”背景下产生并发展了哪些新技术，并总结这些技术给物流业带来的变化。小李是盛辉物流的员工，主管将这个工作交给了小李，请大家帮小李想一想该如何完成此次的任务。

项目四　从企业角度认知物流

本项目思维导图

- 从企业角度认知物流
  - 供应物流
  - 采购管理
  - 生产物流
  - 精益物流
  - 销售物流
  - 电商物流
  - 农产品物流
  - 回收及废弃物物流
  - 绿色物流

学习目标

知识目标：在认识供应物流的基础上阐述采购和采购管理的定义及采购管理的内容；在理解生产物流的范围和内容的基础上，进一步理解企业精益物流管理；在理解销售物流模式的基础上阐述电商物流的模式；在理解回收物流和废弃物物流的含义的基础上阐述我国政府的绿色物流管理措施

能力目标：能基于供应物流的发展趋势制定采购管理的流程，分析具体案例中采购管理的目标；能基于精益物流的实施方法，分析实际案例中生产物流管理的内容；能判断销售物流的模式，在此基础上分析电商物流的具体模式；能基于回收和废弃物处理的方式指出我国政府的绿色物流管理措施

素养目标：通过对企业供应物流、企业生产物流、企业销售物流、企业回收物流及废弃物物流知识的学习，培养学生消除浪费、效率最大化的意识，自觉自愿配合执行垃圾分类的意识，准确、生动的表达能力，较强的沟通能力和团队合作精神。

项目导入

云汇汽车制造有限公司是从事专用汽车研发、生产、销售、服务的企业。公司建有冲压车间、焊接车间、涂装车间、总装车间、试验检测车间、研发中心等主体及辅助配套设施，主要产品包括城乡环卫车、市政作业车、公路运输车、冷链物流车、公路维护车及特

种作业车等六大系列、30多个品种。

2025年7月13日，公司新入职了一批员工，有7位物流管理专业的同学们被分到了物流部。他们被工作人员带到物流部的会议室之后，便一起热烈地讨论起未来的工作。

小李说："我们的企业属于生产制造企业，按我们以前学习的知识，根据生产制造的流程，我们部门会不会还设有供应物流组、生产物流组、销售物流组和废弃物回收物流组？"

小赵说："应该不会这样设置的，因为我爸之前就在制造企业，他们公司好像是采购部、运输部、仓储部来负责企业的整体物流活动！"

小王说："我们都知道现代的制造企业为了跟上时代的步伐，也在向高端化、服务化、低碳化的企业转型，所以我觉得公司会采用精益管理，那么物流必然就是绿色物流和精益物流。"

小邵说："我觉得也是，现在的销售模式基本都是线上模式，所以我们公司未来是不是也会发展线上模式？这样我们的物流是不是也属于电商物流？"

大家正聊得起劲，物流部主管走了进来："大家好，我是物流部的主管刘兴，刚刚在外面就听到同学们的讨论了，大家能否将刚才提到的供应物流、精益物流、电商物流等概念用自己的方式阐述呢？"

大家都有些懵懵懂懂，因为时间有点长了，这些概念也忘得差不多了。

刘主管说："没关系，以后我们就是一起工作的小伙伴了，相信大家在工作中会互相了解，一会儿我给大家介绍一下我们主要负责的工作。"

大家是不是也非常好奇上面提到的这些名词呢？让我们一起跟随物流部的小伙伴们的脚步，重新学习这些知识吧！

项目实施

任务一　企业供应物流

行动任务

国机集团是一家多元化、国际化的综合性装备工业集团，致力于提供全球化优质服务，围绕装备制造业和现代制造服务业两大领域，发展装备制造、科技研发、工程承包、贸易服务、金融投资五大主业，业务涉及机械、能源、交通、汽车、轻工、船舶、冶金、建筑、电子、环保、航空航天等国民经济重要产业，在全球100多个国家和地区设有300余个驻外机构，业务遍及五大洲。

温茹是国机集团采购部新入职的职员，负责采购原材料的工作。按照采购计划，公司最近打算购进一批钢材，由温茹来负责此项业务，具体采购计划见表4-1-1。

领导发给了温茹一份以前合作的供应商名单，见表4-1-2。

表4-1-1　　采购计划表

制订计划时间	交货验收时间	采购负责人	备注
2025年3月6日	2025年4月10日	温茹	生产地在北京
采购货物信息			
货物名称	重量	规格	采购预算
结构用无缝钢管（GB/T8162-2018）	50吨	钢管长度为3~12米	2 400元/吨

表4-1-2　　供应商名单

序号	地区	企业名称	所在地
1	东北	黑龙江省澜屿（钢铁）贸易有限公司	哈尔滨
2	华北	唐山钢铁有限公司	唐山
3	华东	常州钢铁有限责任公司	常州
4	华东	永钢集团有限公司	张家港
5	西北	龙门钢铁集团	韩城

请你帮助温茹依据采购流程完成采购。

行动锦囊

一、供应物流

微课 4-1

供应物流

供应物流电子信息化并与其他系统整合为企业物流信息系统，成为供应物流发展的必然趋势。不仅是供应物流，整个物流系统的电子信息化是企业现代物流在网络时代发展的基础。供应物流对采购、仓储、供应等各环节中的物料信息及流通中产生的信息进行收集、整理，将信息数据库化、代码化、电子化、标准化、实时化，同时通过与销售、生产等其他物流系统中各点和线的信息化、网络化，使整个系统整合为企业物流信息系统。

（一）供应物流的定义

供应物流包括原材料等一切生产物资的采购、运输、仓储、库存管理、用料管理和供应管理，也称为原材料采购物流。

供应作为生产准备工作的重要组成部分，是生产得以正常进行的首要条件或前提。供应商供应物料的数量、质量、时间直接影响到生产的连续性和稳定性，而供应过程中发生的费用直接构成产品的生产成本。供应物流包括：确定物流需求数量、采购、运输、流通加工、装卸搬运和存储等物流活动，如图4-1-3所示。

（二）供应物流的组织模式

1.委托社会销售企业代理模式

该模式是企业作为用户向销售方提出对本企业进行供应服务的要求，作为向销售方进行采购订货的前提条件。这种方式的主要优点是企业对销售方即物流的执行方进行选择和提出要求，有利于实现企业理想的供应物流设计。例如，为上海通用汽车公司直接配套的

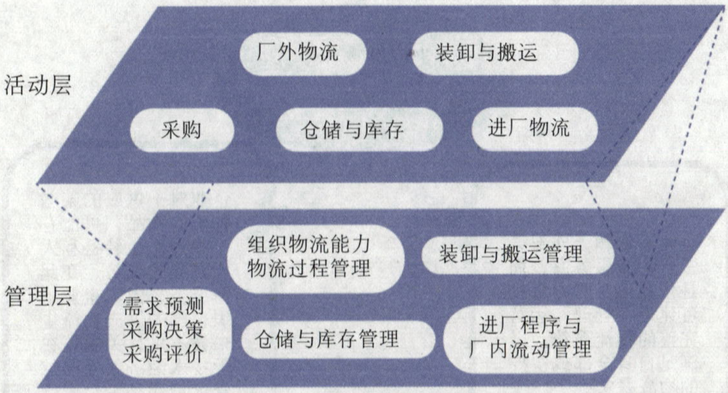

图4-1-1　供应物流的内容

国内供应商有152家，其供货方式如下：一些大件供应商实施“门对门”的直接供货，即供应商直接将零件排序并送到上海通用汽车公司的装配车间门口，如座椅等；一些供应商把零件送到上海通用汽车公司附近的仓库进行存储、排序，再送到上海通用汽车公司，如车门外饰板等；绝大多数的供应商先把零件送到上海通用汽车公司的第三方物流RDC（零件再包装中心），然后由RDC配送到上海通用汽车公司。

2.委托第三方物流企业代理模式

该模式是在企业完成了采购程序之后，由销售方和本企业之外的第三方从事物流活动。该第三方所从事的供应物流主要向买方提供服务，同时也向销售方提供服务，在客观上协助销售方扩大了市场。在德国，29%的物流企业涉足汽车物流业务，第三方物流服务商参与汽车供应链各个环节的活动，与汽车制造企业、零部件供应商共同构成汽车物流服务链上的每一个环节。第三方物流服务商提供全方位物流服务是建立在信息技术的基础上，通过独立电子商务平台将汽车制造企业与零部件供应商链接起来，保证物流信息的透明，通过采用现代化的仓库管理系统、运输管理系统及先进的物流信息技术，实现仓储的自动化和运输过程的实时监控。以奔驰、大众、宝马为代表的德国汽车制造企业的供应物流采用第三方物流模式。美国的汽车制造企业与第三方物流（3PL）服务商之间是一种高度互动协作的关系。汽车生产企业将零部件供应物流业务外包给第三方物流企业，与第三方物流企业的合作是在信息共享的条件下为了共同的战略目标共同制订物流解决方案，并根据市场需求的变化动态执行方案，物流服务商的运作与汽车生产企业的经营管理活动融为一体。据统计，通用汽车公司使用了37家第三方物流服务商，福特汽车公司使用了27家第三方物流服务商。

3.企业自供物流模式

企业自供物流模式如图4-1-2所示。

（三）供应物流的发展趋势

1.单一的物流模式转向多种物流模式共存

供应链物流概念的出现代表着供应物流发展的新方向，也是供应链发展的重要组成部分。在未来的网络时代，企业的供应链物流将是多模式的灵活组合，这种组合将更好地适应市场经济的变化，更好地发挥各企业的优势，达到全社会物流的合理化。

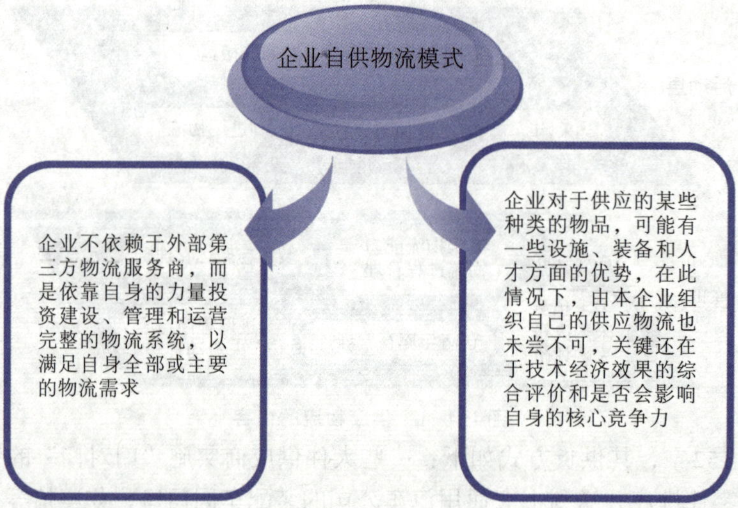

图4-1-2 企业自供物流模式

2.向JIT供应物流模式转型

准时制（JIT）管理方法在理论上要求在需要的时间及时供应所需数量和质量的产品，意味着在生产的每一个过程或工序上不会出现闲置的零部件，从而也就不会产生库存，这种管理方法也称零库存管理方法。

3.即时供应模式将被广泛采用

即时供应方式是准时供应方式的一个特例，是完全不依靠计划时间而按照用户偶尔提出的时间要求进行准时供应的方式。这种方式一般作为应急的方式采用。

4.供应商管理库存

供应商管理库存，简称VMI，指供应商等上游企业基于其下游客户的生产经营、库存信息，对下游客户的库存进行管理与控制。具体来说，VMI是一种以用户和供应商双方都获得最低成本为目的，在一个共同的协议下由供应商管理库存，并不断监督协议执行情况和修正协议内容，使库存管理得到持续改进的合作性策略。

5.联合库存管理

联合库存管理（Jointly Managed Inventory，JMI）是供应商与客户同时参与、共同制订库存计划，实现利益共享与风险分担的供应链库存管理策略。联合库存管理打破了各自为政的库存管理模式，是一种在VMI的基础上发展起来的上游企业和下游企业权利责任平衡和风险共担的库存管理模式，有效地控制了供应链的库存风险。

6.物流库存向零库存方向发展

零库存是一种物流、生产、库存和计划管理的现代方法，它基于在精确的时间以精确的数量把物料送达指定的地点，以使库存成本最小。零库存可以减少资源浪费，并从根本上改变公司实施的物流活动。零库存系统的基本思想就是通过严格管理，杜绝生产待工、多余劳动、不必要搬运、加工不合理、不良品返修等方面的浪费，达到零故障、零缺陷、零库存。零库存概念有4个主要要素：无库存、备货期短、高频率小批量补货、高质量和无缺陷。

实现零库存的方式如下：

（1）委托保管方式：接受用户的委托，由受托方代存代管所有权属于用户的物资，受托方收取一定数量的代管费用。这种零库存方式主要是靠库存转移实现的，并不能使库存总量降低。

（2）协作分包方式：即美国的“SUB-CON”方式和日本的“下请”方式。制造企业以一家规模很大的主企业和数以千计的小型分包企业组成一个金字塔形结构，主企业主要负责装配产品和开拓市场的指导，分包企业各自分包劳务、零部件制造、供应和销售。这种结构形式可以以若干企业的柔性生产准时供应。例如，分包零部件制造的企业可采取各种生产形式和库存调节形式，以保证按主企业的生产率和指定时间送货到主企业，使主企业的供应库存为零；同时，主企业的集中销售库存使若干分包劳务及销售企业的销售库存为零。

（3）轮动方式：又称同步方式，是在对生产系统进行周密设计的前提下，使各环节速度完全协调，从而根本取消静态库存甚至是工位之间暂时停滞的一种零库存形式。

（4）准时供应系统：准时供应系统不是采用类似传送带的轮动系统，而是依靠有效的衔接和计划达到工位之间、供应与生产之间的协调，从而实现零库存。如果说轮动方式主要靠“硬件”的话，那么准时供应系统则在很大程度上依靠“软件”。

（5）水龙头方式：一种像拧开自来水管的水龙头就可以取水一样无须自己保有库存的零库存形式（索尼公司首先采用，已发展为现在的即时供应制度）。用户随时提出购入量，供货者以自己的库存和有效的供应系统提供即时供应，适用于工具和标准件。

（6）看板方式：是准时方式中的一种简单有效的方式，也称传票卡制度或卡片制度，是日本丰田公司首先采用的。看板方式在企业的各工序之间，或企业之间，或生产企业与供应者之间，以固定格式的卡片为凭证，由下一环节根据自己的节奏，逆生产流程方向，向上一环节指定供应，从而协调关系，做到准时同步。采用看板方式有可能使供应库存实现零库存。

（四）供应物流合理化

供应物流合理化的管理和控制如图4-1-3所示。

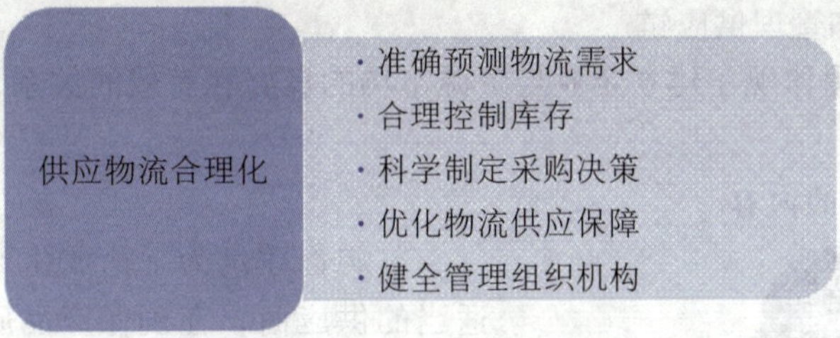

图4-1-3 供应物流合理化

果行育德

想一想 从一汽“零库存”的案例中你得到了什么启示？

一起行动吧 “零库存”意味着供应商的物流要及时、到位，做人也一样，要守时、尊重别人。

微课 4-2

采购管理

二、采购管理

采购工作在企业运营中十分重要，它往往能最直接、最明显地影响成本、质量。工程公司、商贸公司等企业由于采购的比重大，采购管理对它们的意义就更加重大了。据调查，不少企业的采购都存在管理误区，有些几乎已成通病。你认识什么是采购管理吗？采购管理的内容和流程又包括什么呢？

（一）采购及采购管理

采购是指企业在一定的条件下从供应市场获取产品或服务作为企业资源，以保证企业生产及经营活动正常开展的一项企业经营活动。

采购物流是指包括原材料等一切生产物资的采购、进货运输、仓储、库存管理、用料管理和供应管理。

采购管理是指对采购业务过程进行组织、实施与控制的管理过程，具体包括计划下达、采购单生成、采购单执行、到货接收、检验入库、采购发票收集、采购结算的采购活动全过程管理。

（二）采购管理的目标

采购管理作为企业管理的重要内容，通常要执行采购决策、采购计划、采购组织和采购控制等4项职能。采购管理要实现4个基本目标，即适时适量地保证供应、保证原材料质量、费用最省、协调供应商和管理供应链。

1.适时适量保证供应

采购的适时适量很重要，应既保证供应，又使采购成本最小。

2.保证原材料质量

保证原材料质量是要保证采购的货物能够达到企业生产需要的质量标准，保证企业生产出来的产品质量合格，要在保证质量的前提下尽量采购价格低廉的物品。

3.费用最省

费用最省是贯穿物资采购始终的准绳。物资采购的每个环节会发生各种费用，如购买费用、检验费用、搬运费用、装卸费用、保管费用、银行利息等，因此在物资采购的全过程中要运用各种采购策略，使总费用最小。

4.协调供应商和管理供应链

采购的纽带作用体现在建立企业与资源市场的良好和有效的关系，协调供应商并管理供应链。

（三）采购管理的内容

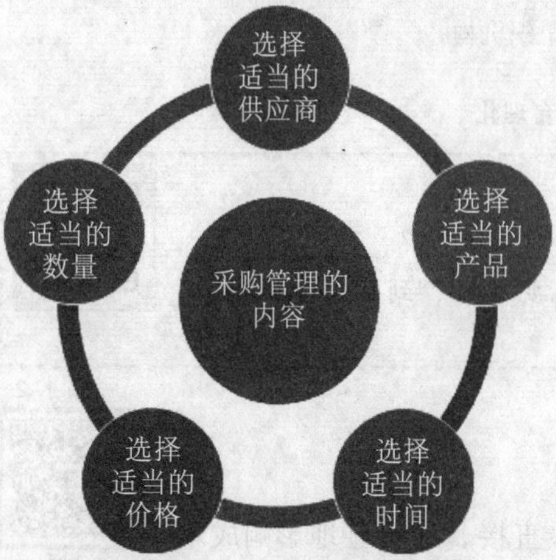

图4-1-4　采购管理内容分类

采购管理是为了达成生产或销售计划，选择适当的供应商，在确保产品质量的情况下，在适当的时期，以适当的结果，购入必需数量的物品所采取的一切管理活动。图4-1-4为采购管理内容分类。

1.选择适当的供应商

俗话说“只有错买，没有错卖”，采购最怕的就是选错供应商。因此，采购管理的工作原则之一就是慎重地选择合格的供应商，以建立平等互惠的买卖机会，维持长期合作的关系。

2.选择适当的产品

一般而言，产品品质以适当可用为原则。产品品质太好，不但购入成本会偏高，还会造成使用上的浪费；反之，产品品质太差，将无法达到使用的目的，增加使用上的困难与损失。

3.选择适当的时间

采购的时间不宜太早也不宜太晚。太早会造成堆积存货，占用仓储面积；太晚则导致生产的中止或者商品的脱销、顾客流失，给企业带来经济损失，影响企业形象。在“零库存”观念下，适时采购、及时交货是最理想的采购模式。

4.选择适当的价格

价格应该以公平合理为原则，避免购入成本太高或者太低。如果采购价格太高，将产生额外的成本，丧失产品的竞争力；如果采购价格太低，则可能存在供应商偷工减料的现象，造成产品“价廉、质次”。

5.选择适当的数量

采购的数量不宜太多或者太少，应避免“过与不及”。如果采购量太大，一旦需求降低，则会造成库存积压；如果采购数量太少，则增加作业次数、提高采购成本，或不利于供应商送货，延误商机。

（四）采购管理的流程

采购的流程主要包括制订采购计划，选择合适的供应商，询价、比价和议价，完成合同的签订，最后进行交货验收，如图4–1–5所示。

图4–1–5　采购的流程

1.采购计划

采购计划是采购员根据请购单和公司生产计划、销售计划制订的采购计划，是以公司需求为依据的。

2.供应商的选择

采购的职责之一就是为公司节约成本，并选择高品质的产品，因此需要考察供应商能否达到要求，判断供应商的好坏。

以生产型供应商为例。采购经理一定要确定供应商具备质量管理系统、生产控制系统、物料管理系统和合理的管理结构。这意味着采购经理本人应认识生产企业的运作。好的供应商与差的供应商在这些基本管理系统上会有实质的区别。供应链管理专业通过一系列的课程来提高学生在这方面的能力。非专业的人也可参加质量管理、生产进度、库存管理、运营管理等方面的培训。

3.询价、比价、议价

采购方应确保供应商有合理的利润。作为采购方，一般都在谈判中有相当的优势，关键是把这些优势发挥到什么地步。把供应商压榨到无利可图绝对不是明智之举。采购方要做的是真正理解供应商的成本结构，让它有一定的利润，但又不要牟取暴利。这需要一些成本估算方面的知识。

4.合同的签订

买卖双方经过询价、报价、议价、比价及其他过程，最后签订有关协议，合约即告成。

5.交货验收

交货验收时，采购员必须确定物品品种、数量、质量、交货期的正确无误。

果行育德

想一想　沟通与表达能力对采购员具有什么样的意义？

一起行动吧　采购员无论是用语言还是用文字与供应商沟通，都要学会主动倾听，理解对方所表达的意思，还要具有清晰、准确、生动的表达能力。

行动进行

温茹学习了以上知识后，准备开始实际操作。

步骤一：确定采购计划

温茹根据公司制订的采购计划进行采购，具体计划见表4-1-3。

表4-1-3　**采购计划**

制订计划时间	交货验收时间	采购负责人	备注
2025年3月6日	2025年4月6日	温茹	
采购货物信息			
货物名称	重量	规格	采购预算
结构用无缝钢管（GB/T8162-2018）	50吨	钢管长度为3～12米	2 400元/吨

步骤二：选择供应商

温茹除了考虑提供的名单中的那几家企业外，还联系了两家供应商，即攀枝花钢铁（集团）公司和广东省韶关钢铁集团有限公司，见表4-1-4。

表4-1-4　**供应商名单**

序号	企业名称	所在地
1	黑龙江省澜屿（钢铁）贸易有限公司	哈尔滨
2	唐山钢铁有限公司	唐山
3	常州钢铁有限责任公司	常州
4	永钢集团有限公司	张家港
5	龙门钢铁集团	韩城
6	攀枝花钢铁（集团）公司	攀枝花
7	广东省韶关钢铁集团有限公司	韶关

步骤三：询价、比价、议价

温茹联系了名单中的企业，得到的反馈见表4-1-5，其中价格为多次议价所得。

温茹首先计算了各家企业的总成本、具体运输时间（按铁路运输方式计算，铁路运费为0.1796元/吨每千米，火车时速按70千米/小时计算），见表4-1-6。

D.供应商管理库存

4.采购管理的职能有（　　）。

A.采购决策　　B.采购计划　　C.采购组织　　D.采购销售

5.采购管理的内容有（　　）。

A.选择适当的供应商　　B.选择适当的产品

C.选择适当的时间　　D.选择适当的价格

三、判断题

1.零库存的最终目标就是实现库存为零。（　）

2.费用最省是贯穿物资采购始终的准绳。（　）

3.作为采购方，最重要的是把供应商的利润压到最低。（　）

四、简答题

你觉得未来供应物流的发展趋势是什么样的？

五、案例分析

某市烟草公司开展货源采购工作，采购部门根据卷烟自身的特点和采购侧重目标，针对A、B、C、D四个重点规格的卷烟进行了分析。A卷烟的采购属于低支出和低风险型，零售客户对A卷烟产品质量的投诉率低于3%；B卷烟供不应求，货源采购经常中断或停滞，公司要求其周断货率为零；C卷烟供应商的数量偏少，单位价值颇高，采购支出占总支出的比重很大，其供应不足将对公司的竞争优势、成本结构和盈利性造成重大影响；D卷烟价值较高，供应商较多，品牌可替代性较强。

案例分析要求：采购管理的目标有哪些，该市烟草公司对A、B卷烟的采购应分别侧重于哪种采购目标。

任务二　企业生产物流

行动任务

小袁是物流管理专业的大一学生，今天上课的老师布置了一个作业，希望大家能调查身边的制造企业，了解其业务模式属于哪一种生产物流组织方式以及各种生产物流组织方式有哪些区别。请你帮小袁一起完成她的作业吧！

行动锦囊

一、生产物流

生产物流系统与其他物流系统相比最显著的特点是其与企业生产过程紧密联系在一起。如果生产物流过程的组织水平低、达不到基本要求，即使生产条件、生产设备再好，也不可能顺利完成生产任务，更谈不上取得较高的经济效益。

微课 4-3

生产物流

（一）生产物流的定义

生产物流是指原材料、燃料、外构件等经过下料、发料，然后运送到各个加工点或存储点，以在制品的形态从一个生产单位（或仓库）流入另一个生产单位（或仓库），按照规定的工艺流程进行加工、存储，借助一定的运输装置在某个点内流转，又从某个点内流出，始终体现着物料实物形态流转的全过程。

（二）生产物流的组成

生产物流始于原材料、外购件的投入，止于成品仓库，贯穿整个生产过程。在这个过程中，物料随着时间进程不断改变自己的实物形态和场所位置，物料不是处于加工、装配状态，就是处于储存、搬运和等待状态。

按照生产操作对象的不同，生产物流包括以下几个方面：

（1）原材料、零配件物流：企业内部所需要的原材料、零配件，从生产企业内的供应仓库或者上游企业直接供应到生产线的物流活动，或者是不同车间之间、工序之间、工位之间的物流活动。

（2）半成品物流：生产过程中的半成品从上一道工序（或车间）到下一道工序（或车间）的物流活动。

（3）成品物流：生产出的成品或最终产品从生产线到成品仓库或者直接到下游企业的物流活动。

（4）回收物流：生产过程中的废弃物丢弃或再生所发生的物流活动。

此外，生产物流的过程需要有物流信息为之服务，即用物流信息来支持物流的各项业务活动。通过信息传递，把运输、存储、加工、装配、装卸和搬运等业务活动联系起来，协调一致，以提高物流整体作业的效率。因此，生产物流的核心内容是如何对生产过程中的物料流（Material Flow）和信息流（Information Flow）进行科学的规划、管理与控制。

（三）生产物流的范围

如图4-2-1所示，生产物流处在供应物流和销售物流的中间位置，涉及制造企业的生产投入、生产转换以及生产输出环节。

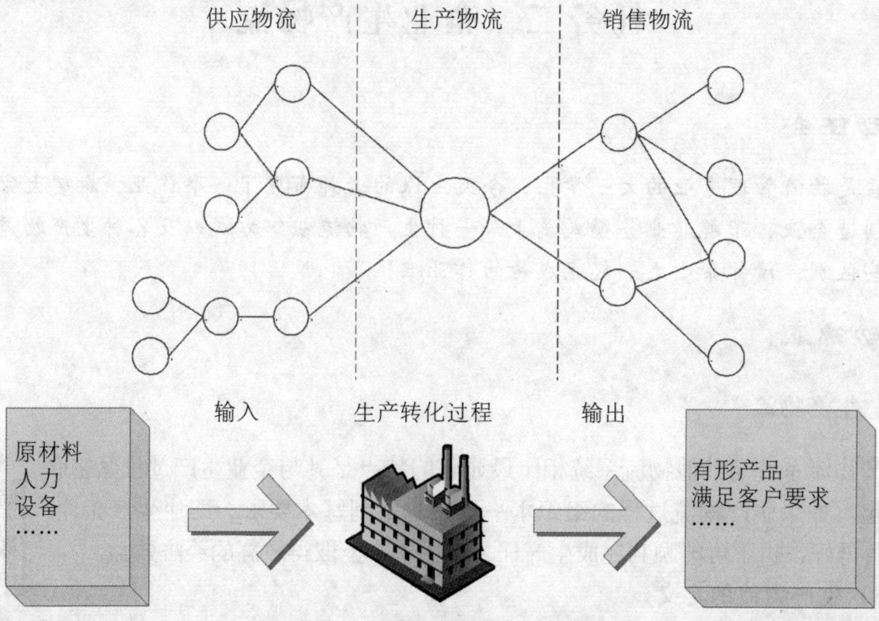

图4-2-1 生产物流范围示意图

1.生产投入的物流管理

生产系统需要有投入才能进行生产加工的转换过程，才有让产品流向有需求的顾客的可能。作为对生产的供应保障，其物流资源的投入管理主要包括：

(1) 物料采购管理。物料是指企业制造产品和提供服务所需的原材料、零部件和其他物品。物料投入管理的主要目标是以最经济的方法保证及时、充足、质量达标的物料供应。

(2) 设备、设施、辅助工具的物流管理。现代化企业的一大特点是其提供产品和服务的能力取决于其设施、设备的能力，而不是人员工作的速度，因此生产与运作管理中的设施、设备管理的主要目的是让企业保持足够、完好和灵活的生产运作能力。

2.生产转换过程中的物流管理

生产转换过程实际上就是生产过程，生产过程有了物料的投入以后，还要有一定的生产场地、生产布置和工艺设计才能进行生产加工。在这个加工过程中，物流管理的主要内容有：

(1) 工厂物流布置：工厂布局包括工厂布置和车间布置。不同的布置地点和方式决定了生产物流的流动方式、距离和效率，而且一旦布置完成，其连续流动的加工过程与相应的物流模式也随之确定。

(2) 物料需求计划：根据生产计划和生产工艺的要求，通过采购、库存、准备、送到生产现场等一系列环节，将生产所需的物料准时地提供到位，保证生产正常进行并保证其效率，这就需要根据生产计划的要求编制物料需求计划，以保证物料与生产计划相匹配。

(3) 物料的配送管理：根据不同生产类型的特点安排物料配送。不同生产类型的物料供应保障模式是不同的，必须符合各自的特征。此外，市场的快速变化以及顾客对产品和服务的要求提高，也会产生一定影响。

3.生产输出的物流管理

由于生产的目的是将产品销售给顾客，虽然如何销售不属于生产物流管理的范围，但为了销售，必须在生产过程中及生产完成后，对产品进行质检、包装、运输、放置到成品库，这之中也要发生相应的物品的流动。

(四) 生产物流管理的内容

生产物流管理是运用现代管理思想、技术、方法与手段对企业生产过程中的物流活动进行计划、组织与控制。其内容按管理对象可分为：

(1) 物料管理：具体体现为库存管理及入库、出库管理，以保证生产所需物料的准时、可靠供应。

(2) 作业管理：根据生产加工的需要，计划和调度各种运输设备，规划运输路线，使所需的物料及时、畅通地运达指定位置。其既包括作业计划，也包括作业控制。

(3) 信息管理：指对生产物流系统和各种信息进行采集、处理、传输、统计和报告。

生产物流管理的主要功能并非截然分开的，而是相互联系、有机结合的。其中，信息管理是现代生产物流管理的核心和基础。无论是物料管理还是作业管理，都离不开物流信息。生产物流过程，实际上是物料流动及信息流动的过程。在物料流动过程中，物料的数量、物理位置和品种的变化是按照实际加工需要来确定的。在信息流动过程中，信息的采集、处理和传输则服务于管理的需要。也可以说，在现代生产物流系统运行过程中，物质实体的流动是目的，而为达到这一目的所进行的管理是以信息为基础的。生产物流中物流和信息流的关系如图4-2-2所示。

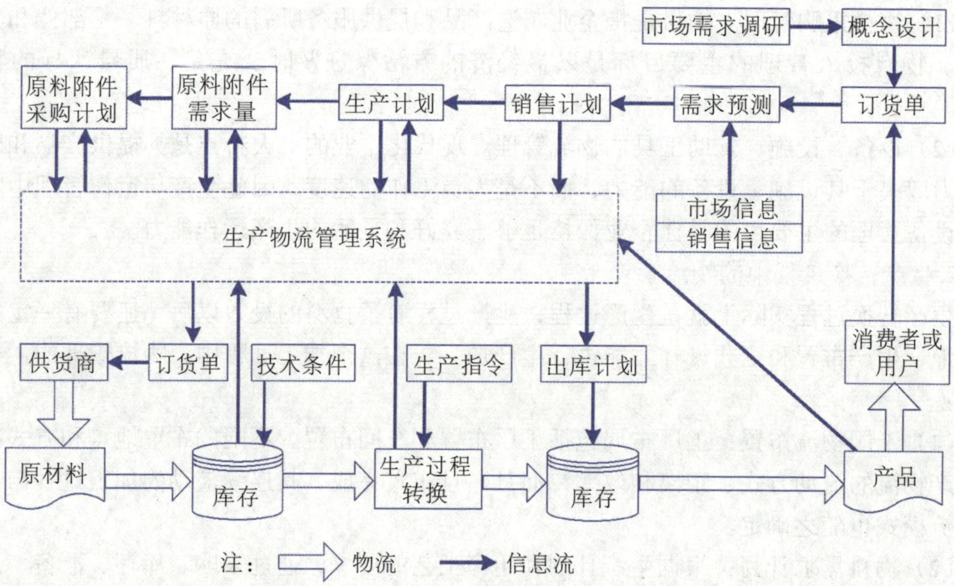

图4-2-2 生产物流中物流和信息流的关系

果行育德

想一想　从木桶效应中你得到了什么启示？

一起行动吧　团队是一个整体，要始终牢记团队的最终效用取决于团队中效率最低的环节。

二、精益物流

微课 4-4 精益物流

精益物流是在精益思想的基础上发展起来的。作为一种新型的生产组织方式，精益思想给物流及供应链管理提供了新的思维方式。

（一）精益物流的定义

精益思想是指运用多种现代管理方法和手段，以社会需求为依据，以充分发挥人的作用为根本，有效配置和合理使用企业资源，最大限度地为企业谋求经济效益的一种新型经营管理理念。精益物流是建立在精益思想基础上的物流方式，即在提供令顾客满意的服务的同时，把浪费降到最低。

（二）精益物流的基本原则

（1）从顾客而不是企业或职能部门的角度研究什么会产生价值。

（2）根据整个价值链的需要来确定供应、生产和配送产品活动所必需的步骤和活动。

（3）创造无中断、无绕道、无等待、无回流的增值活动流。

（4）及时创造仅由顾客拉动的价值。

（5）不断消除浪费，追求完善。

（三）精益物流的实施方法

精益物流的实施方法有7种：过程活动图、供应链反应矩阵、产品漏斗图、质量过滤图、需求放大（扭曲）图、决策点分析图、实体结构图。其中最常用的方法是过程活动图和实体结构图。

1.过程活动图

这是一种传统的工业工程方法，它由5个阶段构成，如图4-2-3所示。

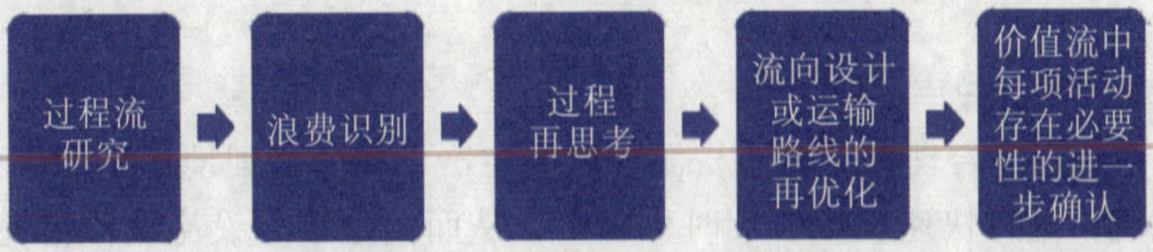

图4-2-3　过程活动图的5个阶段

在运用过程活动图进行分析时，主要把握三个关键点：过程的总体考察；每次过程的详细记录，包括所花时间、所需人员、产品所移动的距离、所用设备及场地面积；用5W1H法进行分析（活动为什么存在、谁来执行、用什么设备、在哪里、何时和怎样实施）。

2.实体结构图

实体结构图是从整个供应链的角度识别价值流，它有助于反映供应链的结构及供应链的运行状况，一般由容量结构图和成本结构图两部分构成。与过程活动图一样，采用实体结构图可以消除不必要的活动，或简化、合并活动，或调整活动顺序以达到减少浪费的目的。

（四）精益物流系统的基本框架

精益物流系统的基本框架如图4-2-4所示。

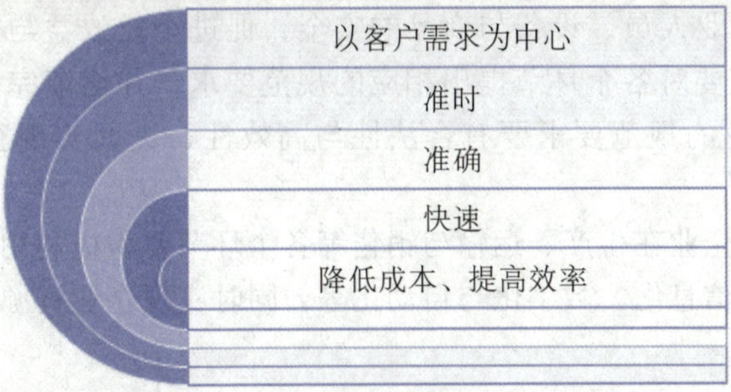

图4-2-4　精益物流系统的基本框架

1.以客户需求为中心

在精益物流系统中，顾客需求是驱动生产的原动力，是价值流的出发点。价值流的流动要靠下游顾客来拉动，而不是依靠上游的推动。当顾客没有发出需求指令时，上游的任何部分不提供服务；而当顾客发出需求指令后，则快速提供服务。系统的生产是通过顾客需求拉动的。

2.准时

货品在流通中能够顺畅、有节奏地流动是物流系统的目标，而保证货品顺畅流动的关键是准时。准时就是物品流动的各个环节按计划准时完成，涉及交货、运输、中转、分拣、配送等各个环节。准时也是保证物流系统整体优化方案得以实现的必要条件。

3.准确

准确包括准确的信息传递、准确的库存、准确的客户需求预测、准确的送货数量等。准确是保证物流精益化的重要条件之一。

4.快速

快速包括两方面含义：一是物流系统对客户需求的反应速度快；二是货品在流通过程中的速度快。

5.降低成本、提高效率

精益物流系统通过合理配置基本资源，以需定产，充分合理地运用优势和实力；通过电子化的信息流，进行快速反应、准时化生产，从而消除诸如设施设备空耗、人员冗余、操作延迟和资源浪费等现象，保证其物流服务的低成本。

（五）企业精益物流管理

1.精益物流下的企业组织结构

在精益物流管理的作用下，企业组织结构逐渐实现扁平化与柔性化。

企业组织结构的扁平化是指通过管理层与人员的减少，使组织结构具有弹性、高效、灵活与快速等特点，进而提高企业的效益。企业组织结构采用扁平化，要不断满足顾客的需求，并积极利用现代化技术，保证操作的系统化。

企业组织结构的柔性化是指企业内部与外部环境的柔性化，即组织结构能及时、灵活地转换，从而适应外界的需求。同时，企业要在有序经营的基础上，提高应变与转换能力，企业组织结构的转换要尽量减少时间、控制成本，从而保持合理的经济性。

2.精益物流下的作业环节

在精益物流管理的作用下，企业作业环节要实现规范化与信息化。

规范化将保证企业人员、设备与商品的安全，促进企业效益与效率的提升。为促进规范化的实现，企业要对各个环节提出相应的规范要求，并逐渐完善企业作业环节的规范体系。同时，企业的规范要求要有合法性与高效性，进而实现企业作业保质保量地完成。

信息化主要是指企业在生产、运输与销售等各个环节要积极利用现代化的、先进的信息技术，实现作业的信息化、数字化与自动化等，同时实现企业资源的合理配置。

行动进行

小袁学习了以上知识后，准备开始实际操作。

步骤一：调查身边的制造企业

果行育德

想一想　从日本丰田公司的“精益物流”中你得到了什么启示？

一起行动吧　精益生产的核心思想是消除浪费、最大限度地降低成本，力求以最小的投入获得最大的效益。

小袁经过调查和查阅资料等形式找到几家制造企业的信息，见表4-2-1。

表4-2-1　**制造企业信息**

企业名称	企业生产组织方式
鞍山钢铁集团公司	大量大批生产
江南造船（集团）有限责任公司	成批生产
北京第一机床厂	单件小批量生产

（1）大量大批生产：又被称作重复生产，是指生产大批量标准化产品的生产类型。生产商可能需要负责整个产品系列的原料，并且在生产线上跟踪和记录原料的使用情况。此外，生产商还要长期关注质量问题，以避免某一类产品的质量逐步退化。虽然在连续的生产过程中，各种费用，如原料费用、机器费用，会发生重叠而很难明确分清，但出于管理需要，仍然要划分清楚。

（2）成批生产：是指工业企业（车间、工段、班组、工作地）在一定时期内重复轮换制造多种产品的一种生产类型。例如，机床、机车、电动机和纺织机的制造属于成批生产。根据其批量的大小、每个工作地完成的零件工序数目以及各种零件重复生产的程度，成批生产可分为大批生产、中批生产和小批生产。

（3）单件小批量生产：指生产单件产品，基本上是小批量需求的专用产品的生产方式。单件小批生产是典型的订货型生产（MTO），其特点与单件生产相近，习惯上合称“单件小批生产”。因此，从某种意义上来说，“单件小批生产”的说法比较符合企业的实际情况，由定制产品（如定制服装和水力发电用涡轮机等）生产单件和小批量生产单位组成。

步骤二：分析每一种组织方式的特点

1.大量大批生产的特点

（1）大量大批生产的产品品种数少、产量大，生产的重复程度高，这就使它在设计工艺、生产组织和生产管理方面形成了优势。

（2）大量大批生产在设计上具有一次性，并形成标准图纸，这样可以使设计质量不断提高、相应的工艺文件减少，标准的工艺保证了产品质量，也大大缩短了工艺准备周期。

（3）大量大批生产分工细，工作地专业化程度高，可按标准操作方法作业，每次作业都有标准的工时定额，同时可以采用高效设备，组织流水生产，从而大大提高了生产效率。

2.成批生产的特点

成批生产成批地生产相同的产品，生产呈周期性重复，如机床制造、电机制造等。成批生产又可按其批量大小分为小批量生产、中批量生产、大批量生产三种类型。其中，小批量生产和大批量生产的工艺特点分别与单件生产和大量生产的工艺特点类似；中批量生产的工艺特点介于小批生产和大批生产之间。

3.单件小批量生产的特点

在单件小批量生产条件下，企业所生产的产品品种多，每个品种的产量很小，基本上是按照用户的订货需要组织生产；产品的结构与工艺有较大的差异；生产的稳定性和专业化程度很低；生产设备采用通用设备，按照工艺原则组织生产单位；每个工作中心承担多种生产任务；产品的生产过程间断时间、工艺路线和生产周期均长。但是，单件小批量生产方式具有生产灵活、对外部市场环境适应性较好等优点。

步骤三：各生产组织方式对生产物流的影响

1.大量大批生产的生产物流特征

（1）由于该生产类型的企业物料被加工的重复度高，因此物料需求的外部独立性和内部相关性易于计划和控制。

（2）由于产品设计和工艺设计相对标准和稳定，因此物料的消耗定额容易并适宜准确制定。由于生产产品的品种单一，因此制造过程中物料采购的供应固定，外部物流相对而言较容易控制。

（3）为达到物流自动化和效率化，应在采购、生产、销售物流各功能的系统化方面，使运输、保管、配送、装卸、包装等物流作业的各种先进技术有机配合。

2.成批生产的生产物流特征

（1）物料生产的重复度介于单件生产和大量大批生产之间，一般是制定生产频率，采用混流生产方式；以MRP（物料需求计划）实现物料的外部独立需求与内部的相关需求之间的平衡方式；以JIT（准时生产制）实现客户个性化特征对生产过程中物料、零部件、成品的拉动需求。

（2）由于产品设计和工艺设计采用并行工程处理，物料的消耗定额容易准确制定，因此产品成本易于降低。

（3）由于生产产品的品种多样，因此对制造过程中物料的供应商有较高的要求，对外部物流的协调较难控制。

3.单件小批量生产的生产物流特征

（1）生产重复程度低，因此物料需求与具体产品制造存在一一对应的相关需求。

（2）由于单件生产的产品设计和工艺设计重复性低，因此物料的消耗定额不容易或不适宜准确制定。

（3）由于生产产品的品种多样，因此制造过程中采购物料所需的供应商多变，对外部物流较难控制。

行动评价

学习任务完成情况评价表

<table>
<tr><th rowspan="2">评价内容</th><th rowspan="2" colspan="2">评价标准</th><th colspan="4">评价等级</th></tr>
<tr><th>A
（80～100分）</th><th>B
（60～79分）</th><th>C
（60分以下（不含60））</th><th>疑惑点</th></tr>
<tr><td rowspan="4">理论知识评价</td><td>1</td><td>能理解生产物流的定义和组成</td><td></td><td></td><td></td><td></td></tr>
<tr><td>2</td><td>能阐述生产物流的范围和内容</td><td></td><td></td><td></td><td></td></tr>
<tr><td>3</td><td>能阐述精益物流的定义和原则</td><td></td><td></td><td></td><td></td></tr>
<tr><td>4</td><td>能解释企业精益物流管理</td><td></td><td></td><td></td><td></td></tr>
</table>

续表

评价内容	评价标准		评价等级			
			A（80～100分）	B（60～79分）	C（60分以下（不含60））	疑惑点
技能操作评价	1	能阐述精益物流的实施方法				
	2	能通过案例分析生产物流管理的内容				
职业素养评价	1	具有较强的沟通能力和团队合作精神				
	2	具有消除浪费、效率最大化的意识				

说明：同学们根据自我评价打分，然后在分值所处范围内相应的等级下打“✔”，若未得到满分，可在“疑惑点”这一列列出自己的疑问。

行动巩固

行动巩固 4-2

一、单项选择题

1.生产物流系统与其他物流系统相比最显著的特点是（　　）。

A.它与企业生产过程是独立的　　B.它与企业生产过程紧密联系在一起

C.它的生产速度比较快　　D.它的物流速度比较快

2.（　　）是现代生产物流管理的核心和基础。

A.物流管理　　B.资金管理　　C.信息管理　　D.人员管理

3.精益物流的实施方法有（　　）种。

A.5　　B.6　　C.7　　D.8

4.（　　）是保证物流系统整体优化方案得以实现的必要条件。

A.准时　　B.快速　　C.低成本　　D.信息化

二、多项选择题

1.按照生产操作对象的不同，生产物流分为（　　）。

A.原材料、零配件物流　　B.半成品物流

C.成品物流　　D.回收物流

2.生产投入的物流管理主要包括（　　）。

A.物料采购管理　　B.设备、设施、辅助工具的物流管理

C.工厂物流布置　　D.物料需求计划

3.生产转换过程中的物流管理主要包括（　　）。

A.物料采购管理　　B.设备、设施、辅助工具的物流管理

C.工厂物流布置　　D.物料需求计划

4.生产物流管理的内容按其管理对象可分为（　　）。

A.物流人员管理　　B.物料管理　　C.物流作业管理　　D.物流信息管理

5.精益物流系统的基本框架是（　　）。

A.以客户需求为中心　　B.准时

C.准确　　D.快速

三、判断题

1.生产物流始于原材料、外购件的投入，止于成品仓库，贯穿整个生产过程。（　）

2.生产物流的核心内容是提高生产速度。（　）

3.在精益物流管理的作用下，企业组织结构要逐渐实现扁平化与柔性化。（　）

四、简答题

简述什么是精益物流。

五、案例分析

企业生产物流案例分析生产过程中原材料、在制品、半成品、产成品等在企业内部的实体流动。

准时制生产（Just in Time）作为一种牵引式生产系统，是日本丰田汽车公司创立的一种独具特色的生产管理方式。它以市场需求为核心，通过看板管理实现“在必要的时刻生产必要数量的必要产品”（或零部件），是一种彻底消除在制品过量的浪费及间接浪费的生产安排系统。作为无浪费的管理方式，JIT可以概括为在需要的时间按需要的数量提供用户需要的产品。JIT的目标是大限度地降低库存、减少资源浪费，最终实现零库存。

案例分析要求：通过以上案例的学习，你从丰田看板管理中得到了什么启示？

任务三　企业销售物流

行动任务

玉颜国际成立于2001年，20多年来专注于化妆品、美容、养生、健康产业，是一家集产品研发、生产、运营、培训于一体的化妆品生产厂家。公司主要的品牌定位是向不同层次的消费者提供相应的产品。对玉颜国际来说，销售物流是其所有环节中最为重要的部分，现阶段玉颜国际在全国拥有20多万个销售网点。

小元是公司物流部的职员，他主要负责公司销售物流各环节的管理，公司经过调查发现每年在销售环节花费的成本约占总成本的60%。为了降低成本，公司需要重新梳理销售物流的各环节，并制定相应的销售流程。目前可供公司选择的销售物流模式有三种：①企业自己组织销售物流（公司现阶段的销售物流模式）；②第三方物流企业组织销售物流；③用户自己提货。

该项工作的主要任务是确定销售物流的流程，这项工作的主要负责人即为小元，请大家帮助小元完成此次的工作任务吧！

行动锦囊

微课4-5

销售物流

一、销售物流

销售物流的起点一般情况下是生产企业的产成品仓库，产品经过分销物流完成长距离、干线的物流活动，再经过配送完成市内和区域范围的物流活动，最后到达企业、商业用户或最终消费者。销售物流是一个逐渐发散的物流过程，这和供应物流形成了一定程度的镜像对称，通过这种发散的物流，资源得以广泛地配置。你了解销售物流吗？

（一）销售物流的含义

销售物流（Distribution Logistics）又称为企业销售物流，是企业为保证自身的经营利益，伴随销售活动将产品所有权转给用户的物流活动，是企业物流的重要组成部分。时至今日，销售物流已成为企业销售系统乃至整个企业成功运作的关键，也是增强企业产品差异性、提高产品和服务竞争优势的重要因素。

销售物流是企业物流系统的最后一个环节，是企业物流与社会物流的一个衔接点，它与企业销售系统相配合，共同完成产成品的销售任务。

（二）销售物流的模式

销售物流有三种主要的模式：生产企业自己组织销售物流；第三方物流企业组织销售物流；用户自己提货。

1.生产企业自己组织销售物流

生产企业自己组织销售物流是我国当前绝大部分企业采用的物流形式，实际上是把销售物流作为企业生产的一个延伸或者看成生产的继续。生产企业的销售物流成为直接面向用户提供服务的一个环节。在企业从“以生产为中心”转向“以市场为中心”的情况下，这个环节逐渐变成企业的核心竞争环节，而不再是生产过程的继续。

生产企业自己组织销售物流的好处在于，可以将生产经营和用户直接联系起来，信息反馈速度快、准确程度高，信息对生产经营的指导作用和目的性强。企业往往把销售物流环节看成开拓市场、进行市场竞争的一个环节，尤其在买方市场下，这个环节格外重要。生产企业自己组织销售物流，可以对销售物流的成本进行大幅度的调节，充分发挥其“成本中心”的作用，同时能够从整个生产企业的经营系统角度，合理安排和分配销售物流环节的力量。

在生产企业的规模可以实现销售物流的规模效益的前提下，生产企业自己组织销售物流的办法是可行的，但不一定是最好的选择，主要原因有：一是生产企业的核心竞争力的培育和发展问题，如果生产企业的核心竞争能力在于产品开发，销售物流可能占用其过多的资源和管理力量，对核心竞争能力造成影响；二是生产企业销售物流专业化程度有限，自己组织销售物流缺乏优势；三是一个生产企业的规模终归有限，即便是分销物流的规模达到规模经济，延伸到配送物流之后也很难再达到规模经济，因此可能反过来影响企业更广泛、深入地开拓市场。

2.第三方物流企业组织销售物流

这种形式实际上是生产企业将销售物流外包，将销售物流社会化，由第三方物流企业承担生产企业的销售物流。其最大优点在于，第三方物流企业是社会化的物流企业，它向很多生产企业提供物流服务，因此可以将企业的销售物流和企业的供应物流一体化，将很多企业的物流需求一体化，采取统一的解决方案，最终实现专业化和规模化。这两者可以从技术方面和组织方面强化成本的降低和服务水平的提高。在网络经济时代，这种模式是一个发展趋势。

3.用户自己提货

这种形式实际上是将生产企业的销售物流转嫁给用户，变成用户自己组织供应物流，而销售方已经没有了销售物流的职能。这是在计划经济时期广泛采用的模式，如果不是在十分特殊的情况下，这种模式将不再具有生命力。

（三）销售物流的主要环节

销售物流的主要环节如图4-3-1所示。

图4-3-1 销售物流的主要环节

1.产品包装

销售包装的目的是向消费者展示商品、吸引顾客、方便零售。运输包装的目的是保护商品，便于运输、装卸、搬运和储存。

2.产品储存

储存是满足客户对商品可得性的前提。通过仓储规划、库存管理与控制、仓储机械化等，可以提高仓储物流的工作效率、降低库存水平、提高客户服务水平。帮助客户管理库存，有利于稳定客源，便于与客户的长期合作。

3.货物运输与配送

运输是完成货物在空间位置上的位移。配送是在局部范围内对多个用户实行单一品种或多品种的按时按量送货。通过配送，客户得到更高水平的服务；企业可以降低物流成本、减少城市的环境污染。考虑要素：制订配送方案以提高客户服务水平。

4.装卸搬运

装卸是物品在局部范围内通过人或机械装入运输设备或卸下。搬运是对物品进行水平移动为主的物流作业。考虑要素：提高机械化水平、减少无效作业、集装单元化、提高机动性能、利用重力和减少附加重量、各环节均衡和协调、系统效率最大化。

5.流通加工

流通加工是根据需要进行分割、计量、分拣、刷标志、拴标签、组装等作业的过程。考虑要素：流通加工方式、成本和效益、与配送的结合运用、废弃物再生利用等。

6.订单及信息处理

客户在考虑批量折扣、订货费用和存货成本的基础上合理地频繁订货，企业若能为客户提供方便、经济的订货方式，就能吸引更多的客户。

7.销售物流网络规划与设计

销售物流网络，是以配送中心为核心，连接从生产厂出发，经批发中心、配送中心、中转仓库等，一直到客户的各个物流网点的网络系统。考虑要素：市场结构、需求分布、市场环境等。

二、电商物流

电子商务作为一种新的数字化商务方式，代表未来的贸易、消费和服务方式，因此，要完善整体商务环境，就需要打破原有工业的传统体系，发展建立以商品代理和配送为主要特征，物流、商流、信息流有机结合的社会化物流配送体系。电子商务物流的概念是伴随电子商务技术和社会需求的发展而出现的，它是实现电子商务真正的经济价值不可或缺的重要组成部分。

微课 4-6

电商物流

果行育德

想一想　从菜鸟乡村的宣传片中我们学习到了什么？

一起行动吧　菜鸟乡村通过与地方政府合作，使销售物流打通上行、下行渠道，也让试点建设成果惠及社会，所以在发展过程中我们一定要具有探索意识。

（一）电商物流的含义及特点

电子商务物流利用大数据、互联网等技术手段，建立以商品代理和配送为主要特征，物流、商流、信息流有机结合的社会化物流配送体系。

物流在电子商务时代具有以下主要特点：

（1）物流信息化是电子商务的必然要求，物流信息化表现为物流信息的商品化、物流信息收集的数据库化和代码化、物流信息处理的电子化和计算机化、物流信息传递的标准化和实时化、物流信息存储的数字化等。因此，条形码技术、数据库技术、电子订货系统、电子数据交换、快速反应及有效的客户反应、企业资源计划等技术与观念在中国的物流中将会得到普遍的应用，如图4-3-2所示。

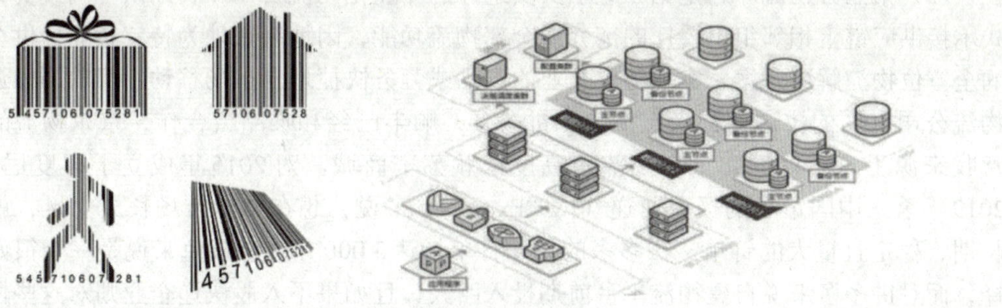

图4-3-2　物流信息化的技术

（2）自动化的基础是信息化，自动化的核心是机电一体化，自动化的外在表现是无人化，自动化的效果是省力化，自动化还可以提升物流作业能力、提高劳动生产率、减少物流作业的差错等。物流自动化的设施非常多，如条码/语音/射频自动识别系统、自动分拣系统、自动存取系统、自动导向车、货物自动跟踪系统等。

（3）物流领域网络化的基础也是信息化，网络化有两层含义：一是物流配送系统的计算机通信网络；二是企业内部组织的网络化。

（二）电商物流的模式

（1）自营物流。它指企业自身经营物流，意味着电子商务企业自行组建物流配送系统，经营管理企业的整个物流运作过程。京东物流就是国内最成功的自营物流案例，该模式的优势在于有利于企业掌握控制权，可以利用企业原有的资源降低交易成本、避免商业秘密泄露、推进客户关系管理、提升企业品牌价值，但是自营物流前期投资大、风险大，这也增加了企业经营管理的难度。

（2）物流联盟。它是介于独立的企业与市场交易关系之间的一种组织形态，是企业间由于自身某些方面发展的需要而形成的相对稳定的、长期的契约关系。物流联盟是以物流为合作基础的企业战略联盟，它是指两个或多个企业之间，为了实现各自的物流战略目标，通过各种协议、契约而结成的优势互补、风险共担、利益共享的松散型网络组织。阿里菜鸟联盟就是一个在“互联网+”时代，典型的以电商平台公司为载体，联合多家物流企业的战略联盟，其由阿里集团提供数据支持和基础设施建设，基于阿里巴巴淘宝、天猫等电商平台（如图4-3-3所示）的物流需求，联合多家快递企业、物流企业、物流技术服务企业，建立基于数据驱动的社会化协同平台。物流联盟平台的建立可以使企业发挥各自的优势，提高整个系统的工作效率，实现效益的最大化。建立物流联盟最明显的效果就是在物流合作伙伴之间减少了相关交易费用，但是联盟内部组织结构较为复杂，因此会产生较高的协调和维护成本。

图4-3-3　淘宝和天猫等电商平台

（3）第三方物流。它是指独立于买卖之外的专业化物流公司，长期以合同或契约的形式承接供应链上相邻组织委托的部分或全部物流功能，因地制宜地为特定企业提供个性化的全方位物流解决方案，实现特定企业的产品或劳务快捷地向市场移动。目前国内通达系物流公司70%的快递件都来自淘宝和拼多多，顺丰已经和唯品会合作，京东物流的主体营收来源于京东商城，苏宁物流也高度依赖苏宁商城。对2015年成立于印度尼西亚、2019年杀入中国市场的极兔速递（J&T Express）来说，想在中国市场长久立足，就得有长期、稳定且量大的订单。拼多多的日均订单量达3 000万，对极兔来说是一个很好的选择，而对拼多多来说自建物流平台前期投入巨大，且如果不入股快递企业则对这些快递企业的掌控相对薄弱、没有话语权，实质上与选择第三方物流企业并无差别。上述原因使拼多多和极兔成为了电商平台和第三方物流合作的典型代表。

（4）物流一体化。它是指以物流系统为核心，由生产企业建立，经由物流企业、销售企业，直至消费者的供应链的整体化和系统化模式。其实质是专业化物流管理人员和技术人员，充分利用专业化物流设备、设施，发挥专业化物流运作的管理经验，以求取得整体最优的效果。物流一体化是在第三方物流的基础上发展起来的新物流模式。目前就国内的实践来看，海尔物流的“一流三网”，即用户订单信息流同全球用户资源网、全球采购网络及计算机网络同步模式，是纵向物流一体化的成功案例。

（5）第四方物流。它专门为第一方物流、第二方物流和第三方物流提供物流规划、咨询、物流信息系统、供应链管理等服务。第四方物流旨在提供一个整合性的物流系统，包括金融、保险、多站式物流配送的安排。目前，第四方物流在中国还停留在“概念化”

阶段。

果行育德

想一想　从电商物流的诚信问题中我们学到了什么道理？

一起行动吧　在强调企业诚信的同时，也要增强自身作为社会成员的诚信意识，为提高全社会的信用水平、营造优良信用环境贡献自己的一份力量。

三、农产品物流

美国是物流理论和实践的发源地。1901年，约翰·F.格鲁维尔在《农产品流通产业委员会报告》中第一次论述了影响农产品配送成本的各因素，揭开了认识物流的序幕。美国运输与物流管理协会的最新定义指出，物流是供应链流程的一部分，它通过有效率和有效力的计划，执行实施和控制商品的储存、流动、服务和相关信息，以满足从原产地到消费地的过程中消费者的需要，主要强调物流的管理功能。

农产品物流是物流业的一个分支，指的是为了满足消费者需求而进行的农产品物质实体及相关信息从生产者到消费者之间的物理性流动。其以农业产出物为对象，通过农产品采后加工、包装、储存、运输和配送等物流环节，做到农产品保值增值，最终将其送到消费者手中。

我国农产品物流存在的问题主要表现在以下几个方面：

（1）农产品流通渠道疲乏不畅。我国的农产品流通还处在时间长、消耗大、效率低、效益差的低层次上，流通渠道不畅，物流缓慢。农产品的大宗物流一般会经过这样几个主要环节：生产者—产地市场—运销批发商—销地市场—零售商—消费者。在整个物流链条上，由于未经加工的鲜销农产品占了绝大部分，而多环节的流通链条无论是在时间和流通效率上，还是在现有的保鲜手段上都无法适应农产品的鲜销形式，因此相当一部分新鲜产品由于运价、运力、交通基础状况和产品保鲜技术的原因损失巨大。当农产品集中上市时，物流不畅，加工能力不足，产销脱节严重，损耗情况则更为突出。据有关部门统计，广东每年因水果、蔬菜等鲜活商品腐烂而造成的损失达7.5亿元。我国农产品流通渠道比较单一，尚未形成多渠道的营销体系。

（2）物流设施手段相对落后。首先是交通运力不足，其次是农产品批发市场、农产品的仓储、交通运输条件和工具等环节较为薄弱。发达国家农产品产值与农产品加工产值之比为1∶3或1∶3，而我国为1∶0.8，差距很大。

（3）信息化手段不能适应需要。农业信息网络不健全，农户居住分散，沟通渠道不畅，许多农产品信息难以收集、传递，信息化体系建设明显滞后。

（4）农产品标准化程度低。不少产品的分类、分级、分等是凭人工感觉进行的，误差过大，产品包装从材料到包装管理都没有统一标准，这给农产品的储存、运输和加工造成一定的困难。同时，各物流职能部门难以协调，不能形成一个具有内在联系的物流大系统，从而降低了物流效益。

（5）物流技术落后。“新鲜”是鲜活农产品的生命和价值所在，但由于鲜活农产品存在含水量高、保鲜期短、极易腐烂变质等问题，大大限制了运输半径和交易时间，因此对运输效率和流通保鲜条件提出了很高的要求。有数据表明，我国水果、蔬菜等农副产品在采摘、运输、储存等物流环节上的损失率达25%～30%。也就是说，至少有25%的农产品在物流环节中被消耗掉了；而发达国家的果蔬损失率则控制在5%以下。美国的蔬菜水果物流则更为典型，产品可以一直处于采后需要的低温状态并形成一条冷链：田间采后预冷—冷库—冷藏车运输—批发站冷库—超市冷柜—消费者冰箱，水果蔬菜在物流环节上的损耗率仅有1%～2%。目前我国农产品的冷链物流尚未形成，仍以常温物流或自然物流为主，在整个物流链条上，未经加工的鲜销农产品占了绝大部分，而这些农产品大多数因运价、运力、交通基础状况和产品保鲜技术等问题而腐烂、变质，损失巨大。因此，我国农产品冷链物流的薄弱状况造成了我国农产品在物流过程中的资源浪费。

（6）投资结构单一、不合理。美国农业的生产环节投入比例为30%，采后投入比例为70%，生产环节的人员少，采后加工服务的人员多。我国水果经过采后储藏加工，增值比例仅为1∶1.8，其原因在于我国的农产品绝大多数是由产地以原始产品（采摘后的初级状态）的形式销售，而农产品附加价值的真正实现是在非产地，所以我国农产品鲜销的方式限制了农产品的增值。此外，我国农产品的采后商品化处理比例为1%，保鲜储藏比例不足20%，加工比例不到10%。

（7）物流成本过高。农产品供应链中产销结合差是农产品采购和经营的“瓶颈”之一。我国农产品的物流成本仍然偏高，而且很不稳定，运销成本的波动较大。尽管一些地方在当地开辟了农副产品运销“绿色通道”，但地方保护主义的现象仍然在不少地区不同程度地存在着，农副产品的跨地区外销障碍重重，这无形间增加了流通成本，加大了农产品大宗物流环节的经营风险，造成了大量产品积压和损失，挫伤了业主和农民的生产积极性。

（8）农产品交易方式落后。我国农产品的交易多采取“协商买卖”，即“对手交易”的方式。“协商买卖”交易方式存在着明显的缺点：一是协商买卖是买卖双方私下议价达成交易，不是竞价成交，透明度较低，竞争性相对较弱，不能充分体现公开、公平的原则；二是一对一的议价需要寻找多个对手，不利于节约交易时间，不利于提高流通效率；三是对农产品的规格化、标准化要求低，商品档次不高。

行动进行

小元学习了以上知识后，准备开始实际操作。

步骤一：梳理销售物流各环节

玉颜国际的化妆品等各类产品的销售物流环节与普通商品的销售物流环节相差无几，主要包括7个方面：产品包装、产品储存、货物运输和配送、装卸搬运、流通加工、订单及信息处理和销售物流网络的规划与设计。其中，销售物流网络是以配送中心为核心，连接从工厂出发，经批发中心、配送中心、中转仓库等，一直到客户的各个物流网点的网络系统。销售物流网络主要考虑市场结构、需求分布、市场环境等因素。由于现阶段玉颜国际在全国拥有20多万个销售网点，可根据这些网点重新优化物流网络，降低成本。

步骤二：选择销售物流的模式

可供玉颜国际选择的销售物流模式有：①企业自己组织销售物流；②第三方物流企业组织销售物流；③用户自己提货。

目前玉颜国际采用的销售物流模式是企业自己组织销售物流，该模式的好处在于，可以将自己的生产经营和用户直接联系起来，信息反馈速度快、准确程度高，信息对于生产经营的指导作用和目的性强。但是这种模式也存在一定的弊端，可能会分散企业在核心业务方面的竞争能力，且如果企业业务规模有限，在物流部分的专业性可能会存在一定的局限，致使物流成本较高。第三方物流企业则可以有效地补足这个短板。用户自提的形式在如今的市场中已不具有竞争力，所以暂且不考虑这一模式。

玉颜国际的销售策略是为不同层次的消费者提供不同层次的产品，而化妆品行业销售物流的渠道主要有三类：①传统渠道，如百货商店、门市柜台等；②现代渠道，如大型的卖场、便利店、化妆品连锁店、批发市场等；③特别渠道，如一些企业客户等，主要指的是常规渠道之外的渠道。

综上所述，玉颜国际可以对现有物流网络进行优化，再加入第三方物流企业组织的销售物流，共同完善并发展公司现有的销售物流模式。

步骤三：确定销售物流的流程

根据销售物流的主要环节和销售模式，可确定销售物流的流程，但在此之前需要明确以下问题：

（1）公司需建立一套信息管理系统，因为化妆品的供应链很长，为了有效运作和管理，必须建立完整的信息反馈通路。

（2）公司应发展各区域的经销商，并且建立专业的团队来管理经销商。经销商的出现是为了管理并完善后期分销网络的建设。另外，各经销商和公司的系统之间的信息必须实现共享。

（3）公司要做好预测，市场预测是销售物流最重要的环节。

（4）公司还要加强渠道管理，渠道管理是做好销售物流的关键，如帮助经销商做好市场开发、仓库管理等。

总体来说，玉颜国际的销售物流的流程大致如下：

首先，玉颜国际根据市场预测将化妆品从生产地运往各枢纽点（假设以各省会城市为枢纽点），此时的枢纽点为一级仓库，在此可进行流通加工的处理等。然后，由该枢纽点的经销商负责将产品进行分拨，并运往下属地区进行销售，如各专柜、超市、连锁店或者二级仓库等，此时由一级仓库运往下一分拨点的物流可由第三方物流企业负责，至于如何选择第三方物流企业，可由经销商根据地区情况自行决定。

行动评价

学习任务完成情况评价表

<table>
<tr><th rowspan="2">评价内容</th><th rowspan="2" colspan="2">评价标准</th><th colspan="4">评价等级</th></tr>
<tr><th>A
（80～100分）</th><th>B
（60～79分）</th><th>C
（60分以下
（不含60））</th><th>疑惑点</th></tr>
<tr><td rowspan="2">理论知识评价</td><td>1</td><td>能理解销售物流的含义</td><td></td><td></td><td></td><td></td></tr>
<tr><td>2</td><td>能指出销售物流的模式</td><td></td><td></td><td></td><td></td></tr>
</table>

续表

评价内容		评价标准	评价等级			
			A（80～100分）	B（60～79分）	C（60分以下（不含60））	疑惑点
理论知识评价	3	能理解电商物流的含义及特点				
	4	能阐述电商物流的模式				
技能操作评价	1	能指出并判断销售物流的模式				
	2	能根据案例分析电商物流的模式				
职业素养评价	1	具有探索、求知的意识				
	2	具有诚信意识				

说明：同学们根据自我评价打分，然后在分值所处范围内相应的等级下打“✔”，若未得到满分，可在“疑惑点”这一列列出自己的疑问。

行动巩固

行动巩固 4-3

一、单项选择题

1.销售物流的起点一般情况下是（　　）。

A.生产企业的产成品仓库　　B.零售商

C.代理商　　D.消费者

2.（　　）是企业物流系统的最后一个环节。

A.加工物流　　B.包装物流　　C.运输物流　　D.销售物流

3.在网络经济时代，（　　）是一个发展趋势。

A.生产企业自己组织销售物流　　B.第三方物流企业组织销售物流

C.用户自己提货　　D.上门配送

4.自动化的核心是（　　）。

A.信息化　　B.机电一体化　　C.无人化　　D.网络化

二、多项选择题

1.销售物流主要包含（　　）。

A.产品包装　　B.产品储存

C.货物运输与配送　　D.流通加工

2.销售物流的模式有（　　）。

A.生产企业自己组织销售物流　　B.第三方物流企业组织销售物流

C.用户自己提货　　D.上门配送

3.物流在电子商务时代的主要特点有（　　）。

A.信息化　　B.自动化　　C.网络化　　D.复杂化

4.电商物流的模式有（　　）。

A.自营物流　　B.物流联盟　　C.第三方物流　　D.物流一体化

5.物流自动化的设施有（ ）。

A.条码/语音/射频自动识别系统　　B.自动分拣系统

C.自动存取系统　　D.货物自动跟踪系统

三、判断题

1.我国当前绝大部分企业采用的物流形式是第三方物流企业组织销售物流。（ ）

2.目前，第四方物流在中国已发展成熟。（ ）

3.京东物流是目前国内最成功的自营物流案例。（ ）

四、简答题

物流在电子商务时代具有哪些主要特点？

五、案例分析

戴尔的电子商务化物流通过国际互联网和企业内部网销售产品。在日常的经营中，戴尔仅保持两个星期的库存（行业标准超过60天）。收到订单后，戴尔首先检查订单项目是否填写齐全，然后检查订单的付款条件，并按付款条件将订单分类。采用信用卡支付方式的订单将被优先满足，其他付款方式则要更长时间得到付款确认。只有确认支付完款项的订单才会立即自动发出。零部件的订货将转入生产数据库中，订单也随即转到生产部门进行下一步作业。用户订货后，可以对产品的生产过程、发货日期甚至运输公司的发货状况等进行跟踪。

资料来源 作者根据相关资料整理.

案例分析要求：通过以上案例的学习，回答以下问题：

（1）戴尔的电子商务化物流运作流程是什么？

（2）电子商务化物流给戴尔带来的好处及隐患是什么？

任务四 企业回收及废弃物物流

行动任务

我国钢铁企业生产规模大、速度快，多年来我国一直是世界上的产钢大国和钢消费大国。作为世界最大的钢铁材料制造和综合服务商之一，华钢集团有限公司以“建设最具竞争力的钢铁企业”为愿景，致力于为各行各业提供最具价值的钢铁材料。目前，华钢已经成为中国第一大家电用钢供应商、第二大汽车用钢供应商，在MPI中国钢铁企业竞争力排名中获得“竞争力极强”的最高评级。

在钢铁的生产制造过程中会产生可重复利用的废钢和毫无利用价值的残渣。然而，对废钢和生产残渣的处理一直是公司的痛处。在前期，企业未认识到绿色物流的重要意义，究其原因主要是企业对回收物流和废弃物物流的认识不足；在后期，企业认识到了保护环境的重要性，一直致力于如何处理废钢和残渣，但由于相关技术的缺乏，整个处理过程的成本较高。

假设你是华钢物流部的总经理，现在公司将废钢的处理工作交给你，你该如何做呢？你觉得废钢处理的意义在何处？

行动锦囊

一、回收物流及废弃物物流

微课 4-7

回收及废弃物物流

回收物资重新进入生产领域成为原材料，可以为企业带来很高的经济效益；同时，回收物流与废弃物物流作为一种必需付出成本的经济活动，其合理化无疑会降低企业的经营成本、提高企业的经济效益。如果对废旧物资置之不理，那它们就变成了废弃物资。由于废弃物的大量产生会严重影响到人类赖以生存的环境，所以人们必须有效地组织回收物流，尽量减少废弃物对人类生产生活造成的影响。什么是回收物流和废弃物物流呢？它们具有什么意义？目前有哪些相关技术呢？

（一）回收物流和废弃物物流的含义

与传统供应链反向，为价值恢复或处置合理而对原材料、中间库存、最终产品及相关信息从消费地到起始点的有效实际流动所进行的计划、管理和控制过程，称为逆向物流。

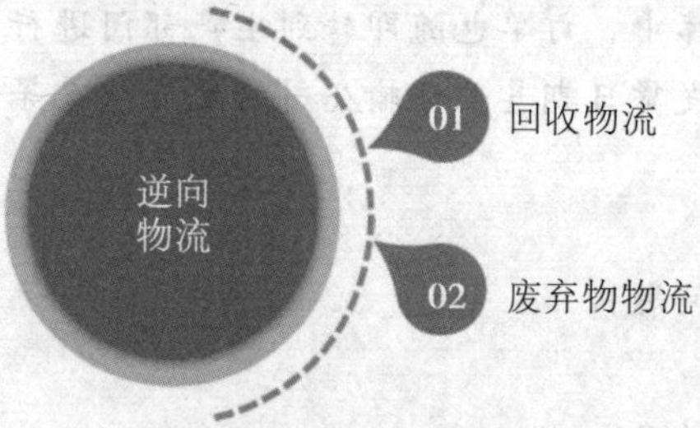

图4-4-1 逆向物流与回收物流、废弃物物流的关系

逆向物流是在整个产品生命周期中对产品和物资的完整的、有效的和高效的利用过程的协调。当物品失去其原有价值时，为了保护环境、节约资源，需要对其进行妥善处理，如果对这些物品处理不当，往往会影响整个生产环境，占用很大空间，造成资源浪费，而这些物品的回收处理过程都离不开物流活动，故而产生了逆向物流，逆向物流又包括回收物流和废弃物物流，如图4-4-1所示。

回收物流指不合格物品的返修、退货，以及周转使用的包装容器从需方返回到供方所形成的物品实体流动。企业在生产、供应、销售的活动中总会产生各种边角余料和废料，这些东西的回收是需要伴随物流活动的。

废弃物物流是将失去使用价值的物品，根据实际需要进行收集、分类、加工、包装、搬运、储存等，并分送到专门处理场所而形成的物流活动。

回收物流与废弃物物流虽然是逆向物流的两种表现形式，但还是有一定的区别：回收物流的物流对象还有利用价值，废弃物物流的物流对象没有任何利用价值。另外，因货物原有价值仍在，回收物流过程还要顾及货物质量，而废弃物物流则没有这样的要求，故实际操作中回收物流会涉及集装箱托盘之类的包装容器的周转，而废弃物物流则不需要。

（二）回收物流和废弃物物流的意义

回收物流和废弃物物流虽然不能给企业带来直接的经济收益，但对环境保护和资源可持续利用等都具有非常重要的意义：

（1）改善企业的环境行为，塑造企业的良好形象。随着生活水平的提高，人们的环保意识日益增强，消费观念发生了巨大变化，对环境的期望越来越高。另外，由于不可再生资源的稀缺及环境污染的日益加重，各国制定了许多环境保护法规，企业的环保业绩已成为评价企业运营绩效的重要指标。为了改善企业的环境行为，提升企业在公众心中的形象，许多企业纷纷采取逆向物流战略，以减少产品对环境的污染及资源的消耗。

（2）降低物料成本，提高经济效益。减少物料耗费、提高物料利用率是企业成本管理的重点，也是企业增效的重要手段。然而，传统模式的物料管理仅局限于企业内部物料，不重视对企业外部废旧产品及物料的有效利用，造成大量可再用性资源的闲置和浪费，而对这些产品进行回购加工、妥善处理可以大幅降低企业的物料成本、提高经济效益。

（3）提高顾客价值，增加竞争优势。顾客价值是决定企业生存和发展的关键因素，企业可以通过废弃回收物流提高顾客对产品或服务的满意度，赢得顾客的信任，从而增加企业的竞争优势。对于最终顾客来说，废弃回收物流能够确保不符合订单要求的产品及时退货，有利于消除顾客的后顾之忧，增加其对企业的信任感，扩大企业的市场份额。

（4）促进产品质量改善，降低事故发生概率。废弃回收物流对促使企业不断改善品质管理体系具有重要作用。我国质量体系文件将企业质量管理活动概括为一个闭环式活动——计划、实施、检查、改进。废弃回收物流恰好涉及检查和改进两个环节，承上启下，作用于两端。企业在退货中暴露出的品质问题，将在废弃回收物流的资讯系统的帮助下被不断改进。

（三）回收物流、废弃物物流技术

1.回收物流与废弃物物流技术的特点

（1）小型化、专用化的装运设备：使用各种机动车和非机动车，采用多阶段收集、逐步集中的方式将分布广泛的各类废弃物回收处理，如图4-4-2所示。

图4-4-2 废弃物回收处理机动车

（2）多样化的流通加工：对回收的废弃物根据其类别采用分拣、分解、分类、压块、捆扎、切断和破碎的加工处理方法。

（3）简易包装和存储：一般废弃物不需要包装，只需要露天堆放，但对一些特殊废弃物应进行包装，以防止其对环境造成污染。

2.回收物流技术

（1）以废汽车为代表的拆除及破碎分选技术。废汽车是再生资源，在废汽车的回收物流过程中，流通加工占有重要地位，所有的废旧汽车几乎都要通过一定的流通加工，然后作为各种新的资源进入新一轮循环利用中。

图4-4-3 玻璃瓶的回收利用

（2）以废玻璃瓶为代表的回收复用技术。在以废玻璃瓶作为再生利用资源的回收物流过程中，有一个回送复用的运输系统，依靠各个运输系统将用过的玻璃瓶回送到生产企业，成为再生资源，如图4-4-3所示。

（3）以废纸为代表的收集集货物流技术。在回收废纸资源的物流过程中，有一个废纸收集物流系统，它是集货系统的一种，废纸需要被收集、集中，才能批量提供给回收加工企业。

（4）以废粉煤灰为代表的联产供应物流技术。废粉煤灰再生资源回收物流将电厂排放的粉煤灰通过管道直接供应给生产企业进行加工处理。

3.废弃物物流技术

（1）垃圾掩埋：在一定规划区内，利用原来的废弃坑塘或人工挖出的深坑，将垃圾运来后倒入，到一定处理量之后，再用土掩埋。

（2）垃圾焚烧：在一定地区高温焚烧垃圾以减少垃圾和防止污染及病菌、虫害滋生。

（3）垃圾堆放：在远离城市地区的沟、坑、塘、谷中，选择合适的位置直接倒垃圾。

（4）净化处理加工：对垃圾进行净化处理，以减少其对环境的危害，尤其适合对废水的处理。

（5）垃圾发电：利用现代技术手段对垃圾进行转化，通过燃烧和化学降解使其转换成热能和电能。

果行育德

想一想　如何理解“垃圾是放错地方的资源”这句话？

一起行动吧　我们在生活中也可以为变废为宝做出贡献，培养自己的创新精神，人人是创造之人，时时是创造之时，处处是创造之地！

二、绿色物流

绿色物流使物流资源得到充分利用。从管理学的角度讲，绿色物流是指为了使顾客满意，连接绿色需求主体和绿色供给主体，克服空间和时间限制的有效、快速的绿色商品和服务的绿色经济管理活动过程。“绿色物流”里的绿色是一个特定的形象用语，它泛指保护地球生态环境的活动、行为、计划、思想和观念在物流及其管理活动中的体现。

（一）绿色物流的内涵

微课 4-8

绿色物流

绿色物流是指在物流过程中抑制物流对环境造成危害的同时，实现对物流环境的净化，使物流资源得到最充分的利用，包括物流作业环节和物流管理全过程的绿色化。绿色物流的作业环节包括绿色运输、绿色包装、绿色流通加工等；绿色物流的管理主要是从环境保护和节约资源的目标出发改进物流体系，既要考虑正向物流环节的绿色化，又要考虑供应链上逆向物流体系的绿色化。绿色物流的内涵见表4-4-1。

表4-4-1　绿色物流的内涵

内涵	内容
集约资源	是绿色物流的本质内容，通过整合现有资源、优化资源配置，企业可以提高资源利用率、减少资源浪费
绿色运输	运输过程中的燃油消耗和尾气排放，是物流活动造成环境污染的主要原因之一。要想打造绿色物流，首先要对运输线路进行合理布局与规划，采取缩短运输路线、提高车辆装载率等措施；其次要注重对运输车辆的养护、使用清洁燃料、减少能耗及尾气排放

续表

内涵	内容
绿色仓储	一方面，仓库选址要合理，以节约运输成本；另一方面，仓储布局要科学，使仓库得以充分利用，减少仓储成本
绿色包装	包装是物流活动的一个重要环节，绿色包装可以提高包装材料的回收利用率，有效控制资源消耗，避免环境污染
废弃物物流	根据实际需要对在经济活动中失去原有价值的物品进行搜集、分类、加工、包装、搬运、储存等，然后分送到专门处理场所后形成的物品流动活动

（二）我国政府对绿色物流的管理措施

1.对发生源的管理

这主要是对物流过程中环境问题的来源进行管理。由于物流活动的日益增加以及配送服务的发展，在途运输的车辆增加，大气污染加重。我国自20世纪90年代末开始不断强化对污染源的控制，如北京市为治理大气污染发布两阶段治理目标，不仅对新生产的车辆制定了严格的排污标准，而且对在用车辆进行治理改造，在鼓励更新车辆的同时，采取限制行驶路线、增加车辆检测频次、按排污量征收环境保护税等措施，经过治理的车辆的污染物排放量大为降低。

2.对交通量的管理

发挥政府的指导作用，推动企业从自用车运输向营业用货车运输转化；促进企业选择合理的运输方式，发展共同配送；政府统筹物流中心的建设；建设现代化的物流管理信息网络等，从而实现物流效益化，特别是要提高中小企业的物流效率。

3.对交通流的管理

政府投入相应的资金，建立都市中心环状道路，制定有关道路停车管理规定；采取措施实现交通管制系统的现代化；促进道路与铁路的立体交叉发展，以减少交通堵塞、提高配送效率，最终达到环保的目的。

（三）企业绿色物流管理措施

企业绿色物流管理措施如图4-4-4所示。

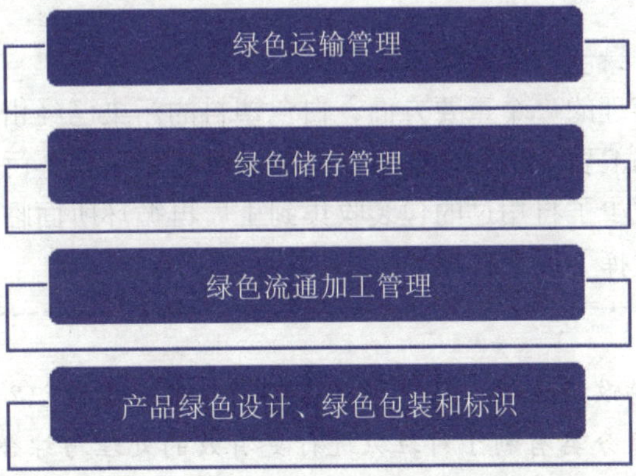

图4-4-4　企业绿色物流管理措施

1.绿色运输管理

（1）开展共同配送：共同配送指由多个企业联合组织实施的配送活动，即几个中小型配送中心联合起来，分工合作，为某一地区的客户配送产品。它主要适用于某一地区的客户所需要的物品数量较少而使用车辆不满载、配送车辆利用率不高等情况，最大限度地提高人员、物资、资金、时间等资源的利用效率，取得最大化的经济效益；同时，可以去除多余的交错运输，并取得缓解交通、保护环境等社会效益。

（2）采取复合一贯制运输方式。复合一贯制运输是指吸取铁路、汽车、船舶、飞机等基本运输方式的长处，把它们有机地结合起来，实行多环节、多区段、多运输工具相互衔接的商品运输方式，以集装箱作为联结各种工具的通用媒介，起到促进复合直达运输的作用，克服了单个运输方式固有的缺陷，从而在整体上保证了运输过程的最优化和效率化。复合一贯制运输要求装载工具及包装尺寸都做到标准化，以减少包装支出，减少运输过程中的货损、货差。

（3）评价运输者的环境绩效。有专门运输企业使用专门运输工具负责危险品的运输，并制定应急保护措施。企业如果没有绿色运输，将会增加经济成本和社会环境成本，影响企业的运营和社会形象。

2.绿色储存管理

储存在物流系统中起着缓冲、调节和平衡的作用，是物流的一个中心环节。储存的主要设施是仓库，现代化的仓库是促进绿色物流运转的物资集散中心。绿色仓储要求仓库布局合理，以节约运输成本。仓库布局过于密集，会增加运输的次数，从而增加资源消耗；布局过于松散，则会降低运输的效率，增加空载率。仓库在建设前还应当进行相应的环境影响评价，充分考虑仓库建设对所在地的环境影响。

此外，采用现代储存保养技术是实现绿色储存的重要因素，包括气幕隔潮、气调储存和塑料薄膜封闭等技术。

3.绿色流通加工管理

流通加工是指在流通过程中继续对流通中的商品进行生产性加工，以使其成为更加符合消费者的要求的最终产品。绿色流通加工的途径主要有两种：一是变消费品分散加工为专业集中加工，以规模作业的方式提高资源利用效率，以减少环境污染：二是集中处理消费品加工过程中产生的边角废料，以减少消费品分散加工所造成的废弃物污染。

4.产品绿色设计、绿色包装和标识

包装是绿色物流管理的一个重要方面，白色塑料的污染已经引起社会的广泛关注，过度的包装造成了资源的浪费。例如，在给食品包装时尽量采用不污染环境的材料，用纸袋包装取代塑料容器，减少了将用过的包装收集到工厂再循环所面临的技术和成本困难。绿色包装设计在这方面发挥了很大作用。

果行育德

想一想　怎么看待政府通过立法来增强人们的垃圾分类意识？

一起行动吧　垃圾分类有利于对垃圾进行更有效的处理与综合利用，我们要充分认可强制实行垃圾分类的必要性，从而自觉、自愿地配合执行，达到预期的实施效果。

行动进行

在学习了以上知识后，你准备开始实际操作。

步骤一：查阅废钢回收处理的技术

废钢回收处理的技术主要包括：磁选、清洗、预热等。

(1) 磁选。它是利用固体废物中各种物质的磁性差异，在不均匀磁声中进行分选的一种处理方法。磁选是分选铁基金属的有效方法。将固体废物输入磁选机后，磁性颗粒在不均匀磁声的作用下被磁化，从而受到磁场吸引力的作用被吸进圆筒，并随圆筒进入排料端排出；非磁性颗粒由于所受的磁场作用力很小，仍留在废物中。磁选所采用的磁场源一般为电磁体和永磁体两种。

(2) 清洗。它是用各种不同的化学溶剂或热的表面活性剂，清除钢件表面的油污、铁锈、泥沙等，常用来大量处理受切削机油、润滑脂、油污或其他附着物污染的发动机、轴承、齿轮等。

(3) 预热。许多钢厂采用预热废钢的方法，使用火焰直接烘烤废钢铁，烧去水分和油脂，再投入钢炉。金属预热系统主要需解决两个问题：①不完全燃烧的油脂能产生大量的碳氢化合物，会造成大气污染；②由于输送带上的废钢大小不同、厚度不同，造成预热及燃烧不均匀，废钢上的污染物有时不能完全清洗。

步骤二：废钢加工处理过程中二次污染的防治

1.二次污染

二次污染大致可以分为以下三类：①废钢铁原料中本身所混物质对环境的污染；②废钢铁在加工、处理过程中所产生的中间物对环境的污染；③废钢铁加工工艺及装备落后所造成的污染。

2.防治的具体措施

(1) 要采用先进的废钢铁加工工艺和加工设备，实现二次污染得到有效防治、夹杂物得到有效分离和综合利用、提高冶金渣高附加值资源转化、零排放的目标。行业装备水平和设备核心技术的研发水平是实现产业升级的关键环节。目前，先进的废钢铁加工设备有剪切机、打包机、破碎机、抓钢机、电磁设备、防辐射设备等。它们能有效防治废钢铁加工过程中所产生的中间物对环境的污染，同时有效地对废钢铁原料中的各类物质进行分选。

(2) 加大对废钢铁原料中各类物质的分选力度，尽可能杜绝有毒有害、易燃易爆、放射性物质等进入废钢铁加工流程，同时对分选出的物质进行专业化处理，减少二次污染。

步骤三：残渣的处理技术

之前钢铁业在减少和有效利用钢厂废物方面有了重大的进展，如从高炉灰中收集石墨、从酸洗液中获取高磁性材料。对高炉渣和炼钢炉渣等废物的利用，可采用以下方案进行改进：①清洁生产，采用先进的生产工艺，降低污染物的排放；②对产生的废弃物进行回收利用。

步骤四：废钢回收处理的意义

(1) 扩大利用废钢铁资源是突破资源瓶颈制约、建设资源节约型和环境友好型社会的必然要求。进入21世纪，资源相对不足、环境容量有限已成为我国国情的基本特征。资源供应紧张，原生资源供应已远远不能满足我国快速增长的资源需求，严重制约了我国经济社会的可持续发展。对钢铁工业来说，由于我国铁矿石资源相对紧缺，这些问题尤为突出。无论是在人均钢铁资源拥有量、废钢应用水平上，还是在循环利用率上，我国都远落后于世界平均水平。

（2）有效利用废钢资源是降低碳排放、缓解对铁矿石依赖的重要途径。作为节能环保的再生资源，废钢铁相对于铁矿石炼钢可节能60%、节水40%、减少废气排放86%、减少废水排放76%、减少废渣排放97%。每利用1吨废钢铁可节约1.7吨铁矿石、0.68吨焦炭和0.28吨石灰石，且能无限循环利用。因此，发展废钢铁市场是解决铁矿石危机的必由之路。可以预见，在未来的钢铁原料配置中，废钢铁将逐步取代铁矿石的优势地位。

废钢资源供需间的缺口很大，只有加快废钢回收的步伐、提高废钢回收率、大力加强废钢的开发利用，才能更好地满足我国钢铁工业发展的需要。找准废钢加工过程中二次污染的原因，并通过合理有效的防治办法加以治理，一定能够为炼钢项目提供好的废钢资源。再生资源的电子交易市场是再生资源资源化利用、网络化建设，以及规模化、金融化、产业化发展的新课题。

行动评价

学习任务完成情况评价表

评价内容	评价标准		评价等级			
			A（80～100分）	B（60～79分）	C（60分以下（不含60））	疑惑点
理论知识评价	1	能理解回收物流和废弃物物流的含义				
	2	能认识回收物流、废弃物物流的意义				
	3	能阐述回收物流、废弃物物流的技术				
	4	能理解绿色物流的内涵				
	5	能理解企业绿色物流的管理措施				
技能操作评价	1	能阐述回收物流和废弃物物流的区别				
	2	能指出我国政府对绿色物流的管理措施				
职业素养评价	1	具有变废为宝的创新精神				
	2	具有自觉、自愿配合执行垃圾分类的意识				

说明：同学们根据自我评价打分，然后在分值所处范围内相应的等级下打“✔”，若未得到满分，可在“疑惑点”这一列列出自己的疑问。

行动巩固

行动巩固 4-4

一、单项选择题

1.（　　）是将失去使用价值的物品，根据实际需要进行收集、分类、加工、包装、搬运、储存等，并分送到专门处理场所而形成的物流活动。

A.流通加工物流　B.销售物流　C.回收物流　D.废弃物物流

2.（　）是指吸取铁路、汽车、船舶、飞机等基本运输方式的长处，把它们有机地结合起来，实行多环节、多区段、多运输工具相互衔接的商品运输方式。

A.共同配送　B.复合一贯制运输方式

C.绿色储存管理　D.绿色流通加工管理

3.（　）在物流系统中起着缓冲、调节和平衡的作用，是物流的一个中心环节。

A.生产　B.加工　C.销售　D.储存

4.绿色流通加工的途径主要分为（　）个方面。

A.2　B.3　C.4　D.5

二、多项选择题

1.逆向物流包括（　）。

A.流通加工物流　B.销售物流　C.回收物流　D.废弃物物流

2.回收物流、废弃物物流的意义包括（　）。

A.改善企业环境行为，塑造企业形象　B.降低物料成本，提高经济效益

C.提高顾客价值，增加竞争优势　D.促进产品质量改善，降低事故发生率

3.回收物流与废弃物物流技术的特点包括（　）。

A.小型化、专用化的装运设备　B.多样化的流通加工

C.简易包装和存储　D.成本高昂

4.废弃物物流技术包括（　）。

A.垃圾掩埋　B.垃圾焚烧　C.垃圾堆放　D.垃圾发电

5.我国政府对绿色物流的管理措施包括（　）。

A.对发生源的管理　B.对交通量的管理

C.对交通流的管理　D.对责任人的管理

三、判断题

1.回收物流和废弃物物流在作业中都要顾及货物质量。（　）

2.垃圾分类难是我国环保产业发展的瓶颈之一，也是造成环境污染、资源再利用困难的根源之一。（　）

3.共同配送可以去除多余的交错运输，并取得缓解交通、保护环境等社会效益。（　）

四、简答题

什么是绿色物流？

五、案例分析

日本自1956年从美国全面引进现代物流管理理念后大力进行物流现代化建设，将物流运输业作为国民经济中最重要的核心课题加以研究。把物流行业作为本国经济发展生命线的日本，从一开始就没有忽视绿色物流的重要意义，除了在传统的防止交通事故、抑制道路沿线噪声和振动等方面加强政府部门的监管和控制外，还特别出台了一些实施绿色物流的具体目标，如货物的托盘使用率、货物在停留场所的滞留时间等，以此来降低物流对环境造成的负荷。

1989年，日本提出了10年内3项绿色物流推进目标：含氮化合物排出标准降低3～6

成；颗粒物排出降低6成以上；汽油中的硫成分降低1/10。1992年，日本政府公布了汽车二氧化氮限制法，并规定了允许企业使用的5种货车车型，同时在大都市特定区域内强制推行排污标准较低的货车。1993年，除了部分货车外，日本政府要求企业必须承担更新旧车辆、使用符合环境标准的新式货车的义务。

另外，为解决地球的温室效应、大气污染等问题，日本政府与物流业界在控制污染排放方面积极采取措施：在干线运输方面推动模式转换（由汽车转向对环境负荷较小的铁路和海上运输）和干线共同运行系统的建构；在都市内的运送方面推动共同配送系统的建设及提倡节省能源行驶等。2001年出台的《新综合物流实施大纲》的重点之一就是要减少大气污染、加强对地球环境的保护、对可利用的资源进行再生利用，建立适应环保要求的新型物流体系。

进入21世纪，物流业必将把有效利用资源和维护地球环境放在发展的首位，建立信息流与物质流循环化的绿色物流系统。目前，世界各国都在尽力把推广绿色物流作为物流业发展的重点，积极开展绿色环保物流的专项技术研究，促进新材料的开发和应用，进行回收物流的理论研究和实践，并积极出台相应的绿色物流政策和法规，努力为物流的绿色化和可持续发展奠定基础。

项目总结

案例分析要求：

（1）发展绿色物流的原因有哪些？

（2）绿色物流发展存在的问题是什么？

（3）绿色物流的发展前景如何？

项目实训

1.李林是某制造企业采购部新入职的职员，负责采购原材料的工作。按照采购计划，公司最近打算购进一批钢材，由李林来负责此项业务，具体采购计划见表1。

表1 采购计划表

制订计划时间	交货验收时间	采购负责人	备注
2025年3月6日	2025年4月10日	李林	生产地在哈尔滨
采购货物信息			
货物名称	重量	规格	采购预算
结构用无缝钢管（GB/T8162-2018）	50吨	钢管长度为3～12米	2 400元/吨

李林在系统中统计了可以合作的供应商名单，具体见表2。

表2 供应商名单

序号	地区	企业名称	所在地
1	东北	黑龙江省澜屿（钢铁）贸易有限公司	哈尔滨
2	华北	唐山钢铁有限公司	唐山
3	华东	常州钢铁有限责任公司	常州

续表

序号	地区	企业名称	所在地
4	华东	永钢集团有限公司	张家港
5	西北	龙门钢铁集团	韩城

请你帮李林依据采购流程完成采购。

2. 李丽是物流管理专业的大一学生，今天在学习了生产物流的内容之后，她想调查身边的制造企业，认识制造企业的业务模式属于哪一种生产物流组织方式以及各种生产物流组织方式有哪些区别。请你帮李丽一起完成她的作业。

3. 云华是某零售公司物流部的职员，主要负责公司销售物流各环节的管理，公司经过调查发现每年在销售环节花费的成本约占总成本的40%，现阶段公司销售物流的各个环节都由公司自己负责，甚至末端的配送都由公司负责，造成成本较高。为了降低成本，公司准备重新制定销售流程，请大家帮助云华完成此次工作任务。

4. 近年来，随着工业化国家的城市化和居民消费水平的提高，城市垃圾量增长迅速。绿茵环保有限公司于1998年开始进入垃圾处理行业，在国内开创了用国产化设备以BOT方式投资建设垃圾焚烧发电厂的先河，并陆续投资、建设、运营30余座垃圾焚烧发电项目。绿茵环保还是国内率先获得生活垃圾治理甲级资质的企业，技术实力和项目运营规模居行业前列。小叶是绿茵环保公司的一名职员，主要负责根据垃圾类别选择合适的处理或回收方式。近期公司需要处理一批回收的废弃电池，小叶不知道如何处理，请你帮小叶通过查阅资料等方式完成这批废旧电池的处理工作。

项目五　从发展角度认知物流

本项目思维导图

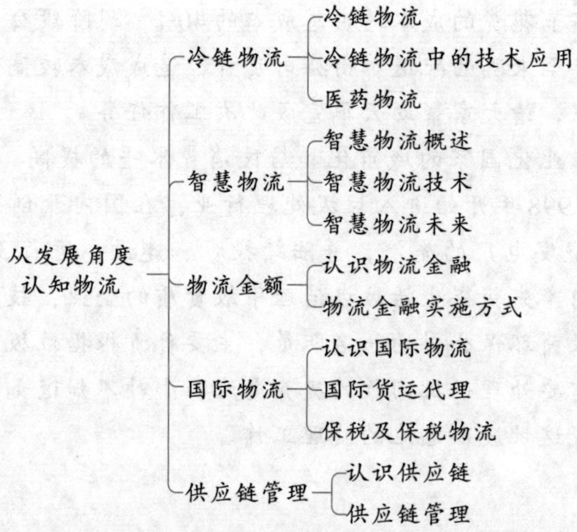

学习目标

知识目标：在认识冷链物流的适用范围的基础上，阐述冷链物流的基本流程；在认识智慧物流主要技术的基础上，认识智慧物流未来的发展趋势；在认识物流金融的作用的基础上，阐述物流金融的三种实施方式；在理解国际货运代理的含义和业务流程的基础上，认识保税区和自贸区的区别；在认识供应链类别的基础上阐述供应链管理的含义和内容。

能力目标：能够根据案例分析冷链物流的基本流程，在此基础上指出冷链物流的技术和设施设备；能够说明智慧物流的发展现状，并进一步指出有代表性的智慧物流企业；能够基于物流金融的具体含义分析物流金融的实施方式；能结合案例说明保税区的业务功能；能够分析保税区与自贸区的区别；能够根据实际应用场景制定供应链管理的步骤，并分析供应链管理的内容。

素养目标：基于冷链物流、智慧物流、物流金融、国际物流以及供应链管理等知识的学习，培养学生的责任意识及“科技强国”发展战略的支撑意识，建设智慧城市的意识；节约用纸的意识，诚信、共赢的意识。

项目导入

黄宏是A大学15届物流管理专业1班的班长，今天是他们班同学毕业10周年聚会的日子，大家已经好多年没有见过了，想起往日在学校追逐打闹的日子，大家都感慨不已。看着现在餐桌上的有些食物是从国外进口的，大家想到国际物流的发展，不约而同地谈论起了自己的工作……

张同学说："我毕业之后就去了一家冷链物流企业，主要负责生鲜食品的运输和储藏。"

赵同学说："冷链运输不错，现在我们日常生活中的很多食品都是通过冷链的方式送上我们的餐桌，但是背后应该需要很多技术方面的支撑。我们的班长黄宏在某东主要做智慧物流，就是研究如何利用各种现代化技术提高物流服务水平。"

王同学说："我之前看过一个视频，里面有很多机器人在搬运货物，这个是不是就是智慧物流？"

黄宏说："对，但是我觉得李同学才是我们的'老大'，手握着我们物流行业的资本。"

"哈哈哈……"大家一起笑了。

李同学说："物流金融为金融机构、供应链企业以及第三方物流服务提供商间的紧密合作提供了良好的平台，大家以后可以一起合作。张同学就在有名的某供应链企业，他的客户可是遍布全球的，物流行业的发展好像越来越趋向国际化、科技化、信息化了。"

"是啊，物流行业的发展越来越好了。"大家一起谈笑着……

大家是不是也非常好奇小伙伴们提到的这些物流行业的发展呢？让我们跟随物流专业的小伙伴们的脚步，一起学习这些知识吧！

项目实施

任务一　冷链物流

行动任务

上奥冷链物流股份有限公司成立于2008年6月，注册资金为1.2亿元。经过10年的努力与发展，其已发展成为以冷链物流为业务核心，集物流运输、配送、仓储、包装于一体，商贸产业链齐全的现代物流企业。公司拥有一支经验丰富、管理成熟的物流运作团队，为不同的客户定制优质服务。

李远是上奥冷链物流的运营部职员，今天早上公司预计收到5批货物，需要进入仓库进行储存，订单内容见表5–1–1。

表5–1–1　订单信息

货物	重量/数量	外包装	预计到货时间	备注
苹果	50吨	纸盒	9：00	
冻鸡腿	0.5吨	泡沫箱	8：00	
冻虾	0.5吨	泡沫箱	8：00	
冰激凌	0.2吨	纸盒	9：00	
疫苗	50箱	定制泡沫箱	10：00	

目前货物需要安排进入相应的冷库，公司有四种类型的冷库，即高温冷库、中温冷库、低温冷库、超低温冷库，请你帮李远安排好此次货物的入库。

行动锦囊

一、冷链物流

我国城镇化进程还在加速，中等收入群体还在增加，消费者的食品安全意识也在不断提升，京津冀地区、粤港澳大湾区等区域的合作步伐在加快，并且生鲜电商带动的国内农产品、冷链食品的产地、加工地和消费市场正在重塑，冷链需求正在快速增加。

中物联冷链委及行业最新数据显示，2019—2024年，中国冷链物流市场规模持续增长，年均复合增长率为15.8%。2024年冷链物流行业的市场规模约5 361亿元，同比增长3.7%。根据中国物流与采购联合会、中物联冷链委等权威机构的预测及行业趋势分析，2025年中国冷链物流市场规模预计将突破5 500亿元。

微课 5-1

冷链物流

（一）冷链物流的定义

冷链（Cold Chain）是指易腐食品从产地收购或捕捞之后，在产品加工、贮藏、运输、分销和零售各个环节始终处于产品所必需的低温环境下，以保证食品质量安全，减少损耗，防止污染的特殊供应链系统。内外部冷链物流示意图如图5-1-1所示。

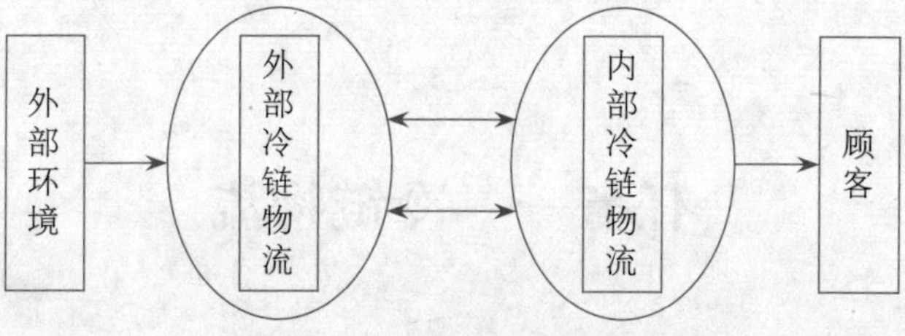

图5-1-1 内外部冷链物流示意图

冷链物流（Cold Chain Logistics）泛指冷藏冷冻类食品在生产、贮藏、运输、销售，到消费前的各个环节中始终处于规定的低温环境下，以保证食品质量，减少食品损耗的一项系统工程。它是随着科学技术的进步、制冷技术的发展而建立起来的，是以冷冻工艺学为基础、以制冷技术为手段的低温物流过程。冷链物流模型如图5-1-2所示。

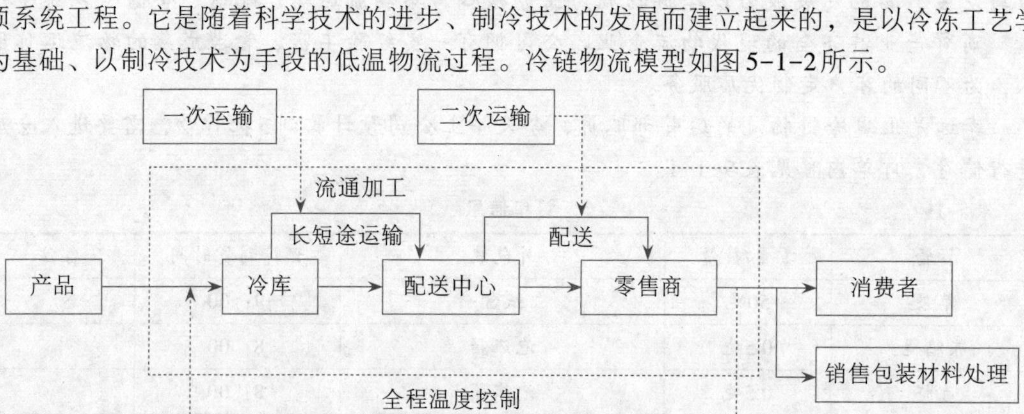

图5-1-2 冷链物流模型

（二）冷链物流的意义

生鲜食品容易腐烂，而产品从出厂、运输，到最终到达用户手中的时间较长，保鲜成为极为重要的指标。冷链物流可以在食品的生产、运输、储藏等过程中保持低温，以保证食品质量、减少食品损耗，是进入新世纪以来国家重点扶持的产业。

和传统物流相比，冷链物流在每个环节上对于技术的要求更高，资金投入也更大。尤其是近年来食品在运输储藏过程中的高腐烂率以及发生的“毒疫苗”事件，加强了国家对于冷链物流的重视，行业进入高速发展期。

果行育德

想一想　你知道冷链物流对我们的生活有哪些影响吗？

一起行动吧　在新冠疫情期间，负责生鲜运输与配送的冷链物流扮演了至关重要的角色，这也让我们认识到了责任的重要性。

（三）冷链物流的特点

冷链物流跟普通常温物流相比有很多不同点，如图5-1-3所示。

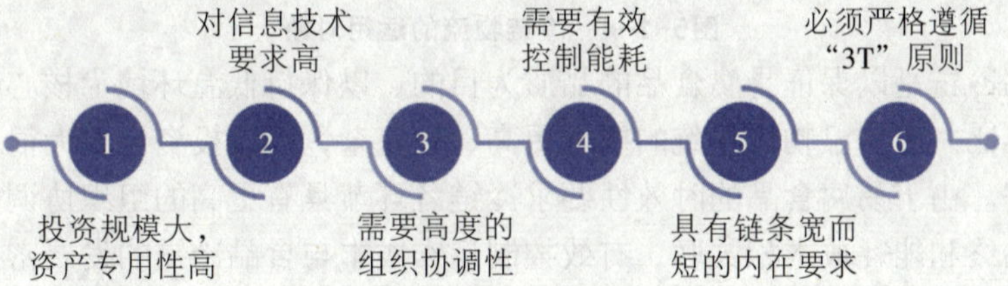

图5-1-3　冷链物流的特点

冷链物流的特点具体体现在以下几个方面：

（1）投资规模大，资产专用性高。与常温物流相比，冷链物流系统的建设需要更大的投资，很多设备都是专用的，容易产生沉没成本。例如，一辆9.6米厢式冷藏车就要30多万元，比普通货车贵50%以上；修建一个冷库需要购买压缩机、冷凝器、聚氨酯泡沫板等专用设施设备，比修建普通仓库也要贵出很多。

（2）对信息技术要求高。冷链物流具有精益性和敏捷性的双重特征，参与主体多，要求有安全实时的监控，因此需要高水平的信息技术支撑，如RFID无线射频技术、GPS定位跟踪技术、物联网监控技术等。

（3）需要高度的组织协调性。冷链物流对时间的要求非常高，各个环节之间要精密无缝对接，如果其中某个环节脱节，不仅会延误时间，还会使产品产生损失，导致前面的冷链流通过程前功尽弃。

（4）需要有效控制能耗。冷链物流在保证产品品质的同时，需要降低能耗、控制成本。众所周知，冷链物流是一个运营成本非常高的行业，冷库运行需要消耗大量的电，冷藏车运行有很高的油耗。要降低运行成本，就要有效控制能耗，制定能耗标准，减少浪费，同时积极采用最新的设施设备，淘汰落后的产能。

（5）具有链条宽而短的内在要求。更宽广的物流空间、尽量少的交易次数，对冷链物流的运营有利。冷链物流运营要尽可能减少不必要的交易环节，精简流程和作业时间，提高运营效率。

（6）必须严格遵循“3T”原则。冷链产品的最终质量取决于冷链储藏与流通时间（Time）、温度（Temperature）和产品的耐藏性（Tolerance），在此过程中还需要使用复杂的制冷技术、保温技术、温度控制技术、跟踪监控技术等作为支撑。

（四）冷链物流的适用范围

冷链物流的适用对象包括（如图5-1-4所示）：

（1）初级农产品：蔬菜、水果；肉、禽、蛋；水产品、花卉产品。

（2）加工食品：速冻食品；禽、肉、水产等包装熟食；冰激凌和奶制品、巧克力；快餐原料。

（3）特殊商品：药品。

图5-1-4 冷链物流的适用对象

由于食品冷链是以保证易腐食品的品质为目的、以保持低温环境为核心要求的供应链系统，所以其比一般常温物流系统的要求更高、更复杂，建设投资也要大很多，是一个庞大的系统工程。由于易腐食品的时效性要求冷链各环节具有更高的组织协调性，所以食品冷链的运作始终和能耗成本相关联，有效控制运作成本与食品冷链的发展密切相关。

（五）冷链物流的基本流程

冷链物流一般由原材料获取、冷冻加工、冷冻贮藏、冷藏运输、冷藏销售五个环节构成。

（1）原材料获取环节。这是冷链物流的第一个环节，其质量的高低在很大程度上决定了整个冷链的质量。

（2）冷冻加工环节。冷链物流中的产品具有明显的易腐性，原因主要有两个：首先，产品本身所含有的酶以及周围环境中的因素容易导致产品发生物理变化和化学变化；其次，产品中附带的微生物或周围环境中的微生物容易导致产品腐烂。针对这一情况，目前我国的冷冻技术主要分为4类：气调冷冻技术、冰温冷冻技术、减压冷冻技术和MAP冷冻技术。

低温储藏可以有效地控制储藏过程中温度波动对新鲜产品产生的影响，但如果产品在储藏之前没有经过任何处理，即使立即进行低温储藏也必然效果不佳。因此，及时、快速地进行冷却和保鲜，对于产品从加工到销售的各环节保持原有品质具有非常重要的意义。

（3）冷冻贮藏环节。其包括食品的冷却储藏和冻结储藏，以及水果蔬菜等食品的气调贮藏。冷冻贮藏环节保证食品在储存和加工过程中处于低温保鲜环境，主要涉及各类冷藏库/加工间、冷藏柜、冻结柜及家用冰箱等设备。

（4）冷藏运输环节。其包括低温状态的食品的中、长途运输及短途配送等物流环节。在冷藏运输过程中，温度波动是引起食品品质下降的主要原因之一，所以运输工具应具有良好的性能，在保持规定低温的同时，更要保持温度的稳定，对远途运输来说更是如此。

冷藏运输有多种形式，如公路冷藏运输、铁路冷藏运输、水路冷藏运输和航空冷藏运输等，用到的运输工具主要有冷藏车、冷藏船、冷藏集装箱、冷藏箱以及其他保温运输工具，如图 5-1-5、图 5-1-6 所示。在冷藏运输环节中，任何一点温度的波动都极易造成产品质量的下降。因此，一条效果良好的冷链对于运输工具的要求是很高的。

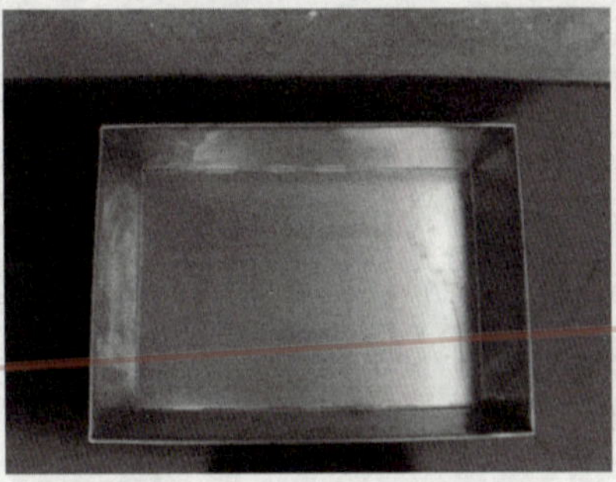

图5-1-5　专用金属冻盘

图5-1-6　冷冻间

（5）冷藏销售环节。产品从配送中心出来之后就进入了批发零售环节，一般在各零售柜台上进行销售，这是由生产商、批发商和零售商共同来完成的，如图 5-1-7 所示。在冷链销售终端，冷藏库、冷冻陈列柜以及储藏库发挥着越来越重要的作用。

图5-1-7　生鲜陈列

二、冷链物流中的技术应用

冷链物流是以制冷技术为手段，以冷链物流设备为依托，借助 FRID 等技术实现全程低温监控的过程，如图 5-1-8 所示。冷链物流技术主要包括制冷技术和温度监控技术。冷链设备主要包括仓储环节的冷库，运输环节的冷藏车、冷藏船，销售环节的冷柜，以及消费者家中的冰箱。我们分别从冷链技术和设施设备两个方面展开讲解。

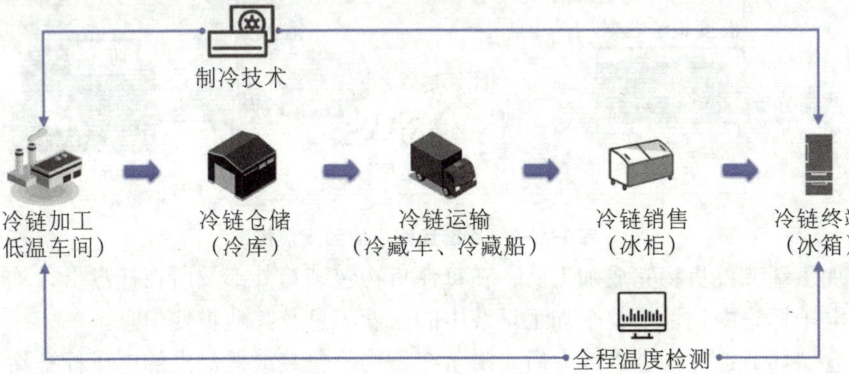

图5-1-8　冷链物流

（一）冷链物流技术

1. 制冷技术

在炎热的夏天，当你买了一个冰激凌正打算凉快一下时却发现它已经化了，是不是会很沮丧，那么怎样给冰激凌制冷呢？制冷的方法有很多，常见的有以下几种：

（1）机械制冷：利用制冷机、空调等设备带来冷空气，当冷空气流经产品时吸取其热量，促使其降温，从而达到冷却的效果，常用于果蔬、肉及其制品、蛋品、乳制品的制冷。

（2）冰冷却法：用冰块直接接触产品表面，带走产品热量，还可以使产品表面保持湿润，常用于冷却海鲜、叶类蔬菜和一些水果等。

（3）水冷却法：水冷却是通过低温水将需要冷却的食品冷却到指定温度的方法，通常用于禽类、鱼类、某些水果和蔬菜的制冷。

2. 温度监控技术

温度监控能够让用户知道产品在冷链流通时所处的条件和位置。监控设备能够监测冷链设备的运行性能，以及产品在运输过程的不同环境中的空气温度。

监控产品能够获得包括产品中转在内的整个温度历史记录；监控冷链设备能够及时发现设备的运行问题（如故障停机或温度不满足要求范围）并及时解决。目前行业中比较流行的做法是采用RFID技术对全程冷链进行温度管理，如图5-1-9所示。

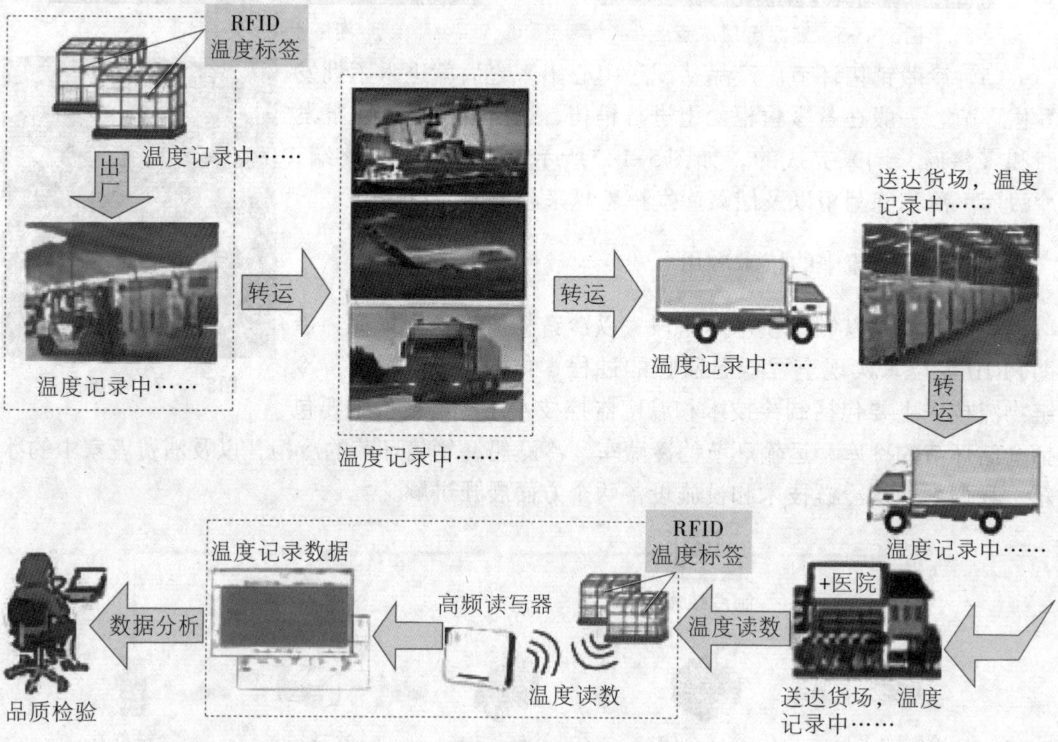

图5-1-9 冷链运输中的温度监控

（1）加工环节：货物完成加工后，在每件货物包装箱外部及所在托盘上，均会贴上电子标签，电子标签中记录了整个加工环节中的温度信息及其他重要信息。

（2）仓储环节：货物进入冷库后，附着在货物外包装或托盘上的电子标签除可以记录信息外，还可以通过其内部温度传感器实时收集环境温度信息，这些信息借助标签内的天线，通过无线信号实时传送到后台。如果出现异常，系统会进行报警提醒，从而避免了因人为疏忽造成的损失。

（3）运输环节：在货物从工厂运输至冷库，或者从冷库运至销售终端的过程中，仍然要保证处在一定的低温范围内。工作人员可以通过扫描电子标签阅读标签中的信息，排查出有问的货物。

（二）冷链物流设施设备

1.冷库

（1）冷库的定义

冷库是利用降温设施创造适宜的湿度和低温条件的仓库，是加工、贮存产品的场所。冷库能摆脱气候的影响，延长各种产品的贮存期限，以调节市场供应。冷库主要用作对食品、乳制品、肉类、水产、禽类、果蔬、冷饮、花卉、绿植、茶叶、药品、化工原料、电子仪表仪器等的恒温贮藏。

（2）冷库的类型

①按冷库的温度划分冷库类型，见表5-1-2。

表5-1-2　冷库的类型

类型	定义	示例
高温冷库	冷藏设计温度在-2℃～8℃，主要用于储藏果蔬、蛋类、药材、木材等，如苹果、白菜、芹菜、鸡蛋、中药汤剂等	
中温冷库	冷藏设计温度在-10℃～-23℃，主要用于储藏肉类、水产品及适合该温度范围的产品，如冻猪肉、冻鸡腿、冻虾等	
低温冷库	又称冻结库、冷冻冷库，一般库温在-20℃～-30℃，通过冷风机或专用冻结装置来实现对食品的冻结，适合储藏含乳制品的冷饮，如冰激凌	
超低温冷库	温度一般为-30℃～-80℃，主要用于储藏速冻食品，如金枪鱼；以及工业试验、医疗产品储存，如储存疫苗	

②按冷库的用途划分冷库类型，见表5-1-3。目前各大、中城市已有相当数量的冷库，且其容量不断增大。此外，由于气调贮藏技术的发展，还出现了气调冷库。能创造低压、高湿环境的减压冷库也正在研究设计中。

表5-1-3 各类型冷库的用途

类型	用途
生产性冷库	主要建在食品产地附近、货源较集中的地区和渔业基地，通常作为鱼类加工厂、肉类加工厂、禽蛋加工厂、蔬菜加工厂等各类食品加工厂的重要组成部分
分配性冷库	主要建在大中城市、人口较多的工矿区和水陆交通枢纽，专门储藏经过冷加工的食品，以调节销售淡旺季节、提供外贸出口和作长期储备
零售性冷库	一般建在工矿企业或城市大型副食品店、菜场内，供临时储存零售食品之用，其特点是库容量小、储存期短，其库温则随使用要求不同而异

2.冷藏车

在冷链运输过程中，涉及的冷链设备有冷藏车、冷藏船等，配合不同运输工具所使用到的冷链物流设备有冷藏集装箱、冷藏箱等。其中，冷藏车是用来运输冷冻或保鲜货物的封闭式运输车，是装有制冷机组的制冷装置和聚氨酯隔热厢的冷藏专用运输车辆。冷藏车的特点如下：

（1）密封性：冷藏车的货柜需要保证严格的密封性来减少与外界的热量交换，以保持冷藏柜内的较低温度。

（2）制冷性：加装的制冷设备提供持续的制冷效果，以保证货柜的温度在货物要求的范围内。

（3）轻便性：冷藏车运输的货物通常为不能长时间保存的物品，虽然有制冷设备，仍需较快送达目的地。

（4）隔热性：冷藏车的货柜类似集装箱，但由隔热效果较好的材料制成，减少了热量交换。

三、医药物流

医药配送车辆中需配备定位跟踪系统及温湿度监控系统，不仅驾驶员可实时掌控车内温湿度，管理人员也可远程监控车辆位置、行驶轨迹、车内温湿度状况，以便随时采取应急措施，确保药品的质量与安全。

医药物流不是简单的药品进、销、存或者药品的配送，而是指依托一定的物流设备、技术和物流管理信息系统，有效整合营销渠道的上下游资源，通过优化药品供销配运环节中的验收、存储、分拣、配送等作业过程，提高订单处理能力，减少货物分拣差错，缩短库存及配送时间，减少物流成本，提高服务水平和资金使用效益，从而实现自动化、信息化和效益化。我国医药物流行业目前还存在一些问题。

（一）配套政策和标准不到位

对第三方医药物流企业的审核制度仍然不明确。我国对江苏、浙江等11个地区成立的医药物流中心给予贴息贷款等政策支持。这些整改的一个必然结果就是医药行业的第三方物流企业从原有的医药批发企业中剥离出来，随之而来的是对这些新的第三方物流企业进行资质考核和评估的问题。但目前还没有一个新的考核和评估体系，原有的GSP认证只适合医药经销企业，对第三方医药物流企业来说很多内容都不再适用。一个新的考核、评估体系的制定迫在眉睫。

此外，目前相关部门还没有出台统一的药品编码。统一编码可以建立起一套对药品质量全程跟踪和责任追究的制度，但是长期以来，由于药品的品种较多，国家没有进行统一编码。药品名称复杂，有中文名、商品名、英文名、拉丁名等，给生产企业、医院，尤其是大型连锁药店带来很多麻烦。另外，物流标准的不统一也成为制约我国医药物流规范化、高效化并与国际接轨的一大障碍。

（二）投资过热、过散，缺乏有效整合

目前我国医药行业供应链整合的环境还没有形成，第三方医药物流也不成熟，各搞一块、重复投资的结果就是各家都“吃不饱”，很难形成规模效应。我国平均每个配送中心能够支撑的消费额只有美国的11.75%，配送中心内每平方米能够支持的销售额是美国的40%，平均每个配送中心能够支持的SKU品种规格是美国的24%，而平均处理单的运作成本却是美国的2.78倍。由于销售额小、效率低，所以我国医药行业的经营处于困难境地。

（三）第三方物流不成熟

由于剥离出来的医药物流企业没有经历第三方物流企业的一般发展过程，存在很多的第三方物流能力上的不足：

（1）配送网络单一。配送网络主要从以前的药品进、销路线和节点演化而来，分布不合理，没有从第三方物流系统规划配送网络的角度设计。

（2）信息化能力弱。医药物流信息化建设落后，没有一个适应国内市场的成熟的信息化方案，许多企业还没有能力利用信息化来提高效率。

（3）医药物流企业采用的是仓库、车辆和人员的堆积方式实现以人工为主的商品储运，人员素质不高，当面对更大的商品吞吐量时，效率、速度、准确与成本等因素会对行业发展造成影响。据有关统计，目前国内医药业的平均物流成本占销售额的比重达10%，而美国医药批发商的该项指标仅为2.6%；我国医药业纯利润率仅有0.72%，而全美医药批发商平均利润率为1.55%。可见，我国的医药物流与发达国家相比还有不小的差距。

（四）专业管理人才缺乏

造成医药物流专业人才缺乏的主要原因有三个：

（1）由于很多的医药企业对物流的认识还停留在浅层次的模糊概念上，以至于很多管理者认为医药物流不过是医药运输与仓储的简单相加。在这种观念下，许多对物流一知半解的高层管理者们错误地认为：高薪聘请医药人才还不如多找些仓库保管员和货物运输员，因此许多所谓的物流人才实际上只是些操作工人而已。这就导致人才供给被假性扩大，从而对真正意义上的复合型物流人才、战略型人才的需求不那么强烈，这是不利于医药物流复合型人才培养的。

（2）由于在整个物流人才管理过程中存在种种疏漏，物流人才存在直接或间接的流失，如传统的医药物流业的薪酬激励作用不大、员工培养计划缺失或者不成熟等。

（3）部门整合不彻底。物流部门作为一个协调生产与销售的服务部门，其成员所做出的战略决策往往是针对企业若干职能部门的，所以物流人员的积极性很大程度上取决于组织内部的协调合作。

果行育德

想一想　在冷链物流工作的事例中我们应该注意什么？

一起行动吧　我们要养成良好的卫生习惯，在清洁、舒适的环境之中学习生活、健康成长。

行动进行

李远学习了以上知识后，准备开始实际操作。

步骤一：判断货物的特性

从订单内容可知该批托运货物为苹果、冻鸡腿、冻虾、冰激凌和疫苗，首先需要判断这几种货物在冷库中适合的储存温度和时间，具体见表5-1-4。

表5-1-4　货物适合的储存温度和时间

货物	适合储存温度	储藏时间	备注
苹果	−1℃～1℃	4～6个月	采用堆垛方式
冻鸡腿	−18℃～−30℃左右	6个月	—
冻虾	−15℃～−20℃左右	14个月	分类储藏、预冷防异味
冰激凌	−18℃～−25℃左右	12~24个月	氟机制冷设备
疫苗	−5～−8℃	1～2年	专用的医疗冷库

步骤二：分析各类冷库的情况

通过查阅互联网资料和结合所学知识，高温冷库、中温冷库、低温冷库、超低温冷库的具体情况如下：

高温冷库：L级，+5℃～−5℃，主要用于储藏果蔬、蛋类、药材、木材等，又称冷却库，库温一般控制在不低于食品汁液的冻结温度。冷却库或冷却间的温度通常保持在0℃左右，并以冷风机进行吹风冷却。

中温冷库：D级，−10℃～−18℃，主要用于储藏肉类、水产品及适合该温度范围的产品。

低温冷库：J级，−23℃～−28℃，又称冻结库、冷冻冷库，一般库温在−20℃～−30℃左右，通过冷风机或专用冻结装置来实现对食品的冻结。

超低温冷库：<−30℃，主要用于储藏速冻食品，以及工业试验、医疗产品存储等。

步骤三：可选择的储存冷库

结合订单货物的特性和高温冷库、中温冷库、低温冷库、超低温冷库的具体情况，得到每种货物的储存方式，见表5-1-5。

表5-1-5　货物冷库选择

货物	冷库类型
苹果	高温冷库
冻鸡腿	中温冷库
冻虾	中温冷库
冰激凌	低温冷库
疫苗	超低温冷库

李远在确定该批订单中货物的储存方式后，安排货物入库。

行动巩固

行动巩固 5-1

一、单项选择题

1. 我国的冷冻技术主要有（　　）类。

A.2　　B.3　　C.4　　D.5

2. 在冷藏运输过程中，（　　）是引起食品品质下降的主要原因之一。

A. 温度波动　　B. 路途颠簸　　C. 距离太长　　D. 速度太慢

3. 目前冷链物流行业中比较流行的做法是采用（　　）技术对全程冷链进行温度管理。

A. GPS　　B. RFID　　C. GIS　　D. VMS

4. 水果蔬菜适合存放于（　　）。

A. 高温冷库　　B. 中温冷库　　C. 低温冷库　　D. 超低温冷库

二、多项选择题

1. 冷链物流的特点包括（　　）。

A. 投资规模大，资产专用性高　　B. 对信息技术要求高

C. 需要高度的组织协调性　　D. 需要有效控制能耗

2. 冷链物流适用的产品有（　　）。

A. 海鲜　　B. 速冻食品　　C. 冰激凌　　D. 饼干

3. 冷链物流的基本流程包括（　　）。

A. 原材料获取环节　　B. 冷冻加工环节　　C. 冷冻贮藏环节　　D. 冷藏运输环节

4. 常见的制冷方法有（　　）。

A. 机械制冷　　B. 冰冷却法　　C. 水冷却法　　D. 人工制冷

5. 冷链物流设施设备有（　　）。

A. 冷库　　B. 冷藏车　　C. 电动叉车　　D. 冰箱

三、判断题

1. 目前，我国冷链物流行业进入高速发展期。（　　）

2. 疫苗应存放于低温冷库。（　　）

3. 生产性冷库主要建在大中城市、人口较多的工矿区和水陆交通枢纽。（　　）

四、简答题

现在大家已经对冷链物流的流程有了基本认知，请根据所学内容对图 5-1-10 所涉及的活动要素按照冷链物流的基本流程进行排序。

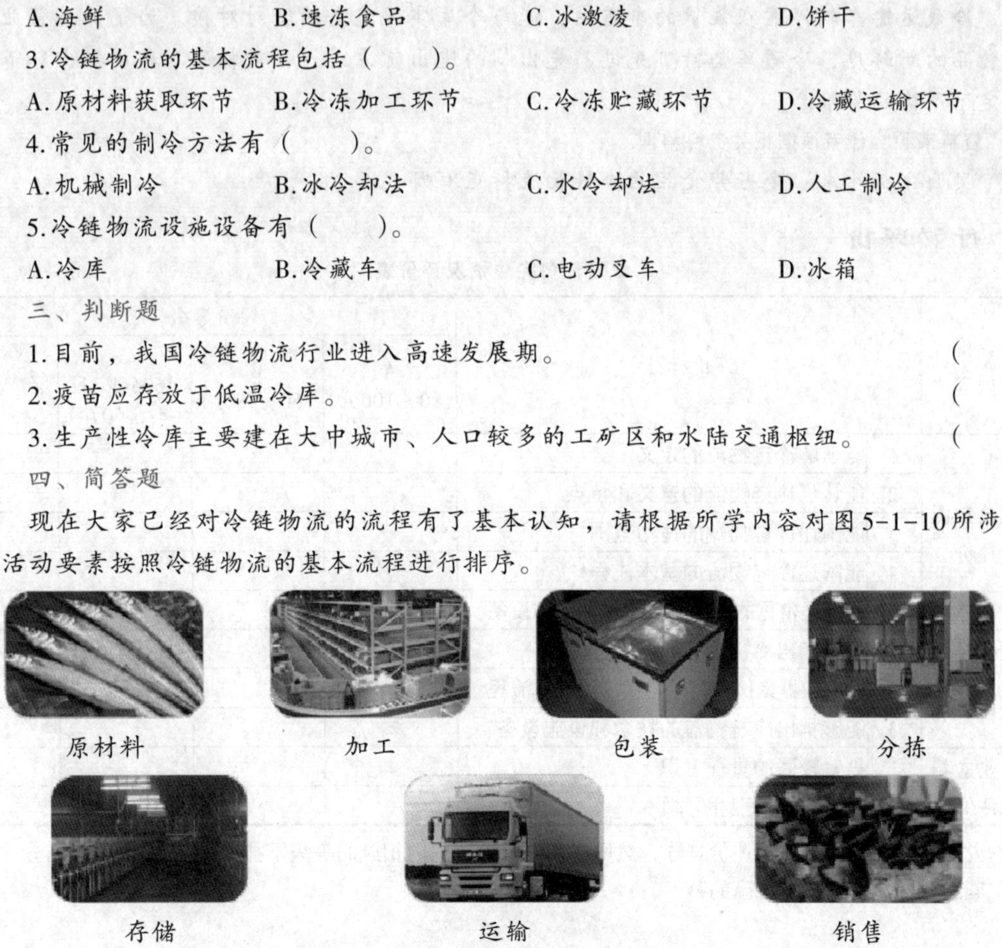

图5-1-10　冷链物流的活动要素

五、案例分析

麦当劳的食品冷链物流管理没有采用自营模式，而是外包给夏晖公司。麦当劳将冷链物流的管理业务外包，除了能获得更全面、更专业化的服务，还能更专注于发展核心业务以及提供增值性服务。

麦当劳通过对夏晖公司的冷链物流进行过程管理，从而实现对自身销售的食品质量的控制。麦当劳餐厅的经理需要预先估计安全库存，一旦库存量低于安全库存，便进入订货程序。麦当劳在网上下订单，将订单发往配销中心。夏晖公司在接到订单之后，便能够在最短的时间内完成装货、送货等一系列活动。只有这种网上订货的方式还不够，每天，餐厅经理都要把订货量与进货周期进行对照，一旦发现问题，立刻进入紧急订货程序。虽然紧急订货不被鼓励，但一经确认，两个小时后货品就会被送到餐厅门口。

麦当劳通过对其订单的有效管理，实现了仓库储备的货物总能在安全库存之上，保证随时能够满足消费者对食品的任何要求。

麦当劳对夏晖公司的库存与配送也有很高的要求，提出了“保证准时送达率、保证麦当劳的任何一个餐厅不断货、保持每一件货物的质量处在最佳状态”三点基本要求。其中，保证货物的新鲜度是难度较大的环节。在接到订单后，夏晖公司就开始准备装车的工作。所有需要的货物都在夏晖公司的物流配送中心进行配送作业。在装货的过程中，冷冻、冷藏运输车辆停靠在装货的车道内，能与冷库实现完全的密封对接。为了保证营业期间食品的新鲜度，冷藏库坚持“先进、先出”的进出货方式，并对物品入库和提出环节也制定了严格的标准。

资料来源 作者根据相关资料整理.

案例分析要求：麦当劳食品的冷链物流特点有哪些？

行动评价

学习任务完成情况评价表

评价内容		评价标准	评价等级			
			A（80～100分）	B（60～79分）	C（60分以下（不含60））	疑惑点
理论知识评价	1	能理解冷链物流的定义				
	2	能认识冷链物流的意义和特点				
	3	能阐述冷链物流的适用范围				
	4	能阐述冷链物流的基本流程				
	5	能阐述常见的冷链物流技术和设施设备				
技能操作评价	1	能够指出冷链物流的适用范围				
	2	能够根据案例分析冷链物流的基本流程				
	3	能够指出冷链物流的技术和设施设备				
职业素养评价	1	具有较强的责任意识				
	2	具有良好的卫生习惯				

说明：同学们根据自我评价打分，然后在分值所处范围内相应的等级下打“✔”，若未得到满分，可在“疑惑点”这一列列出自己的疑问。

任务二　智慧物流

行动任务

2016年7月19日，商务部公布了第一批智慧物流配送示范单位名单，根据该名单，全国共有5个示范城市、20个示范基地（园区）、60个示范企业入围。截至2024年，累计有30个国家级智慧物流示范城市、75个国家级智慧物流示范基地；截至2024年6月，累计有215家国家级智慧物流示范企业，顺丰速运、苏宁物流、菜鸟网络、海尔日日顺等相关企业榜上有名。随着物流业的转型升级，物流企业对智慧物流的需求越来越强烈、越来越多样化，促使智慧物流行业不断发展。请同学们借助互联网，完成下列问题：

（1）搜集近年来智慧物流的发展现状。

（2）指出不少于2家智慧物流代表性企业。

行动锦囊

一、智慧物流概述

“智慧物流”（Intelligent Logistics System，ILS）最早由IBM提出，2009年12月中国物流技术协会信息中心、华夏物联网、《物流技术与应用》编辑部联合提出了智慧物流的概念。物流是在空间、时间变化中的商品等物质资料的动态状态。

微课 5-2
智慧物流

（一）智慧物流的含义

1.智慧物流的概念

智慧物流是指通过智能硬件、物联网、大数据等智慧化技术与手段，提高物流系统分析决策和智能执行的能力，提升整个物流系统的智能化、自动化水平。

2.智慧物流行业发展阶段

智慧物流是在物联网、大数据、互联网和云计算等发展背景下，为满足自身发展的内在要求而产生的物流智慧化结果。物流行业发展先后经历了机械化、自动化阶段，目前已发展到智慧化阶段（如图5-2-1所示）。

智慧物流行业的发展阶段

机械化	自动化	智慧化
1970—1989年：研制第一代仓储机器人、堆垛机、动力车、传送带、叉车、举重设备等出现；输送机和分拣机系统出现；引进德国西马格（SIEMAG）全套物流自动化技术	1990—2016年：组合式货架、AGV诞生；引入西门子PLC控制技术；自动存取系统、电子扫描仪、条形码等技术手段出现；全自动控制系统开始广泛应用；ERP/WMS系统广泛应用	2016年至今：机器人、AGV、无人机、货到人技术开始出现；物联网、云计算、大数据、人工智能等技术兴起，智慧物流开始逐步呈现快速发展的态势

图5-2-1　智慧物流行业的发展阶段

近年来，随着物流信息化水平不断提高，美国、日本等发达国家和欧洲的现代物流朝着智慧化不断发展，并取得了很好的效果。

美国经济高度发达，也是世界上最早发展物流产业的国家之一。它有着宽松有序的物流发展环境、良好的物流基础设施、较强的第三方物流企业、全球物流服务管理能力、先进的物流技术、职业素养良好的职工等。并且，美国物流管理成本占总成本的3.8%，而物流总成本仅占GDP不到10%。

完善的现代技术装备是日本物流企业占据制高点的关键所在，在信息化时代，日本物流充分发挥第三方物流的作用，以现代物流技术为支撑，重视精细物流的发展，物流配送社会化程度高，物流信息系统发达。

欧洲在物流产业上具有明显特色，科技进步尤其是IT技术的发展及相关的合并联盟，促进了欧洲物流业的快速发展，潜在市场达1 910亿美元，特别是第三方物流市场迅猛发展，服务收入占物流总收入的24.42%，但是与美国和日本相比，欧洲的智慧物流发展相对缓慢。

以互联网、云计算、大数据等为代表的智慧技术已经在我国有了广泛的应用，并已经显现成效。但由于各种因素的影响，物流产业在我国仍然是智慧技术应用的“洼地”，中国物联网应用市场结构调查显示，物流应用进展只是相关产业规模的3.4%。智慧技术在智慧物流领域的应用还有巨大的发展空间。

目前，我国的智慧物流服务平台初步实现了物流信息的发布、共享、交易撮合及简单的增值服务，但就物流信息化水平而言，缺乏有效的产品和技术支撑，应用功能大多停留在信息发布，平台发挥作用受限、落地难。如何实现运输透明化、路径最优化、配送智能化及管理和决策的科学化，是现代物流的短板。

（二）智慧物流的特点

1.智能化

智能化是智慧物流的典型特征，它贯穿物流活动的全过程，随着人工智能技术、自动化技术、信息技术的发展，智能化的程度将不断提高。智慧物流的应用不仅仅限于库存水平的确定、运输道路的选择、自动跟踪的控制、自动分拣的运行、物流配送中心的管理等问题的解决，随着时代的发展，也将不断地被赋予新的内容。

2.柔性化

“以顾客为中心”，即真正地根据消费者的需求来提供产品或服务，已经成为各行各业通用的经营理念。物流行业也不例外，必须按照客户的需要提供高度可靠的、特殊的、额外的服务。随着物流行业的发展，“以顾客为中心”服务的内容将不断增多，服务的重要性也将越来越大，如果没有智慧物流系统，柔性化的目的是不可能达到的。

3.一体化

智慧物流活动既包括企业内部生产过程中的全部物流活动，又包括企业与企业、企业与个人之间的全部物流活动等。智慧物流的一体化是指智慧物流活动的整体化和系统化，是以智慧物流管理为核心，将物流过程中的运输、存储、包装、装卸等诸环节集合成一体化系统，以最低的成本向客户提供最满意的物流服务。

4.社会化

随着物流设施的国际化、物流技术的全球化和物流服务的全面化，物流活动并不仅仅局限于一个企业、一个地区或一个国家。为实现货物在国际上的流动和交换，以促进区域经济的发展和世界资源优化配置，一个社会化的智慧物流体系正在逐渐形成。构建智慧物流体系对于降低商品流通成本将起到决定性的作用，并成为智能型社会发展的基础。

智慧物流以智能化和集成化的管理方式对物流自动化装备、智能化系统进行控制，以软硬件结合的方式实现智慧物流的自动感知识别、物流服务可追溯、物流管理智能化决策等功能，从而提高物流系统分析决策和智能执行的能力以及整个物流系统的智能化、自动化水平。

京东无人仓

（三）智慧物流的功能（见表5-2-1）

表5-2-1　**智慧物流的功能**

功能	内容
识别感知功能	智慧物流要将物品信息进行数字化处理，通过使用射频识别、卫星定位技术，快速对物品进行识别，进而实现物流领域中生产自动化、销售自动化、流通自动化的管理
决策功能	将数据挖掘和信息处理技术应用于物流管理和配送系统，通过对物流数据、客户需求、商品库存等信息进行数据挖掘和分析，计算并决策最佳仓储位置与配送路径，实现物流存储与配送决策的智能化
定位追溯功能	通过射频识别、卫星定位技术，可实时获取车辆及物流配送过程各环节的数据和信息，认识货物的位置和状态等配送信息，对货物进行定位和追踪管理，为客户与管理者提供实时的物流运行状态的信息反馈，并可对物品产地等相关生产和流通信息进行追溯，当物品出现问题时，便于追根溯源

（四）智慧物流的作用

1.降低物流成本，提高企业利润

生产商、批发商、零售商三方通过智慧物流相互协作，信息共享，如物体标识及追踪、无线定位等技术应用，能够有效实现智能调度管理、整合物流核心业务流程，降低物流成本，减少流通费用、增加利润。

京东布局地下物流系统

2.加速物流产业的发展，成为物流业的信息技术支撑

智慧物流的建设，将加速当地物流产业的发展，集仓储、运输、配送、信息服务等多功能于一体，打破行业限制，协调部门利益，整合物流资源、实现集约化高效经营，发挥整体优势、资源优势，优化社会物流资源配置。

3.为企业生产、采购和销售系统的智能融合奠定基础

随着RFID技术与传感器网络的普及，物与物的互联互通，将给企业的物流系统、生产系统、采购系统与销售系统的智能融合打下基础，而网络的融合必将产生智慧生产与智慧供应链的融合，企业物流完全融入企业经营之中，打破工序、流程界限，打造智慧企业。

4.使消费者节约成本，轻松、放心购物

智慧物流通过提供货物源头自助查询和跟踪等多种服务，尤其是对食品类货物的源头查询，能够让消费者买得放心、吃得放心，增强消费者的购买信心，从而促进消费，最终对整体市场产生良性影响。

5.提高政府部门的工作效率

智慧物流可全方位、全程监管食品的生产、运输、销售，使监管更彻底更透明，政府部门的工作效率将大大提高。

6.促进当地经济进一步发展，提升综合竞争力

智慧物流集多种服务功能于一体，强调信息流与物质流快速、高效、通畅地运转，从而降低社会成本，提高生产效率，整合社会资源。

果行育德

想一想　你知道智慧物流的发展对我国具有什么意义吗？

一起行动吧　我国物流产业发展与经济高质量发展的要求相比还有很大差距，需要加快建设以“互联网+物流”为特征的智慧物流产业链，而智慧物流建设离不开国家“科技强国”战略的支撑。

二、智慧物流技术

京东智慧物流

菜鸟“物流天眼”计划有多牛？通过应用边缘计算技术，菜鸟使普通摄像头智能化，成为重要的IoT设备，通过智能算法分析采集感知到的视频数据，实时分析车、货、人的动态，辅助管理者做决策。经过改造的分拨中心，效率提高15%，一年节省上千万元。

微课 5-3

智慧物流功能及作用

（一）智慧物流技术架构

智慧物流是基于物联网技术在物流业应用，在信息网络与物流实体网络融合的基础上提出来的，智慧物流的体系架构与物联网技术体系架构相似，仍然是由感知层、网络层（决策层）、应用层共三层架构所组成（如图5-2-2所示）。

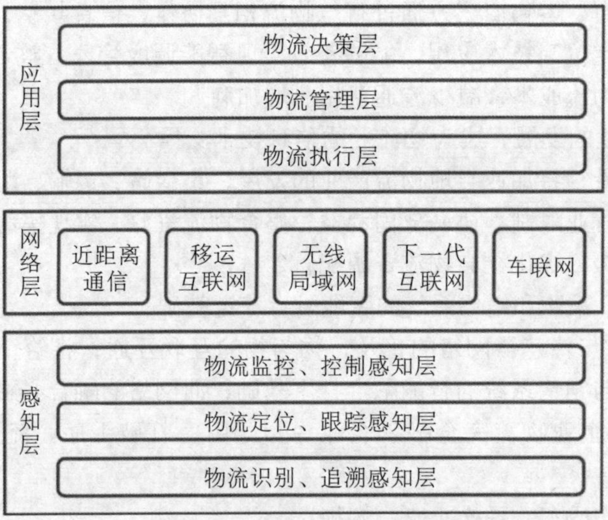

图5-2-2　智慧物流技术架构

感知层是虚实世界连接的接口层，是互联网与物流实体网络链接的接口，是智慧物流网络链接的起点。就像我们的耳、鼻、眼一样，智慧物流系统借助于各类物联网感知技术感知信息，让实体的物流世界与虚体的物流大脑融为一体。

网络层与决策层是智慧物流的决策中心与神经网络，是数据传输与处理层，是物流网络的信息传输体系。网络层连接物流大脑，通过大数据、云计算、人工智能等技术进行信息处理与科学决策。

应用层也是执行层，在实际场景中，所有执行智慧物流系统决策的系统都属于执行层，既包括单体智能设备，又包括物流设备系统，甚至人员操作，只要是在执行智慧物流系统的决策，就应被视为执行层的一部分。智慧物流执行层最主要的设备是自动化的物流技术设备应用，它自动执行物流大脑的决策与判断。

（二）智慧物流感知与识别技术

感知技术是物联网核心技术，实现物品自动感知与联网的基础，主要技术见表5-2-2。

表5-2-2　智慧物流感知与识别技术

技术名称	举例
编码技术	目前，中国编码体系混乱，主要有：OID、GS1等编码系统。在国家商贸物流标准化试点示范中要求采用GS1编码体系，奠定物联网基础的EPC（电子产品代码）也属于GS1体系。编码形式主要有条形码、二维码等
识别技术	包括条码识别技术、无线射频识别（RFID）技术、各类光电扫描设备与产品、RFID识别装置等
传感技术	位置、距离、温度、湿度等各类传感设备与技术
追踪定位技术	主要包括GPS导航技术、北斗导航技术、各类室内导航与定位技术等，视觉导航与定位技术、地理信息系统GIS技术、导航地图技术等
其他感知技术	红外、激光、NFC、M2M、机器视觉等各类感知技术等

（三）网络层技术体系

网络层是智慧物流的智慧中心，主要由网络传输技术、数据处理技术、智能决策技术组成（见表5-2-3）。

表5-2-3　网络层技术体系

技术	内容
网络传输技术	包括现场总线技术、无线局域网技术、以太网技术、智能物联网技术、互联网技术、M2M、CPS技术等
数据处理技术	包括大数据存储技术，如数据记录、数据存储、数据清洗、数据验证、数据共享等；大数据处理技术，如数据统计（SPSS）、概率分析、数据可视化、数据挖掘等；云计算技术以及数据可视化技术等
智能决策技术	包括人工智能技术、仿真模拟技术、物流软件技术，如智能优化分析系统、统计预测分析系统、智能决策系统、智能管理系统、智能调度分析系统、仓储控制与管理系统、各类运输软件系统等

（四）执行层技术体系

（1）物流单元化技术与设备：托盘（箱、笼）、物流周转箱、集装箱、集装袋等。

（2）自动化分拣技术与设备：机器人分拣、自动输送分拣、语音拣选、电子标签拣选、货到人拣选等；其中自动输送分拣技术种类众多，有交叉带分拣机、滑块分拣机、摆臂分拣机、模组带分拣系统、万向摆轮分拣机、麦克纳姆轮分拣机、翻盘分拣机等，分拣系统结构形式上也多种多样，有直线式、环绕式、矩阵式、多层结构式等。

（3）智能搬运技术与设备：通过自主控制技术，进行智能搬运及自主导航，使整个物流作业系统具有高度的柔性和扩展性，例如搬运机器人、AGV、无人叉车、自动输送线、伸缩机、堆码垛机器人等。

(4) 自动存储技术与设备：通过货架系统、控制系统、自动分拣系统、自动传输系统等技术装备集成的自动存储系统，实现货物自动存取、拣选、搬运、分拣等环节的机械化与自动化。

(5) 智能货运设备技术与设备：货运车联网、智能卡车系统、无人机系统、配送机器人系统。

三、智慧物流新未来

随着物流业不断发展，智慧物流也从理念走向了实际应用。例如，基于智慧物流理念而建的成都物流公共信息平台将最流行的“云计算”技术融入平台的搭建之中，对大量用网络连接的计算资源统一进行管理和调度，从而构建了一个计算资源池向用户提供按需服务。其具有超大规模、虚拟化、可靠安全等独特功能。

当前，我国“互联网+物流”仍处于发展的起步阶段，在一些领域取得了积极进展，引领物流领域产业互联网的发展道路。

（一）“互联网+高效运输”

在“互联网+”时代背景下，市场不集中、信息不对称的货运市场潜力巨大，也最先拥抱互联网，催生了一批像“互联网+车货匹配”“互联网+货运经纪”“互联网+甩挂运输”“互联网+合同物流”等的“互联网+”创新模式，涌现了一批以运满满、货车帮、卡行天下、天地汇为代表的“互联网+”企业。“互联网+高效运输”通过搭建互联网平台，实现货运供需信息的在线对接和实时共享，将分散的货运市场有效整合起来，改进了运输的组织方式，提升了运输的运作效率。近年来，单纯的车货匹配模式逐步向无车承运人模式转型，数据在线化、运力社会化、资源平台化正在助推产业新变革。2016年8月，交通运输部“无车承运人”试点政策正式出台，为行业下一步发展指明了方向。

（二）“互联网+智能仓储”

“互联网+”为传统仓储设施的转型指明了方向，智能仓储在快递、电商、冷链、医药等细分领域快速发展，如京东商城、菜鸟网络、顺丰速运、九州通等企业积极开发全自动仓储系统，设计智能仓储机器人，完成货物的上架、拣选、打包、贴标签等操作，大幅提高仓储管理的效率和水平。随着“互联网+”理念的引入，现代化、信息化仓储设施的投入，仓储信息的集成、挖掘、跟踪与共享，有效实现了取货自动化、进出货无缝化和订单处理准确化，现代仓储管理将更加精准、高效、智能，从而带动行业高端化转型升级。

（三）“互联网+便捷配送”

“最后一公里”是消费市场发展的重要瓶颈，也是行业“互联网”改造的广阔蓝海。借助互联网平台，搭建城市配送运力池，开发共同配送、集中配送、智能配送等先进模式，能有效解决“最后一公里”的痛点，如日日顺、速派得、云鸟配送等关注末端配送的平台型企业，不断探索便捷配送的新模式。随着末端配送的智能化改造，菜鸟、京东、顺丰等快递物流企业积极布局智能自提柜市场，实现系统的互联共享。此外，适应本地生活服务的需要，共享经济模式在末端配送领域得到推广应用，美团、百度、饿了么推出了即时配送模式，也是“互联网+便捷配送”的新亮点。

（四）“互联网+智慧物流”

当前，货物跟踪定位、无线射频识别、电子数据交换、可视化技术、移动信息服务和位置服务等一批新兴技术在物流行业应用效果明显。据2015年中物联流信息化监测显示，88.9%的物流企业实现了对自有车辆的追踪，89%的企业实现了全程透明可视化。越来越多的企业将物联网、云计算、大数据等新技术作为企业投入重点。例如，菜鸟网络陆续推出物流预警雷达、大数据分单路由、电子面单、四级地址库等数据基础服务，利用智慧物流大数据分析，促进快递市场的组织优化和效率提升，引领智慧物流发展趋势。

（五）“互联网+供应链一体化”

物流是产业链上下游衔接的重要环节，也是实现供应链一体化的重要纽带。一批行业代表企业，如招商局物流、怡亚通、安吉物流等，借助自身资源和信息优势，向供应链上下游延伸，通过数据协同实现更大范围的供应链协同，重构供应链协作关系。

果行育德

想一想　从《河北雄安新区规划纲要》中我们得到了什么启示？

一起行动吧　无人超市、无人驾驶的顺利运行，无人车配送、智能柜刷脸先行先试等智慧物流设施的启用，无疑也加快了雄安这座未来智慧城市建设的脚步。

行动进行

通过学习掌握了以上的知识后，我们准备开始实际操作。

步骤一：智慧物流发展现状

2020—2024年我国智慧物流市场规模增速均保持在两位数以上，2024年市场规模已经达到12 785亿元，同比增长约17.65%。预计到2025年，市场规模将突破1.4万亿元。近年来，随着物联网、人工智能等技术的发展，以及新零售、智能制造等领域对物流的更高要求，智慧物流市场的规模将持续扩大（如图5-2-3所示）。

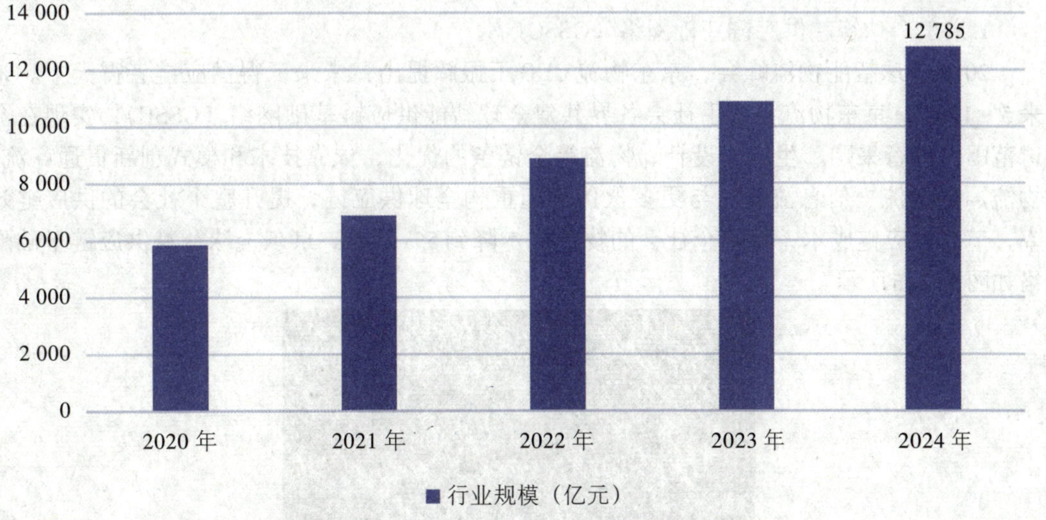

图5-2-3　中国智慧物流行业规模

数据来源　中国产业信息网。

物流现代化智能仓储系统越来越受到各方面的关注，其所提供的高效率和低费用的物流服务使得智能化物流系统得到了巨大的发展。从国内市场来看，我国智能仓储行业市场规模近5年呈稳步增长的态势。2024年我国智能仓储行业市场规模约为1 760.5亿元，同比增长约14.8%（如图5-2-4所示）。

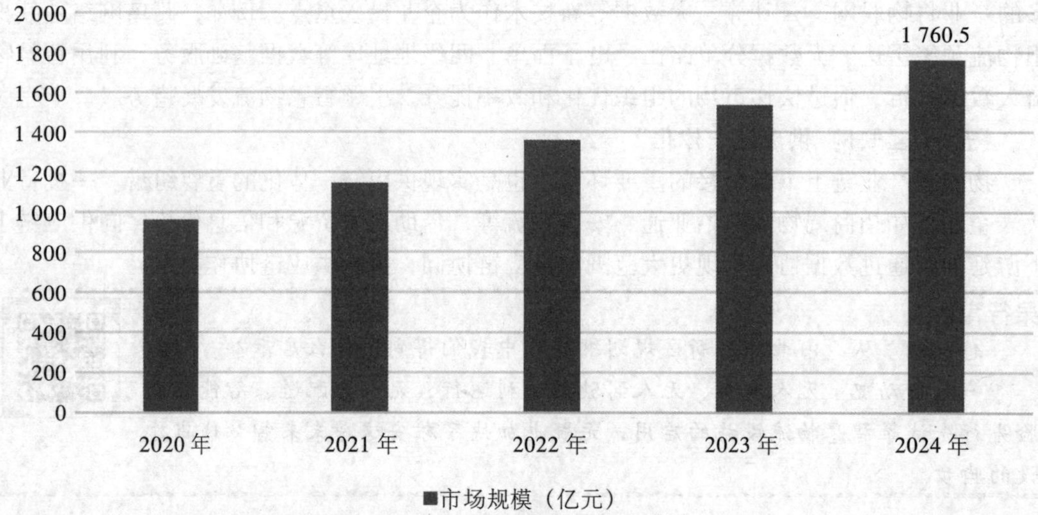

图5-2-4 中国智能仓储市场规模

数据来源 观研报告。

智能仓储的应用主要体现在智能快递柜以及智能无人仓两方面。智能快递柜可以在很大程度上解决物流行业的末端问题，从而减少末端人力成本输出，推动我国物流产业的良性发展。近年来，国家密集出台政策鼓励建设智能末端服务设施，同时将智能快递柜纳入公共服务设施规划，大力推动以智能快递柜为代表的智能终端的落地和建设。

步骤二：智慧物流代表性企业

1.京东全球智慧供应链基础网络（GSSC）

2018全球智能物流峰会，京东物流CEO王振辉提出：未来，得供应链者得天下。未来5～10年，京东物流将携手社会各界共建全球智能供应链基础网络（GSSC），实现在全球范围内进行采购、生产、设计、物流等全链条的优化，依靠技术和模式创新贯通商流、物流、资金流、信息流等。与更多伙伴一起重构全球供应链，提升整个社会的供应链效率，节约供应链成本，将整个社会的物流成本降到5%以内。京东全球智慧供应链基础网络如图5-2-5所示。

图5-2-5 京东全球智慧供应链基础网络

（1）830双通全球网。互联互通是各国自身经济增长和国家间贸易增长的必要条件，通过打造供应链基础设施，实现资源、生产、服务、消费的连接实现共同发展。为此，京东物流计划搭建以中国制造通向全球，全球商品进入中国的双通网络，采取830枢纽布局，即国内八大物流枢纽加全球三十大核心供应链节点的全球化布局。通过设立海外仓、开通跨境专线、智慧化多式联运等方式，830双通全球网实现体验和效率的双重优化，将缩短全球商品的“距离”，达到48小时中国与全球相通。

（2）十大科技输出。京东通过订单履约平台、仓储平台、运输平台、库存平台、零售平台、大数据平台等经过检验的稳定六大物流智慧系统将货物、仓储、配送、商家、消费者联通起来，统一管理、统一操作、统一算法，形成以体验为导向的全流程物流网络。在科技改变世界的今天，京东物流还将通过无人仓、无人车、无人机、无人零售等四大“黑科技”，在全球引发效率革命。

（3）五大赋能方向。随着数字互联时代的开启，供应链服务的边际成本无限趋近于零。但资源的分散、供应链节点的脱钩，使得商品生产商、品牌商、零售商、消费者甚至资金都得不到信息联通。京东物流通过深入全球的网络及信息系统，对供应链全链条进行数字化作业。以数字供应链、数字路由、数字清关、全链路追溯、供应链金融等五大全链条数字化，提升跨境通关效率（如图5-2-6所示）。

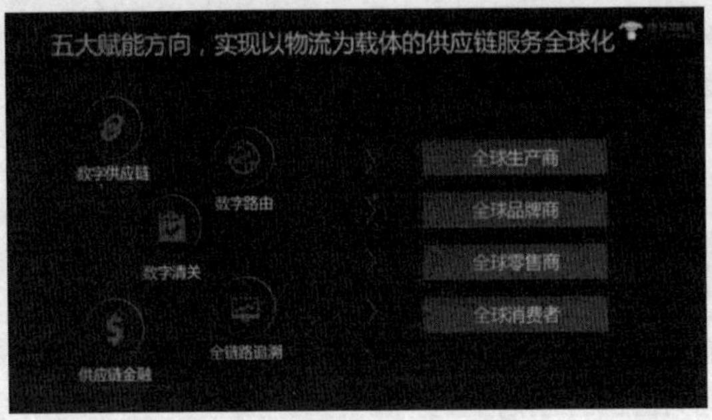

图5-2-6　五大赋能方向

具体来说，针对跨境物流的长链条、节点多、不可控等特点，京东物流早前通过运用区块链、物联网、大数据等信息技术对跨境商品进行全程跟踪溯源，将跨境商品的物流动态可视化、透明化，实现物流链条管理、商品防伪、农产品质量保障等功能。而以“商流+物流”的结合，通过大数据为客户提供消费洞察、选品决策、补货预测、本地营销等方案，提升供应链效率，减少不必要的库存及加速商品流转。事实上，全球化贸易的复杂程度超出想象。市场变化快速、商品前置周期长、资金周转困难等痛点一直困扰贸易商。以仓库对接系统、经营数据监控、大数据风控等数字化手段，京东将为客户提供包括现货融资、采购融资、支付清算、保理等一系列供应链金融服务，帮助客户顺利展开全球化贸易。

2.菜鸟“1+8+N”物流新格局

菜鸟自身定位“物流行业的大脑”，通过智能平台连接物流企业，为全球物流产业升级赋能。菜鸟不断推出智能硬件及软件产品，加快各行业协同，有利于其建设国家智能物流骨干网和现代物流体系。

“1”是菜鸟牵头打造的一张物流骨干网，菜鸟起到“智慧大脑”的作用；“8”是中国邮政，以及中通等七家快递上市公司，他们作为行业龙头，承担了包裹运输和配送；“N”

是包括仓储和落地配、即时物流、物流科技公司等在内的物流生态企业。“1+8+N”共同构成了面向未来的物流基础设施。

菜鸟骨干网从2013年起步建设，采用的也是“枢纽+通道+网络”的方式。这张骨干网不仅打造了物理设施，更通过智能技术对物流行业进行了数字化升级。

截至2024年6月，菜鸟已经形成“全国七大区域枢纽+数百个区域仓”、“城市仓+城市配送网络+末端驿站”布局，包括华北、华东、华南、华中、西南、西北、东北等。在每个区域的城市之间，又形成了大节点带动小节点的行业示范效应，各类枢纽分别承担了仓储、转运、进口保税、出口集货等不同的物流功能。

行动评价

学习任务完成情况评价表

评价内容	评价标准		评价等级			
			A（80～100分）	B（60～79分）	C（60分以下（不含60））	疑惑点
理论知识评价	1	能理解智慧物流的含义及特点				
	2	能阐述智慧物流的功能及作用				
	3	能指出智慧物流的主要技术				
技能操作评价	1	能够阐述智慧物流的功能及作用				
	2	能够说明智慧物流的发展现状				
	3	能够指出代表性的智慧物流企业				
职业素养评价	1	具有“科技强国”发展战略的支撑意识				
	2	具有智慧城市建设的意识和责任				

说明：同学们根据自我评价打分，然后在分值所处范围内相应的等级下打“✔”，若未得到满分，同学们可在“疑惑点”这一列列出自己的疑问哦！

行动巩固

行动巩固 5-2

一、单项选择题

1.（　　）是智慧物流的典型特征。

A.智能化　　B.柔性化　　C.一体化　　D.社会化

2.智慧物流要将物品信息进行（　　）处理。

A.代码化　　B.数字化　　C.密码化　　D.简化

3.“ILS”的中文全称是（　　）。

A.企业自营物流　　B.物流联盟　　C.第三方物流　　D.智慧物流

4.以下不属于大数据技术物流应用场景的是（　　）。

A.需求预测　　B.设备维护预测　　C.仓库选址　　D.供应链风险预测

二、多项选择题

1.智慧物流的特点有（　　）。

A.智能化　　B.柔性化　　C.一体化　　D.社会化

2.智慧物流技术包括（　　）。

A. 物联网技术　　B. 物联网技术　　C. 人工智能　　D. 5G技术

3. 5G网络技术具备的优势有（　）。

A. 高速度数据传输　　B. 传输低时延

C. 海量接入特性　　D. 费用高

4. 智慧物流的作用有（　）。

A. 降低物流成本，提高企业利润

B. 加速物流产业的发展，成为物流业的信息技术支撑

C. 为企业生产、采购和销售系统的智能融合打基础

D. 使消费者节约成本，轻松、放心购物

5. 物联网技术主要的物流应用场景有（　）。

A. 产品溯源　　B. 冷链控制　　C. 安全运输　　D. 路由优化

三、判断题

1. 人工智能技术目前主要由电商平台推动，已发展成熟。（　）

2. 智慧物流可全方位、全程监管食品的生产、运输、销售，使监管更彻底更透明，信息化平台政府部门的工作效率将大大提高，有助于我国政治体制的改革。（　）

3. 区块链技术目前尚不成熟。（　）

四、简答题

什么是智慧物流？

五、案例分析

越来越多的制造业企业开始拥抱智能制造，建设智能工厂，推动企业升级发展，一汽大众佛山工厂即其中之一。2019年11月，一汽大众佛山工厂生产基地项目引入移动机器人47台，携手海康机器人联合创新，打造了汽车行业首例超市“2.0”解决方案，实现厂级协同的智慧物流系统。

据一汽大众汽车有限公司生产管理部部长窦恒言介绍，一汽大众致力于客户导向，提供从A0到C级大众和奥迪两大品牌的丰富产品，在产品配置、技术实力、生产制造以及用户体验等方面均处于领导地位。佛山工厂是一汽大众最先进的制造工厂之一，同时也将开始新能源汽车的生产。

“超市2.0”解决方案实施后效果显著，成效可总结为以下五点：

（1）“货到人”模式更人性化，降低了员工工作强度，减少了占总工时30%的无效行走。

（2）超市2.0提高了汽车零件超市整体的工作效率和准确率，后端智能调度系统和图形化拣选指示使得拣选错误率降低为零。

（3）全程无人的标准化补货运输过程，让作业质量大幅度提升。

（4）系统软件协同联动、数据互通，真正做到智能运维、实时反馈，让生产运营管理水平进一步提升。

（5）相对于传统物流超市具有更高的柔性，新车型并入等前提变化导致的方案调整都可以通过动态库存布置、智能系统负载均衡来轻松应对，节省了大量的重复规划工作。

从验收数据来看，该项目为佛山物流部优化缩减备货和补货人员20%以上；减少7台牵引车设备，缩减原超市管理区域面积20%以上；项目固定资产回收周期小于3年；超市

区域出库准确率提升至100%，供产线零件及时率100%，上线后产线实现生产0停台。

案例分析要求：请大家根据案例分析，一汽大众的智慧物流有哪些作用？

任务三 物流金融

行动任务

黎晖是今年刚毕业的金融管理专业的学生，由于在校期间一直从事各项兼职工作，攒下了一笔创业的启动资金，他一直希望创立一家自己的公司。经过多方调查，他觉得目前自己资历尚浅，他选择以后从事物流金融方向，所以他去了辉知科技有限公司。

辉知科技有限公司总部位于上海浦东新区陆家嘴金融中心，专业从事物联网领域的科学研究、模式创新、应用开发、服务运营，是集“研、产、融、商”于一体的创新型大型高科技企业集团。

为了准备面试，在学习物流金融的时，他一直分不清供应链金融和物流金融是不是同一个概念，所以他很困扰，请大家帮他解释一下吧！

行动锦囊

一、认识物流金融

微课 5-4

物流金融

物流金融是一种创新型的第三方物流服务产品，它为金融机构、供应链企业以及第三方物流服务提供商业间的紧密合作提供了良好的平台，使得合作能达到“共赢”的效果。它为物流产业提供资金融通、结算、保险等服务的金融业务，它伴随着物流产业的发展而产生。

（一）物流金融的定义

1.物流金融的含义

超级信用证介绍

物流金融（Logistics Finance）是指在面向物流业的运营过程中，通过应用和开发各种金融产品，有效地组织和调剂物流领域中货币资金的运动，这些资金运动包括发生在物流过程中的各种存款、贷款、投资、信托、租赁、抵押、贴现、保险、有价证券发行与交易，以及金融机构所办理的各类涉及物流业的中间业务等。

2.物流金融的分类

按照物流金融的内容划分，物流金融业务可以分为结算、仓单、授信等主要业务内容：

（1）在结算中物流企业作为交易双方利用各种结算方式进行融资。

（2）仓单业务主要指仓单融资，这里物流企业则以监管人的身份为银行提供监管服务，承担违规放货而使银行造成的损失，同时向银行收取监管收益。

（3）授信业务指金融机构根据物流企业的经营规模、经营业绩、资产情况及信用情况，授予物流企业一定的授信额度，物流企业可以直接利用授信额度从银行借款，再向其关联企业提供灵活的质押贷款，由物流企业直接监控质押贷款业务的全过程，金融机构基本上不参与该质押贷款业务的具体运作。

（二）物流金融的作用

（1）物流金融在宏观经济结构中的功能与作用。在国民经济核算体系中，物流金融对提高流通服务质量、减少物资积压与消耗、加快宏观货币回笼周转起着不可取代的杠杆作用。

（2）物流金融在微观经济结构中的功能突出地表现为物流金融服务，特别是在供应链中第三方物流企业提供的金融与物流集成式的创新服务。其主要服务内容包括：物流、流通加工、融资、评估、监管、资产处理、金融咨询等。

物流金融不仅能为客户提供高质量、高附加值的物流与加工服务，而且为客户提供间接或直接的金融服务，以提高供应链整体绩效及客户的经营和资本运作效率等。物流金融也是供应链的金融服务创新产品，物流金融的提供商可以通过自身或自身与金融机构的紧密协作关系，为供应链中的企业提供物流和金融的集成式服务。

（3）在第四方物流出现后，物流金融才真正地进入“金融家族”。在这里，物流金融将被看成一种特殊的“货币”，随着物流的流转一起出现在金融交易活动之中。物流金融利用它特殊的身份，将物流活动同时演化一种金融交易的衍生活动，物流金融这时变成一种特有的金融业务工具、特有的复合概念、特有的金融与物流的交叉学科。然后，从这个交叉学科中我们再去追踪它的存在及发展的可行性和需求。

（三）物流金融的特点

物流金融具有以下特点：

（1）标准化：不仅所有物流产品的质量和包装标准都以国家标准和协议约定的标准由物流企业验收，而且要求所有动产质押品都按统一、规范的质押程序由第三方物流企业看管，避免动产质押情况下由银行派人看管和授信客户自行看管的不规范行为，确保质押的有效性。

（2）信息化：所有质押品的监管都借助物流企业的物流信息管理统一进行，从总行到分行、支行的业务管理人员，都可以随时通过物流企业的信息管理系统，检查质押品的品种、数量和价值，获得质押品的实时情况。

（3）远程化：借助物流企业覆盖全国的服务网络，再加上银行系统内部的资金清算网络，动产质押业务既可以在该行所设机构地区开展业务，又可以开展异地业务，并能保证资金的快捷汇划和物流的及时运送。

（4）广泛性：物流金融的服务区域具有广泛性，既可以在银行所设机构地区，又可以超出该范围开展业务。质押货物品种具有广泛性，涵盖物流企业能够看管的所有品种，如各类工业品和生活品，产成品以及原材料等。

（四）物流金融的参与主体

物流金融主要涉及三个主体：物流企业、金融机构和融资企业。融资企业是融资服务的需求者；物流企业与金融机构为融资企业提供融资服务；三者在物流管理活动中相互合作、互利互惠。物流金融外延相对较大，涉及存款、保险、信托等领域，是多方主体共同参与价值创造的过程（见表5-3-1）。

表5-3-1 **物流金融业务参与主体的权利义务关系**

参与主体	权利	义务
金融机构	质押物信息、贷款利润	发放贷款、支付物流企业佣金
融资企业	获得贷款、质押物信息	偿还贷款及利息、支付物流服务费用、担保费用
物流企业	获得运输和监管费用、质押物信息	物流服务、监管、质押物审验

在物流活动中，物流企业充分利用各种金融工具，加强对业务资源的组织管理，与金融机构、融资企业形成了协同发展的合作关系，从而有效降低了资金占用成本，提升了资本运营效率，促成了资金流、信息流、物流的相互交融（如图5-3-1所示）。

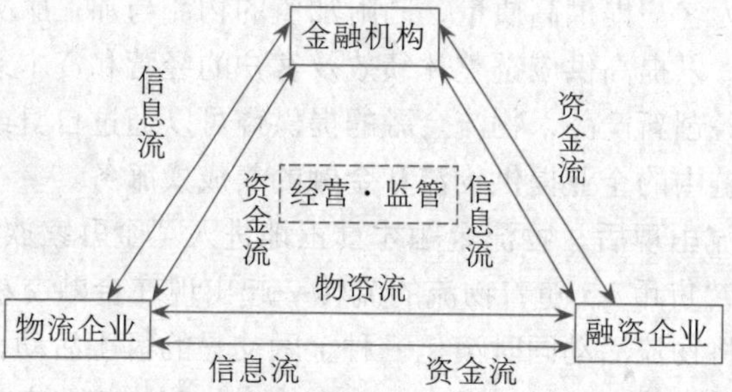

图5-3-1 物流金融各参与主体的协作关系

果行育德

想一想　从全程无纸化的人民币交易中我们得到了什么启示？

一起行动吧　不仅体现了市场对人民币国际化的认可，同时在新冠肺炎疫情持续发酵的背景下，基于区块链技术的数字化方案解决了传统贸易金融中对纸质文档高度依赖的痛点。

二、物流金融实施方式

传化金融 37℃+

"未来的物流企业，谁能够提供金融产品和金融服务，谁就能成为市场的主导者，时下，物流金融已经成为某些国际物流巨头的第一利润来源。物流金融成为获得客户资源以及垄断资源的重要手段，在目前物流金融刚刚兴起的过程中，谁能够领先介入物流金融，谁就能够率先抢占先机。"

依据现代物流中所需要的金融服务类型，物流金融的实施方式分为物流结算金融、物流仓单金融、物流授信金融。

微课 5-5 物流金融实施方式

（一）物流结算金融

物流结算金融是指利用各种结算方式为物流企业及其客户融资的金融活动。目前主要有代收货款、垫付货款、承兑汇票等业务形式。

代收货款业务是物流公司为企业（大多为各类邮购公司、电子商务公司、商贸企业、金融机构等）提供传递实物服务的同时，帮助供方向买方收取现款，然后将货款转交投递企业并从中收取一定比例的费用。代收货款模式是物流金融的初级阶段，从盈利来看，它直接带来的利益属于物流公司，同时厂家和消费者获得的是方便快捷的服务。代收货款流程如图5-3-2所示。

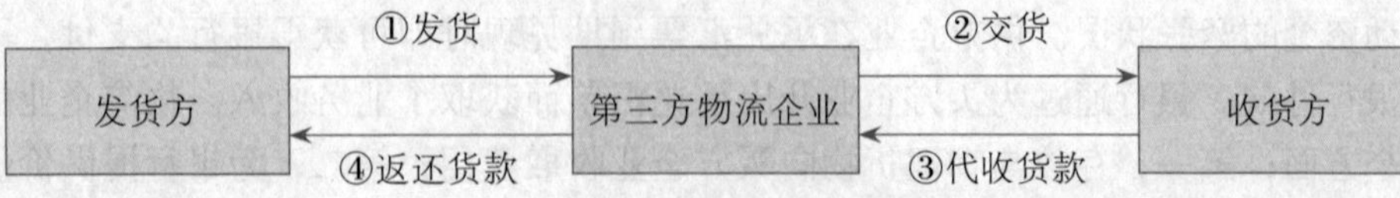

图5-3-2　代收货款流程图

垫付货款业务是指当物流公司为发货人承运一批货物时，物流公司首先代提货人预付一半货款；当提货人取货时则交付给物流公司全部货款。为消除垫付货款对物流公司的资金占用，垫付货款还有另一种模式，即发货人将货权转移给银行，银行根据市场情况按一定比例提供融资，当提货人向银行偿还货款后，银行向第三方物流企业发出放货指示，将货权还给提货人。垫付货款流程如图5-3-3所示。

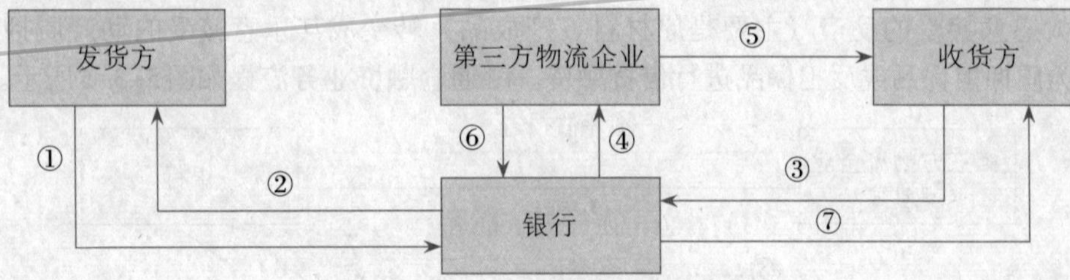

图5-3-3　垫付货款流程图

此种模式下，物流公司的角色发生了变化，由原来商业信用主体变成了为银行提供货物信息、承担货物运送，协助控制风险的配角。从盈利来看，厂商获得了融资，银行获得了利息收入，而物流企业也因为提供了物流信息、物流监管等服务而获得了利润。

承兑汇票业务又称保兑仓业务，其业务模式为：开始实施前，买方企业、卖方企业、物流企业、银行要先签订《保兑仓协议书》，物流公司提供承兑担保，买方企业以货物对物流公司进行反担保，并已承诺回购货物；需要采购材料的借款企业，向银行申请开出承兑汇票并缴纳一定比例的保证金；银行先开出银行承兑汇票；借款企业凭银行承兑汇票向供应商采购货品，并交由物流公司评估入库作为质押物；金融机构在承兑汇票到期时兑现，将款项划拨到供应商账户；物流公司根据金融机构的要求，在借款企业履行了还款义务后释放质押物。如果借款企业违约，则质押物可由供应商或物流公司回购。四方保兑仓业务流程如图5-3-4所示。

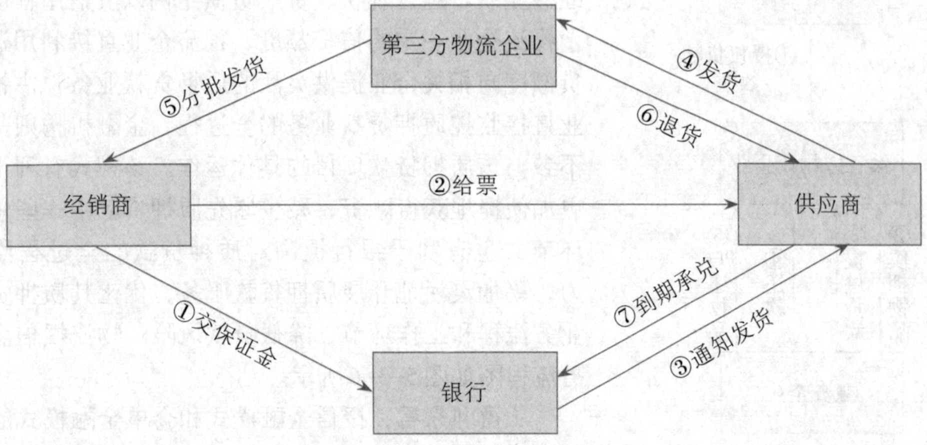

图5-3-4　四方保兑仓业务流程图

从盈利来看，买方企业通过向银行申请承兑汇票，实际上是获得了间接融资，缓解了企业流动资金的紧张状况。供方企业在承兑汇票到期兑现时即可获得银行的支付，不必等买方向银行付款。银行通过为买方企业开出承兑汇票而获取了业务收入。物流企业的收益来自两个方面；第一，存放与管理货物向买方企业收取费用；第二，为银行提供价值评估与质押监管中介服务收取一定比例的费用。

（二）物流仓单金融

物流仓单金融主要是指融通仓融资，其基本原理是：生产经营企业先以其采购的原材料或产成品作为质押物或反担保品存入融通仓并据此获得协作银行的贷款，然后在其后续生产经营过程中或质押产品销售过程中分阶段还款。第三方物流企业提供质押物品的保管、价值评估、去向监管、信用担保等服务，从而架起银企间资金融通的桥梁。其实质就是将银行不太愿意接受的动产（主要是原材料、产成品）转变成其乐意接受的动产质押产品，以此作为质押担保品或反担保品进行信贷融资。融通仓融资业务流程如图5-3-5所示。

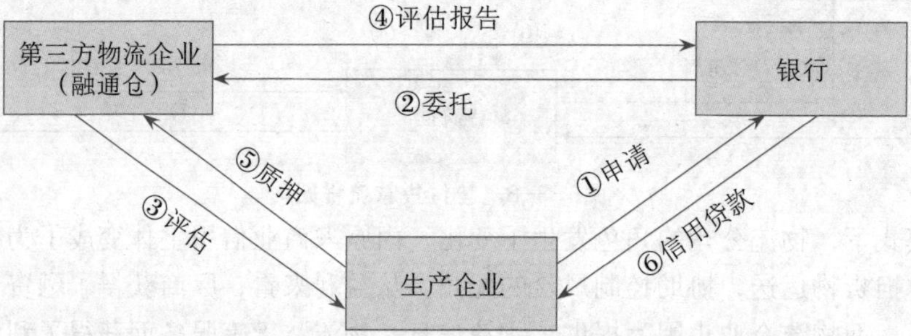

图5-3-5 融通仓融资业务流程

从盈利来看，供方企业可以通过原材料、产成品等流动资产实现融资。银行可以拓展流动资产贷款业务，既减少了存贷差产生的费用，又增加了贷款的利息收入。物流企业的收益来自两个方面：第一，存放与管理货物向供方企业收取费用；第二，为供方企业和银行提供价值评估与质押监管中介服务收取一定比例的费用。另外，随着现代物流和金融的发展，物流仓单金融也在不断创新，出现了多物流中心仓单模式和反向担保模式等新仓单金融模式。

（三）物流授信金融

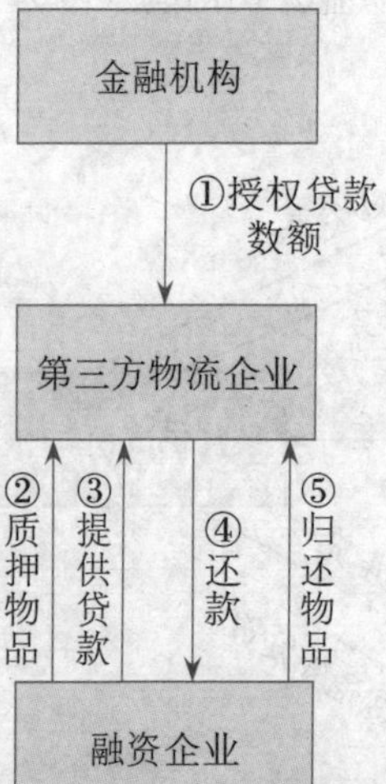

图5-3-6 物流授信金融业务流程图

物流授信金融是指金融机构根据物流企业的规模，经营业绩、运营现状、资产负债比例以及信用程度，授予物流企业一定的信贷额度，物流企业直接利用这些信贷额度向相关企业提供灵活的质押贷款业务，由物流企业直接监控质押贷款业务的全过程，金融机构则基本上不参与该质押贷款项目的具体运作。该模式有利于企业更加便捷地获得融资，减少原先质押贷款中一些烦琐的环节；也有利于银行提高对质押贷款的全过程监控能力，更加灵活地开展质押贷款服务，优化其质押贷款的业务流程和工作环节，降低贷款风险。物流授信金融业务流程图如图5-3-6所示。

从盈利来看，授信金融模式和仓单金融模式的各方收益基本相似，但是由于银行不参与质押贷款项目的具体运作，质押贷款由物流公司发放，因此程序更加简单，形式更加灵活。同时，也大大节省了银行与供方企业的相关交易费用。

果行育德

想一想　对于传化支付的方式大家有什么看法？

一起行动吧　要共同遵守行业业务规则，以“诚信、共赢”的心态参与到供应链的运作中，打造良性循环的供应链系统，使金融真正促进实体经济发展。

行动进行

黎晖通过学习掌握了以上的知识后，准备开始实际操作。

步骤一：认识供应链金融的含义

供应链金融（Supply Chain Finance，SCF），是商业银行信贷业务的一个专业领域（银行层面），也是企业尤其是中小企业的一种融资渠道（企业层面）。

它是指银行向客户（核心企业）提供融资和其他结算、理财服务，同时为核心企业的供应商提供应收账款融资服务，帮助其提前收回货款，或者向其分销商提供预付款代付及存货融资服务。简单地说，就是银行将核心企业和上下游企业联系在一起提供灵活运用的金融产品和服务的一种融资模式。

步骤二：阐述供应链金融的特点

供应链金融最大的特点就是在供应链中寻找出一个大的核心企业，以核心企业为出发点，为供应链提供金融支持。一方面，将资金有效注入处于相对弱势的上下游配套中小企业，解决中小企业融资难和供应链失衡的问题；另一方面，将银行信用融入上下游企业的购销行为，增强其商业信用，促进中小企业与核心企业建立长期战略协同关系，提升供应链的竞争能力。在供应链金融的融资模式下，处在供应链上的企业一旦获得银行的支持，资金这一“脐血”注入配套企业，也就等于进入了供应链，从而可以激活整个“链条”的运转；而且借助银行信用的支持，还为中小企业赢得了更多的商机。

步骤三：供应链金融与物流金融的区别（见表5-3-2）

表5-3-2　**物流金融与供应链金融的区别**

对比项	物流金融	供应链金融
服务对象	面向所有符合其准入条件的中小企业，不限规模、种类和地域等	为供应链中的上下游中小企业及供应链的核心企业提供融资服务
担保及风险	开展物流金融业务时，中小企业以其自有资源提供担保，融资活动的风险主要由贷款企业承担	供应链金融的担保以核心企业为主，或由核心企业负连带责任，其风险来自核心企业及上下游中小企业
作用	物流金融中物流企业作为融资活动的主要运作方，为贷款企业提供融资服务	供应链金融则以金融机构为主，物流企业仅作为金融机构的辅助部门提供物流运作服务
合作程度	在融资活动中，物流金融一般仅涉及贷款企业所在地的金融机构	对于供应链金融，由于上下游企业及核心企业经营和生产的异地化趋势增强，因而涉及多个金融机构间的业务协作及信息共享，同时加大了监管难度

行动评价

学习任务完成情况评价表

评价内容	评价标准		评价等级			
			A（80～100分）	B（60～79分）	C（60分以下（不含60））	疑惑点
理论知识评价	1	能理解物流金融的含义				
	2	能阐述物流金融的作用				
	3	能阐述物流金融的三种实施方式				
技能操作评价	1	能够阐述物流金融的含义				
	2	能够分析物流金融的实施方式				
职业素养评价	1	具有无纸化节约的思想				
	2	具有诚信、共赢的心态				

说明：同学们根据自我评价打分，然后在分值所处范围内相应的等级下打“✔”，若未得到满分，同学们可在“疑惑点”这一列列出自己的疑问哦！

行动巩固

行动巩固 5-3

一、单项选择题

1.在（　　）出现后，物流金融才真正地进入“金融家族”。

A.企业自营物流　　B.企业联盟　　C.第三方物流　　D.第四方物流

2.（　　）是指利用各种结算方式为物流企业及其客户融资的金融活动。

A. 物流代理金融　　B. 物流结算金融　　C. 物流仓单金融　　D. 物流授信金融

3.（　　）又称保兑仓业务。

A. 承兑汇票业务　　B. 垫付货款业务　　C.代收货款业务　　D. 代收结算业务

4.（　　）主要是指融通仓融资。

A.物流代理金融　　B.物流结算金融　　C.物流仓单金融　　D.物流授信金融

二、多项选择题

1.物流金融为物流产业提供的服务有（　　）。

A.资金融通　　B.结算　　C.人力　　D.保险

2.按照内容划分，物流金融业务可以分为（　　）。

A. 结算　　B. 仓单　　C. 授信　　D. 平台

3.物流金融的实施方式分为（　　）。

A. 物流代理金融　　B. 物流结算金融　　C. 物流仓单金融　　D. 物流授信金融

4.物流金融的作用有（　　）。

A.在国民经济核算体系中，提高流通服务质量减少物资积压与消耗、加快宏观货币

回笼周转起着不可取代的杠杆作用

B.在微观经济结构中的功能，突出表现为物流金融服务

C.可以变成一种特有的金融业务工具

D.可以使物流速度更快

5.在物流授信金融业务中，主要参与体有（　　）。

A.金融机构　　B.第三方物流企业　　C.生产商　　D.融资企业

三、判断题

1.金融机构全程参与质押贷款业务的具体运作。（　　）

2.从盈利来看，授信金融模式和仓单金融模式的各方收益基本相似。（　　）

3.从盈利来看，买方企业可以通过原材料产成品等流动资产实现融资。（　　）

四、简答题

按照物流金融的内容划分，物流金融业务可分为哪些？

五、案例分析

无锡中储物流有限公司（以下简称“无锡中储”）是中国诚通集团现代物流试点企业。无锡中储主办的无锡金属材料现货市场自1998年开办以来已发展成为苏南地区最大的“前厅后库”式金属材料现货交易市场之一。2024年，无锡的金融与产业领域正经历深刻变革。无锡中储自1986年成立以来，在仓储物流行业深耕多年，尤其在金属材料领域积累了深厚经验，构建起庞大的客户网络。其作为上海期货交易所多种金属产品的指定交割仓库，在本地供应链中占据关键地位。与此同时，中信银行无锡分行持续探寻创新路径，期望拓展业务版图、强化风险管理并助力实体经济发展。当时，金属材料经销商面临着因库存积压导致资金周转困难，以及市场信息不对称引发的融资难题。基于此，双方一拍即合，迎来了合作契机。由于这一业务实现了“三赢效果”，和无锡中储合作的银行越来越多，业务越做越大。根据经验无锡中储还总结出了一套操作流程，分为以下5个阶段：

（1）申请签约：经销公司在充分认识质押业务规定的基础上，向银行提出书面申请，由银行对经销公司的资信进行调查和审核，参考无锡中储的意见，决定同意经销公司成为质押贷款的客户，在银行开户立账。银行、经销公司与无锡中储三方在《金属材料质押贷款章程》上签字盖章。

（2）验收评估：经银行审批同意，经销公司将质押物发运至无锡中储仓库，无锡中储原则上在3天内组织验收入库，同时提出参考意见。验收入库后出具《入库单》，提供质押物的实际品种、规格、数量及其他相关验收材料。每笔质押贷款的实物可分批到货，仓库分批验收，分批提供资料。

（3）批准贷款：银行综合审核所有相关资料，提供入库质押物建议价格的50%～70%贷款额（一般比例，不排除有适当调整的可能）。贷款直接交给经销公司，按银行规定，在3个工作日内资金到达经销公司在银行开设的账户上。

（4）销售发货：经销公司从银行得到的贷款用于支付进货货款。银行委托经销公司自主销售质押物，销售中不除销，每笔销售货款由经销公司直接注入看管账户，银行向无锡中储出具收款证明。提货人员持发货单到仓库要求提货，银行在发货单上盖章同意发货，与此同时，银行出具《业务通知单》内部传递给无锡中储，无锡中储将发货单、业务通知书核对后，审验货款证明，办理与该款金额相对应的质押物出库手续。

（5）结算清算：每笔质押贷款业务终了，银行负责清算，扣除本息余额、储运费用、手续费后全额返还给经销公司。若经销公司在质押期内没有销售完毕，将按照超期处理。经销公司可在到期后的7天，以现款回购，即向银行支付贷款余额及利息、向无锡中储支付储运费用后，由银行将质押物返还给经销公司。到期7天后，则银行定出销售价，由经销公司负责销售，将销售款存放指定账户，销售完成后，银行负责清算。

案例分析要求：

（1）该案例中的物流金融属于哪种模式？

（2）将5个阶段的操作流程画成业务流程图。

（3）无锡中储和无锡中信银行在这个物流金融业务中能获得的好处有哪些？

任务四　国际物流

行动任务

上海联盛货代是由商务部批准成立，具有国家一级代理资格的国际性货运代理公司。公司承办全国各大港口及世界各港口的散货、拼箱、集装箱进出口业务以及进出口海运订舱和配载；陆地口岸的过境运输；进出口报关、联运、仓储、押箱、换单；代理商检、卫检、动植检、外贸代理、单证审批。

小芸是某高校物流管理专业的大四应届毕业生，凭借着扎实的理论基础和能力，通过了公司的层层遴选，有幸成为上海联盛货代公司的一员。第一天上班，师傅章育安排小芸学习国际货运代理的基础知识，为了让小芸更好地学习，章育给小芸布置了以下几个任务：

1.阐述什么是国际货运代理？

2.至少搜索三家国家货运代理企业，并认识各自企业的货运代理责任和业务范围。

请你帮小芸完成此次的工作任务吧！

行动锦囊

一、认识国际物流

微课 5-6

国际物流

随着改革开放和对外贸易的发展，中国国际物流业也有了一定的发展，但由于受传统物流体制的影响，基础设施的不完善，管理技术水平以及服务质量等方面的落后，中国物流业的综合水平与发达国家相比还有很大差距。中国只有加快国际物流业的发展才能跟上国际贸易发展的步伐，才能适应世界经济竞争发展的需要。

（一）国际物流的概念

国际物流

国际物流又称全球物流，是指当生产和消费分别在两个或两个以上的国家独立进行时，为克服生产和消费之间的空间距离和时间距离，企业对物资进行物理性移动的一项国际商品交易或交流活动，从而完成国际商品交易的最终目的，即实现卖方交付单证、货物和收取货款；而买方接受单证、支付货款和收取货物的贸易对流条件。

广义的国际物流研究的范围包括国际贸易物流、非贸易物流、国际物流投资、国际物流合作、国际物流交流等领域。其中，国际贸易物流主要是指组织货物在国际上的合理流动；非贸易物流是指国际展览与展品物流、国际邮政物流等；国际物流合作是指不同国别的企业完成重大的国际经济技术项目的国际物流；国际物流投资是指不同国家物流企业共同投资建设国际物流企业；国际物流交流则主要是指物流科学、技术、教育、培训和管理方面的国际交流。

（二）国际物流的特点

国际物流虽是国内物流的延伸，理论基础也源于国内物流，但却与国内物流有许多不同之处。美国著名物流学家亨利格彻恰如其分地指出："国际物流就像一条章鱼，它涉及很多方面，也受很多方面的影响和制约。"国际物流的特点如下（如图5-4-1所示）：

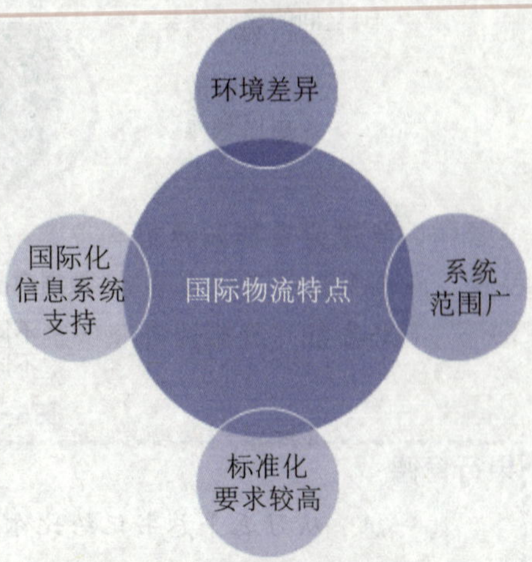

图5-4-1　国际物流的特点

1. 环境差异

国际物流一个非常重要的特点是，各国物流环境的差异，尤其是物流软环境的差异。由于物流环境的差异就迫使一个国际物流系统需要在几个不同法律、人文、习俗、语言、科技、设施的环境下运行，无疑会大大增加物流的难度和系统的复杂性。

2. 系统范围广

物流本身的功能要素、系统与外界的沟通很复杂，国际物流再在这复杂系统上增加不同国家的要素，这不仅是地域的广阔和空间的广阔，而且涉及的内外因素更多，所需的时间更长，广阔范围带来的直接后果是难度和复杂性增加，风险增大。

3. 标准化要求较高

要使国际物流畅通起来，统一标准是非常重要的，可以说，如果没有统一的标准，国际物流水平是提不高的。美国、欧洲基本实现了物流工具、设施的统一标准，如托盘采用1 000×1 200毫米，集装箱的几种统一规格及条码技术等，这样一来，大大降低了物流费用，降低了转运的难度。而不向这一标准靠拢的国家，必然在转运、换车底等许多方面要多耗费时间和费用，从而降低其国际竞争能力。

4. 国际化信息系统支持

国际化信息系统是国际物流，尤其是国际联运非常重要的支持手段。国际信息系统建立的难度，一是管理困难，二是投资巨大，再由于世界上有些地区物流信息水平较高，有些地区物流信息水平较低，所以会出现信息水平不均衡因而信息系统的建立更为困难。当前国际物流信息系统一个较好的建立办法是和各国海关的公共信息系统联机，以及时阐述有关各个港口、机场和联运线路、站场的实际状况，为供应或销售物流决策提供支持。国际物流是最早发展"电子数据交换"（EDI）的领域，以EDI为基础的国际物流将会对物流的国际化产生重大影响。

（三）国际物流主要环节

国际物流的主要环节包括：发货、国内运输、出口国报关、国际运输、进口国报关、送货等。国际运输是整个国际物流系统的核心环节，其主要方式包括：国际海运、国际陆运、空运和多式联运，其中国际海运是最常用的运输方式。

（四）国际物流的分类

国际物流可从以下三个方面进行分类（如图5-4-2所示）：

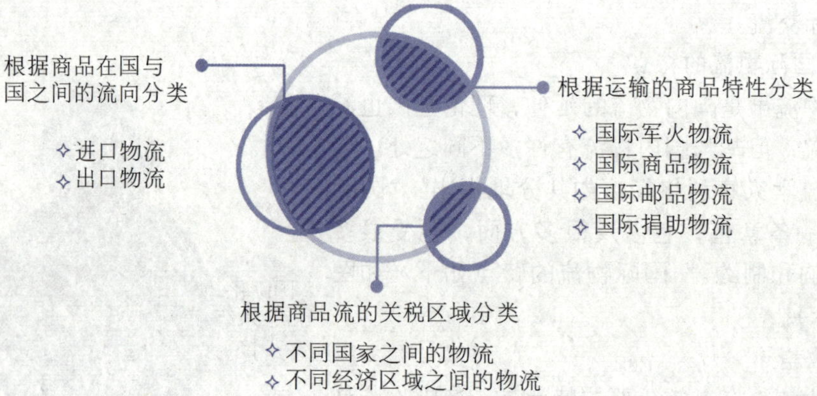

图5-4-2 国际物流的分类

果行育德

想一想 从习近平总书记给比尔·盖茨的回信中，我们认识到了什么？

一起行动吧 人类是一个命运共同体。战胜关乎各国人民安危的疫病，团结合作是最有力的武器。

二、国际货运代理

微课 5-7

国际货运代理

随着国际贸易、运输方式的发展，国际货运代理已渗透到国际贸易的每一领域，成为国际贸易中不可缺少的重要组成部分。市场经济的迅速发展，使社会分工越加趋于明确，单一的贸易经营者或者单一的运输经营者都没有足够的力量亲自经营处理每项具体业务，他们需要委托代理人为其办理一系列商务手续，从而实现各自的目的。国际货运代理的基本特点是受委托人委托或授权，代办各种国际贸易、运输所需要服务的业务，并收取一定报酬，或作为独立的经营人完成并组织货物运输、保管等业务，因而被认为是国际运输的组织者，也被誉为国际贸易的桥梁和国际货物运输设计师。

（一）国际货运代理的含义

国际货运代理协会联合会（FIATA）规定国际货运代理是根据客户的指示，并为客户的利益而揽取运输的人，其本身并不是承运人。国际货运代理的服务范围包括国外提货、国外报关、订舱、包装、国内清关、国内仓储、国内派送等。

我国《国际货物运输代理业管理规定实施细则》，对国际货运代理企业的定义是指在中国境内依法注册并经商务部授权机构备案登记的从事国际货运代理业务的企业及其分支机构，可以作为进出口货物收货人、发货人和其他委托方的代理人或独立经营人从事国际货运代理业务。

国际货运代理行业的地位，在社会生产结构中属于第三产业，性质上属于服务行业；而从政治经济学的角度看，隶属于交通运输业，属于运输辅助行业。

国际货代那些事

（二）国际货运代理人的法律责任

国际货运代理中主要涉及承运人、货主、运输代理人三方的权利与义务关系，货运代理人所处的法律地位不同，其所承担的法律责任是不同的，目前，国际范围内通用的国际货运代理责任承担原则上可以分为以下三种情况：①作为代理人，仅对其自身的错误和疏忽负责；②作为当事人，不仅仅对其自身的错误和疏忽负责，还承担使货物完好抵达目的地的责任；③国际货运代理的责任取决于合同条款的规定和所选择的运输工具等。

（三）国际货运代理人的作用（见表5-4-1）

表5-4-1　国际货运代理人的作用

作用	内容
组织协调作用	国际货运代理人凭借其拥有的专业知识，组织运输活动、设计运输路线、选择运输方式和承运人、协调货主、承运人及其与仓储保管人员、保险人、银行、港口等有关各方的关系，可以节省委托人的时间，减少许多麻烦
专业服务作用	国际货运代理人的本职工作就是利用其自身专业知识和经验，为委托人提供各种专业的服务，使委托人不必在自己不认识的业务领域花费过多心思和精力，使不便或者难以依靠自己力量办理的事宜得到恰当、有效处理，有助于提高委托人的工作效率
沟通控制作用	国际货运代理人拥有广泛的业务关系和发达的服务网络、先进的信息技术手段，可以随时保持货运运输关系人之间、货物运输关系人与其他企业、部门之间的有效沟通，对货物运输的全过程进行准确跟踪和控制，从而保证货物安全
咨询顾问作用	国际货运代理人通晓国际贸易环节，精通各种运输业务，认识有关法律、法规，认识世界各地有关情况，信息来源准确、及时，可以就货物运输各个环节向委托人提供明确、具体的咨询意见，协助委托人选择恰当处理方案，避免、减少不必要的风险、周折和浪费
降低成本作用	国际货运代理人阐述货物的运输、仓储、装卸、保险市场行情，与运输部门、有关当局、保险人有着长期、密切的友好合作关系，有一定的谈判技巧，通过国际货运代理人的努力，可以选择货物的最佳运输路线、运输方式、合作伙伴等，从而降低货物运输关系人的业务成本
资金融通作用	国际货运代理人与各方长期合作，彼此信任，因此，国际货运代理人可以代替收、发货人支付有关费用税金，凭借自身实力和信用，为承运人、仓储保管人、装卸作业人以及银行、海关等机构提供费用、税金及风险担保服务，可以帮助委托人融通资金，减少资金占压，提高资金利用率

果行育德

想一想　外部经济环境趋紧对国际货运代理具有哪些影响？

一起行动吧　在国内外市场需求回落、经贸摩擦频发、全球投资低迷、国内生产成本高企的综合影响下，中国外贸发展面临的环境仍然复杂严峻。

（四）国际货运代理业务流程

国际贸易分为进口贸易和出口贸易，国际货运代理中的进口流程和出口流程也是有区别的，货运代理出口业务流程和货运代理进口业务流程分别如图5-4-3、图5-4-4所示。

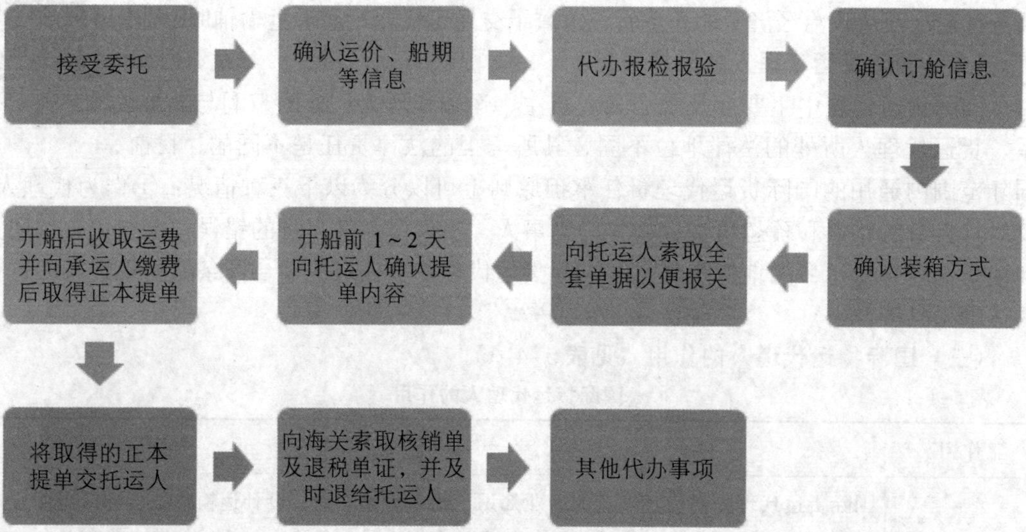

图5-4-3　货运代理出口业务流程图

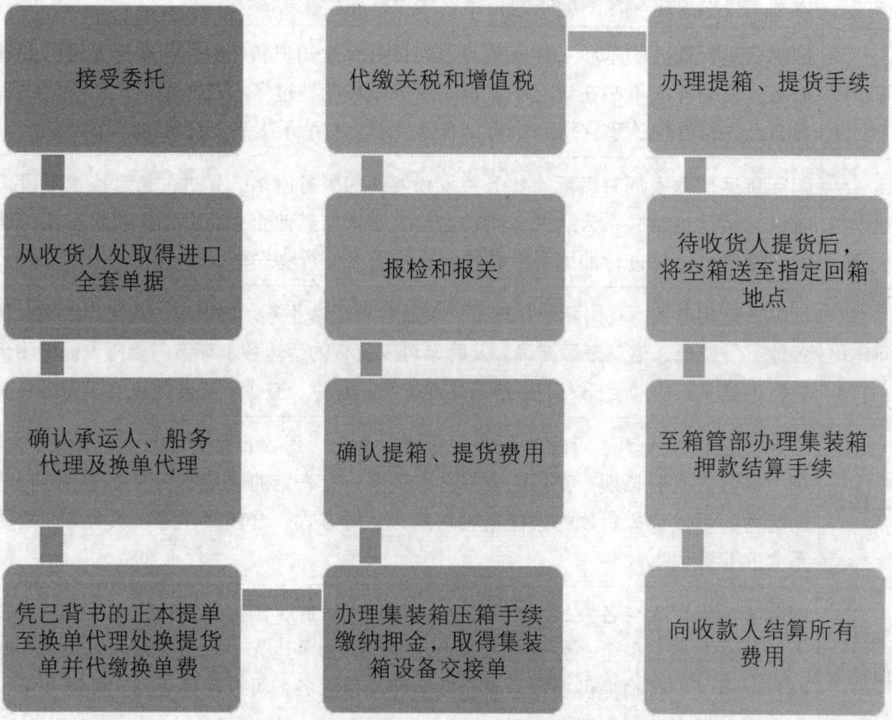

图5-4-4　货运代理进口业务流程图

三、保税及保税物流

海南自贸港
11个重点园区

保税物流中心有政策优势，进入保税物流中心视同进出口；深加工结转货物只要报关进入保税物流中心即可享受退税，避免像过去那样将货物运到香港（不做任何加工）再运回内地“一日游”。保税物流中心内注册的企业，可自动获得进出口经营权、国际货运代理权、货物境内运输权。

（一）保税制度

微课 5-8

保税及保税物流

关税是指进出口商品在经过一国关境时，由政府设置的海关向进出口商所征收的税。常用的关税税种按商品流向分为进口税、出口税和过境税。国境和关境是不一样的，国境是指一国政府的行政区域范围，而关境则是指一国行使海关主权的区域范围。

保税是指经过海关批准的境内企业所进口的货物，在海关监管下在境内指定的场所储存、加工、装配，并暂缓缴纳各种进口税费的一种海关监管业务制度，但是保税不等于免税，免税是一种税收制度，是国家为了实现一定的政治经济政策，给某些纳税人或征税对象的一种鼓励或特殊照顾。保税商店与免税商店的区别在于："保税店"并不是真正意义上的免税，高于50元需要按行李包裹征收行邮税；而"免税店"的旅客符合免税物品的额度，并在限定物品品种、数量范围内，购买商品时免去税费；"保税店"可以开在国内的任何一个地方，从严格意义上来说应该属于保税体验店；在一般情况下，免税店通常设置在国际机场、国际港口和邮轮内，只适用于出境者，所以必须在安检之后购买免税产品。

（二）保税区与自贸区

我国海关保税制度的表现形式分为保税仓、监管仓、保税物流中心、保税物流园区、保税区、出口加工区、保税港区、综合保税区等类型，各种形式的区别见表5-4-2。

表 5-4-2　**海关保税制度的表现形式及区别**

	保税仓	监管仓	保税物流中心（A）	保税物流中心（B）	保税物流园区	保税区	出口加工区	保税港区	综合保税区
存储期限	1年+1年	半年	1年+1年	2年+1年	无期限	无期限	无期限	无期限	无期限
服务功能	存储	存储、出口、配送、国内结转	存储、全球采购配送、国内结转、转口、中转		存储、贸易、全球采购配送、中转、展示	物流园区功能+维修、加工	加工	保税区功能+港口功能	保税物流中心功能+保税物流园区功能
面积	2 000～5 000平方米			5 000～10 000平方米	一般1平方千米	一般10平方千米	一般2平方千米	一般5～10平方千米	—
审批权限	直属海关			有关部门	国务院	国务院	国务院	国务院	国务院
入区退税	否		是	是	是	否	是	是	是
海关管理	一个海关统一管理		口岸与区域分属两个海关监管，以转关方式实现监管衔接		口岸与区域分属两个海关监管，卡口通行涉及两个海关	口岸与区域分属两个海关监管，以转关方式实现监管衔接		一个海关统一管理	
贸易物流	无	无	有		有	有	无	有	有

续表

	保税仓	监管仓	保税物流中心（A）	保税物流中心（B）	保税物流园区	保税区	出口加工区	保税港区	综合保税区
加工制造	有	有	无		无	有	有	有	有
集装箱增值业务	无	无	可开展集装箱拆拼箱等增值业务，中转条件有限			无	无	国际航线汇集，区内可以开展集装箱拆拼箱、中转等增值业务	
多式联运	无	无	无		无	无	无	具备直接的海铁联运、海空港联运、水水、空空联运条件	
备注	按月报核	退换货物先入后出			按年报核	离境退税		入区退税	

保税区的功能定位为“保税仓储、出口加工、转口贸易”三大功能。保税区具有进出口加工、国际贸易、保税仓储商品展示等功能，享有“免证、免税、保税”政策，实行“境内关外”运作方式。据海关统计，截至2024年，我国共有综合保税区167个，综合保税区对我国外贸增长的贡献度已超过15%。2020年，洋山特殊综合保税区在上海揭牌，成为我国151个海关特殊监管区域中唯一的特殊综合保税区，相对于其他的保税港区、综合保税区，特殊综合保税区具有“一线放开，二线管住”的特点，“一线”即国境线，“二线”即与非试验区的连接线，在全面实施综合保税区政策的基础上，以守住安全高效管住为底线，最大限度简化一线申报制度，突出区内经营自由，同时对二线实施严格监管。

自由贸易区是指一国境内、受海关保护的、无贸易限制的关税豁免区域，是世界经济自由区中开放程度最高的一种形式，其基本特征可以概括为：“国家行为、境内关外、功能突出、高度自由。”自由贸易区是一个关税、进出口许可证和配额的突破口以及适用特殊海关管理的区域，实际上是采取自由港政策的关税隔离区。中国（上海）自由贸易试点区于2013年9月29日正式成立，是中国第一个自由贸易区，涵盖外高桥保税区、外高桥保税物流园区、洋山保税港区、浦东机场综合保税区等区域，外高桥保税区亦是中国第一个保税区于1990年经中央批准创立。2018年10月—2019年8月，我国在建的自贸区有18个，分别是：中国（上海）自由贸易试验区、中国（天津）自由贸易试验区、中国（福建）自由贸易试验区、中国（辽宁）自由贸易试验区、中国（浙江）自由贸易试验区、中国（河南）自由贸易试验区、中国（湖北）自由贸易试验区、中国（重庆）自由贸易试验区、中国（四川）自由贸易试验区、中国（陕西）自由贸易试验区等。2018年4月13日，党中央决定支持海南全岛建设自由贸易试验区，支持海南逐步探索、稳步推进中国特色自由贸易港建设，分步骤、分阶段建立自由贸易港政策和制度体系。截至2025年，我国已建成运行的自贸试验区有22个。

保税区与自贸区在区位上的差别，如图5-4-5所示。

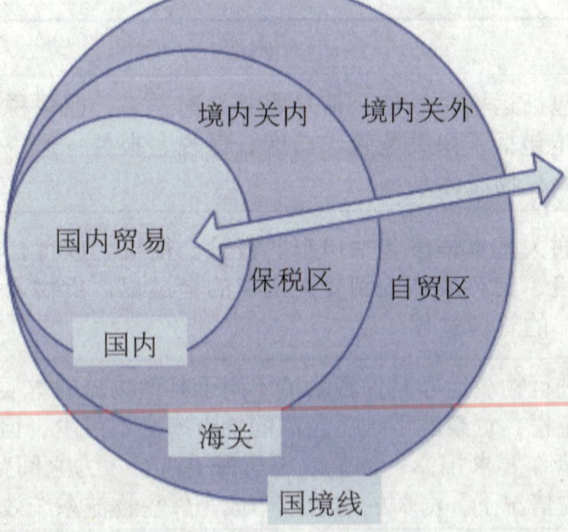

图5-4-5　保税区与自贸区的差别

（三）保税货物报关与结关

保税货物经海关核准转为进入国内市场销售时，由货主或其代理人向海关递交进口货物许可证，进口货物报关单和海关需要的其他单证，并缴纳关税和增值税后，由海关签印放行，将原进口货物报关单注销。

报关是指货物、行李和邮递物品、运输工具等在进出关境或国境时由所有人或其代理人向海关申报，交验规定的单据、证件，请求海关办理进出口的有关手续。我国海关规定报关时应交纳的单据、证件有：进出口货物报关单、进出口货物许可证、商品检验证书、动植物检疫证书、食品卫生检验证书以及提货单、装货单、运单、发票、装箱单等。

海关对于进出口业务办理时需要通过接受申报、审核单证、查验货物、办理征税、结关放行5个海关作业环节完成。

结关是指进口货物、出口货物和转运货物进入一国海关关境或国境必须向海关申报，办理海关规定的各项手续，履行各项法规规定的义务；只有在履行各项义务，办理海关申报、查验、征税、放行等手续后，货物才能放行，货主或申报人才能提货。同样，载运进出口货物的各种运输工具进出境或转运，也均需向海关申报，办理海关手续，得到海关的许可。货物在结关期间，不论是进口、出口或转运，都是处在海关监管之下，不准自由流通。

（四）保税物流含义、特点

保税物流特指在海关监管区域内，包括保税区、保税仓、海关监管仓等，从事仓储、配送、运输、流通加工、装卸搬运、物流信息、方案设计等相关业务，使企业享受海关实行的“境内关外”制度以及其他税收、外汇、通关方面的特殊政策。

保税物流是物流分类中的一种，符合物流科学的普遍规律，但同时具有不同于其他物流类别的典型特点（见表5-4-3）：

表 5-4-3　保税物流的特点

特点	内容
系统边界交叉	国内物流的边界是从国内的任意地点到口岸（装运港），国际物流的边界为从一国的装运港（港口、机场、场站）到另一国的目的港，保税物流从移动的范围来看应属于国内物流，但其也具有明显的国际物流的特点，例如保税区、保税物流中心及区港联动都是“境内关外”的性质，所以可以认为保税物流是国际物流与国内物流的接力区

续表

特点	内容
物流要素扩大化	物流的要素一般包括运输、仓储、信息服务、配送等，而保税物流除了具有这些基本物流要素之外，还包括了海关监管、口岸、保税、报关、退税等关键要素，两者紧密结合构成完整的保税物流体系
线性管理	一般贸易货物的通关基本程序包括申报、查验、征税、放行，是“点式”的管理；而保税货物是从入境、储存或加工到复运出口的全过程，货物入关是起点，核销结案是终点，是“线性”的管理过程
瓶颈性	在海关的监管下进行物流运作是保税物流不同于其他物流的本质所在。海关为了实现监管效力，严格的流程、复杂的手续、较高的抽查率必不可少，但这与现代物流便捷、高效率、低成本的运作要求相悖，物流效率与海关监管效力之间存在“二律背反”，在保税需求日益增长的情况下，海关的监管效率成为保税物流系统效率的“瓶颈”
平台性	保税物流是加工贸易企业的供应物流的末端，是销售物流的始端，甚至包括了生产物流（如VMI）。保税物流的运作效率直接关系到企业正常生产与供应链正常运作，构建通畅、高效率的保税物流系统是海关、政府相关部门、物流企业、口岸等各方面高效协作的结果

果行育德

想一想　《海南自由贸易港建设总体方案》的公布对中国具有什么意义？

一起行动吧　向世界表明了中国进一步扩大对外开放、继续为世界经济发展做出贡献的坚定决心，展示了中国继续推动经济全球化、敞开胸怀拥抱世界的良好愿望。

行动进行

小芸通过学习掌握了以上的知识，准备开始实际操作。

步骤一：网络搜索国际货运代理企业

我们从网上搜索到三家国际货运代理企业，分别是：中远国际航空货运代理有限公司、宁波泛洋国际货运代理有限公司和深圳市华威国际货运代理有限公司。

1. 中远国际航空货运代理有限公司，网站界面如图5-4-6所示。

图5-4-6　中远国际航空货运代理有限公司网站

2. 宁波泛洋国际货运代理有限公司，网站界面如图5-4-7所示。

图5-4-7 宁波泛洋国际货运代理有限公司网站

3.深圳市华威国际货运代理有限公司，网站界面如图5-4-8所示。

图5-4-8 深圳市华威国际货运代理有限公司网站

在这三家国际货代企业的网页中，小芸进行了全面的认识和学习，对国际货运代理企业有了全面的认知。

步骤二：分析三家国际货运代理企业各自的业务内容

小芸进一步对搜索到的三家国际货代企业进行了深入分析，归纳总结出了各自的经营业务范围，具体如下：

（1）中远国际航空货运代理有限公司的核心业务有：空运出口、空运进口、仓储运输、快递业务；增值服务业务有：保险业务、驻厂服务、保税仓储业务等。

（2）宁波泛洋国际货运代理有限公司的主要服务内容：承办海运、空运进出口货物的国际运输代理业务，具体包括：各船公司货运订舱业务；世界各地拼箱、拆箱业务；代理报关、报验、保险业务；多功能物流服务；中转、仓储、运输服务。

（3）深圳华威国际货运代理有限公司的业务范围：国际海运、空运快递、陆运仓储、进出口通关、私人物品运输、增值服务。

行动评价

学习任务完成情况评价表

评价内容		评价标准	评价等级			
			A（80～100分）	B（60～79分）	C（60分以下（不含60））	疑惑点
理论知识评价	1	能阐述国际物流的概念和特点				
	2	能指出国际物流的分类和主要环节				
	3	能详细阐述国际货运代理的含义和业务流程				
	4	能简单阐述保税物流的含义和特点				
技能操作评价	1	能搜索并指出国际货代企业的业务内容				
	2	能结合案例说明保税区的业务功能				
职业素养评价	1	具有团结合作的精神				
	2	具有危机感的意识				

说明：同学们根据自我评价打分，然后在分值所处范围内相应的等级下打“✔”，若未得到满分，同学们可在“疑惑点”这一列列出自己的疑问哦！

行动巩固

行动巩固 5-4

一、单项选择题

1. 国际物流又称（　　）。

A. 全球物流　　B. 物流联盟　　C. 第三方物流　　D. 智慧物流

2. 国际物流一个非常重要的特点是（　　）。

A. 各国环境差异　　B. 系统范围广

C. 标准化要求较高　　D. 国际化信息系统支持

3. 国际货运代理协会联合会的英文简称是（　　）。

A. IATA　　B. FIATA　　C. ISO　　D. IWLA

4. 国际货运代理行业的地位，在社会生产结构中属于（　　）。

A. 第一产业　　B. 第二产业　　C. 第三产业　　D. 第四产业

二、多项选择题

1. 国际物流的特点有（　　）。

A. 各国环境差异　　B. 系统范围广

C. 标准化要求较高　　D. 国际化信息系统支持

2. 国际物流主要环节有（　　）。

A. 生产　　B. 国内运输　　C. 出口国报关　　D. 国际运输

3.国际货运代理人的作用有（　　）。

A.组织协调作用　　B.专业服务作用　　C.沟通控制作用　　D.咨询顾问作用

4.我国海关保税制度的表现形式有（　　）。

A.保税仓　　B.监管仓　　C.保税物流中心　　D.保税港区

5.保税区的功能定位为（　　）。

A.保税仓储　　B.出口加工　　C.进料加工　　D.转口贸易

三、判断题

1.国际货运代理行业在性质上属于服务性行业。（　　）

2."保税店"和"免税店"没有实质性区别。（　　）

3.上海外高桥保税区是中国第一个保税区。（　　）

四、简答题

国际物流的特点有哪些？

五、案例分析

上海外高桥保税物流中心有限公司是由园区开发建设、项目经营和营运管理的主体，由上海外高桥集团和上海国际港务集团合资组建。公司注册资本金4亿元人民币，具备房地产开发、港口经营和国际货代资质，致力于为进区企业提供全面完善的配套服务，包括：仓库租售、办公室租赁、商务咨询；注册代理、报关报检、公共仓库；区内运输、查验服务、机械使用、理货服务、堆场作业；物业管理、后勤保障。公司计划建成14万平方米集装箱堆场和70万平方米的现代化物流仓库，实现集装箱年综合处理能力100万TEU。

案例分析要求：上海外高桥保税物流中心业务功能有哪些？

任务五　供应链管理

行动任务

A公司是一家大型乳品企业，其成立于2003年，总部位于呼和浩特市区。发展多年，A公司拥有多个超大型牧场，多个生产基地，旗下乳制品有五大系列，共100多个品类。随着人们的消费水平和健康消费意识的增长，乳品需求越来越大，A公司决定进行奶源基地建设，在上海、北京、河北等地收购建厂，并与当地政府协商与奶农合作，共同出资建设奶源基地，有效解决了初期的生产地与消费地远距离运输的问题，有效降低了运输成本，缩减了运输周期。

目前，A公司的供应链存在以下两个问题：奶源分散，协调难；企业内部供应链节点杂乱，缺乏信息沟通平台。

A公司的整条供应链大部分掌控在自己的手里，除生产设备、包装材料需要外购外，其余从供应链源头的奶源供应到供应链尾端的销售环节基本都是A公司在运作。请为A公司设计供应链管理方案。

行动锦囊

一、认识供应链

供应链上各企业之间的关系与生物学中的食物链类似。在“草—兔子—狼—狮子”这样一个简单的食物链中（为便于论述，假设在这一自然环境中只生存这四种生物），如果我们把兔子全部杀掉，那么草就会疯长起来，狼也会因兔子的灭绝而饿死，连最厉害的狮子也会因狼的死亡而慢慢饿死。可见，食物链中的每一种生物之间是相互依存的，破坏食物链中的任何一种生物，势必导致这条食物链失去平衡，最终破坏人类赖以生存的生态环境。供应链的管理过程亦是如此，那么大家认识什么是供应链吗？供应链的分类有哪些呢？它的流程又是什么样的呢？

微课 5-9

供应链

（一）供应链的含义

供应链是指围绕核心企业，从配套零件开始，制成中间产品以及最终产品，最后由销售网络把产品送到消费者手中的，将供应商、制造商、分销商直到最终用户连成一个整体的功能网链结构。

供应链的概念是从扩大生产概念发展来的，它将企业的生产活动进行了前伸和后延，通过计划（Plan）、获得（Obtain）、存储（Store）、分销（Distribute）、服务（Serve）等这样一些活动而在顾客和供应商之间形成的一种衔接（Interface），从而使企业能满足内外部顾客的需求。

（二）供应链的流程

供应链运转流程

一般来说，构成供应链的基本要素包括：供应商、产品制造企业、分销企业、零售企业消费者，其中消费者是供应链的最后环节，也是整条供应链的唯一收入来源。

供应链一般包括物资流通、商业流通、信息流通、资金流通四个流程，四个流程有各自不同的功能以及不同的流通方向（见表5-5-1）。

表5-5-1　供应链流程及功能

流程	功能
物资流通	这个流程主要是物资（商品）的流通过程，这是一个发送货物的程序。该流程的方向是由供货商经由厂家、批发与物流、零售商等指向消费者。由于长期以来企业理论都是围绕产品实物展开的，因此物资流程被人们广泛重视。许多物流理论都涉及如何在物资流通过程中在短时间内以低成本将货物送出去
商业流通	这个流程主要是买卖的流通过程，这是接受订货、签订合同等的商业流程。该流程的方向是在供货商与消费者之间双向流动的。商业流通形式趋于多元化：既有传统的店铺销售、上门销售、邮购的方式，又有通过互联网等新兴媒体进行购物的电子商务形式
信息流通	这个流程是商品及交易信息的流程。该流程的方向也是在供货商与消费者之间双向流动的。过去人们往往把重点放在看得到的实物上，因而信息流通一直被忽视。甚至有人认为，国家的物流落后同它们把资金过分投入物质流程而延误对信息的把握不无关系
资金流通	这个流程就是货币的流通，为了保障企业的正常运作，必须确保资金的及时回收，否则企业就无法建立完善的经营体系。该流程的方向是由消费者经由零售商、批发与物流、厂家等指向供货商

（三）供应链的分类

根据不同的划分标准，我们可以将供应链分为以下几种类型（见表5-5-2）：

表5-5-2　供应链的分类

划分标准	分类	具体内容
供应链范围不同	内部供应链	内部供应链是指企业内部在产品生产和流通过程中所涉及的采购部门、生产部门、仓储部门、销售部门等组成的供需网络
	外部供应链	外部供应链则是指企业外部的，在与企业相关的产品生产和流通过程中涉及的原材料供应商、生产厂商、储运商、零售商以及最终消费者组成的供需网络
供应链复杂程度不同	直接型供应链	直接型供应链是在产品、服务、资金和信息在往上游和下游的流动过程中，由公司、公司的供应商和公司的客户组成
	扩展型供应链	扩展型供应链把直接供应商和直接客户的客户包含在内，这些成员均参与产品、服务、资金和信息往上游和下游的流动过程
	终端型供应链	终端型供应链包括参与产品、服务、资金、信息从终端供应商到终端消费者的所有往上游和下游的流动过程中的组织
供应链存在的稳定性不同	稳定的供应链	基于相对稳定、单一的市场需求而组成的供应链稳定性较强
	动态的供应链	基于相对频繁变化、复杂的需求而组成的供应链动态性较高。在实际管理运作中，需要根据不断变化的需求，相应地改变供应链的组成
供应链容量与用户需求的关系不同	平衡的供应链	一个供应链具有一定的、相对稳定的设备容量和生产能力（所有节点企业能力的综合，包括供应商、制造商、运输商、分销商、零售商等），但用户需求处于不断变化的过程中，当供应链的容量能满足用户需求时，供应链处于平衡状态
	倾斜的供应链	当市场变化加剧，造成供应链成本增加、库存增加、浪费增加等现象时，企业不是在最优状态下运作，供应链则处于倾斜状态。平衡的供应链可以实现各主要职能（采购/低采购成本、生产/规模效益、分销/低运输成本、市场/产品多样化和财务/资金运转快）之间的均衡
供应链中的企业地位不同	盟主型供应链	盟主型供应链是指供应链中某一成员的节点企业在整个供应链中占据主导地位，对其他成员具有很强的辐射能力和吸引能力，通常称该企业为核心企业或主导企业，如：以生产商为核心的供应链——奇瑞汽车有限公司，以中间商为核心的供应链——中国烟草系统、香港利丰公司，以零售商为核心的供应链——沃尔玛等
	非盟主型供应链	非盟主型供应链是指在供应链中企业的地位彼此差距不大，对供应链的重要程度相同

果行育德

想一想　我们能从“高通断供华为”的事件中得到了什么启示？

一起行动吧　未来的竞争已经不再是企业与企业间的竞争，而是供应链与供应链的竞争，唯有加强合作才能共赢！

二、供应链管理

世界权威的《财富》(FORTUNE)杂志早在2001年已将供应链管理列为21世纪最重要的四大战略资源之一；供应链管理是世界500强企业保持竞争优势不可或缺的手段；无论是制造行业，商品分销还是流通行业，无论你是从业还是创业，供应链管理都将助你或你的企业掌控所在领域的制高点。

(一) 供应链管理的含义

微课 5-10
供应链管理

供应链管理(SCM)是以市场和客户需求为导向，在核心企业协调下，本着共赢原则，以提高竞争力、市场占有率、客户满意度、获取最大利润为目标，以协同商务、协同竞争为商业运作模式，通过运用现代企业管理技术、信息技术和集成技术，达到对整个供应链上的信息流、物流、资金流、业务流和价值流的有效规划和控制，从而将客户、供应商、制造商、销售商、服务商等合作伙伴连成一个完整的网状结构，形成一个极具竞争力的战略联盟。

供应链中的
囚徒困境
PM

简单地说，供应链管理就是优化和改进供应链活动，其对象是供应链组织和它们之间的“流”，应用的方法是集成和协同；目标是满足客户的需求，最终提高供应链的整体竞争能力。供应链管理的实质是深入供应链的各个增值环节，将顾客所需的正确产品(Right Product)在正确的时间(Right Time)，按照正确的数量(Right Quantity)、正确的质量(Right Quality)和正确的状态(Right Status)送到正确的地点(Right Place)，即“6R”，并使总成本最小。

(二) 供应链管理的内容

供应链管理包括计划、采购、制造、配送、退货五大基本内容(见表5-5-3)。

表5-5-3 供应链管理的内容

供应链管理内容	具体含义
计划	需要有一个策略来管理所有的资源，以满足客户对你的产品的需求。好的计划是建立一系列的方法监控供应链，使它能够有效、低成本地为顾客递送高质量和高价值的产品或服务
采购	选择能提供所需货品及服务的供应商，与供应商建立一套定价、配送和付款流程并创造监控方法，同时把对供应商提供的货品和服务的管理流程结合起来，包括提货、核实货单、转送货物到制造部门并批准对供应商的付款等
制造	安排生产、测试、打包和准备送货所需的活动，是供应链中测量内容最多的部分，包括质量水平、产品产量和工人的生产效率等的测量
配送	很多圈内人称为“物流”，包括调整用户的订单收据、建立仓库网络、派递送人员提货并送货到顾客手中、建立货品计价系统、接收付款
退货	这是供应链中的问题处理部分。建立网络接收客户退回的次品和多余产品，并在客户应用产品出问题时提供支持

(三) 供应链管理的步骤

为了保证供应链管理的实施取得理想的效果，还应遵循一定步骤。实施供应链管理的基本步骤如下：

1.制订供应链管理实施计划

实施供应链管理首先应该制订可行的计划，这项工作一般分为4项内容：①将企业的业务目标同现有能力及业绩进行比较，可以发现现有供应链的显著弱点，以便经过改善，迅速提高企业的竞争力。②同关键客户和供应商一起探讨、评估全球化、新技术和竞争局势，建立供应链的远景目标。③制订实现理想供应链目标的行动计划，同时评估企业的现实条件。④根据优先级安排上述计划，并且承诺配备相应的资源。

根据实施计划，首先要定义长期的供应链结构，使企业在与正确的客户和供应商建立的正确供应链中，处于正确的位置；然后重组并优化企业内部和外部的产品、信息和资金流；最后在供应链的重要领域如库存、运输等环节提高质量和生产率。

2.构建供应链

现代供应链的重心已向销售领域倾斜，在市场日益规范、竞争日趋激烈的情况下，建立供应链、推行供应链管理是企业必须采取的对策。企业可以主要采取如下措施建立供应链。

（1）明确自己在供应链中的定位。供应链由原料供应商、制造商、分销商、零售商及消费者组成。一条富有竞争力的供应链要求组成供应链的各成员都具有较强的竞争力，不管每个成员为整个供应链做什么，都应该是专业化的，因为专业化就是优势。

（2）建立物流、配送网络。企业的产品能否通过供应链快速地分销到目标市场上，这取决于供应链上物流、配送网络的健全程度及市场开发状况等，物流、配送网络是供应链存在的基础。一个供应链组建物流、配送网络时应该最大限度地谋求专业化。

（3）广泛采用信息技术。目前，在我国，少数生产企业处在由生产引导消费的阶段，大量的生产企业则处于由消费引导生产的阶段。无论哪种情况，都应该尽可能全面地收集消费信息。零售店铺POS系统（如图5-5-1所示）可以收集一部分信息，而物流、配送环节的信息比较难收集，可以通过应用条码及其他一些自动数据采集系统进行采集。供应链的领导者还应该倡导建立整个供应链的管理信息系统。

图5-5-1　POS机采集信息

3.改造供应链流程

企业的目标决定了该在哪个变化的部分投入改造的精力。供应链流程改造本质上是从使命导向或问题导向来衡量的。使命导向追求差异化，问题导向追求效率。因此，前者的流程范围须根据使命重新理清，后者的流程范围则相当清楚且容易确定。使命导向改造的重点是关键流程与整合；问题导向改造的重点则是流程分析与原因确认。就绩效指标而言，前者为修改或建立新的指标，后者为确认并努力减少有差异的指标。而一般企业若遇到新产品导入时效差、交货准确率低、存货周转率低、产品成本过高等情形，须进行流程改造，就属于问题导向，策略应是以新的做法维持竞争优势。原则上，供应链流程改造须考虑策略、基础架构、流程、信息技术、变革等几项要素所形成的基本架构。

4.评估供应链管理绩效

供应链管理绩效的评价指标应该是基于业务流程的绩效评价指标，能够恰当地反映供应链整体运营状况以及上、下节点企业之间的运营关系，而不是孤立地评价某一供应商的运营情况。对供应商的评价指标应该包括循环期、准时交货情况、产品质量等；制造商的评价指标应该包括循环期、交货可靠性和产品质量等；而对分销商的评价指标应该包括循环期、订单完成情况等。

（四）供应链管理的技术

1.电子数据交换（EDI）

电子数据交换（EDI）是计算机与计算机之间的相关业务数据的交换工具，它有一致的标准以使交换成为可能。典型的数据交换是传向供应商的订单。EDI的应用较为复杂，其费用也很昂贵。利用EDI能清除职能部门之间的障碍，使信息在不同职能部门之间通畅、可靠地流通，能有效减少低效工作和非增值业务（Non-Value Added）。同时可以通过EDI快速地获得信息，更好地进行通信联系、交流和更好地为用户提供服务。

2.制造资源计划（MRPⅡ）

制造资源计划（MRPⅡ）是把企业的物料流动和资金流动结合起来，形成了一个完整的生产经营计划管理系统。MRPⅡ是一个计划主导型的管理模式；它将企业所有与生产经营直接相关的部门的工作联系成为一个整体；它包括成本会计和财务功能，把实物形态的物料流动直接转换为价值形态的资金流动，从而保证生产和财会数据的一致。

3.企业资源计划（ERP）

企业资源计划（ERP）是在MRPⅡ的基础上发展而来的。MRPⅡ不能满足供应链管理的要求。20世纪90年代初，美国Gartner咨询公司在总结MRPⅡ软件发展趋势时，提出了ERP的概念。从此管理信息系统进入了ERP新时代。ERP着眼于供应链管理，在MRPⅡ的基础上，增加了运输管理、项目管理、市场信息分析、电子商务、电子数据交换等功能。ERP致力于在企业管理的各个环节中，充分利用现代信息技术建立信息网络系统，使企业经营管理活动中的物流、信息流、资金流、工作流加以集成和综合，实现资源的优化配置，加快对市场的反应速度，从而提高企业的效率，并最终提高企业的经济效益和竞争能力。

果行育德

想一想 大家觉得供应链协同管理最关键的是什么？

一起行动吧 世界的普遍繁荣是一个长期过程，今后必须进一步坚持合作共赢理念，发展合作共赢方式，才能推动共建“一带一路”走深走实，开创共同繁荣新局面。

行动进行

通过学习掌握了以上的知识后，可以开始实际操作。

步骤一：制订供应链管理实施计划

A公司实施供应链管理首先应该制订可行的计划，主要工作内容如下：

（1）寻找现有供应链的显著弱点。

（2）同关键客户和供应商一起探讨、评估全球化、新技术和竞争局势，建立供应链的远景目标。

（3）制订从现实过渡到理想供应链目标的行动计划，同时评估企业实现这种过渡的现实条件。

（4）根据优先级安排上述计划，并且承诺相应的资源。

步骤二：构建供应链

1. 明确A公司在供应链中的定位

A公司整条供应链大部分掌控在自己的手里，除生产设备、包装材料需要外购外，其余从供应链源头的奶源供应到供应链尾端的销售环节基本都是A公司在运作。因此A公司是供应链中的绝对核心企业，基于此，A公司应该注重并协调各节点的沟通，着力优化供应链，提出供应链整体管理方案并推动各方进行合作。

2. 建立物流、配送网络

A公司可以采取以下两种物流配送方式，并基于此建立物流配送网络：

（1）自营配送：对核心企业来说，自营配送可以加强对配送体系的掌控，提高供应链的可控性。在这种模式下，对于大客户的需求，从工厂直接送达；对于中小客户的需求，在全国各重点城市布局分仓，通过分仓配送来满足。

（2）第三方配送：供应链组建物流、配送网络时应该最大限度地谋求专业化。A公司可以与国内知名第三方物流企业及运输企业合作，尤其是非专业的冷链运输配送部分。

3. 建立公共信息平台

由于A公司是整条供应链的核心企业，必须集中控制信息的流向，保证物流、信息流顺畅快捷地流动，因此，A公司可以主导建立信息平台来加强供应链信息流的管理（如图5-5-2所示）。

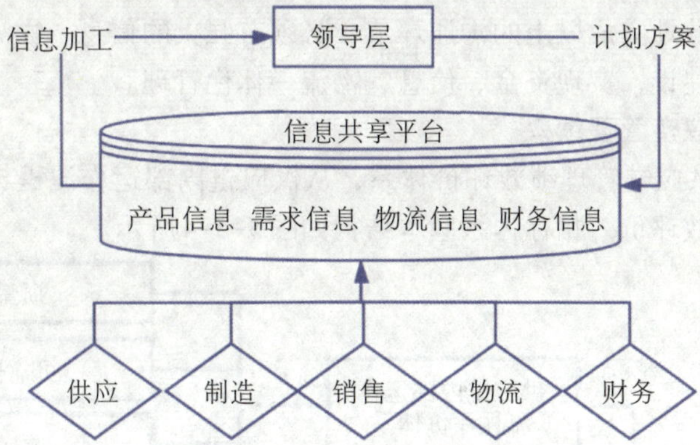

图5-5-2　信息共享平台运行图

如图所示，信息平台的具体操作是：

第一，首先制定供应链上信息共享协议，核心企业即A公司按照协议，根据节点企业在供应链中所处的位置、合作信誉情况、合作时间长短及履行职责的不同将其分级，授予不同的信息访问权限。A公司通过制定激励措施，促使供应链节点企业进行信息共享，同时控制和监督整个系统的运行过程，防止不经济现象的出现。此外，将对信息共享过程中各节点企业绩效评价的结果作为利益分配的依据，以确保信息共享创造的额外利益在各节点企业之间合理分配，促进各节点企业信息共享的积极性，保证供应链的有效运作。

第二，各节点企业根据协议要求，实时将与供应链绩效相关的信息传输到信息共享平台，并按照核心企业设定的访问权限登录平台获取所需信息。

步骤三：改造供应链流程

针对A公司现有供应链的问题：供应链上游即奶源的供应方比较零散，虽然在各大城市都有自己的奶源基地，但奶农仍旧是伊利的奶源的主要供应者，供应链上游难协调、难管理。因此需要对上游供应链进行优化设计，优化架构如图5-5-3所示。

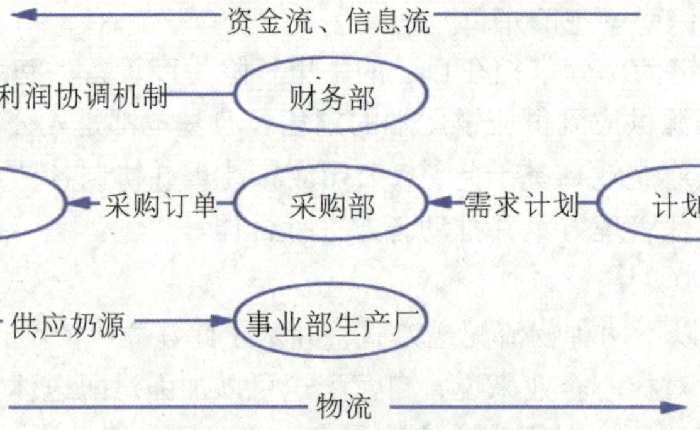

图5-5-3 供应链上游优化结构图

具体实施方案为：

（1）财务部要制定合理的利益协调机制，根据奶农提供的奶源数量、质量、及时度，向奶农提供其应得的报酬，加之奖惩措施，充分调动奶农的积极性，培养其与企业共享利益、共担风险的意识。

（2）计划部将预测需求计划下达采购部，采购部将采购订单交予奶农，奶农根据订单要求的数量合理安排供给工作。

（3）要想快速有效地完成以上的沟通环节，必须有强大的信息、物流网络的支撑。因此，加快信息网络的建设，实现资金、信息、物流一体化管理。

步骤四：评估供应链管理绩效

A公司可以建立供应链管理绩效评价体系，从供应链内部运作流程与供应链外部（支撑）两个方面进行绩效评价，指标体系基本结构如图5-5-4所示。

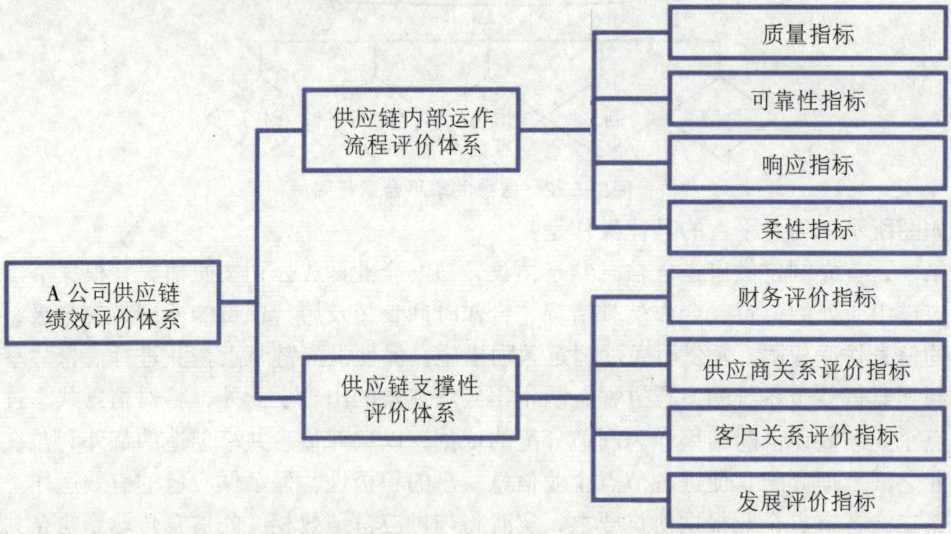

图5-5-4 A公司供应链绩效评价体系

行动评价

学习任务完成情况评价表

评价内容	评价标准		评价等级			
			A（80～100分）	B（60～79分）	C（60分以下（不含60））	疑惑点
理论知识评价	1	能准确阐述供应链的含义和流程				
	2	能详细描述供应链管理的含义和内容				
	3	熟练阐述供应链管理的步骤				
技能操作评价	1	能够根据实际应用场景合理制定供应链管理的步骤				
	2	能够根据案例准确分析供应链管理的内容				
职业素养评价	1	具有加强合作的意识				
	2	具有合作共赢的理念				

说明：同学们根据自我评价打分，然后在分值所处范围内相应的等级下打“✔”，若未得到满分，同学们可在“疑惑点”这一列提出自己的疑问哦！

行动巩固

行动巩固 5-5

一、单项选择题

1.供应链的概念是从（　　）概念发展来的。

A.扩大供应　　B.扩大生产　　C.扩大加工　　D.扩大销售

2.（　　）主要是物资（商品）的流通过程，这是一个发送货物的程序。

A. 物资流通　　B. 商业流通　　C. 信息流通　　D. 资金流通

3.（　　）是供应链的最后环节，也是整条供应链的唯一收入来源。

A. 供应商　　B. 产品制造企业　　C. 分销企业　　D. 消费者

4.“6R”原则不包括（　　）。

A.Right Product　　B.Right Time　　C.Right Quantity　　D.Right Price

二、多项选择题

1.构成供应链的基本要素包括（　　）。

A. 供应商　　B. 产品制造企业　　C. 分销企业　　D. 消费者

2.供应链一般包括（　　）流程。

A. 物资流通　　B. 商业流通　　C. 信息流通　　D. 资金流通

3.供应链管理内容包括（　　）。

A. 计划　　B. 采购　　C. 制造　　D. 配送

4.供应链管理技术有（　　）。

A. EDI　　B. MRPⅡ　　C. ERP　　D. GPS

5.“制造”所包含的活动有（　　）。

A.安排生产　　B.测试　　C.打包　　D.销售

三、判断题

1.“采购”是SCM的策略性部分。（　　）

2.“制造”是供应链中测量内容最多的部分。（　　）

3.供应链管理应用的方法是集成和协同；目标是满足客户的需求，最终提高供应链的整体竞争能力。（　　）

四、简答题

什么是供应链？

五、案例分析

在快速响应用户需求的整个供应链上，产品分销环节的地位越来越重要。但是，传统的分销与库存管理模式并不能满足这一要求。例如，在英国举办的供应链管理专题会议上，一位与会者提到，在他的欧洲日杂公司，从渔场码头获得原材料，经过加工、配送到产品的最终销售需要150天时间，而产品加工的整个过程仅仅需要45分钟。以美国食品业的麦片粥为例，产品从工厂到超级市场，途经一连串批发商、分销商、集运人，居然要走上104天。另有统计资料表明，在供应链的增值过程中，只有10%的活动时间是产生增值的，其他90%的时间都是被浪费的。

项目总结

案例分析要求：

请简述产生上述现象的原因并提供解决方案。

项目实训

1.华立是某冷链物流公司运营部的职员，今天早上公司预计收到3批货物需要进入仓库进行储存，订单内容见表1。

表1　订单信息

货物	数量	外包装	预计到货时间	备注
水晶梨	50吨	纸盒	9：00	
冻猪肉	0.5吨	泡沫箱	8：00	
疫苗	50箱	定制泡沫箱	10：00	

目前，货物需要安排进入相应的冷库，公司有四种类型的冷库，即高温冷库、中温冷库、低温冷库、超低温冷库，请你帮华立安排好此次货物的入库流程。

2.当前，物联网、云计算、移动互联网等新一代信息技术的蓬勃发展，正推动着中国智慧物流的变革。可以说，智慧物流将是信息化物流的下一站。董宝青表示：“我们要把数字物流、智慧物流作为物流信息化的标志语。”请同学们借助互联网，完成下列问题：

（1）请总结出近几年智慧物流的发展。

（2）请选举1～2家代表性智慧物流企业进行其优势分析。

3.林应科技有限公司专业从事物联网领域的科学研究、模式创新、应用开发、服务运营，是集“研、产、融、商”于一体的创新型大型高科技企业集团。小叶是林应科技的一名职员，最近公司准备投资一个物流金融的项目，所以他的领导要求他学习物流金融的知识，小叶不太懂物流金融的实施方式，请你帮他解释一下吧！

4.在互联网上搜索两家国际货运代理企业，以小组为单位，共享这些企业信息，并讨论回答以下问题：

（1）分析搜索到的这些国际货运代理企业在外贸行业中的作用。

（2）它们的业务范围是什么？有什么区别？

5.创科公司是一家大型的手机制造企业，其成立于2003年，总部位于重庆市，是一家专注于智能硬件和电子产品研发的全球化移动互联网企业，同时也是一家专注于高端智能手机、互联网电视及智能家居生态链建设的创新型科技企业。

目前，创科公司的供应链管理存在以下两个问题：

（1）手机零部件供应商比较零散，运输物流成本较高；

（2）企业内部供应链节点杂乱，缺乏信息沟通平台。

创科公司的整条供应链大部分掌控在自己的手里，除生产设备、包装材料需要外购外，其余从供应链源头的奶源供应到供应链尾端的销售环节基本都是创科公司在运作。请为创科公司设计供应链管理方案。

项目六　从第三方物流企业角度体验物流

本项目思维导图

- 从第三方物流企业角度体验物流
  - 第三方物流企业岗位设置
    - 第三方物流企业的岗位设置
    - 仓库管理员的岗位职责
    - 运输调度员和配送员的岗位职责
  - 第三方物流企业运营设置
    - 第三方物流企业的组织架构
    - 第三方物流企业的运营流程

学习目标

知识目标：理解第三方物流企业的定义，认识第三方物流企业的职位序列；基于第三方物流企业组织架构的基本类型，深度阐述第三方物流企业的运营流程。

能力目标：能够基于第三方物流企业组织架构的基本类型，深度阐述第三方物流企业的运营流程。

素养目标：基于第三方物流企业的岗位设置对及企业运营管理等知识的学习，培养学生脚踏实地、从基层做起的意识；持之以恒、坚持不懈的精神；全局观念和系统性的思维以及注意细节的良好习惯。

项目导入

上丰物流有限公司是经市场监督管理局核准注册的从事物流运输服务、汽车零部件调达、零部件仓储物流管理、包装容器、工位器具设计制作、信息化管理等多种业务的专业的第三方物流企业。

小黎是最近新入职的职员，由于她对整个公司的岗位设置比较陌生，因此，人力资源部的小王负责带她认识公司的环境。

小王说："公司的岗位设置可分为执行层、管理层和战略层。目前你入职的岗位是仓库管理员，因为我们公司属于仓储型的物流企业，相信你也大致有所认识。"

小黎说："我之前在公司官网有看到过，请问目前我主要是做哪些工作呢？"

小王说："主要是按规定做好物资设备进出库的验收、记账和发放工作，做到账账相符。虽然我们说起来感觉比较简单，但是实际的工作内容还是需要你慢慢了解一段时间的。最终目的就是要随时阐述库存状态，保证物资设备及时供应，有效提升周转效率；定期对库房进行清理，保持库房的整洁美观，使物资设备分类排列，存放整齐，数量准确。"

小黎说："听起来确实有些难，但我相信等我认识了整个仓储的业务流程和工作内容之后，我一定能做好这份工作。”

仓库管理员的岗位职责有哪些呢？仓储业务的流程又是什么样的呢？你知道这些问题的答案吗？下面，我们就跟随小黎的学习脚步，一起来从第三方物流企业的角度体验物流吧！

项目实施

任务一　第三方物流企业岗位设置

行动任务

奥力是物流管理专业大四的应届毕业生，他叔叔最近来找他帮忙解开一些困惑。他叔叔是做食品生意的，目前食品生意比较好，所以他叔叔打算食品的运输和仓储业务也由自己负责，因此产生了开设一家自营的第三方物流公司的想法。但是他不是很清楚目前物流企业如何设置岗位，在第三方物流企业中有哪些岗位是关键性岗位？

请大家帮助奥力的叔叔确定第三方物流企业的岗位设置，并说明其中关键性岗位的岗位职责。

行动锦囊

一、第三方物流企业的岗位设置

岗位是一个单位为实现其工作目标进行组织分工的基本单元。每个岗位都应有具体的职责任务、工作标准和相应的任职条件。岗位设置管理包含两层意思，一是岗位设置，二是岗位管理。你知道在第三方物流企业中如何设置相应的岗位吗？

微课 6-1

第三方物流企业的岗位设置

（一）第三方物流企业的定义

第三方物流企业是指为公司提供全部或部分物流服务的外部供应商。第三方物流企业提供的物流服务一般包括运输、仓储管理、配送等。在此过程中，第三方物流既非生产方，又非销售方，而是在从生产到销售的整个物流过程中进行服务的第三方，它一般不拥有商品，只是为客户提供仓储、配送等物流服务。

（二）第三方物流企业职位序列

一般企业的职位序列分为三大层级，即战略层、管理层和执行层（如图6-1-1所示）。第三方物流企业岗位设置同样遵循这一设置标准。战略层负责管理、指导多个专业团队，对整体产出负责；制定、实施、监控专业领域内的发展规划。典型职位有董事长和总裁等。管理层负责管理、指导专业团队，对团队的产出负责；设计、改进、监控作业流程。典型职位有职能总监、下属企业总经理等。执行层负责按照有规定的制度、流程、作业标准等来操作；需要一定的工作积累，有一定的复杂性，不能随意更换。典型职位有运输调度人员、助理技师、技工、职能人员、仓管员、统计员、文员等。

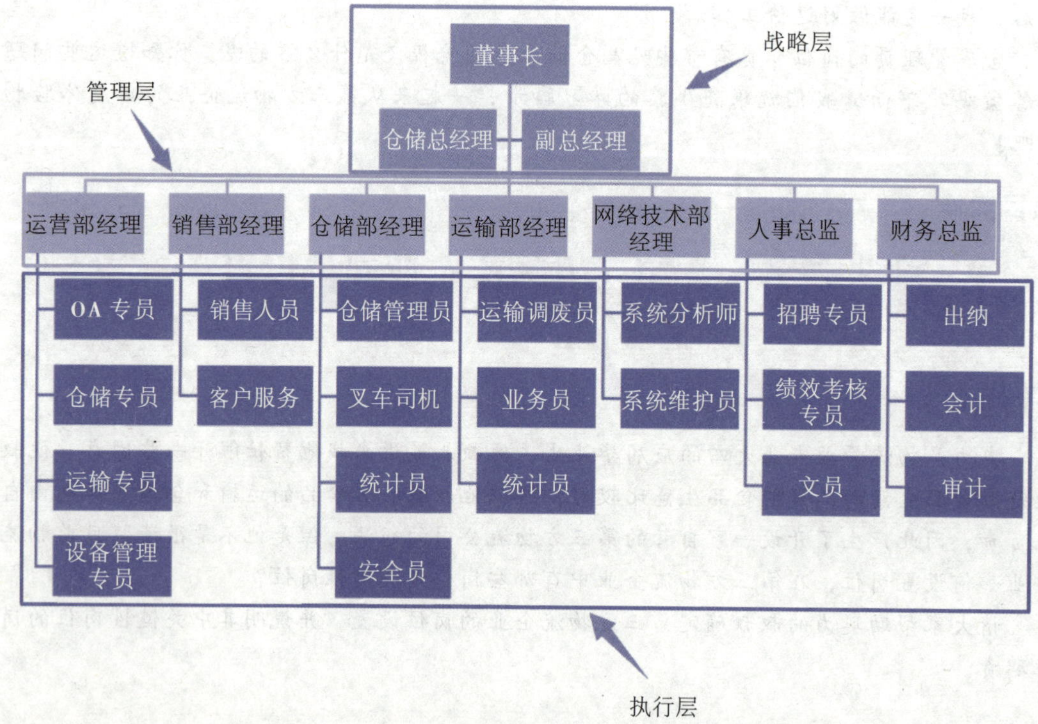

图6-1-1 第三方物流企业职位序列

（三）执行层岗位设置

第三方物流企业的作业主要包含运输作业、仓储作业、配送作业、增值服务、设备使用维修作业、客户服务等，但以运输、仓储、配送作业为主。运输作业包含的岗位有运输调度员、统计员、业务员、安全员、司机、客服等；仓储作业包含的岗位有仓管员、统计员、安全员、叉车司机、设备维修技工等；配送作业包含的岗位有配送员、仓管员、统计员等。以宝供物流的基地类办事处岗位设置为例，执行层的岗位有12个岗位，每一个岗位都有明确的分工（如图6-1-2所示）。

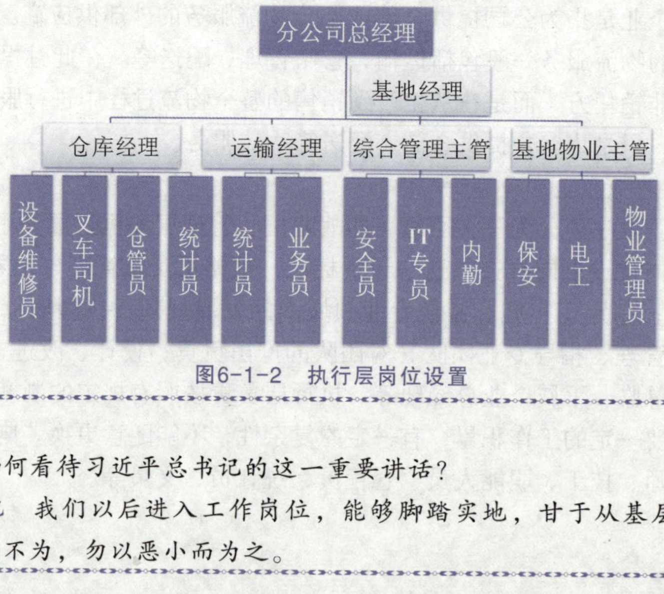

图6-1-2 执行层岗位设置

果行育德

想一想　如何看待习近平总书记的这一重要讲话？

一起行动吧　我们以后进入工作岗位，能够脚踏实地，甘于从基层做起，勿以善小而不为，勿以恶小而为之。

二、仓库管理员的岗位职责

最初的仓库管理工作主要依赖物理标签标识货物，并配合人工纸质账本记录进出库数据。随着电脑的普及和运用，会出现一些单机的软件，同样在电脑上输入进出库数据。移动互联网时代到来后，有人下载和安装使用App，可以说是增加了移动化记录的场景。那么大家知道现在的仓库管理员具有哪些岗位职责吗？

（一）仓库管理员的含义

微课 6-2

仓库管理员的岗位职责

仓库管理员（Storekeeper），顾名思义就是通过对仓库物品的管理发挥好仓库的功能的人员。岗位职责包括：按规定做好物资设备进出库的验收、记账和发放工作，做到账账相符；随时掌握库存状态，保证物资设备及时供应，充分发挥周转效率；定期对库房进行清理，保持库房的整齐美观，使物资设备分类排列，存放整齐，数量准确。

（二）仓库管理员的具体岗位职责

根据仓库工作内容的不同，从日常管理工作和出入库这两个方面介绍仓管员的岗位职责。

仓库工作人员的一天

1. 日常管理工作

（1）按时上下班，到岗后巡视仓库，检查是否有可疑现象，发现情况及时向上级汇报，下班时应检查门窗是否锁好，所有开关是否关好。

（2）认真做好仓库的安全、整理工作，经常打扫仓库，整理堆放货物，及时检查火灾隐患。

（3）检查防盗、防虫蛀、防鼠咬、防霉变等安全措施和卫生措施是否落实，保证库存物资完好无损。

2. 出入库

（1）负责货物的收、发、存工作，收货时，对进仓货物必须严格根据已审批的请购单按质、按量验收，并根据发票记录的名称、规格、型号、单位、数量、价格、金额打印入库单或直拨单，在货物上标明进货日期。对于不符合质量要求的货物，坚决要求退货，严格把好质量关。

（2）验收后的物资，必须按类别固定位置堆放，做到整齐、美观。

（3）发货时，一定要严格审核领用手续是否齐全，并要严格验证审批人的签名式样，对于手续欠妥者，一律拒发。

（4）物品出库或入仓要及时打印出库单或入库单，随时查核，做到月结货物验收合格，及时将单据交与供应商，当日的单据当日清理。

（5）做好月底仓库盘点工作，及时结出月末库存数报财务主管，做好各种单据报表的归档管理工作。

注意：①严禁私自借用仓库物品，向送货商购买物资；②遵守各项相关的规章制度，服从上级工作分工。

果行育德

想一想　从范仲淹的“先天下之忧而忧”中我们认识到了什么？

一起行动吧　物流工作虽然辛苦，但持之以恒，不断坚持，就会有更好的发展，也可以更好地胜任各项工作。

三、运输调度员和配送员的岗位职责

调度是运输生产的直接指挥者，担负着组织指挥、管理生产的任务，涉及生产、质量、技术、车辆、设备、安全、检修等部门。因此，调度部门必须与有关业务部门建立密切的联系，才能做到互通情报，及时解决生产问题。那你知道运输调度员和配送员的岗位职责有哪些吗？

微课 6-3
运输调度员和配送员的岗位职责

（一）运输和配送作业

（1）运输。它是指人或物借助运力在空间上产生的位置移动。

（2）配送。它是指在经济合理区域范围内，根据用户要求，对物品进行拣选、加工、包装、分割、组配等作业，并按时送达指定地点的物流活动。

（3）运输和配送的区别。从定义上来说，运输是把货物从一个点转移到另外一个点的过程，它主要是远距离、大批量、长时间的货物输送。配送是在一定区域范围内，根据客户要求，对物品进行拣选、加工、包装、分割、组配等作业，并按时送达指定地点的物流活动，它主要是短距离、多品种、少批量、多批次、多用户的货物输送形式（如图6-1-3所示）。

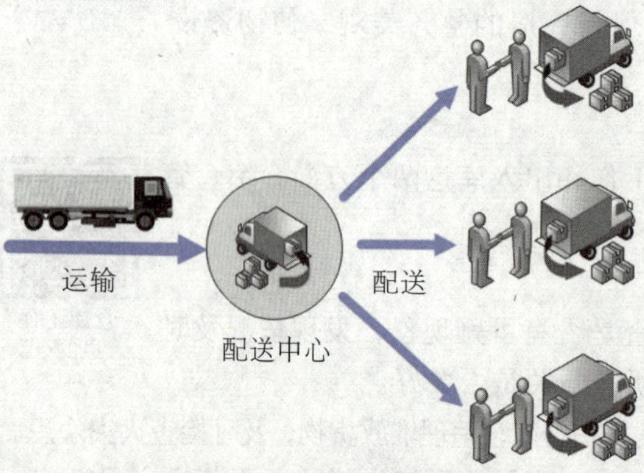

图6-1-3　运输和配送

针对运输作业和配送作业分别选取有代表性的工作岗位运输调度员和配送员，学习他们的工作岗位职责。

（二）运输调度员的岗位职责

运输调度是指车辆调度员负责与托运部门、港口码头、装卸货点联系，组织安排运输，落实进出计划工作，负责车辆的调度和疏导，保证车辆运作有序，确保业务正常进行，并对驾驶员出车前进行安全提示和对承运的货物、线路情况进行交底。

运输调度员一般在部门的领导下全面负责各项储装运管理事宜。其岗位职责主要分为以下七点：

（1）负责装卸搬运和运输环节的全面工作，并处理日常事务。

（2）负责装运单位装运资质的审查、备案，负责装运合同的审批、签订。

（3）负责调查运输市场，为领导提供及时准确的运价情况。

（4）负责派车证的申领、发放、回收登记工作。

（5）负责对运输车队调运量的统计、调运情况的跟踪督促，为领导提供及时的调运信息。

（6）负责督促装运费用的结算、挂账及支付。

（7）严格依据运输管理规章制度，对装运环节中的违章违纪行为做出处理。

（三）配送员的岗位职责

根据配送作业中的配送员的主要工作内容，配送员的岗位职责如下：

（1）做好商品配货工作，了解配货流程。

（2）配货时按照商品先进先出的原则，配货数量一般不准超出门店的要货数量。

（3）配货商品摆放整齐、安全，零散商品要用袋子包好。

（4）业务及商品知识要熟练，货架商品布局要熟悉。

（5）做好商品配货记录，发现问题要随时与仓管沟通。

（6）负责配货单据的签收、签字、审核及回收登记工作。

（7）负责发货、收货、货物转位、公用品配送等搬运工作。

（8）负责仓库所在区域的杂物摆放、卫生清洁工作。

（9）熟知装车的基本原则：上轻下重、上小下大、上虚下实。

（10）做好本部门的安全、卫生工作。

果行育德

想一想　在运输过程中应该注意哪些问题？

一起行动吧　安全工作是重中之重，没有安全就没有一切，所以，我们要树立安全工作意识，无论从事什么工作，都要注意安全，认真贯彻执行公司关于安全工作的相关规定。

行动进行

奥力通过学习掌握了以上的知识，准备开始实际操作。

步骤一：确定企业的岗位设置

一般企业的职位序列分为三大层级，即战略层、管理层和执行层，考虑到目前公司的规模较小，战略层和管理层的人员设置可相应减少。其中，战略层设置的岗位有总经理和副总经理；管理层设置的岗位有运输部经理和仓储部经理、行政总监和财务总监；执行层设置的岗位有运输调度员、人事专员、仓库管理员、统计员、文员等。具体岗位设置可参考图6-1-4。

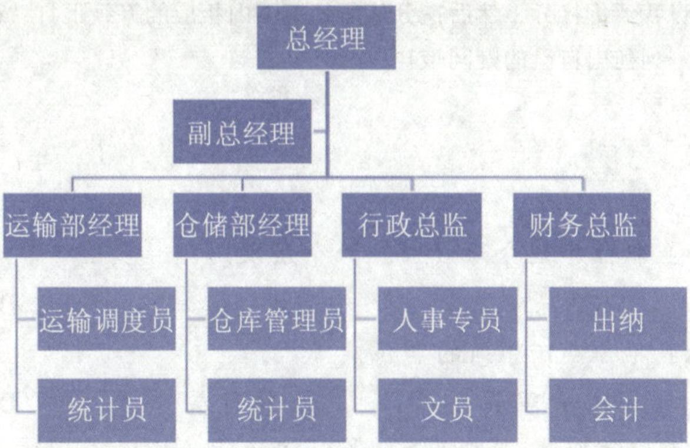

图6-1-4　岗位设置图

步骤二：明确关键岗位

其中执行层中的人事专员、文员、出纳和会计属于职能型岗位，职能型岗位的设置是为了保证公司的正常运营，其岗位设置在此可暂不进行分析，统计员主要负责协调记录好业务数据，关键性的岗位是运输调度员和仓库管理员。

步骤三：分析关键岗位的职责

仓库管理员和运输调度员的岗位职责见前文。

行动评价

学习任务完成情况评价表

评价内容	评价标准		评价等级			
			A（80～100分）	B（60～79分）	C（60分以下（不含60））	疑惑点
理论知识评价	1	能理解第三方物流企业的定义				
	2	能讲述清楚第三方物流企业职位序列				
	3	能完成执行层的岗位设置				
	4	能阐述仓库管理员的岗位职责				
	5	能阐述运输调度员和配送员的岗位职责				
技能操作评价	1	能够阐述仓库管理员的岗位职责				
	2	能够阐述运输调度员的岗位职责				
职业素养评价	1	具有脚踏实地、从基层做起的意识				
	2	具有持之以恒，不断坚持的能力				
	3	具有安全工作的意识				

说明：同学们根据自我评价打分，然后在分值所处范围内相应的等级下打“✔”，若未得到满分，同学们可在“疑惑点”这一列列出自己的疑问哦！

行动巩固

行动巩固 6-1

一、单项选择题

1.第三方物流企业职位序列分为（　　）个层次。

A.2　　B.3　　C.4　　D.5

2.“业务员”属于（　　）序列的职位。

A.战略层　　B.管理层　　C.执行层　　D.其他

3.（　　）主要是以远距离、大批量、长时间的货物输送。

A.运输　　B.配送　　C.零担　　D.整车

4.以下属于管理层的职位是（　　）。

A.董事长　　B.总裁　　C.业务经理　　D.经理助理

二、多项选择题

1.第三方物流企业的作业主要包含（　　）。

A.运输作业　　B.仓储作业　　C.配送作业　　D.增值服务

2.运输调度员的岗位职责有（　　）。

A.负责装卸搬运和运输环节的全面工作

B.负责装运单位装运资质的审查、备案，负责装运合同的审批、签订

C.负责运输市场调查，为领导提供及时准确的运价情况

D.负责派车证的申领、发放、回收登记工作

3.配送员的岗位职责有（　　）。

A.做好商品配货工作，认识配货流程

B.配货商品摆放整齐、安全，零散商品要用袋子包好

C.做好商品配货记录，发现问题要随时与仓管沟通

D.负责督促装运费用的结算、挂账及支付

4.装车的基本原则有（　　）。

A.上轻下重　　B.上小下大　　C.上虚下实　　D.先到先放

5.仓库工作内容基本可分为（　　）。

A.出库　　B.入库　　C.日常管理工作　　D.加工

三、判断题

1.运输和配送并没有实质性区别。（　　）

2.配送主要是短距离、多品种、少批量、多批次、多用户的货物输送形式。（　　）

3.执行层工作内容简单，可替代性强，人员可随意更换。（　　）

四、简答题

什么是第三方物流企业？

五、案例分析

宝供物流企业集团有限公司（以下简称“宝供物流”）创建于1994年，是国内第一家以物流名称注册的企业集团，是我国最早运用现代物流理念为客户提供一体化物流服务的专业第三方物流企业，是目前我国最具规模、最具影响力、最领先的第三方物流企业之一，也是我国现代物流和供应链管理的开拓者和实践者。宝供物流岗位设置可分为三大层级、三大序列、20子系列。

（1）三大层级：战略层、管理层、执行层。

A.执行层：按照规定的制度、流程、作业标准等来操作；需要一定的工作积累，有一定的复杂性，不能随意更换。典型职位：销售经理、客户经理；办事处主管、调度、技师、助理技师、技工、职能人员、仓管员、统计员、业务员等。

B.管理层：管理、指导专业团队，对团队的产出负责；设计、改进、监控作业流程。典型职位：职能总监、下属企业总经理、销售片区总监、客户经理（高级）、职能经理（含客服、采购）、项目经理、高级技师与专员、办事处经理、基地经理等。

C.战略层：管理、指导多个专业团队，对整体产出负责；制定、实施、监控专业领域内的发展规划。典型职位：董事长、总裁、副总裁、董事长助理、外部专家（分首席顾问、高级顾问、资深顾问、顾问）、财务总监。

（2）三大序列：管理（含管理技师、营销、秘书、文员、内勤）、技术（含物流技术、IT技术、项目管理等）、作业（含作业员工、技工等）。

（3）20子系列：如：作业——业务方面：运输作业、仓储作业、配送作业、增值服务作业、设备使用维修作业、客户服务（调度员、统计员、仓管员、业务员、安全员、叉

车司机、设备维修技工、客户服务等）；技术——物流专员、IT技师（系统分析师、软件设计工程师、程序员、软件测试工程师、软件服务工程师、硬件工程师）、项目经理等。

其一，营销——销售片区总监、销售经理、客户经理等。

其二，职能管理——会计师、审计师、经营分析师、企业发展规划管理、投资管理、市场调研员、运作管理、人力资源管理、资源采购管理、行政事务管理、物业管理、设备管理等；文员：秘书、各类文员、内勤。

其三，管理指挥——总裁、副总裁、职能总监、下属企业总经理、经理、主管、调度。

案例分析要求：画出宝供物流的岗位设置层级概况。

任务二　第三方物流企业运营管理

行动任务

中云仓储物流有限公司是一家专业为客户提供中小微型仓库、仓储托管的企业。公司服务内容包括仓储托管、仓库出租、搬运装卸、贴换标签、仓内加工、市内配送、代发快递、代发物流等一条龙的仓储物流服务。

汪浩今天刚刚入职中云仓储，他主要负责整个仓储业务流程的管理，今天早上收到了一批货物，请你帮助汪浩完成整个仓储的业务流程。

行动锦囊

一、第三方物流企业的组织架构

企业组织架构是进行企业流程运转、部门设置及职能规划等最基本的结构依据，常见组织架构形式包括中央集权、分权、直线以及矩阵式等。

（一）组织架构的定义

微课 6-4

第三方物流企业的组织架构

企业组织架构是进行企业流程运转、部门设置及职能规划等最基本的结构依据，组织架构需要根据企业总目标，把企业管理要素配置在一定的方位上，确定其活动条件，规定其活动范围，形成相对稳定的科学的管理体系。常见组织架构形式包括中央集权、分权、直线以及矩阵式等。

（二）第三方物流企业组织架构的基本类型

第三方物流企业组织架构的基本类型分为直线型、职能型、事业部型、矩阵型和动态网络型组织结构。

1.直线型组织结构

直线型组织结构是一种最为简单的第三方物流企业的组织结构类型。在直线型组织结构中，第三方物流企业中的各种职务直线排列，各个组织层次的负责人都对被管理者拥有直接的一切职权，对所管理的部门有绝对控制权，如图6-2-1所示。

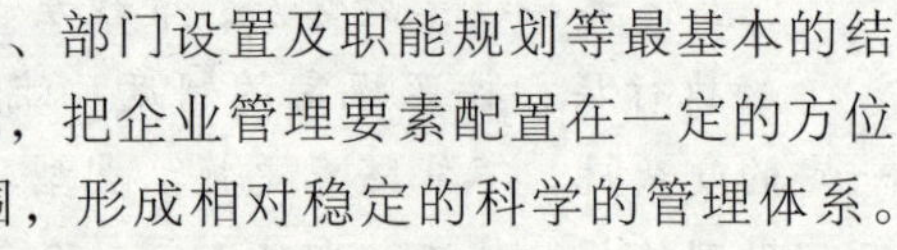

图6-2-1　直线型组织结构

优点：其结构简洁，管理权集中，权责清晰，指令统一。

缺点：企业的管理幅度和纵深度很小，从而增大了管理失误的可能性。

适用条件：这种组织结构在现在的第三方物流企业中已经很少采用。

2.职能型组织结构

职能型组织结构是第三方物流企业在组织中设置若干职能专门化的机构。这种组织结构的特点是组织内除直线主管外，还相应地设立一些组织机构，分担某些物流职能，如图6-2-2所示。

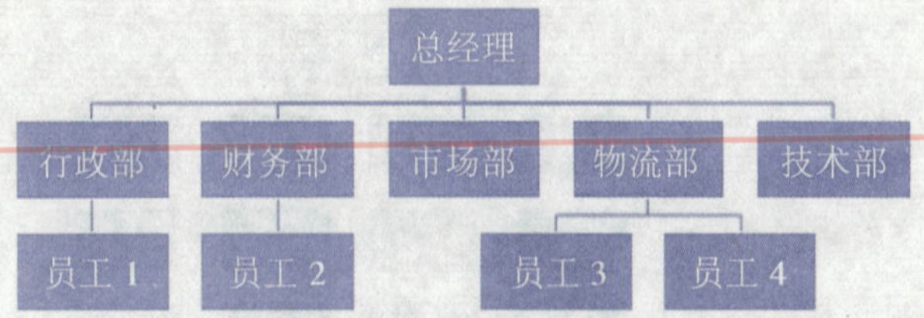

图6-2-2　职能型组织结构图

优点：能够充分发挥各职能机构的专业管理作用，提高了专业化的管理水平，同时减轻了高层管理者的责任压力，使其能专心致力于最主要的决策工作。

缺点：各职能部门往往片面追求本部门的利益，部门之间缺乏交流合作，且矛盾会增多，这又会加大最高主管协调、统领全局的难度，增加完成任务的压力。

3.事业部型组织结构

事业部型组织结构亦称M型结构，或多部门结构，有时也称为产品部式结构或战略经营单位，即按产品或地区设立事业部（或大的子公司），每个事业部都有自己较完整的职能机构。

优点：企业适应性和灵活性强，对市场有敏捷的适应性，有利于调动各事业部的积极性；便于总公司对各事业部的绩效进行考评，同时也有利于组织的最高管理者摆脱日常事务而专心致力于组织的战略决策和长期规划。

缺点：由于每个事业部均有完备的职能部门，资源重复配置，管理费用较高，且各事业部之间的相互支持与协调比较困难，限制了组织资源的共享，因此，容易出现各自为政的部门主义倾向，这势必导致组织总体利益受损，从而影响组织长期目标的实现，如图6-2-3所示。

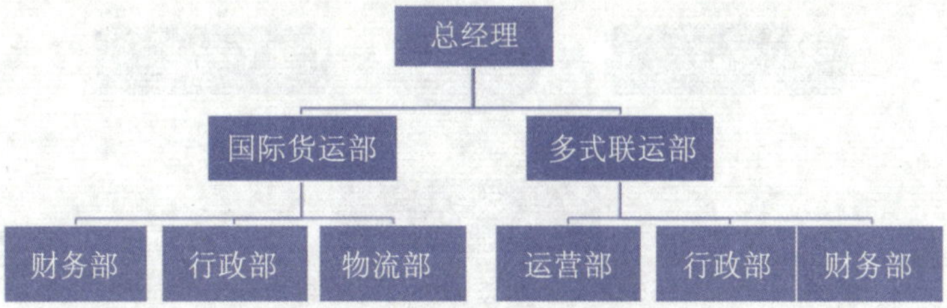

图6-2-3　事业部型组织架构

4.矩阵型组织结构

矩阵型组织结构由纵横两套管理系统组成，一套是纵向的职能管理系统，另一套是为完成某项任务而组成的横向项目系统，横向和纵向的职权具有平衡对等性。

优点：项目团队由拥有不同背景、不同技能、不同专业知识的人员组成，为某个特定项目共同工作，可以取得专业化分工的好处，同时可以跨越各职能部门获取他们所需要的各种支持。其易于发挥事业单位机构灵活的特点，增强职能人员直接参与项目管理的积极性，以及矩阵主管和项目人员共同组织项目实施的责任感和工作热情。

缺点：组织中的信息和权力等资源一旦不能共享，协调处理这些矛盾必然要牵扯管理者花费更多精力，并付出更多的组织成本。此外，项目成员需要接受双重领导，他们要具备较好的人际沟通能力和平衡、协调矛盾的技能；成员之间还可能会存在任务分配不明确、权责不统一等问题，这同样会影响组织效率的发挥。在实践中衍生出了以职能主管职权为主要权力的职能式矩阵结构和以项目主管职权为主要权力的项目式矩阵结构。这两种矩阵结构方式都取得了明显的成效，如图6-2-4所示。

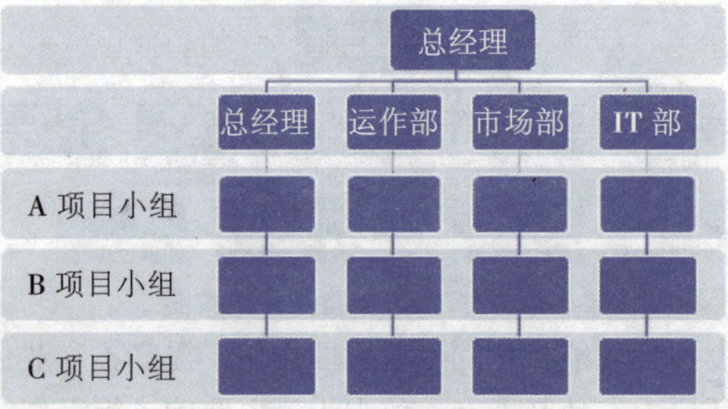

图6-2-4 矩阵型组织结构图

5.动态网络型组织结构

网络型组织是一种新型组织结构。一种基于契约关系的新型组织结构形式，即网络型组织，又称虚拟组织。

优点：成本效率最大化、风险最小化，更有利于核心竞争力的打造。

缺点：对各供应商的管理整合难度加大、控制协调难度加大，会因为一个环节出问题而导致整个链条出问题。

适用条件：适用于以品牌、产业链和资本运作作为核心竞争力的企业，同时也比较适用于管理成熟的企业（如图 6-2-5 所示）。

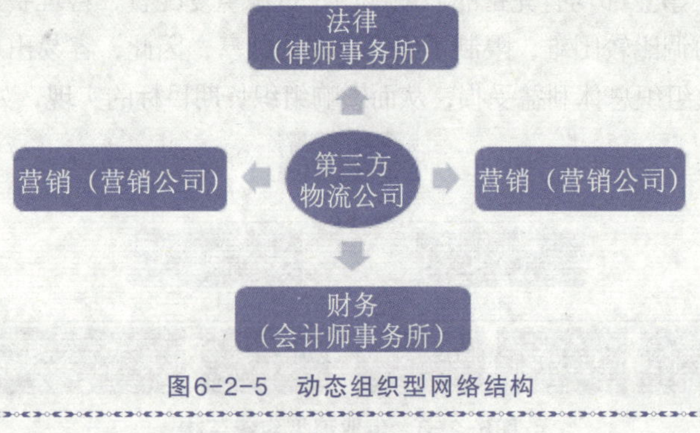

图6-2-5 动态组织型网络结构

果行育德

想一想　大家觉得微信的产品逻辑框架是怎样的呢？

一起行动吧　无论要设置组织结构还是要设计一个产品，都要考虑到每个部门的功能和逻辑性，要有全局观念和系统性的思维。

二、第三方物流企业的运营流程

为了在激烈竞争的市场环境中更好地生存和发展，物流企业必须根据自身实际情况管理好企业的运营活动，从加强管理入手，努力提高效率、降低成本、提升服务水平，建立符合自身特点的核心竞争力。那你知道第三方物流企业的运营流程吗？

（一）第三方物流企业的服务内容

微课 6-5

第三方物流企业的运营流程

目前常见的第三方物流活动主要分为运输和配送服务、仓储服务、信息服务、增值服务和总体策划六大类。

1. 运输和配送服务（如图6-2-6所示）

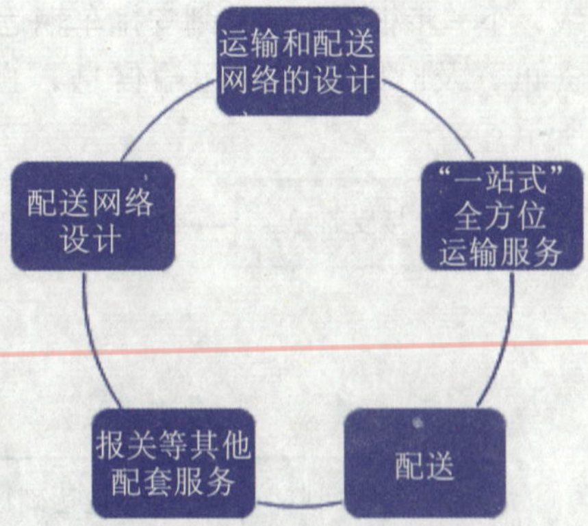

图6-2-6　运输和配送服务

2. 仓储服务（如图6-2-7所示）

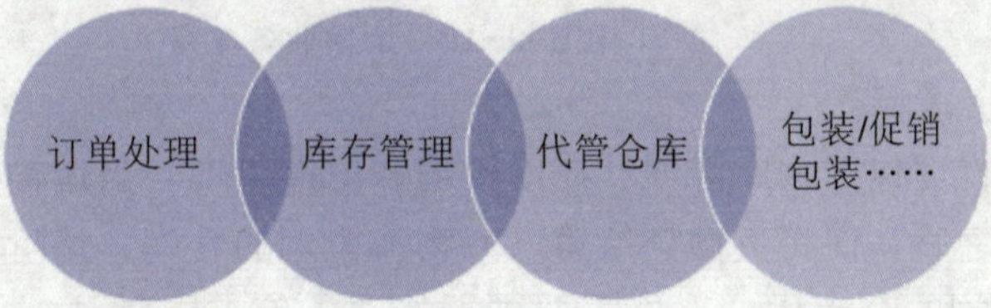

图6-2-7　仓储服务

3. 增值服务（如图6-2-8所示）

图6-2-8　增值服务

4. 信息服务（如图6-2-9所示）

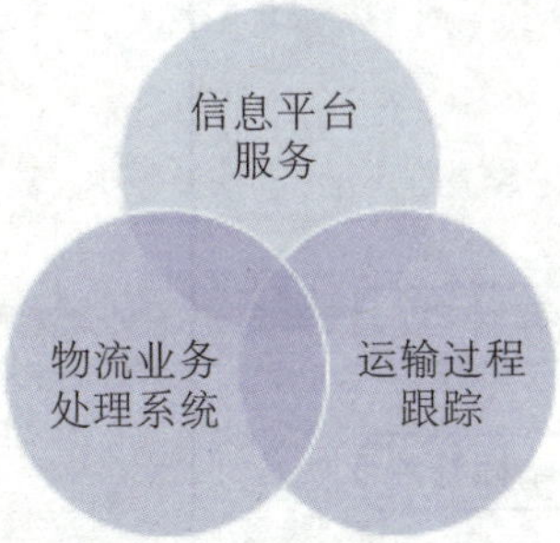

图6-2-9　信息服务

5. 总体方案策划

一般来说，第三方物流公司也不同程度地具备为客户提供物流系统总体规划的能力，并且在实际运作中，还能将这种规划能力转化为整合运输、仓储、配送等核心环节的整体解决方案。

从第三方物流服务内容看，运输、仓储和配送是第三方物流公司最主要的业务；总体策划与设计是第三方物流业务的保障；信息技术是第三方物流业务的中枢神经；增值是第三方物流的目的。

（二）具体的运营流程

根据第三方物流的主要服务内容，企业的运营活动主要围绕运输业务、配送业务和仓储业务展开，基于此，第三方物流企业的运营流程以运输业务流程、仓储业务流程和配送业务流程为主。

1.运输业务流程

运输的一般业务流程是从接收订单开始，然后制订运输计划，即安排好最优运输路线，下一步根据运输计划安排车辆运输，进行装车；在装车之后同时在系统内部上传货物资讯，及时跟踪货物运输信息，直到客户确认签收，并收到签收回单（如图6-2-10所示）。

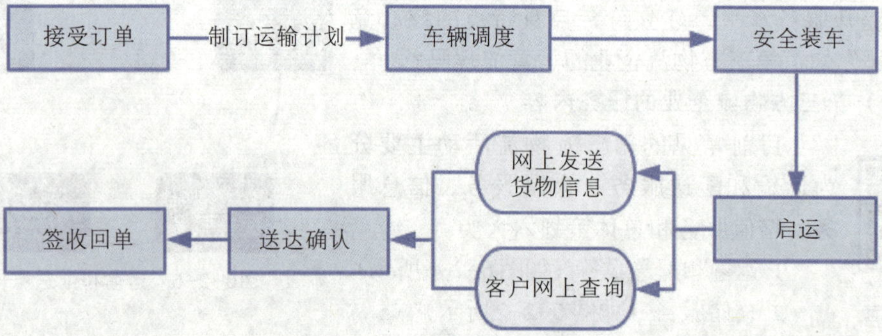

图6-2-10 运输业务流程

2.仓储业务流程

仓储业务管理包括入库管理、在库管理和出库管理。当运输分包商与第三方物流公司签订仓储合同之后，便将货物交给第三方物流公司的仓库，该阶段称为交货。当货物抵达第三方物流公司的仓库后，首先需要进行拣选入库，同时录入货物信息和异常货物信息等。下一步就是在库管理，主要包括的工作内容有库存预订、保管、增值服务和库中调配等，其中增值服务可能会有进一步加工、贴标签和拼装箱等业务。最后一步是货物出库，当货物出库时，按照先进先出的原则提货，对出库货物进行信息采集，同时注意对异常出库信息、货物去向、提货人、承运人等信息的审核，直至货物完成签收，仓储业务的流程结束（如图6-2-11所示）。

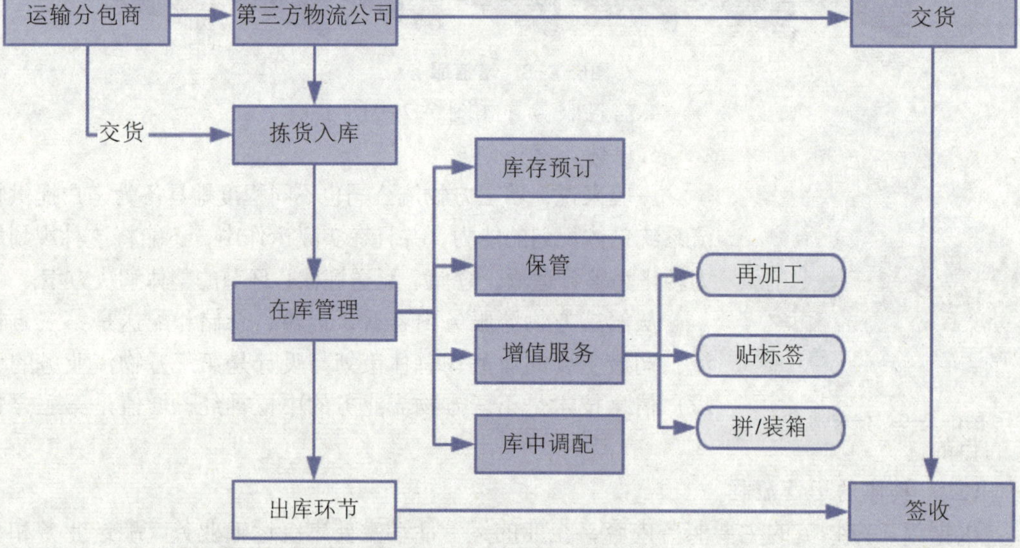

图6-2-11 仓储业务流程

3.配送业务流程

当接到客户下单之后，前台负责接收订单，核对客户信息和对信息进行分类整理，比如产品信息、客户信息、收货地址等。同时在仓库中进行库存信息分析，当库存信息不满足订单时，首先需要进行货物入库，接下来再进行库存信息分析，满足订单之后进行出库管理。当货物出库之后，进入了货物配送环节，首先根据客户订单信息下发配送计划，进行配货、送货，直至客户签收，完成配送业务的整体运作流程（如图6-2-12所示）。

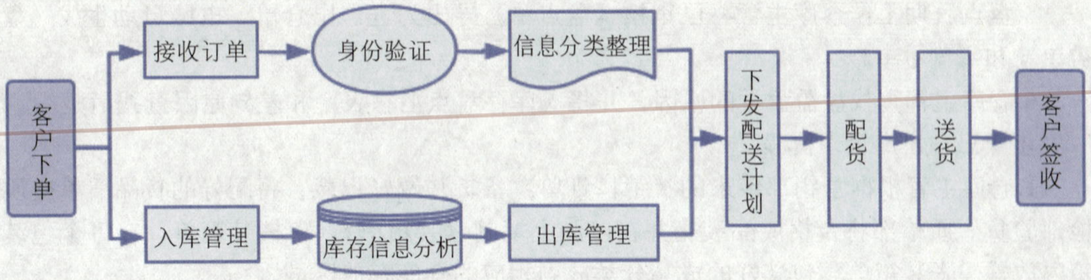

图6-2-12　配送业务流程

果行育德

想一想　如何看待“一屋不扫，何以扫天下？”？

一起行动吧　在工作中一定要注意细节，尤其是细小的动作，避免因为小失误造成不可挽回的损失。

行动进行

汪浩通过学习阐述了以上的知识，准备开始实际操作。

步骤一：入库管理流程

1.仓库根据已审核《采购订单》内容准备收货。

2.厂家送货到达后，由厂家提供《送货清单》给收货仓管员，《送货清单》应清晰显示送货单位名称、送货单位印章或经手人签名、货品的名称、规格、数量、采购订单号。收货仓管员将《送货清单》和对应的《采购订单》相核对。核对不符者拒收。相符者仓管员以《送货清单》和《采购订单》验收货品，当收货量大于定购量时，仓库主管要通过营销部同意并取得营销部有权人的书面通知后才能超量收货。

3.仓管员收货无误后，在《送货清单》上签收，并加盖收货专用章，一联自留，一联交对方。

4.仓管员在电脑上开具《采购单》，并由仓库主管审核生效。将《采购单》打印一式三联，经仓库主管和仓管员签字加盖收货专用章后，第一联存根自留，第二联财务联连同送货单位的《送货清单》交财务，第三联对方联同时交财务。

5.返修品回仓，以对应的《采购退货单》为依据收货，仓管员核实货单无误后在电脑上开具《采购退返单》，注明原《采购退货单》号，并经仓库主管审核生效。

步骤二：在库盘点流程

1.仓库主管组织仓库人员初盘存货，对存货六大区域各指派1人担任组长，2人配合。以盘点表记录初盘结果。

2.仓库主管连同另外4名员工组成复盘小组，对初盘结果进行复盘，出现差异仓库自查原因。仓库主管将初盘数据输入电脑，将《盘点单》打印提供给财务部。

3.财务部组织公司人员组成抽盘小组，以2人为1组对各大区域进行抽盘工作。

4.抽盘人员从实物中抽取20%复核初盘资料，从初盘资料中抽取30%对实物进行抽盘。抽盘量要求占总库存的50%。发现差异由仓库主管重新盘点更正初盘资料。差错率高于1%，仓库主管对该区域货品进行重新全盘。经复盘通过的《盘点单》由财务部审核，并打印一式两份，由仓库主管、财务主管签字，各持1份。

5.盘点后期工作仓库主管将已审核《盘点单》导出为进、出仓单，电脑自动生成《盘盈单》和《盘亏单》。

6.仓库主管查找盘盈盘亏的原因，并将《库存盘点汇总表》和差异原因查找清楚。

步骤三：出库管理流程

1.仓库主管根据营销部传来的《销售订单》备货并做好记载，将配好的货品清单交质检部验货。质检部将合格成品装箱并在电脑上填制《装箱单》，审核装箱单，在每个包装箱内放置一张装箱单。包装好的成品分类放到相应的仓库存放区域。

2.质检部将《装箱单》汇总导出为未审核《销售单》，等待营销部总监审核发货。

3.仓管员根据客户持有的已盖章《销售单》和电脑里对应的《出仓单》（对于批发商）或《转仓单》（对于加盟商）发货。打印《出仓单》或《转仓单》一式二份，由仓管员、仓库主管和客户签字，一份交客户，一份仓库自留。

行动评价

学习任务完成情况评价表

评价内容		评价标准	评价等级			
			A （80~100分）	B （60~79分）	C （60分以下 （不含60））	疑惑点
理论知识评价	1	能够理解组织架构的定义				
	2	能够指出第三方物流企业组织架构的基本类型				
	3	能够说明第三方物流的服务内容				
	4	能够简单阐述第三方物流企业的运营流程				
技能操作评价	1	能够判断第三方物流企业的组织架构				
	2	能够分析第三方物流企业的运营流程				
职业素养评价	1	具有全局观念和系统性的思维				
	2	具有注意细节的良好习惯				

说明：同学们根据自我评价打分，然后在分值所处范围内相应的等级下打“✔”，若未得到满分，同学们可在“疑惑点”这一列列出自己的疑问哦！

行动巩固

行动巩固 6-2

一、单项选择题

1.（　　）是一种最为简单的第三方物流企业的组织结构类型。

A.直线型组织结构　　B.职能型组织结构

C.事业部型组织结构　　D.动态网络型组织结构

2.（　　）亦称M型结构。

A.直线型组织结构　　B.职能型组织结构

C.事业部型组织结构　　D.动态网络型组织结构

3.（　　）是一种新型组织结构。

A.直线型组织结构　　B.职能型组织结构

C.事业部型组织结构　　D.动态网络型组织结构

4.目前常见的第三方物流活动主要分为（　　）大类。

A.三　　B.四　　C.五　　D.六

二、多项选择题

1.第三方物流企业组织架构的基本类型分为（　　）。

A.直线型　　B.职能型　　C.事业部型　　D.矩阵型

2.职能型组织架构的特点有（　　）。

A.提高了专业化的管理水平　　B.减轻了高层管理者的责任压力

C.部门之间缺乏交流合作　　D.管理权集中

3.增值服务包括（　　）。

A.延迟制造　　B.零件成套　　C.供应商管理　　D.咨询服务

4.第三方物流公司最主要的业务有（　　）。

A.运输　　B.仓储　　C.增值　　D.配送

5.运输的一般业务流程有（　　）。

A.接收订单　　B.制订运输计划　　C.安排运输　　D.出库管理

三、判断题

1.信息技术是第三方物流业务的中枢神经。（　　）

2.货物出库时按照先进先出的原则。（　　）

3."JIT"不属于增值服务。（　　）

四、简答题

第三方物流企业的组织架构有哪些类型？

五、案例分析

宝供物流企业集团有限公司创建于1994年，是国内第一家以"物流"名称注册的企业集团，是我国最早运用现代物流理念为客户提供一体化物流服务的专业第三方物流企业之一，是目前我国最具规模、最具影响力的第三方物流企业之一，也是我国现代物流和供应链管理的开拓者和实践者。其相关资料、组织架构等如图6-2-13至图6-2-15所示。

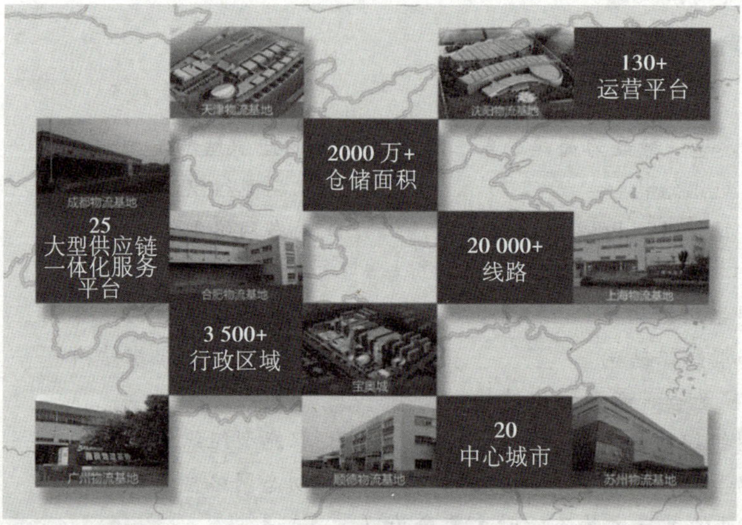

图6-2-13　宝供物流企业集团

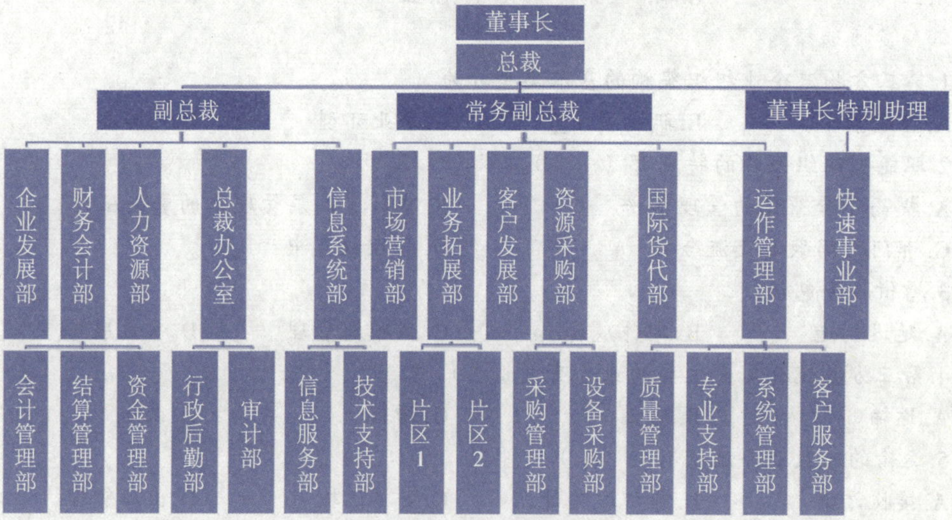

图6-2-14　宝供物流企业集团的关键部门组织架构

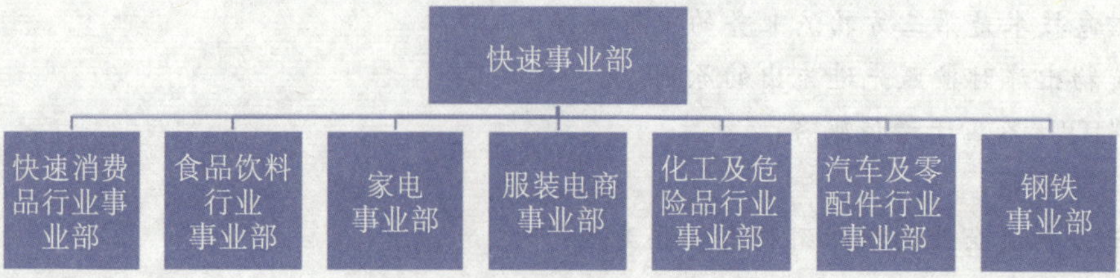

图6-2-15　快速事业部组织架构

案例分析要求：宝供物流的企业组织架构。

项目总结

项目实训

1.李小燕今年已经从某大学物流管理专业毕业7年了，由于有了一定的资金，今年她打算自己创业，成立一家第三方物流企业，但是对于企业内部的人员岗位设置她不是很明确，你能否为她说明一下在第三方物流企业中有哪些岗位，哪些是关键性岗位？这些岗位的职责是什么呢？

2.深圳某仓储有限公司注册成立于2018年7月19日，公司注册资本5 000万元，总面积超13 000平方米，分为6层。公司对外设鉴定中心、托管中心、库管中心、物流中心、客服中心、溯源中心共六大中心，内设综合部、托管部、财务部、库管部、物流部、安保部、信息部6个部门。公司以专业的管理团队，精心开发现代化艺术收藏品托管仓储业务系统，依托国际化的仓储标准、良好的仓储环境，致力于成为全国最专业、仓储管理最先进、仓储规模最大的艺术收藏品托管仓储中心。

王言是尚云仓储库管部的职员，主要负责整个仓储的业务流程的管理，今天下午到了一批货物，请你帮助王言完成整个仓储的业务流程。

项目七　从快递企业角度体验物流

本项目思维导图

- 从快递企业角度体验物流
  - 古代生活中的物流现象
    - 快递网点的定义
    - 快递网点的分类
    - 快递网点的岗位设置
  - 快递网点各岗位的岗位职责
  - 快递企业的组织架构
    - 快递企业概述
    - 顺丰企业的组织架构
  - 快递企业的运营流程
    - 收寄作业
    - 派送作业

学习目标

知识目标：在理解快递网点的定义和主要类型的基础上，阐述收寄作业及快递派送作业的要求和流程。

能力目标：在阐述快递网点的岗位设置及各岗位的岗位职责的基础上，准确分析快递收寄作业及派送作业的作业要求和流程。

素养目标：基于快递岗位设置及快递运营管理等知识的学习，培养学生尊重每一份职业的意识和以人为本、创优质服务的工作态度。

项目导入

周一早上，辅导员走进教室，说："这周的班会主题是'我们都是物流人'，希望大家能够通过参观、采访、亲身体验等方式去快递企业或快递网点'一日游'，在周五的时候我们共同来谈谈大家所认识的'物流人'，最重要的，大家在这个过程中一定要注意安全。"

同学们组成小队，在课余时间如火如荼地进行着这项活动……

终于到周五了，大家聚在一起着急地等待着辅导员的出现，甚至有好多同学们已经开始分享自己的所见所闻了。

黎同学说："我采访了一位快递小哥，送快递也并不像我们想象中那么简单，还是需要具有较强的听写、理解、表达、应变、沟通和学习能力，我觉得让我去我也并不一定能干好。"

王同学说："你说的太对了，假期我替我表哥送过半天的快递，有的时候顾客不在家，打电话也不接，我就暂时去送下一个快递了，结果顾客投诉我，当时觉得好委屈。”

刘同学说：“其实每一个行业都是这样，像我们组前几天去了我们学校宿舍楼底下的那个网点，老板说他一个人身兼数职，当时我还很纳闷，后来听了他的解释我就明白了，由于同学们都是自己去网点取快递，因此省去了快递员的职位，其次调度岗、快件操作岗和行政后勤岗等都是他一个人，偶尔可能家里人会帮助他一下。”

同学们经过此次的班级活动，又学习了不同的新知识，你是不是也好奇快递企业是什么样的呢？下面，我们就跟随同学们的脚步，一起从快递企业的角度体验物流吧！

项目实施

任务一　快递岗位设置

行动任务

小薛是某高校物流专业大三的学生，最近在取快递时他发现学校里面的快递网点数量偏少，导致同学们取快递非常不方便，为了锻炼自己的能力，他决定自己创业，跟同学合作开设一至两家的快递网点，而且不打算招聘新的人手，为实现整体的人力成本最低，他最少需要多少人？他需要在快递网点设置哪些岗位？这些岗位的职责分别是什么？

请大家帮助小薛解答这两个问题吧！

行动锦囊

一、快递网点的岗位设置

互联网电商行业如今正呈现迅猛发展的态势，常见的快递公司有顺丰、申通、圆通、韵达、中通、汇通、天天等。每当路过代理网点时，我们都能看到堆积如山的快递包裹。快递员风雨无阻地送着快递，客服人员汗流浃背地扫描着包裹。你知道快递网点除了快递员岗位还有其他的哪些岗位呢？

走进快递企业

微课 7-1

快递网点的岗位设置和岗位职责

（一）快递网点的定义

快递网点是快递公司在单个城市中最小、最基本的操作单位。它负责该城市某一区域内快件的揽收、运输、分拣与派送工作，同时还兼备财务结算、营销、质量控制等功能。

（二）快递网点的分类

快递网点可分为直营网点、加盟网点和代收网点。

直营网点，是指企业自行投资建设的网点，主要负责某一片区快件的收取、暂存、基础信息录入和收派人员管理。

加盟网点，是指具备独立法人资格的快递公司或具备快件取、派能力的个人，以契约的形式取得大型快递企业某一片区的代理资格，负责该片区的快件收派工作所设置的网点。

代收网点，是指在指定区域内以该企业名义受理快件业务的网点，一般是快递企业与酒店、宾馆、超市等组织合作的网点，代收点的业务范围包括：提供受理咨询、代收快件、代收运费、品牌推广和维护。

（三）快递网点的岗位设置

一般快递网点会设置快递员岗、调度岗（如图7-1-1所示）、快件操作岗、行政后勤岗、质量监控岗和车辆管理岗。

图7-1-1 快递员岗和调度岗

二、快递网点各岗位的岗位职责

快递网点各岗位职责见表7-1-1.

表7-1-1 快递网点的岗位职责

岗位名称	岗位设置必要性	岗位职责
快递员岗	快递员岗的设置是为了能够进行取、派件工作，每个网点都会设置	第一点安全准时收送快件，及时把快件送达客户；第二点突发事件的处理，如客户快件的遗失、损坏等；第三点派件返回，问题件及时与客服交接
调度岗	调度岗的设置是为了将取件指令传达给快递员合理调度取、派件资源，每个网点均设置，一般负责取件电话的接听(兼投诉处理客服)、调度取派件资源	第一点合理调配取件任务，向快递员传达取件指令；第二点阐述取、派件任务的实时完成情况，及时应对异常情况
快件操作岗	快件操作岗的设置主要负责快件在站内的操作，每个网点均设置，设置数量根据网点规模而定，规模小的网点还会由快递员兼任	第一点接收快递员收取的快件，审核快递员带出派送的快件；第二点对出站快件进行分拣、集装、暂存、装车；第三点将运单信息准时准确地录入到系统中，并将派送信息准时准确地反馈到系统中
行政后勤岗	行政后勤岗主要负责网点内的行政、后勤保障工作，如物料管理、操作设备维修保养等，多数网点由其他岗位人员兼职	第一点负责网点内的行政、人事考勤工作；第二点负责网点安保、保洁、工装、操作设备、办公用品的分发与保管等

续表

岗位名称	岗位设置必要性	岗位职责
质量监控岗	质量监控岗负责制作各种反映质量情况的报表、汇报并跟进本网点各种服务方面的问题，但是有极少数网点设置这一岗位	第一点对本网点的工作质量进行监控，制作并按时上报本网点的质控报告；第二点分析网点的服务缺失，并对网点的工作提出改进措施，负责网点的培训工作
车辆管理岗	车辆管理岗主要负责阐述车辆的使用情况，负责车辆的维修，配置与监控车辆运输动向。一般规模大的网点设置该岗位，规模小的网点基本不设置	第一点整控车辆的运行、发运、配载情况，对车辆油耗、行驶公里数等进行统计与分析；第二点负责车辆的维修和养护，处理车辆运行中突发事件

果行育德

想一想　如何看待“人生本平等，职业无贵贱”这句话？

一起行动吧　职业不分贵贱，每一份职业都值得大家尊重。在我们不清楚相关工作人员的职责时一定要与其互相理解。

行动进行

小薛通过学习掌握了以上的知识，准备开始实际操作。

步骤一：确定快递网点的岗位设置

快递网点会根据每个网点的实际情况，设置不同的岗位，每一个网点会设有负责人。具体岗位设置如图7-1-2所示。

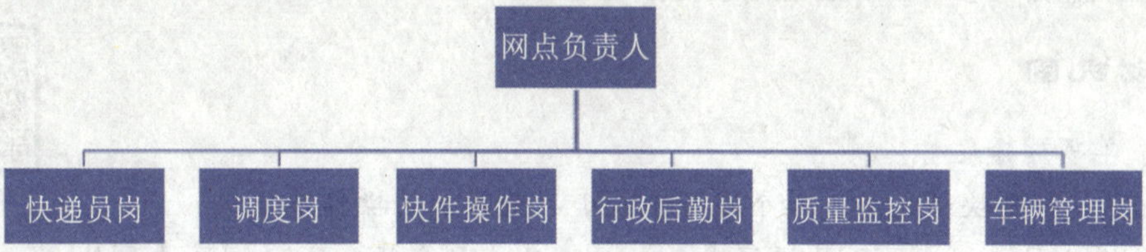

图7-1-2　岗位设置图（1）

步骤二：明确快递网点主要的岗位

其中行政后勤岗、质量监控岗和车辆管理岗在快递网点中一般不需要专门的人员负责，主要由其他人员的兼职即可，并且至少保证这三个岗位要有1个人员。其岗位设置如图7-1-3所示。

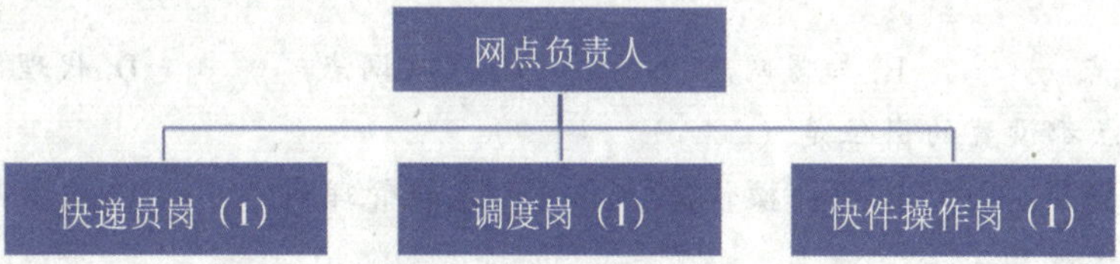

图7-1-3　岗位设置图（2）

步骤三：分析快递网点的岗位职责

快递员岗、调度岗、快件操作岗的岗位职责见表7-1-1。

综上，小薛可至少同2名同学一起在校内合作开设快递网点。

行动评价

学习任务完成情况评价表

评价内容	评价标准		评价等级			
			A（80~100分）	B（60~79分）	C（60分以下（不含60））	疑惑点
理论知识评价	1	能理解快递网点的定义和分类				
	2	能阐述快递网点的岗位设置				
	3	能阐述快递网点的岗位职责				
技能操作评价	1	能够阐述快递网点的岗位设置				
	2	能够阐述快递网点各岗位的岗位职责				
职业素养评价	—	具有尊重每一份职业的意识				

说明：同学们根据自我评价打分，然后在分值所处范围内相应的等级下打“✔”，若未得到满分，同学们可在“疑惑点”这一列列出自己的疑问哦！

行动巩固

行动巩固 7-1

一、单项选择题

1.（　　）是快递公司在单个城市中最小、最基本的操作单位。

A.快递公司　　B.快递网点　　C.小型仓库　　D.办事处

2.（　　）是指企业自行投资建设的网点。

A.直营网点　　B.加盟网点　　C.代收网点　　D.代理网点

3.（　　）是指具备独立法人资格的快递公司或具备快件取、派能力的个人，以契约的形式取得大型快递企业某一片区的代理资格，负责该片区的快件收派工作所设备的网点。

A.直营网点　　B.加盟网点　　C.代收网点　　D.代理网点

4.每个网点都设置的岗位是（　　）。

A.行政后勤岗　　B.快件操作岗　　C.车辆管理岗　　D.质量监控岗

二、多项选择题

1.快递网点可分为（　　）。

A.直营网点　　B.加盟网点　　C.代收网点　　D.代理网点

2.代收点的业务范围包括（　　）。

A.受理咨询　　B.代收快件　　C.代收运费　　D.品牌推广

3. 快递员的岗位职责有（　　）。

A. 及时把快件送达客户　　B. 突发事件的处理

C. 派件返回　　D. 设备维修保养

4. 行政后勤岗的岗位职责有（　　）。

A. 物料管理　　B. 车辆维修及保养

C. 操作设备维修保养　　D. 收发件

5. 直营网点的业务范围包括（　　）。

A. 快件的收取、暂存　　B. 基础信息录入

C. 代收费用　　D. 收派人员管理

三、判断题

1. 快件操作岗需要将运单信息及时、准确地录入到系统中，并将派送信息及时、准确地反馈到系统中。（　　）

2. 无论多小的快递网点，都会设置车辆管理岗位。（　　）

3. 快件操作岗工作人员不负责货物的装车。（　　）

四、简答题

快递网点的分类有哪些？简单介绍下每一种快递网点的特点。

五、案例分析

2020 年 2 月 13 日至 2 月 21 日，作为百世杭州滨江区十部的负责人余志祥说，这些天是他在快递生涯中遇到的最大一个坎，网点的 16 名工作人员因为当地管制措施，全都无法按时返岗复工。可是，在复工大潮下，包裹运转不等人。于是，余志祥一个人撑起了一个网点：分拨中心装货、按区域分货、到点卸货、包裹派送全都由他一个人搞定。每天从清晨忙到深夜，他已经超负荷工作了 7 天，派出了近 4 000 个包裹，所有的努力，都是为了客户能够早一天拿到包裹[①]。

案例分析要求：在这种情况下余志祥承担了哪些岗位，这些岗位的职责分别是什么？

任务二　快递运营管理

行动任务

杨杨是上海市浦东新区东远航路 666 号顺丰快递网点的快递员，今天是他第一天上班，刚刚他接到了一个上门收寄的订单，订单信息见表 7-2-1。

① 资料来源 佚名. 一个人撑起的快递网点：每天工作 16 小时，7 天派件近 4 千 [EB/OL]. [2020-02-21] https://m.163.com/dy/article/F5U0257B05118FFD.html.

表7-2-1　　订单信息

运单号：100000000			
寄件人信息			
*姓名	李云	公司名称	
手机号码	12345678901	固定电话	
*省市区	上海市浦东新区		
*详细地址	上海市浦东新区东远航路林苑小区		
收件人信息			
*姓名	员笑	公司名称	
手机号码	19876543211	固定电话	
*省市区	重庆市江北区		
*详细地址	重庆市江北区海棠街道110号		
货物信息	Apple/手机　iPhone11 Pro Max　红色　64GB		
付费方式	☑寄方付　□收方付　□第三方付		

客户下单约定的取件时间是下午2：00—3：00，请你帮助杨杨完成此次的上门取件流程吧！

行动锦囊

一、快递企业的组织架构

1996年，随着国内经济的蓬勃发展和客户数量的不断增长，顺丰将网点覆盖范围进一步扩大到广东省以外的城市。截至2025年6月，顺丰的速递服务网络已经覆盖国内34个省、自治区、直辖市（含港澳台地区），国内地级行政区覆盖率达100%，县级行政区覆盖率达98.9%，服务网点遍布200多个大中城市。其业务覆盖全国335个地级市及全球200多个国家和地区，旗下的顺丰速运是中国最大的综合物流服务商及现时全球第四大快递公司。凭借广泛的服务网络、高效的物流配送和优质的服务质量，顺丰成为中国速递行业中的民族品牌的杰出代表之一。覆盖范围如此之广，你知道顺丰是如何管理好整个企业的吗？

资料来源　作者根据网络相关资料整理.

微课 7-2

快递企业的组织架构

（一）快递企业概述

2015—2025年，我国快递行业收入保持逐年增长的趋势，且增长速度呈上升趋势，2025年，我国快递业业务收入累计完成1.5万亿元，同比增长8%，虽然增速较往年有所放缓，但仍然保持较快增速。

国外规模发展较大的快递企业有FedEX（联邦快递公司）、国内有邮政、顺丰、圆通、申通、韵达等大型快递企业。顺丰速运于1993年3月在广东顺德成立。初期的业务为顺德与中国香港之间的即日速递业务。随着客户需求的增加，至2025年6月，顺丰的速递服务网络已得到极大扩展。

走进快递企业

（二）顺丰的组织架构

1.顺丰企业组织结构的整体框架

顺丰企业组织架构的整体框架如图7-2-1所示，首先是总部、下来是经营本部，然后依次是区部、分部和点部。

图7-2-1　顺丰企业组织的整体架构

2.顺丰总部组织架构

顺丰总部的组织架构图中如果先不考虑经营本部的设置，从图中可以看到该组织架构的类型属于职能型组织架构，这种组织架构的优点是能够充分发挥各职能机构的专业管理作用，提高了专业化的管理水平，同时减轻了高层管理者的责任压力，使其能专心致力于最主要的决策工作。但是其具体属于什么类型的组织架构，取决于经营本部下区部、分部和点部，需要继续分析（如图7-2-2所示）。

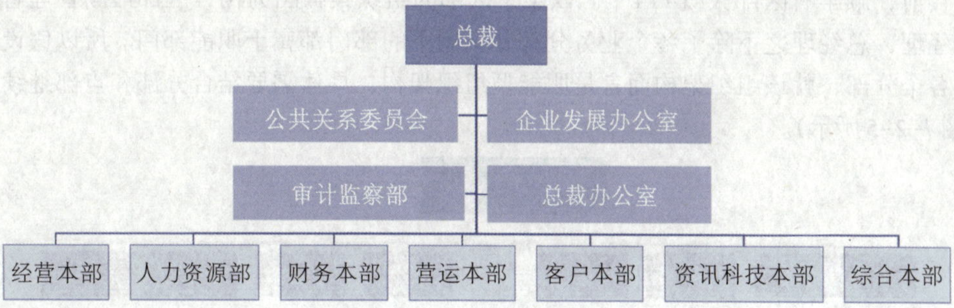

图7-2-2　顺丰总部组织架构

3.经营本部的设置

目前在顺丰设置的经营本部有华南、华东、华北、华中、东南和海外6个经营本部。每个经营本部下面都会设置相应的区部，如图以华北经营本部为例，涵盖的行政区域有北京区、东北区、青岛区等（如图7-2-3、图7-2-4所示）。

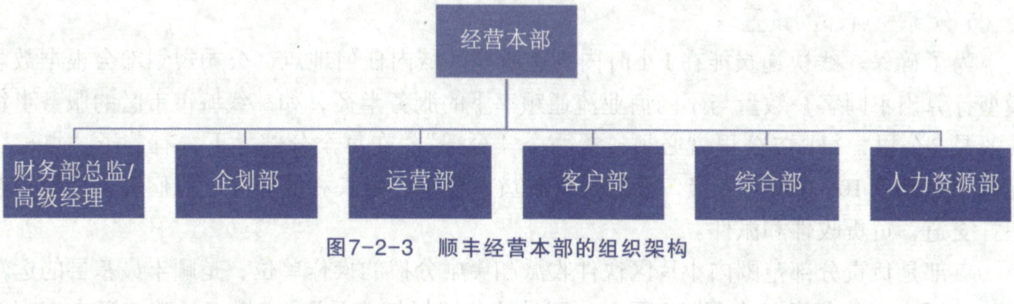

图7-2-3　顺丰经营本部的组织架构

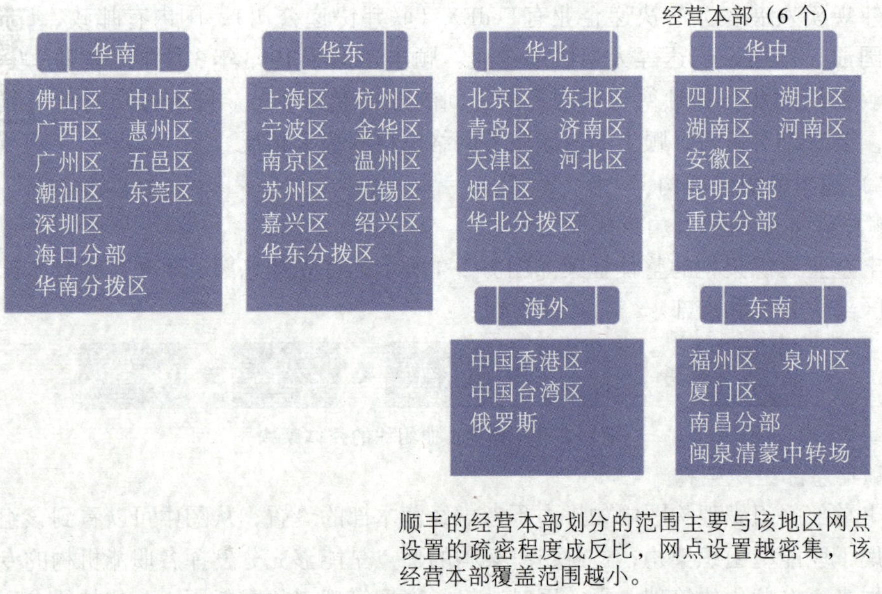

图7-2-4 顺丰在全国范围内经营本部的设置

4.区部的组织架构设置

目前，顺丰有区部大概114个。以某个区部的组织架构图为例，区部最高管理者是地区总经理，总经理之下除了各个业务分部外，剩下的部门都属于职能部门。所以假设先不考虑各个分部，就该组织架构而言是职能型组织架构，具体需要结合分部和点部继续分析（如图7-2-5所示）。

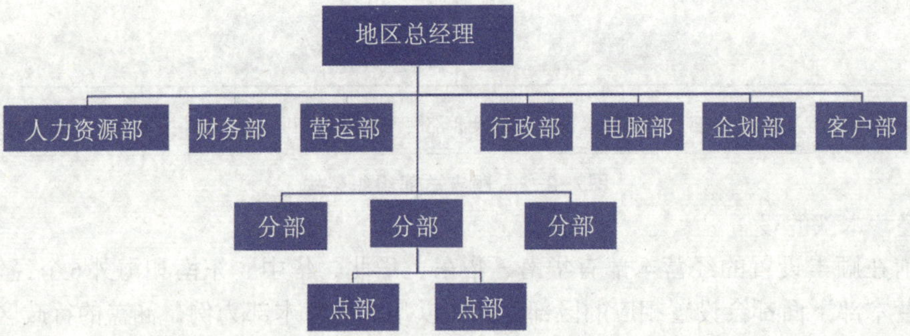

图7-2-5 顺丰区部的组织架构

5.分部和点部的设置

为了确保一线快递员能在1小时内到达所属区域内任何地点，公司规划部会根据数学模型计算出不同客户数量与不同商业流通频率下的服务半径，如二线城市市区的服务半径一般是7公里，每隔7公里就必须设置一个“分部”。在每个分部之下，有若干“点部”。而每个点部有10～100名人员，分别是收派员、仓管、组长和经理等。他们每天直接和客户打交道，负责收件和派件。

点部是负责分部范围内小片区快件收派和集中分拨的操作单位，是顺丰最基层的运营单位。而今，他们已经有了近8万人。正是这些“蚂蚁雄兵”，支撑起了整个顺丰庞大的快递网络。

6.顺丰整体组织架构

顺丰整体组织架构组合起来来看，顺丰的组织结构属于典型的事业部制组织结构，因为每个区部都具有自己的市场和职能部门。它的优点主要是企业适应性和灵活性强，对市场有敏捷适应性，有利于调动各事业部的积极性和总公司对各事业部的绩效进行考评，同时也有利于组织的最高管理者摆脱日常事务而专心致力于组织的战略决策和长期规划。

果行育德

想一想　大家如何看待顺丰的企业文化呢？

一起行动吧　顺丰的核心价值观是成就客户、创新包容、平等尊重和开放共赢，这也让我们认识到一个企业自身文化的重要性。

二、快递网点的运营流程

快递网点的业务主要分为快递的收寄作业和派送作业。

（一）收寄作业

微课 7-3

快递网点的运营流程

1.快件收寄

快件收寄是指快递业务员从客户处收取快件，包括验视、包装、运单填写和款项交接等环节。

2.收寄形式

收寄分为：①上门收寄。它是指快递业务员到客户家里或办公地点收取快件，并询问、验视、封装、填写单据和收取费用的过程。②营业场所收寄。它是指客户到公司营业场所寄发快件，由快递服务人员进行询问、验视、封装、填写单据和收取费用的过程。

3.收寄要求

（1）收寄时间：快递服务组织应在承诺的时限内提供收寄服务。

（2）人员仪容：负责收寄的快递服务人员应按公司规定，统一穿着具有企业标识的服装，以标准形象面向客户。

（3）询问和验视：快递业务人员应对快件进行询问及验视，以保证快件的安全。

验视的内容：查看货物是否符合快件寄递范围，有无违禁品、超重超大件；查看包装上的地址是否属于本公司服务范畴内；查看物品的包装是否符合要求。

（4）重量与规格：快递服务人员对客户所寄递的快件应进行严格把控，切勿让超重超大件进入运作流程。

（5）包装：封装时应防止快件出现以下情况：变形；破裂；伤害顾客、快递服务人员或其他人；污染或损毁其他快件。

4.取件作业流程（如图7-2-6所示）

（二）派送作业

派送是指快递服务组织将快件递送到收件人或指定地点并获得签收的过程。它分为自取和按名字和地址交付。派送要求包括：

（1）投递次数：快递服务组织应对快件提供至少两次免费投递。投递两次未能投交的快件，收件人仍需要快递服务组织投递的，快递服务组织可以收取额外费用，但应事先告知收件人费用标准。

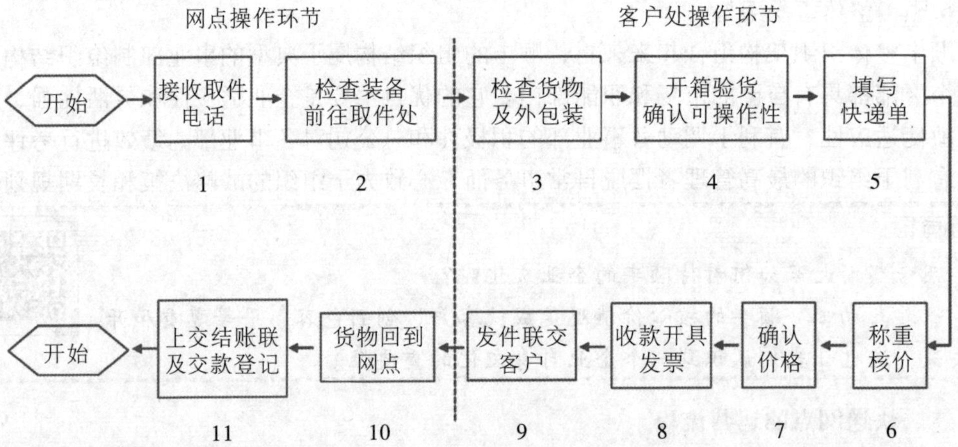

图7-2-6　取件作业流程

（2）快件签收。其包括：①快递服务人员将快件交给收件人时，应有义务告知收件人当面验收快件；②若收件人本人无法签收时，快递服务人员可与收件人（寄件人）沟通，经允许后采用代收方式，也应告知代收人的代收责任；③与寄件人或收件人另有约定的应从约定。验收无异议后，验收人应确认签收；拒绝签收的，验收人应在快递运单等有效单据上注明拒收的原因和时间，并签名。

（3）自取适用情况。其包括：①投递两次仍无法投递的快件，可由收件人到指定地点自取；②相关政府部门（如海关、公安等）提出要求的，可由收件人到指定地点自取；③收件地址属于尚未开通快递服务的区域，通过与寄件人协商，可采用收件人到指定地点自取的方式。

派件作业流程如图7-2-7所示。

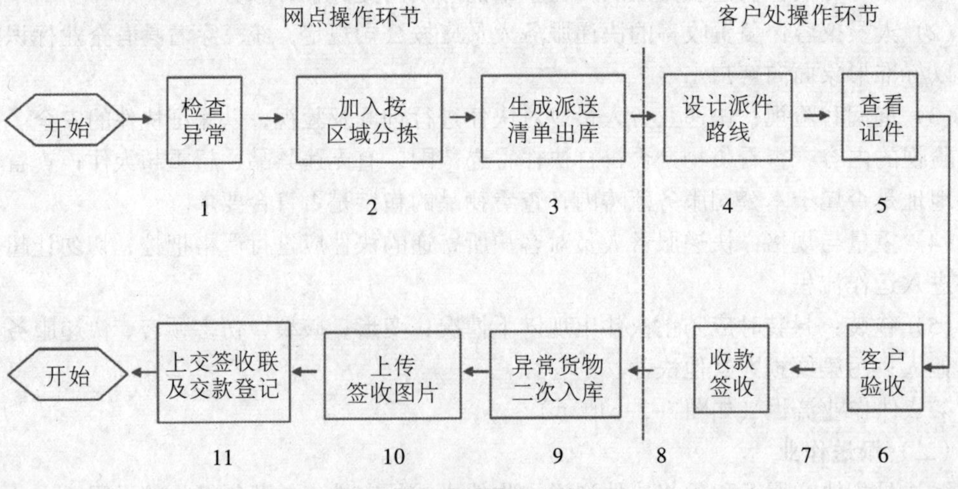

图7-2-7　派件作业流程

果行育德

想一想　如何看待圆通速递的企业方针呢？

一起行动吧　圆通速递的企业方针是以人为本、创优质服务，安全快递，树圆通品牌，本着与时俱进、挑战未来的企业精神，为客户提供各项服务。

行动进行

汪浩通过学习掌握了以上的知识，准备开始实际操作。

步骤一：上门取件前的准备工作

（1）同客户通电话再次确定取件时间。

（2）检查设备，前往客户处取件。这里需要注意以下两点：①收寄时间：快递服务组织应在承诺的时限内提供收寄服务。②人员仪容：负责收寄的快递服务人员应按公司规定，统一穿着具有企业标识的服装，以标准形象面向客户。

步骤二：到达客户处的操作环节

到达客户处的操作环节包括：①检查货物及外包装；②开箱验货确认可操作性；③称重核价，确认价格；④开具收款发票；⑤将发件联交给客户。

步骤三：返回网点处的整理工作

（1）带着货物返回快递网点。

（2）上交结账联和交款的登记。

至此整个快递的上门收寄工作也就至此完成了。

行动评价

学习任务完成情况评价表

评价内容		评价标准	评价等级			
			A（80～100分）	B（60～79分）	C（60分以下（不含60））	疑惑点
理论知识评价	1	能够认识顺丰的企业组织架构				
	2	能够阐述收寄作业的作业要求和流程				
	3	能够阐述派送作业的作业要求和流程				
技能操作评价	1	能够分析收寄作业的作业要求和流程				
	2	能够分析派送作业的作业要求和流程				
职业素养评价	1	具有创新包容、平等尊重的意识				
	2	具有以人为本、创优质服务的工作态度				

说明：同学们根据自我评价打分，然后在分值所处范围内相应的等级下打“✔”，若未得到满分，同学们可在“疑惑点”这一列列出自己的疑问哦！

行动巩固

行动巩固 7-2

一、单项选择题

1.顺丰有（　　）个经营本部。

A.3 B.4 C.5 D.6

2.二线城市市区的服务半径一般是（ ）公里。

A. 7 B. 14 C. 28 D. 36

3.顺丰的组织结构属于（ ）。

A. 直线型组织结构 B. 职能型组织结构

C. 事业部型组织结构 D. 动态网络型组织结构

4.（ ）是快递市场竞争的决定性因素。

A.价格 B.速度 C.态度 D.服务质量

二、多项选择题

1.快递网点的业务主要分为快递的（ ）。

A.保管作业 B.收寄作业 C.派送作业 D.包装作业

2.快件收寄形式分为（ ）。

A. 上门收寄 B. 营业场所收寄 C. 代理收寄 D. 虚拟收寄

3.收寄快件验视的内容包括（ ）。

A. 查看货物是否符合快件寄递范围

B. 有无违禁品

C. 查看物品的包装是否符合要求

D. 查看包装上的地址是否属于本公司服务范畴内

4.取件作业流程包括（ ）。

A. 检查装备去往取件处 B. 检查货物及外包装

C. 确认货物用途 D. 填写快递单

5.派件作业流程包括（ ）。

A.检查异常 B.入库按区域分拣

C.生成派送清单出库 D.上传签收信息

三、判断题

1.快递服务组织应对快件只提供一次免费投递。（ ）

2.收件地址属于尚未开通快递服务的区域，通过与寄件人协商，可采用收件人到指定地点自取的方式。（ ）

3.拒绝签收的快件，验收人应在快递运单等有效单据上注明拒收的原因和时间，并签名。（ ）

四、简答题

什么是收寄作业？

五、案例分析

圆通速递有限公司（以下简称“圆通速递”）创立于2000年5月28日，目前已发展成为一家集快递物流、科技、航空、金融、商贸等为一体的综合物流服务运营商和供应链集成商。2016年10月，圆通速递在行业内率先上市（600233.SH）。截至2024年12月，圆通速递全网拥有分公司5 000多家，服务网点和终端门店10万多个，各类转运中心133个，员工55万余人，快递服务网络覆盖31个省、自治区和直辖市，县级以上城市已基本实现全覆盖。

圆通公司每个快递网点的订单处理流程如下：①接单，客户下订单，营业部门从客户处接收订单；②订单生成，并将订单信息等录入数据库；③公司收件或上门取件；④快件整理，称重、分拣、包装、收费，并根据送货方向、重量、体积、统筹安排车辆，选择发货方式；⑤将待运货物存放在集散中心；⑥快递员送货上门，客户签收快递，快递员将签单返回公司；⑦录入数据库。

案例分析要求：画出圆通快递网点的订单处理流程，并分析整个处理流程存在哪些问题？

项目总结

项目实训

1. 李莉最近准备要去顺丰实习，经过和顺丰的人事专员谈过之后，她决定先去顺丰的直营网点实习一两个月，为了能够快速地融入实习工作，她打算先认识一下快递网点的岗位设置和岗位职责，请你帮她回答一下这两个问题吧！

2. 小袁是韵达快递的某个网点的快递员，上午他接到了一个两小时之后上门取件的订单，因此，他需要立刻赶过去，订单具体信息见表1。

表1　订单信息

运单号：110100000			
寄件人信息			
*姓名	杨芸	公司名称	
手机号码	12345678901	固定电话	
*省市区	上海市浦东新区		
*详细地址	上海市浦东新区东远航路尚景小区		
收件人信息			
*姓名	杨海	公司名称	
手机号码	09876543211	固定电话	
*省市区	重庆市南岸区		
*详细地址	重庆市南岸区海棠街道110号		
货物信息	文件		
付费方式	☑寄方付　☑收方付　☑第三方付		

请大家思考一下，小袁该如何完成此次的工作任务呢？

项目八　从企业物流角度体验物流

本项目思维导图

- 从企业物流角度体验物流
  - 制造企业物流管理的岗位设置
    - 制造企业物流管理的岗位设置
    - 制造企业物流管理的主要流程
    - 汽车物流
  - 商业企业物流管理的岗位设置
    - 商业企业物流管理的岗位设置
    - 商业企业物流管理的主要流程
    - 食品零售物流

学习目标

知识目标：在理解制造企业物流管理岗位设置的基础上，知道制造企业物流管理的内容；基于商业企业物流管理的岗位设置，进一步理解商业企业物流管理的内容及主要流程。

能力目标：能够基于实际情况设置制造企业的物流管理岗位，进一步分析制造企业物流管理的流程；能够基于实际情况设置商业企业的物流管理岗位，从而分析商业企业物流管理的流程。

素养目标：基于制造企业物流管理以及商业企业物流管理等知识的学习，培养学生做好细节工作、把握质量的意识；承担起责任的意识和能力；对工作负责、不计较个人得失的意识。

项目导入

上海科华有限公司是一家生产销售MP3、PDA等消费电子产品的企业，它的产品由一家生产企业代工，该公司主要负责包装和销售，公司通过代理商、零售商的形式进行销售。

上海科华有限公司的物流是由第三方物流企业华宇物流负责，小王是上海科华有限公司销售部的职员，最近他找销售部经理进行了以下的谈话：

小王：“最近公司一直收到投诉，我大致分析了下投诉的内容，基本都是货损货差、物流速度慢的问题。我们公司在产品原材料采购、产成品配送过程中，由于业务量的扩大和电子消费品升级换代速度的加快，外包的物流业务服务质量很差，因此，经常收到客户的投诉，为了提高公司的形象，降低客户的投诉率，提高市场份额，我们公司可以自营物流业务，自己组建物流部门。相信不久之后相关问题就能得到解决。”

经理：“你这个建议是非常好的，但是一般的制造企业或者商业企业在决定自建物流体系的时候，还是需要考虑整个企业的业务规模，如果你有兴趣可以了解一下海尔建立物流体系的情况，了解物流部需要哪些岗位，具体如何运营，公司有可能下一步就开始建立物流部，说不定你就是负责人！”

你知道这些问题的答案吗？下面，我们就跟随小王的学习脚步，一起来从企业的角度体验物流吧！

项目实施

任务一　制造企业物流管理

行动任务

林琳是物流管理专业大四的应届毕业生，今年她已经开始投简历找工作了，前段时间她看到有一家国有制造企业在招聘，目前招聘的职位主要有采购预算专员、物流专员、采购计划专员、发货员、检验专员和理货员等。

但是林琳并不清楚每个岗位的职责是什么，为了更好地筛选出适合自己的岗位，她准备查阅资料以了解这些信息，你能帮助她解决这些问题，并挑选出适合她的岗位吗？

行动锦囊

一、制造企业物流管理的岗位设置

海尔集团起初的物流属于典型的制造企业自营的物流。海尔这样一个以国际化经营为战略方针的大企业，没有时间也没有可能坐等第三方物流发展起来之后才开展物流业务，因此自己做物流就成为一种必然，或者说是出于无奈。海尔的物流是从源头做起、从采购做起，因此，出于商业考虑，海尔自己做物流无可厚非。现在海尔的物流，早已不仅仅是满足自身业务发展需要，而是成功发展为全球最具竞争力的第三方物流企业。

（一）制造企业的物流管理

微课 8–1

制造企业物流管理的岗位设置

一般制造企业的物流业务包括采购、装卸、搬运、运输、理货（验收入库）、仓储、保管、分拣、加工、包装、配送等。当企业的物流业务如果由制造企业自己负责时，企业内部会成立相应的采购部、物流部和仓储部等来负责物流业务（如图8-1-1所示）。

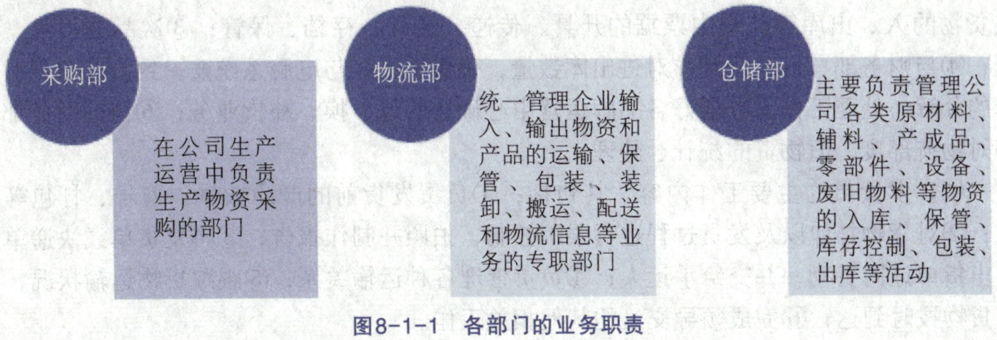

图8-1-1　各部门的业务职责

（二）具体的岗位设置

1.采购部的岗位设置

其中采购计划专员和采购专员岗位招聘一般面向的专业为物流管理的相关专业，因此，我们重点关注这两个岗位的设置。

采购计划专员主要负责分析原材料、零部件历史消耗数据，依据主生产计划编制物料需求计划。

采购专员负责采购机器、设备、工具、零件和服务，购买用于生产的原材料或半成品。

采购部的岗位设置如图8-1-2所示。

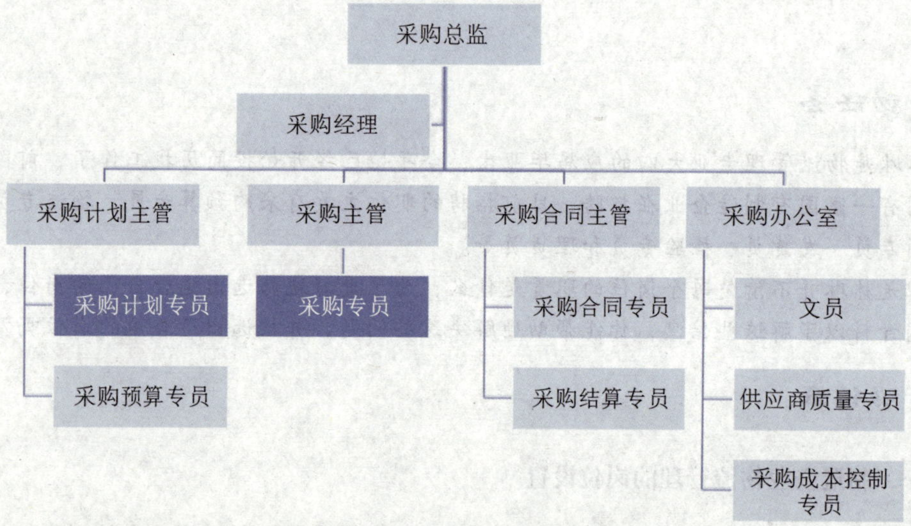

图8-1-2 采购部的岗位设置

2.物流部的岗位设置（如图8-1-3所示）

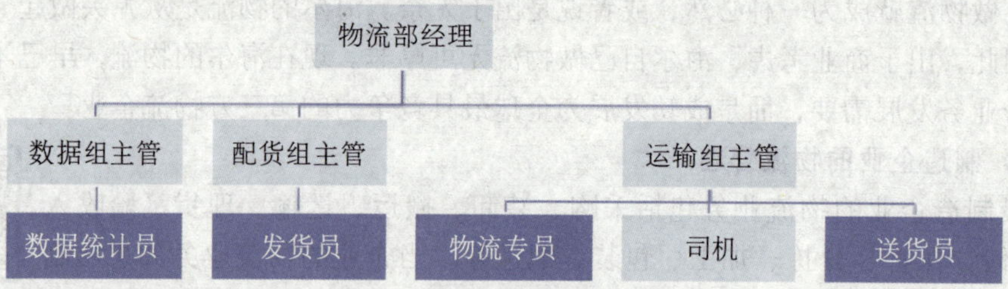

图8-1-3 物流部的岗位设置

（1）数据统计员的主要工作内容。其包括：①根据货物收发的实际数据登记入账；②在货物的入、出库等流程中票据的开具、传递、装订、存档、保管；③次品的接收、处理；④与财务部、直营店铺核对进出库数量，确保手工账与电脑系统账一致；⑤组织对订单的分解、处理工作，办理好各品牌运营中心确认的退、换、补货业务；⑥协助财务部做好对物流部废、旧物资的统计、处理。

（2）发货员的主要工作内容。其包括：①负责发货前的产品数量、型号、打包等检查；②对货物打包以及发货过程进行跟踪控制，拍照并制作报告；③将发货单或快递单以及出货单证同货物一并交给承运人；④负责管理各种运输关系；⑤跟踪货物运输状况，确保货物按时到达；⑥完成领导交给的其他相关工作。

（3）物流专员的主要工作内容。其包括：①承接销售部下达的发货信息，全面负责从接收发货单到发货的过程控制、货运信息及发货单证管理等工作。②评价及选择货运方案、最佳货运路线、方式和最低成本，并提出对运输工具及方法的建议。③负责发货人员管理，组织、协调、检查发货员日常业务，对发货员的整体工作负责。④积极配合部门内其他岗位工作，并与销售部积极合作，提高部门运作水平和管理水平。⑤全面负责物流供应商的沟通、谈判和关系维护。

（4）送货员的主要工作内容。其包括：①送货员负责商品等仓库物品进出的送货工作，在库房装货时必须按送货单所列商品的名称、规格、数量逐一与配货人员当面点清。②送货员将货送到指定地点后，应严格在商品数量、规格、金额上做好交付工作。③送货员送货到发运站发出后，因质量、规格、毁损或其他原因客户要求退货、补货的，送货员必须于送货当天清查发送单据及内容，并及时上报部门经理。④送货人员必须对送货的商品及退回的商品负责，不能找任何理由推诿；其工作成绩纳入考核。⑤对于临时性外购而不经库房验收直接送给客户的商品，送货员须验收其数量、规格、金额等，送货后再把外购清单交与库房。⑥送货员送完货后必须把客户的签收单、外购清单等相关单据于送货当日交到财务，因特殊原因未拿回的，可以延后，但最迟不超过3个工作日。⑦送货人员负责客户漏记商品的补单衔接和追索工作。⑧完成上级交代的其他工作。

3.仓储部的岗位设置（如图8-1-4所示）

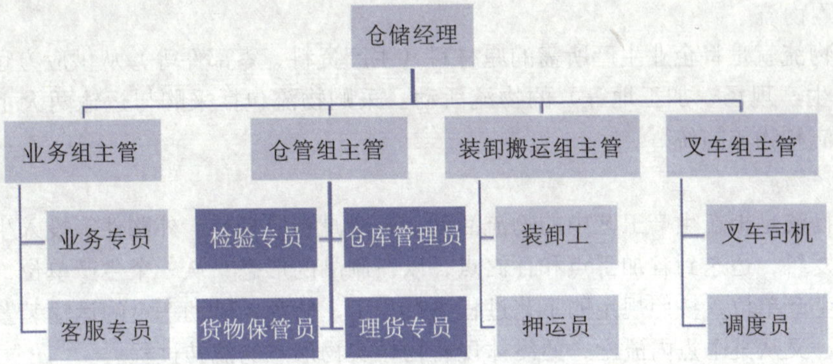

图8-1-4　仓储部的岗位设置

仓储部会设置业务组、仓管组、装卸搬运组和叉车组。检验专员对商品出入库的管理工作全面负责；仓库管理员按规定做好物资设备进出库的验收、记账和发放工作，做到账账相符；随时监控库存状态，保证物资设备及时供应，充分发挥周转效率；定期对库房进行清理，保持库房的整齐美观，使物资设备分类排列；存放整齐，数量准确。货物保管员主要负责仓库货物的保管、发放、整理以及各项账目和货物卡片。理货专员主要是合理积攒货物，在实现最大化积货的基础上，确保货物安全，取货方便，提高仓容利用率。

果行育德

想一想　如何看待“海尔老总砸冰箱”的案例？

一起行动吧　在工作过程中，每一个人都要有主人翁意识，从小事做起，做好细节，把握质量，严格执行产品生产以及服务的质量管理理念。

二、制造企业物流管理的主要流程

制造企业的物流是生产工艺的一个组成部分。企业物流过程和生产工艺过程是密不可分的，它们之间的关系有许多种，有的是在物流过程中实现生产工艺所要求的加工和制造，有的是在加工制造过程中同时完成物流，有的是通过物流对不同的加工制造环节进行链接等等。它们之间有非常强的一体化的特点，因此几乎不可能出现类似“商物分离”这种物流活动完全从生产工艺中独立出来、单独运行的情况。那你了解制造企业物流管理的运营流程吗？

微课 8-2

制造企业物流管理流程

（一）制造企业物流管理的内容

制造企业内部的物流主要分为采购物流、生产物流、销售物流、回收物流和废弃物物流，而物流的表现形式有采购、装卸、搬运、运输、理货（验收入库）、仓储、保管、分拣、加工、包装、配送等（如图8-1-5所示）。

图8-1-5　制造企业物流管理的内容

1.采购物流

采购物流就是将企业生产所需的原材料（生产资料、零部件等）从供应方运回到企业的仓库（生产现场、加工地等）的物流活动。采购物流包括采购与运输两大主要操作过程，是商流和物流的统一。

2.生产物流

生产物流是指在生产工艺中的物流活动。一般是指原材料、外购件等投入生产后，经过下料、发料，运送到各加工点和存储点，以在制品的形态，从一个生产单位（仓库）流入另一个生产单位，按照规定的工艺过程进行加工、储存，借助一定的运输装置，在某个点内流转，又从某个点内流出，始终体现着物料实物形态的流转过程。

3.销售物流

销售物流是指在销售过程中，将产品的所有权转移给用户的物流活动，实现产品从生产地到用户的时间与空间的转移。销售物流包括包装、发货、运输、存储、订货处理、顾客服务等环节。

4.回收物流

回收物流是指不合格物品的返修、退货以及周转使用的包装容器从需方返回到供方所形成的物品实体流动。

5.废弃物物流

废弃物物流（Waste Material Logistics）是指将经济活动中失去原有使用价值的物品，根据实际需要进行收集、分类、加工、包装、搬运、储存等，并分送到专门处理场所时形成的物品实体流动。

（二）物流管理的具体流程

结合制造企业的生产流程，分析制造企业物流管理的流程。如图8-1-6所示，首先采

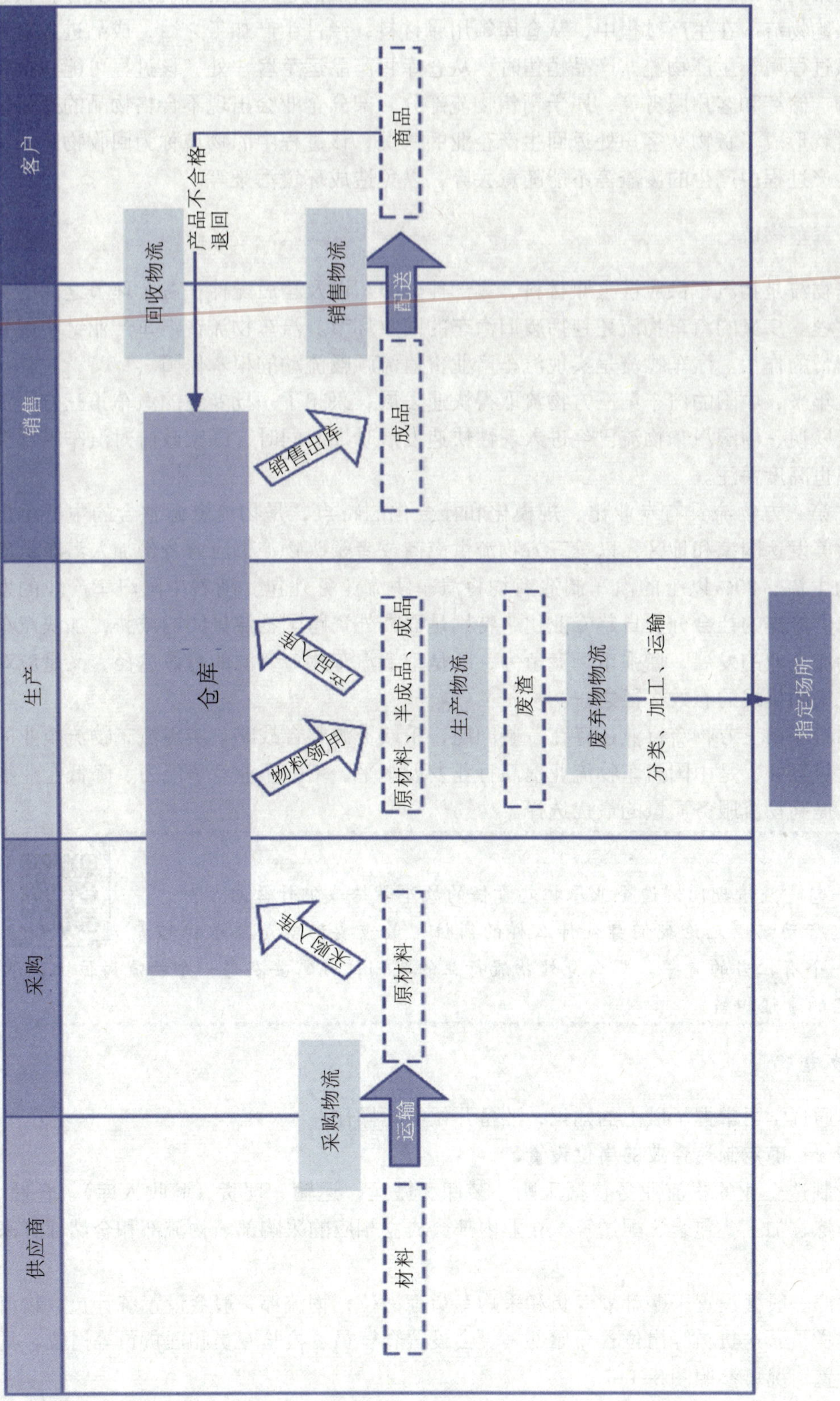

图8-1-6　制造企业物流管理的流程

购部根据采购计划从供应商处购买原材料，原材料从供应商仓库运至公司仓库储存，该过程属于采购物流。在生产过程中，从仓库领用原材料，经过生产加工之后，成品进入仓库储存，该过程属于生产物流。产品销售时，从仓库将产品运至客户处，该过程可能包括包装、运输、储存和客户服务等，属于销售物流部分。部分企业会出现不合格物品的返修情况，此时就形成了货物从客户处返回生产企业的情况，该过程中的物流称为回收物流。另外，在生产过程中产生的废渣等不能随意丢弃，以免造成环境污染等。

三、汽车物流

汽车物流是指汽车供应链上原材料、零部件、整车以及售后配件在各个环节之间的实体流动过程。广义的汽车物流还包括废旧汽车的回收环节。汽车物流在汽车产业链中起到桥梁和纽带的作用。汽车物流是实现汽车产业价值流顺畅流动的根本保障。

近几年来，中国的汽车第三方物流取得快速发展，兴起了一批专业的汽车第三方物流公司，可以说，中国汽车物流已经进入理性快速发展时期。同时，国家政府对汽车零部件物流问题也高度关注。

汽车第三方物流具有专业化、规模化和社会化的特点，是物流资源整合的主要承担者。在欧美发达国家和地区，以第三方物流供应商或者领头物流供应方身份加入汽车供应链已成为主流，80%以上的汽车制造商均将汽车物流业务外包。随着中国汽车产业的发展，汽车供应链的社会分工日趋专业化，特别是面临外资跨国物流集团的威胁，加快汽车第三方物流企业的发展，增强市场竞争力，既是整合汽车物流资源的有效途径，又是应对跨国物流集团挑战的有效途径之一。

中国汽车第三方物流行业还存在一些问题，采取资源整合战略，实现汽车物流企业间资源的优势互补，是中国汽车物流业提高行业发展水平、增强企业竞争能力、降低企业物流成本、提高物流服务质量的最优选择。

果行育德

想一想　疫情期间制造企业承担起责任的故事带给我们什么启示？

一起行动吧　无论我们身处什么样的岗位，最重要的就是要承担起责任，做一个有担当的青年。那么身处物流行业的我们，就需要在每一个物流岗位上，承担起自己的责任担当。

行动进行

林琳通过学习掌握了以上的知识，准备开始实际操作。

步骤一：确定制造企业的岗位设置

一般制造企业的物流业务包括采购、装卸、搬运、运输、理货（验收入库）、仓储、保管、分拣、加工、包装、配送等。企业内部会成立相应的采购部、物流部和仓储部等来负责物流业务。

采购部一般会设置采购计划专员和采购专员等岗位；物流部一般会设置统计员、物流专员、发货员、送货员等岗位；仓储部一般会设置仓管员、检验专员和理货员等岗位。具体岗位设置情况可参照图8-1-7。

步骤二：明确符合要求的关键岗位

结合招聘的职位主要有采购预算专员、物流专员、采购计划专员、发货员、检验专员和理货员，其中采购专员、物流专员、发货员、检验专员和理货员都是与物流相关的工作岗位。

步骤三：分析符合的关键岗位职责

1.采购专员的岗位职责

采购专员负责采购机器、设备、工具、零件和服务，购买用于生产的原材料或半成品。

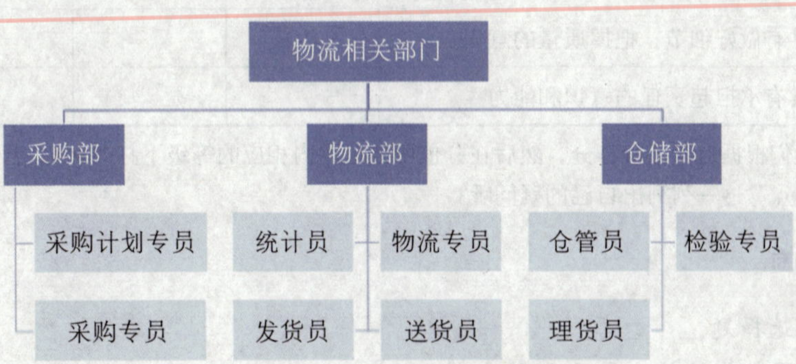

图8-1-7　岗位设置图

2.物流专员的岗位职责

物流专员的岗位职责见前文物流专员的主要工作内容。

3.发货员的岗位职责

发货员的岗位职责见前文发货员的主要工作内容。

4.检验专员的岗位职责

检验专员对商品出入库的管理工作全面负责。

5.理货员的岗位职责

理货员主要负责合理积攒货物，在实现最大化积货的基础上，确保货物安全，取货方便，提高仓容利用率。

通过以上的分析，林琳根据自己的能力和喜好的工作内容，选出了适合自己的工作岗位。

行动评价

学习任务完成情况评价表

评价内容	评价标准		评价等级			
			A（80～100分）	B（60～79分）	C（60分以下（不含60））	疑惑点
理论知识评价	1	能阐述制造企业物流管理的岗位设置				
	2	能阐述制造企业物流管理的流程				

续表

评价内容	评价标准	评价等级			疑惑点
		A（80～100分）	B（60～79分）	C（60分以下（不含60））	
技能操作评价	1 能够设置制造企业的物流管理岗位				
	2 能够分析制造企业物流管理的流程				
职业素养评价	1 具有做好细节，把握质量的意识				
	2 具有承担起责任的意识和能力				

说明：同学们根据自我评价打分，然后在分值所处范围内相应的等级下打“✔”，若未得到满分，同学们可在“疑惑点”这一列列出自己的疑问哦！

行动巩固

行动巩固 8-1

一、单项选择题

1.海尔集团起初的物流属于典型的（ ）。

A.企业自营物流　　B.物流联盟

C.第三方物流　　D.第四方物流

2.以下不属于采购部岗位的是（ ）。

A.采购专员　　B.采购主管

C.物流经理　　D.供应商质量专员

3.实现产品从生产地到用户的时间与空间的转移，包括包装、发货、运输、存储、订货处理、顾客服务等环节的物流活动是（ ）。

A.采购物流　　B.生产物流　　C.销售物流　　D.绿色物流

4.生态环境部的举报电话是（ ）。

A.12306　　B.12369　　C.12315　　D.12388

二、多项选择题

1.一般制造企业的物流业务包括（ ）。

A.采购　　B.装卸　　C.搬运　　D.理货

2.数据统计员的主要工作内容有（ ）。

A.次品的接收、处理　　B.根据货物收发的实际数据登记入账

C.定期盘库　　D.办理退、换、补货业

3.制造企业内部的物流主要分为（ ）。

A.采购物流　　B.生产物流　　C.销售物流　　D.绿色物流

4.生产物流的作业流程包括（ ）。

A.采料　　B.下料　　C.发料　　D.运料

5.物流专员的主要工作内容有（ ）。

A.全面负责从接收发货单到发货的过程控制、货运信息及发货单证管理等工作

B.选择货运方案

C.提出运输工具及方法的建议

D.全面负责物流供应商的沟通、谈判和关系维护

三、判断题

1.生产物流也可以体现物料虚拟形态的流转过程。（　　）

2.物流专员对发货员的整体工作负责。（　　）

3.理货员要定期对库房进行清理，以保持库房的整齐美观，使物资设备分类排列。（　　）

四、简答题

制造企业的物流管理业务一般包括哪些内容？

五、案例分析

曾经，物流在海尔集团同国内其他企业一样，仅仅意味着是一项基础的仓储与运输工作，随着市场的开拓，对物流系统提出了越来越高的要求：如何在市场需要的时候，生产并递交顾客需要的产品及服务。

海尔集团的空调产品本部是海尔物流改革的试点部门。空调产品本部从1999年开始，对内部的物流管理进行了回顾及检查，并对照国际先进企业的物流管理找差距。

在海尔冲击“世界500强”的征程中，物流问题成为其不可忽视的瓶颈。这使海尔的物流改革显得更加紧迫。海尔物流管理改革首先涉及的是物流管理组织的创新，图8-1-8为改革前的组织结构图：

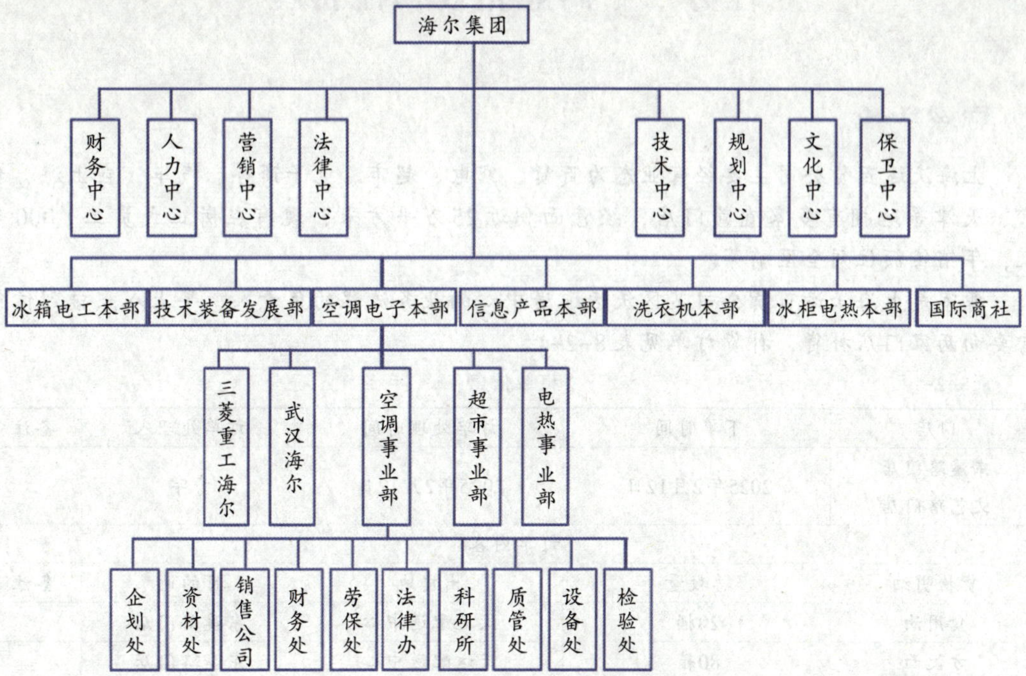

图8-1-8　流程再造前的组织结构图

后来首先成立了物流推进本部，整个组织结构图如图8-1-9所示。

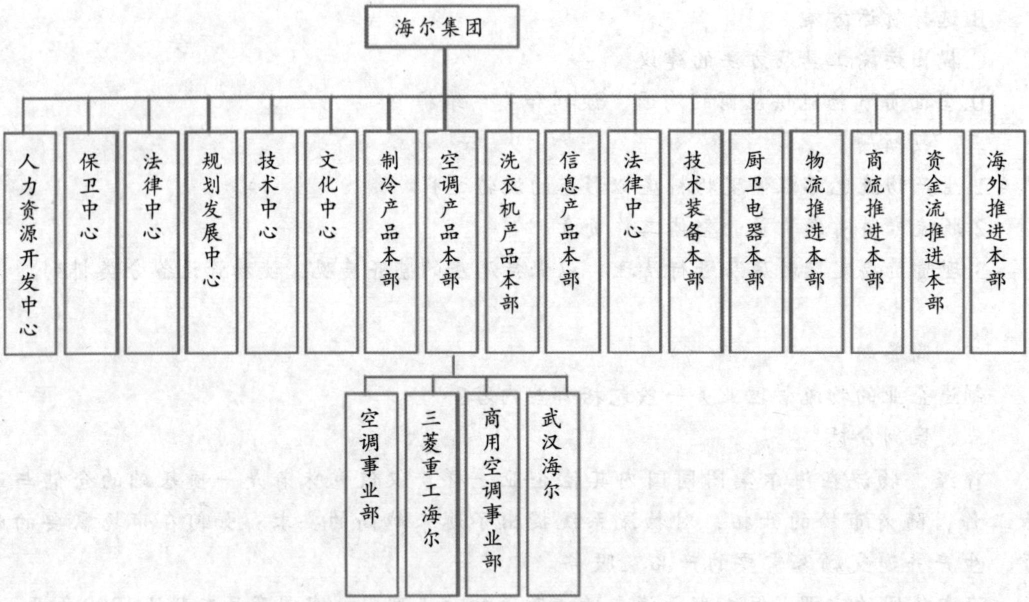

图8-1-9　流程再造后的组织结构图

资料来源　作者根据网络相关资料整理.

案例分析要求：请分析改造后的组织结构的优势在哪？

任务二　商业企业物流管理

行动任务

上海沃运百货公司主要经营业态为百货、家电、超市、电子商务、汽车，在上海、北京、天津等地拥有多家直营门店，经营面积近25万平方米，现有在岗正式员工1 000多人，年销售额位列全区前茅。

曹宇是上海沃运百货公司某区沃运配送中心的业务流程的负责人，早上八点接到信息需要向两家门店补货，补货订单见表8-2-1。

表8-2-1　订单信息

门店	下单时间	订单处理时间	订单处理人	备注
东溪路门店 文艺路门店	2025年2月12日	2025年2月12日	曹宇	
订单内容				
货物明细	总数量	出发地	目的地	备注
食用油	20桶	沃运配送中心	东溪路门店	
方便面	80箱	沃运配送中心	东溪路门店	
巧克力	20盒	沃运配送中心	东溪路门店	
保温杯	80盒	沃运配送中心	文艺路门店	
玻璃杯	10箱	沃运配送中心	文艺路门店	
茶具	30盒	沃运配送中心	文艺路门店	

在工作中，曹宇发现仓库中的保温杯和巧克力出现了缺货的情况，因此，保温杯和巧克力货物首先需要完成进货，才可进行配送。请你帮助曹宇完成此次的整个业务流程。

行动锦囊

一、商业企业物流管理的岗位设置

苏宁易购集团股份有限公司创办于1990年12月26日，总部位于南京，是中国商业企业的领先者，经营商品涵盖传统家电、消费电子、百货、日用品、图书、虚拟产品等综合品类。截至2025年，苏宁易购持续深化线下布局，形成了更为多元且成熟的网络体系。其“一大两小多专”的线下门店格局进一步拓展，在全国范围内拥有的各类创新互联网门店数量远超以往。整体而言，苏宁易购线下网络已广泛且深入地覆盖全国各层级市场，各类门店总数已远超13 000家，稳居国内线下网络前列，成为其零售版图中坚实且极具竞争力的重要组成部分；苏宁易购线上通过自营、开放和跨平台运营，跻身中国B2C行业前列。线上线下的融合发展引领零售发展新趋势。正品行货、品质服务、便捷购物、舒适体验。业务范围如此之广的苏宁在内部又是如何设立岗位的呢？

资料来源　作者根据网络相关资料整理.

微课 8-3

商业企业物流管理的岗位设置

（一）商业企业的物流管理

（1）商业企业的定义：通过买卖商品赚取净利润，通常可以分为批发企业和零售企业两种（如图8-2-1所示）。

批发企业是一种中介机构，它们从制造企业或者其他批发企业那里购买商品，然后再把商品转售给零售企业或者其他批发企业	零售企业也是一种中介机构，它们从制造企业或者批发企业那里购买商品，然后再将商品转售给消费者。很多零售企业既销售商品，又提供服务

图8-2-1　商业企业的分类

（2）商业企业的物流是把各生产企业的产品在一定物流据点集中起来，然后再经过储存、分拣、流通加工、配送等业务，将商品送到零售商或消费者手中的整个过程。简单地说，商业企业的物流就是储存、分拣、流通加工、配送等业务，像京东和苏宁易购属于典型的自营物流的商业企业。

（二）物流管理的岗位设置

1.苏宁易购物流组织架构

以苏宁易购的物流管理模式为例，苏宁为了整个业务流程的有效管理，针对物流业务员成立了物流管理中心。物流管理中心设总监1名，负责中心的日常管理工作。物流管理中心下设总监办、物流发展部、项目部、作业管理部。具体组织架构如图8-2-2所示。

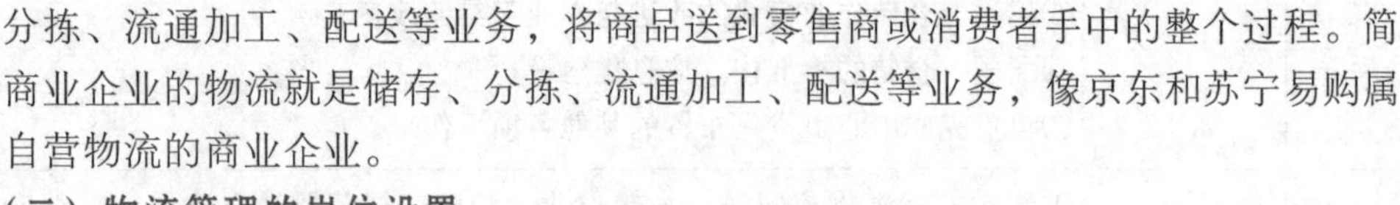

图8-2-2　苏宁易购物流组织架构

2.苏宁易购物流岗位设置（如图8-2-3所示）

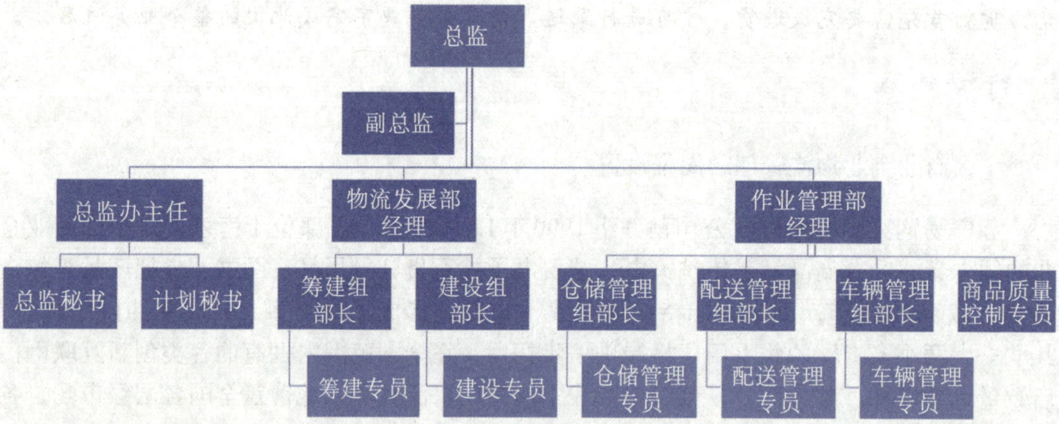

图8-2-3　苏宁易购物流岗位设置

3.苏宁易购物流管理中心基本职能和主要职责（见表8-2-2）

表8-2-2　　苏宁易购物流管理中心基本职能和主要职责

	基本职能	主要职责
总监办	协助总监开展各项工作	①通过各种渠道广泛收集分析物流行业信息使之为物流管理服务； ②协助总监对物流体系进行组织机构梳理； ③下达大区月度工作指导大纲，并跟进落实情况； ④协助总监跟进管理中心各部门工作； ⑤负责各类文件、报告的传递与存档； ⑥协调安排公司内部各种工作会议
物流发展部	物流筹建、物流建设	①物流网络节点的规划与调整； ②负责制定、完善《物流筹建手册》； ③负责各大区管理范围以外新开公司的物流筹建，指导、监督其他新开公司物流筹建工作，对物流筹建工作进行评估； ④总部文件在新建配送中心的传达与跟进； ⑤配送、仓储作业模式的改进与作业工具的改良； ⑥配送、仓储的标准化、信息化建设； ⑦负责完成中心负责人布置的其他各项工作
作业管理部	配送作业管理、仓储作业管理、车辆管理	①制定、完善物流配送、仓储作业的制度、规范及操作流程，完善自备车辆、驾驶员及维修工管理制度； ②参与配送、仓储及物流售后车辆的费用预算与考核制度制定并考核下属； ③制定、完善外租车及仓库合同标准文本，审核各地外租车辆及仓库的合同； ④负责运输、仓储、配送过程中的商品安全与及时性送达，并监督检查，制定与完善安全防范措施，加强安全教育，以确保商品安全； ⑤负责各地物流仓储与配送作业管理并改善工作质量； ⑥指导并检查各级配送、仓库作业以及物流、售后自备车辆的管理工作； ⑦配送、仓储作业方法的改进与推广

果行育德

想一想　从“芬克斯”的小酒吧故事中我们得到了什么启示？

一起行动吧　无论什么类型的企业，要想获得客户的信任，首先要诚实守信，用真诚换取客户的信赖，以客户的需求为先导，遵循客户至上的思想，为客户提供高质量、高效率的服务。

二、商业企业物流管理的主要流程

沃尔玛百货有限公司，即沃尔玛公司（Walmart Inc.），是总部位于美国的一家世界性连锁企业，以营业额计算为全球最大的公司，其控股人为沃尔顿家族。总部位于美国阿肯色州的本顿维尔。沃尔玛主要涉足零售业，在2025年美国《财富》杂志世界500强企业中居首位。沃尔玛公司在全球约有10 660家门店，分布于全球19个国家，其中美国有4 606家。沃尔玛在美国50个州和波多黎各运营。沃尔玛主要有沃尔玛购物广场、山姆会员店、沃尔玛商店、沃尔玛社区店等四种营业方式。以沃尔玛的配送中心为例，大家认识过整个配送中心的运营流程吗？

（一）商业企业物流管理的内容

微课 8-4

商业企业物流管理流程

商业企业内部的物流包括商业批发业与零售业所组织的物流运动。

1. 商品批发业的物流

批发企业是为进一步转售或加工大批商品而从事买卖行为的业务经营机构。在商流和物流分离的条件下，批发业中的物流活动有运输、保管、储存、加工、编配、搜集物流情报等。

2. 零售业的物流

零售企业是以直接供应消费者用作生活消费或供应给社会集团作为非生产性消费为基本任务的商业企业。零售企业的业务过程，就是商品从流通领域最终进入消费领域的过程，因而零售企业是处于商品流通的最终阶段，是商品流通的“出海口”，在商流与物流合一的条件下，我国的百货商店、专营商店的物流活动——收货、检验、暂时保管、分类、发货等，均由零售企业的售货员承担。

（二）物流管理的具体流程

1. 商业企业物流的流程

商业企业的物流过程如图8-2-4所示，首先店铺或客户下单，然后商业企业根据订单分析库存管理，当库存不足时，从供应商处进货，将货物运输至仓库，此时在仓储过程中经过了入库、储存、拣货、加工包装等业务之后，货物出库，运输至店铺或者配送给客户，完成了商业企业物流运作的流程。

2. 沃尔玛物流配送业务流程

沃尔玛通过专业的物流配送体系，最终实现了库存总量降低；库存周转加快；运营成本降低，效益提高；随着供应效率的提高，其运输能力也得到了很大的提高。

在市场经济条件下，随着商品的性质、形态、包装日益丰富，以及消费者需求的个性化和多样化，配送中心的作业流程也越来越复杂，由此，沃尔玛将配送中心作业流程规划得更加自动化与标准化，其主要流程有：

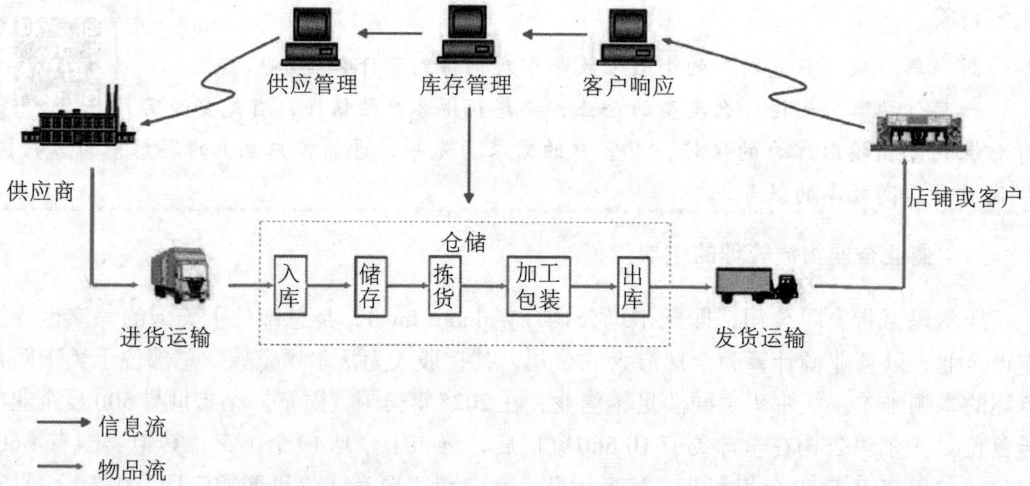

图8-2-4　商业企业物流的流程

（1）订单处理。它是与客户直接沟通的作业阶段，对后续的拣选作业、调度和配送会产生直接影响，是其他各项作业的基础。沃尔玛配送中心收到用户的订单后要进行汇总，进而阐述商品的种类与数量，并利用信息系统对商品库存情况进行查询。在商品资源宽裕的条件下，采购部门向供应商发出订单以后，供应商很快会根据订单的要求进行组织供货，然后转入分拣作业；若是没有现货或库存不能满足配送需求，且低于安全库存，则立即向供应则商发出订单（如图8-2-5所示）。

图8-2-5　订单处理的流程

（2）进货作业。进货是指准备货物的一系列活动。它是配送的基础环节，决定了配送与否、配送规模的大小、配送效益高低。如果进货不及时或不合理会导致成本过高，从而影响配送的整体效益。进货包括制订进货计划、商品送达、卸货等环节。沃尔玛配送中心在进货时使用交叉配送CD（Cross Docking）的作业方式。在进货时并不进行入库储存与分拣作业，而是直接装车出货，从而加速了货物的流通，有极高的运作效率。

（3）货物验收入库处理。它是指在货物入库之前对货物质量、数量和包装等进行检查。验收的依据主要是合同条款要求和有关质量标准。验收合格的货物即办理有关登账、录入信息及货物入库手续，组织货物入库。沃尔玛配送中心验收入库的具体内容如下：

① 配送中心收到和汇总用户的订单以后，首先要确定配送商品的种类和数量，然后查询现有存货数量是否满足配送需要。对客户的入库指令，配送中心会根据自身的仓储情况做出相应的入库受理和安排。

② 货物在入库之前要对其进行验收，主要内容是进行货物的核对和处理，包括数量和质量以及包装的检验等，都需按照所签合同的具体内容进行。

③ 经过验收之后，对货物的受理要按照所签合同的具体内容进行，配送中心的工作人员随即要按照类别、品种将其分开，通过库位自动或人工安排的方法对没有预先分配库

位的货物进行处理，并且在打印入库单时要按货物所分配的相应库区库位进行，产生货物的库位清单。

④ 进行库存管理，对入库货物的动态变化等信息进行统计和查询。

（4）储存作业。储存主要是常备储存，是为了保证销售需要所进行的合理库存，同时要注意在储存业务中做到确保商品不发生数量和质量变化。沃尔玛配送中心在储存货物期间，会在计算机上记录下每一种储存进去的商品的数量和具体位置。

（5）拣选配送。它是指配送中心的工作人员根据信息中心打印出的要货单上的商品、要货的时间、储存区域，以及装车配货要求、门店位置，将货物按品种、出入库先后顺序进行分门别类堆放并挑选出的一种作业。当沃尔玛配送中心收到要货计划时，电脑系统很快查出所需商品的存放位置，随即打印有商品代码的标签，以后会贴在商品上。配送中心依据各商店的需要，就地筛选商品，再次打包，将其由“配区”运往“送区”。

（6）补货作业。配送中心的补货作业就是从保管区把货品送到拣货区的工作，补货作业的目的是确保货品能保质保量按时送到指定的拣货区。沃尔玛配送中心建立了完善的补货系统，沃尔玛为每个商店都设有一个补货系统，能在任何时间获知某个商店里货物的数量、正在运输当中的商品数量，以及有多少商品正在配送中心等信息。

（7）加工处理。它是指商品由配送中心运出之前，为了促进销售、维护产品质量和提高物流效率而对其进行加工处理，包括对商品的分类、过磅、拆箱重包装、贴标签等。在配送中心的各项作业中，流通加工最易提高货物的附加值。沃尔玛的加工主要是对生鲜品进行切、垛、去除老叶，给服装等加贴标签等活动，或对促销品进行捆绑等操作。

（8）配装作业。配装是配送中心的末端作业，是配送中心为了顺利、有序、方便地向客户发送商品，对组织来的各种货物进行整理，并依据订单要求进行组合的过程。沃尔玛的配送中心一般会将整包装的货品从货架直接送往传送带，而零散商品会由工作人员取出再送往传送带。不仅如此，沃尔玛在配送中心的作业流程中安排了组配作业，把多家门店的货物混载于同一辆车上进行配装，不但能降低送货成本，而且可以减少交通流量、改变交通拥挤状况。

（9）送货安排作业。这是配送中心的最终环节。送货包括装车和送货两项活动。沃尔玛配送中心按照配送路线，以及客户分布情况，结合配装、配载等作业合理地进行商品的送货作业。其具体环节如下：

① 对客户的发货指令，配送中心要根据库存情况作相应配送处理。

② 配送中心的车辆、人员、货物的出库，要按照配送系统的计划，进行自动处理。

③ 配送中心要由专人按选好的因素进行调配处理，分为人工配货和自动配货。这使得物流公司的手头资源能够得到充分的利用。

④ 按照实际情况，根据配送中心系统的安排结果对人工进行调整。

⑤ 进行调整之后，配送中心将按照公司自身设定的优化原则，根据货物存放的库位，打印拣货清单；

⑥ 凭借拣货清单，承运人到配送中心提货，配送中心要做相应的出库安排。

⑦ 装车之后，配送中心根据需要送货的客户数量，对应打印送货单。

结合以上内容的分析，我们可以总结其物流配送中心流程，如图8-2-6所示。

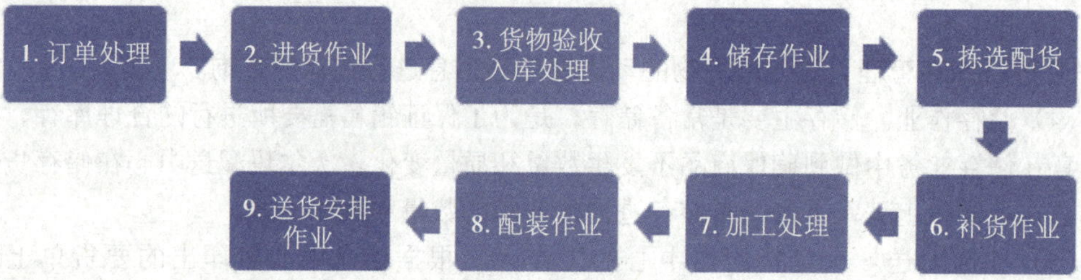

图8-2-6 物流配送中心流程图

三、食品零售物流

众所周知，民以食为天，食品之于国家和人民的重要性可见一斑。自从改革开放以来，我国的食品行业进入了飞速发展的时期，出现了供给能力迅速扩大，供给产品多样性增加等趋势。如今，食品行业占国民经济很大比重，它已经成为肩负着提高人民群众的生活水平和增加我国国民收入的重要支柱产业。

食品物流是食品流通，但随着经济的发展，它所指的范围非常广泛，包括食品运输、储存、配送、装卸、保管、物流信息管理等一系列活动。

但是，我国的食品行业在繁荣下仍存在着部分问题。在21世纪的今天，外部市场环境变幻莫测，顾客消费心理难以揣摩，食品行业出现了以下不能回避的尴尬和无奈：首先，随着我国人民生活水平的不断提高，人们对食品的要求也上了一个新台阶。不但要求产品新鲜，而且要求生产无污染；不但要求种类多样，而且要求配送及时迅速。总之，在现代社会中，人们的食品消费结构呈多元化方向发展，人们对食品的购买动机却趋向多品种少数量模式。但食品行业现有的软件和硬件设备还不能满足人们“多品种，少数量”的消费模式。食品零售示意图如图8-2-7所示。

图8-2-7 食品零售

其次，食品在运送过程中浪费严重，物流占食品成本很大比重。据估计，中国每年有总值750亿元人民币的食品在运送过程中腐坏。一些容易腐坏食品的售价中有七成用来补贴在物流过程中弄坏货物的支出。这是一个触目惊心的数字。我国食品业现有人员对食品物流理论研究及供应链管理认识的不足，是造成我国某些食品零售价格居高不下的主要原因。

最后，中国食品物流供应链被定位为“昂贵，耗损食品，无利可图，容易造成食物中毒”，我国食品行业有着负面的公众形象。据统计，我国每年食物中毒报告例数约为24万人，专家估计这个数字尚不到实际发生数的1/10。这为我国食品业在国际市场上的竞争创造了不利因素，也使我国消费者对食品行业缺乏信心和忠诚度。

自从我国加入WTO之后，食品行业面临的机遇与挑战并存。随着经济的发展，人们生活水平的提高，人们的食品消费观念从传统单一向现代的多样化、快捷化变化。对食品产业来说，就提出了提供“更高的质量、更大的柔性、更多的选择、更高的价值和更低价格的服务”等要求。为了满足顾客的需求，跟上市场的脚步，我国的食品行业就必须不断地缩短产品研发时间、改进产品质量、降低生产成本、缩短交货周期。

综上所述，发展我国食品物流是必然的趋势，基于我国食品物流面临的新环境，要解决与食品物流密切相关的食品快捷化配送、食品安全控制、食品规模效益等问题，就要引进先进的物流供应链管理思想，将生产链的上下源头有机结合起来，以其先进体系提高我国食品企业的竞争力。

果行育德

想一想　如何看待邵逸夫一直做慈善这件事情呢？

一起行动吧　我们作为新时代青年，无论在学习过程中还是工作过程中，都要有民族大义，对自己负责，对工作负责，不计较个人得失，不断自强，不断奋进。

行动进行

曹宇通过学习掌握了以上的知识，准备开始实际操作。

步骤一：接收门店的补货订单

曹宇接到订单之后开始查询库存情况，发现巧克力和玻璃杯缺货，因此，他首先要进行订货。

步骤二：安排门店的补货订单

（1）在发现缺货之后，曹宇向巧克力和玻璃杯的供应商进行订货，并约定好数量和到货时间等信息。

（2）货物到达配送中心之后安排人员卸货。

（3）接下来货物验收入库，主要是核对品名、规格、颜色、等级等，若符合要求，则安排货物入库，若不符合合同要求，配送中心将详细记录差错情况，并拒绝接收差错货物，质量不合格的商品将由供应商自行处理。

（4）经过验收之后，对货物的受理要按照所签合同的具体内容进行，配送中心的工作人员随即要按照类别、品种将其分开，通过库位自动或人工安排的方法对没有预先分配库位的货物进行处理，并且要按货物所分配的相应库区库位打印入库单，生成记录货物存储位置的库位清单。

（5）配送中心在储存货物期间，会在计算机上记录下每一种储存进去的商品的数量和具体位置。此时，曹宇可根据订单安排工作人员进行拣选配货。

（6）安排货物进行配装，配装是配送中心的末端作业，是配送中心为了顺利、有序、方便地向客户发送商品，对组织来的各种货物进行整理，并依据订单要求进行组合的过程。

步骤三：货物到门店进行卸货

当货物运输至门店之后，配送员与门店工作人员核对订单信息，确认无误之后进行卸货。配送车辆继续进行下一家货物的配送，直至完成所有货物的配送，至此完成了整个运营过程。

行动评价

学习任务完成情况评价表

评价内容	评价标准		评价等级			
			A（80～100分）	B（60～79分）	C（60分以下（不含60））	疑惑点
理论知识评价	1	能够阐述商业企业物流管理的岗位设置				
	2	能够阐述商业企业物流管理的流程				
技能操作评价	1	能够设置商业企业的物流岗位				
	2	能够分析商业企业物流管理的流程				
职业素养评价	1	具有遵守客户至上的思想				
	2	具有对工作认真负责、不计较个人得失的意识				

说明：同学们根据自我评价打分，然后在分值所处范围内相应的等级下打“✔”，若未得到满分，同学们可在“疑惑点”这一列列出自己的疑问哦！

行动巩固

行动巩固 8-2

一、单项选择题

1. 京东和苏宁易购属于（　　）。

A. 企业自营物流　B. 物流联盟　C. 第三方物流　D. 第四方物流

2.（　　）的目的是确保货品能保质、保量按时送到指定的拣货区。

A. 进货作业　B. 储存作业　C. 拣货作业　D. 补货作业

3.（　　）是配送中心的末端作业。

A. 改装　B. 配装　C. 加工　D. 配送

4.（　　）是处于商品流通的最终阶段，是商品流通的“出海口”。

A. 批发企业　B. 零售企业　C. 代理企业　D. 服务企业

二、多项选择题

1. 商业企业可以分为（　　）。

A. 批发企业　B. 零售企业　C. 代理企业　D. 服务企业

2. 苏宁易购物流发展部的基本职能有（　　）。

A. 物流管理　B. 物流筹建　C. 物流建设　D. 物流梳理

3. 苏宁易购作业管理部的基本职能有（　　）。

A. 配送作业管理　B. 仓储作业管理　C. 车辆管理　D. 人员管理

4. 沃尔玛配送中心的主要作业流程有（　　）。

A. 订单处理　B. 进货作业

C. 货物验收入库处理　　　　　　　　　D. 储存作业

5. 加工处理的内容有（　　）。

A. 商品的分类　　B. 过磅　　C. 贴标签　　D. 修改价格

三、判断题

1. 订单处理是与客户直接沟通的作业阶段，是其他各项作业的基础。（　　）

2. 送货是配送的基础环节。（　　）

3. 物流企业在实际业务中，先进的物流设备和管理理念比负责任的员工更重要。（　　）

四、简答题

什么是商业企业的物流？

五、案例分析

目前，苏宁的线上物流系统专职小件商品的配送，线下物流系统专职大件商品的配送。针对线下物流系统，苏宁从物流网络的布局、物流信息化管理、物流机械化操作等诸多方面提升了线下实体店在大件商品方面的物流配送能力；建设了能够满足苏宁易购需求的第四代物流基地和第五代自动化仓库，以及城市自营快递体系；在自动化拣选中心内部，采用领先科技的立体存储、语音拣选、电子标签拣选、自动分拣等技术，实现了从商品入库、上架、转仓、拣货到集货的作业全部由信息系统支持，从而大大提升了小件商品的远距离快速配送响应能力。

线上物流系统与线下物流系统之间的信息交换表现为：

大件商品：物流管理中心接到订单，下一步系统进行分析，然后分配到相应地区，最后配送至消费者手中（物流信息反馈到苏宁易购和用户中）。

小件商品：经小件物流配送系统到达用户手中。

线上物流系统和线下物流系统在信息方面得以顺畅交换，依赖于WMS系统、商品条码化管理等先进物流信息技术的运用。

项目总结

案例分析要求：请画出苏宁整个的运营流程。

项目实训

1. 王琦是物流管理专业大四的应届毕业生，前段时间她看到有一家国有制造企业在招聘，目前招聘的职位主要有采购预算专员、物流专员、采购计划专员、发货员、检验专员和理货员等。但是王琦并不懂每个岗位的职责是什么，为了更好地筛选出符合自己投递的岗位，她准备查阅资料以了解这些信息，你能帮助她挑选出适合的岗位吗？

2. 李焕是某百货公司配送中心业务流程的负责人，今天早上八点接到通知需要向两家门店补货，但是李焕发现仓库中的商品A和商品B出现了缺货，因此该批货物首先需要完成进货，才可进行配送。请你帮助李焕完成此次的整个业务流程。

参考文献

[1] 马永刚，窦亚冬．现代物流管理［M］．北京：企业管理出版社，2023．

[2] 甘卫华，傅维新，徐静．现代物流基础［M］．北京：电子工业出版社，2020．

[3] 刘常宝．现代仓储与配送管理：基于仓配一体化［M］．北京：机械工业出版社，2020．

[4] 刘华，王月，郑强国，等．现代物流管理与实务［M］．3版．北京：清华大学出版社，2022．

[5] 涂华斌，饶阳春，潘敬超．挑战与机遇：现代物流管理［M］．北京：中国商业出版社，2024．

[6] 黄福华，邓胜前．现代企业物流管理［M］．北京：科学出版社，2010．

[7] 李严锋，解琨．精益物流［M］．北京：中国财富出版社，2012．

[8] 王喜富．大数据与智慧物流［M］．北京：清华大学出版社，2015．

[9] 赵惟，张文瀛．智慧物流与感知技术［M］．北京：电子工业出版社，2016．

[10] 张宇．智慧物流与供应链［M］．北京：电子工业出版社，2016．

[11] 白世贞，曲志华．冷链物流［M］．北京：中国物资出版社，2012．

[12] 张娴．物联网技术在冷链物流监控与管理中的应用研究［J］．中国物流与采购，2024（19）．

[13] 周艳军．保税物流［M］．北京：中国财富出版社，2015．

[14] 傅莉萍．物流信息系统管理［M］．北京：清华大学出版社，2017．

[15] 施进，丁炜，赵韵华．物流信息系统标准化［M］．北京：中国标准出版社，2014．

[16] 初良勇．物流信息系统［M］．北京：机械工业出版社，2012．

[17] 冯耕中．物流金融创新：运作与管理［M］．北京：科学出版社，2014．

[18] 刘意文，袁方，吴春平．物流金融实务［M］．长沙．湖南大学出版社，2014．

[19] 国家邮政局．快递业务操作与管理［M］．北京：人民交通出版社，2011．

[20] 陈长彬．供应链与物流管理［M］．北京：清华大学出版社，2013．